"十二五"国家重点出版物出版规划项目

中国汽车工程学会
汽车工程图书出版专家委员会　**推荐出版**

新能源汽车关键技术研究丛书

汽车结构轻量化设计与分析方法

DESIGN AND ANALYSIS APPROACHES TO AUTOMOTIVE STRUCTURAL LIGHTWEIGHT

陈吉清　兰凤崇　著

北京理工大学出版社
BEIJING INSTITUTE OF TECHNOLOGY PRESS

内容简介

本书主要介绍汽车结构轻量化设计与分析方法,分三个部分共 8 章。第一部分(第 1、2 章)阐述基本原理和提出问题,介绍国内外汽车结构轻量化发展背景、设计理论、设计方法、技术发展水平及轻量化评价方法。第二部分(第 3~7 章)介绍从汽车概念设计阶段到详细设计阶段的轻量化设计开发流程、设计方法及工程应用。针对汽车刚、强度、NVH、碰撞安全性与零部件可靠性等开发中的轻量化问题展开讨论,介绍了基于性能的轻量化思路与解决案例。第三部分(第 8 章)对电动汽车动力系统(重点对电池及电池包)的轻量化设计问题进行了阐述。

本书可作为从事汽车结构开发、零部件开发领域的工程技术人员工作学习读本,也可作为高等院校及大中专院校车辆工程专业的教学参考书与培训辅导资料。

版权专有　侵权必究

图书在版编目(CIP)数据

汽车结构轻量化设计与分析方法／陈吉清,兰凤崇著.—北京:北京理工大学出版社,2017.4(2020.1 重印)
(新能源汽车关键技术研究丛书)
"十二五"国家重点出版物出版规划项目
ISBN 978-7-5682-3940-0

Ⅰ.①汽…　Ⅱ.①陈…②兰…　Ⅲ.①汽车-车体结构-结构设计　Ⅳ.①U463.82

中国版本图书馆 CIP 数据核字(2017)第 079977 号

出版发行／	北京理工大学出版社有限责任公司
社　　址／	北京市海淀区中关村南大街 5 号
邮　　编／	100081
电　　话／	(010)68914775(总编室)
	(010)82562903(教材售后服务热线)
	(010)68948351(其他图书服务热线)
网　　址／	http://www.bitpress.com.cn
经　　销／	全国各地新华书店
印　　刷／	北京虎彩文化传播有限公司
开　　本／	710 毫米×1000 毫米　1/16
印　　张／	27.75
彩　　插／	16
字　　数／	500 千字
版　　次／	2017 年 4 月第 1 版　2020 年 1 月第 2 次印刷
定　　价／	88.00 元

责任编辑／	张海丽
文案编辑／	杜春英
责任校对／	周瑞红
责任印制／	李志强

图书出现印装质量问题,请拨打售后服务热线,本社负责调换

前言

汽车轻量化技术是现代汽车产业发展的重要方向之一，是全世界汽车厂商的共同选择，是我国应对能源安全、新能源汽车发展的必然选择和汽车工业可持续发展的必经之路，对于提升汽车产品的核心竞争力，提高汽车企业的创新能力有重要意义。然而，汽车轻量化理论和技术的实施涉及汽车安全、品质、材料、工艺、回收再利用等多学科多目标协同优化问题，特别是对于新能源汽车的特殊结构又有特殊问题，需掌握结构轻量化的基本原理并遵循科学的设计方法和开发流程，并且把轻量化开发的理念贯穿到产品开发的全过程。

本书从轻量化技术基本理论和方法入手，结合新能源汽车的特点，重点阐述轻量化设计对车身结构特性、碰撞安全性、整车NVH特性以及零部件的可靠性等诸多方面带来的影响和相应的解决方案。本书主要有以下几个特点：理论性与实践性相结合，在介绍各类轻量化基本理论方法的同时，针对不同问题展示了大量的工程实例，用实际案例阐述方法的应用流程；一般性与特殊性相结合，在介绍轻量化一般方法的基础上，注重一般方法体系在具体轻量化问题中的应用，如结构优化技术应用于考虑NVH性能的车身轻量化设计，轻质吸能材料应用于考虑碰撞安全性的轻量化设计以及电池电驱的轻量化技术等；教学性与研究性相结合，在讲解传统主流轻量化技术的同时，也注重当前热点前沿问题的介绍以及相关研究方法和手段的阐述，引导读者进行更多有意义的探索；知识性与逻辑性相结合，不仅提供了关于新能源汽车及其轻量化技术的知识本身，更深入阐明了本领域所涉及的各学科知识之间的内在联系，引领读者建立更丰富的知识结构体系，灵活运用不同层次、不同类别的知识分析和解决问题。

书中主要研究成果、观点和实例来源于华南理工大学车身结构与安全团队的科研积累。其中的主要章节曾是作者讲授研究生专业课程的教材。此外，还参考了同行学者和工程技术人员的研究工作。借此机会，向所引用的所有资料的作者一并表示感谢。

本书内容新颖、逻辑性强、深度适中，既是一本有理论意义的学术著作，又是一本有工程实用意义的专业读物，适用于汽车行业相关领域科研人员学习参考，亦可作为高等院校车辆工程专业研究生的参考教材。

由于作者水平有限，书中的缺点和错误之处在所难免，恳请读者批评指正。

陈吉清　兰凤崇
2016 年 12 月

目 录

第1章 概述 / 1
1.1 汽车轻量化发展背景 / 2
1.2 车身轻量化研究的发展 / 6
　　1.2.1 国外车身轻量化的发展 / 6
　　1.2.2 国内车身轻量化的发展 / 12
1.3 轻量化系数以及国内外车型轻量化水平评价 / 14
　　1.3.1 如何评价汽车轻量化的设计水平 / 14
　　1.3.2 国内外车型轻量化水平评价 / 15
1.4 新能源汽车结构轻量化问题概述 / 19
　　1.4.1 轻量化设计的技术体系 / 19
　　1.4.2 车身结构分析与优化的轻量化设计方法 / 21

第2章 汽车结构轻量化理论与设计方法 / 25
2.1 汽车结构轻量化问题的建立 / 25
　　2.1.1 拓扑优化 / 26
　　2.1.2 尺寸优化 / 38
　　2.1.3 形状优化 / 40
　　2.1.4 灵敏度分析 / 40
　　2.1.5 多目标优化 / 44
2.2 基于性能的结构轻量化设计方法 / 48
　　2.2.1 基于刚强度、频率性能的多目标优化方案 / 48
　　2.2.2 基于碰撞安全性的多目标优化方案 / 51
　　2.2.3 基于可靠性的多目标优化方案 / 51
　　2.2.4 SFE车身概念设计优化技术 / 52
　　2.2.5 全新架构"性能-材料-结构"一体化设计技术方案 / 53
2.3 基于新材料的轻量化解决方案 / 54
　　2.3.1 基于新材料的开发流程分析 / 54
　　2.3.2 基于碰撞安全性的轻质吸能材料应用方案 / 57
　　2.3.3 基于可靠性的轻量化材料应用方案 / 61

2.3.4　基于环境生命周期的轻量化材料应用
　　　　　方案 / 62
　　　2.3.5　实例分析——钢铝混合材料单帽型直梁
　　　　　轻量化 / 63
　2.4　基于新工艺的轻量化解决方案 / 66
　　　2.4.1　各类轻量化新工艺的发展与应用 / 66
　　　2.4.2　基于可靠性的轻量化工艺应用方案 / 71
　　　2.4.3　基于碰撞安全性的轻量化工艺应用
　　　　　方案 / 76
第3章　概念设计阶段汽车轻量化设计与开发 / 93
　3.1　概念设计阶段汽车轻量化概述及理论 / 93
　　　3.1.1　现代整车开发方法概述 / 93
　　　3.1.2　概念设计阶段概述 / 95
　　　3.1.3　传统车身概念设计阶段开发的一般
　　　　　流程 / 95
　　　3.1.4　现代车身概念设计阶段开发的一般
　　　　　流程 / 98
　　　3.1.5　概念设计阶段汽车轻量化理论 / 98
　3.2　概念设计阶段汽车轻量化设计途径 / 104
　　　3.2.1　概念设计阶段结构轻量化设计 / 105
　　　3.2.2　概念设计阶段材料轻量化设计 / 112
　3.3　概念设计阶段汽车轻量化的开发新方法 / 128
　　　3.3.1　国内 VCD-ICAE 开发 / 129
　　　3.3.2　国外 SFE 开发 / 139
　3.4　CAE 技术在汽车概念设计阶段轻量化中的
　　　应用 / 144
　　　3.4.1　国外 CAE 技术在汽车概念设计阶段轻量
　　　　　化中的应用 / 144
　　　3.4.2　国内 CAE 技术在汽车概念设计阶段轻量
　　　　　化中的应用 / 147
　　　3.4.3　CAE 技术在汽车概念设计阶段轻量化的
　　　　　实例 / 149

目 录

第4章 面向汽车结构基础特性的轻量化设计方法 / 164
- 4.1 车身静态特性分析方法概述 / 165
  - 4.1.1 车身结构的力学特性 / 165
  - 4.1.2 车身结构优化方法 / 166
- 4.2 车身结构刚度设计及优化分析 / 169
  - 4.2.1 车身结构刚度分析与评价 / 169
  - 4.2.2 车身结构刚度的有限元模拟及优化 / 175
- 4.3 车身结构强度设计及优化分析 / 193
  - 4.3.1 车身结构强度及其评价指标 / 193
  - 4.3.2 车身结构强度工况分析 / 194
  - 4.3.3 车身结构强度分析及优化 / 196
- 4.4 车身结构刚度和强度测量 / 213
  - 4.4.1 车身结构的刚度测量 / 213
  - 4.4.2 车身结构的强度测量 / 223

第5章 面向NVH性能的汽车轻量化设计方法 / 227
- 5.1 汽车NVH问题概述 / 228
  - 5.1.1 汽车的NVH性能和NVH技术的发展 / 228
  - 5.1.2 汽车噪声与振动的特征 / 230
  - 5.1.3 汽车噪声与振动的主要问题 / 231
  - 5.1.4 汽车NVH设计思路 / 232
- 5.2 面向NVH性能的轻量化设计思路 / 239
  - 5.2.1 基于结构的轻量化-NVH设计思路 / 239
  - 5.2.2 基于材料的轻量化-NVH设计思路 / 242
- 5.3 基于结构的轻量化-NVH设计思路 / 243
  - 5.3.1 以模态频率为约束的结构优化设计 / 243
  - 5.3.2 面向声固耦合现象的车身结构优化设计 / 257
  - 5.3.3 面向声辐射特性的板结构优化设计 / 258
- 5.4 吸声、隔声结构和阻尼的应用 / 260
  - 5.4.1 吸声处理 / 261
  - 5.4.2 隔声处理 / 265
  - 5.4.3 表面阻尼应用 / 274

5.4.4　考虑轻量化的声学包 / 276
　5.5　NVH 相关试验综述 / 283
第 6 章　面向碰撞安全性的汽车轻量化设计方法 / 294
　6.1　汽车碰撞安全性的分析与评价方法 / 294
　　6.1.1　碰撞安全性与轻量化的关系 / 294
　　6.1.2　碰撞安全性研究的背景 / 296
　　6.1.3　汽车碰撞事故的分类 / 298
　　6.1.4　碰撞安全法规与评价指标 / 301
　6.2　基于碰撞安全性的车身结构轻量化设计 / 303
　　6.2.1　车身结构与碰撞安全性的关系 / 303
　　6.2.2　车身关键梁及截面的优化设计 / 304
　　6.2.3　车身结构多目标优化的方法 / 308
　　6.2.4　基于碰撞安全性的车门轻量化 / 310
　6.3　轻质吸能材料的应用 / 317
　　6.3.1　新型轻质材料 / 317
　　6.3.2　混合材料车身 / 323
　　6.3.3　泡沫铝的应用 / 325
　6.4　先进制造工艺和成形技术的应用 / 332
　　6.4.1　先进制造工艺及成形技术 / 332
　　6.4.2　新型连接技术 / 334
　　6.4.3　应用 TRB 的 B 柱优化设计 / 339
　　6.4.4　压-胶复合连接应用于车身前纵梁的吸能
　　　　　　特性分析 / 349
第 7 章　面向零部件可靠性的汽车轻量化设计方法 / 357
　7.1　汽车零部件可靠性优化设计的重要性 / 357
　7.2　汽车零部件可靠性基本概念 / 358
　　7.2.1　可靠性的概念 / 358
　　7.2.2　可靠性的尺度 / 360
　　7.2.3　可靠性的分类 / 360
　　7.2.4　可靠度和失效率的计算 / 362
　　7.2.5　平均首次故障时间 / 367
　　7.2.6　平均剩余寿命 / 367
　7.3　满足零部件可靠性的结构优化设计 / 367

        7.3.1 基于"约束法"的可靠性优化设计 / 368
        7.3.2 基于有限元法的可靠性优化设计 / 380
    7.4 新材料与新技术的应用 / 402
        7.4.1 新材料的应用 / 402
        7.4.2 新技术的应用 / 403
        7.4.3 汽车零部件新材料与新技术应用展望 / 404
第8章 新能源汽车动力系统轻量化设计 / 406
    8.1 新能源汽车动力电池及电池包轻量化技术 / 406
        8.1.1 电动汽车的发展概述 / 406
        8.1.2 电动汽车用动力电池介绍 / 409
        8.1.3 电动汽车动力电池包设计原则 / 411
        8.1.4 电动汽车新型高能量密度电池的发展 / 416
    8.2 电驱传动总成轻量化技术 / 421
        8.2.1 驱动电机轻量化技术 / 422
        8.2.2 基于功能集成的轻量化电驱动总成设计 / 427

参考文献 / 431

第 1 章

概 述

21世纪，汽车的发展呈现出系统化、模块化、轻量化、小型化、电子化（自动化、智能化）和个性化的总体趋势。但是，随着能源短缺和环境污染成为全球两大主要问题，汽车车身结构轻量化的重要性日益凸显出来。无论从社会效益还是经济效益考虑，低能耗、低排放、高性能的汽车都是当今社会的发展需要，而车身结构的轻量化正是实现这一需要的重要技术手段。据统计，客车、轿车和多数专用汽车的车身质量占整车总质量的40%～60%。这样看来，对车身进行轻量化设计一方面节约了原材料，降低了生产成本；另一方面也降低了油耗，减少了尾气排放，从而对节能和环保有重要意义。

汽车车身轻量化，就是根据社会、经济、环境等各方面的要求，通过各种技术手段，在保证汽车性能要求的前提下，降低整个车身及零部件总成的质量，以实现汽车自身质量降低的目的。因此，汽车的轻量化，首先应保证汽车原有的性能不受影响，既要有目标地减小汽车自身的质量，又要保证汽车行驶的安全性、耐撞性、抗振性及舒适性；同时应使汽车本身的制造成本不被提高，避免给用户造成经济上的压力。实现车身轻量化的方法有很多，可以从车身结构设计、材料选择、制造工艺等方面进行研究。

对于新能源汽车，轻量化更增加了其内涵。目前，由于受电池单位质量储能太小和续航里程的限制，对车身的轻量化设计显得更加重要。新能源汽车轻量化作为汽车结构优化技术的一部分，在节能环保以及改善汽车性能等方面均起到了重要作用。从电动汽车发展的趋势看，随着国家"十一五"和"十二五"规划的完成及"十三五"规划的展开，在电动公交车"十城千辆"计划以及电动汽车补贴政策的推动下，新能源汽车将成为我国汽车发展的主题，电动汽车的轻量化技术也将是新能源汽车技术发展的方向之一。

本书所述的新能源汽车，其定义与工信部给出的定义一致，即采用非常规的车用燃料作为动力来源（或使用常规的车用燃料，采用新型车载动力装置），综合车辆的动力控制和驱动方面的先进技术，形成技术原理先进，具有新技术、新结构的汽车。新能源汽车种类繁多，包括纯电动汽车、增程式电动汽车、混合动力电动汽车、燃料电池电动汽车、氢发动机汽车及其他新能源汽车等。如无特别说明，本书所述新能源汽车均指以自载电池作为电源，依靠大功率电动机提供动力的电驱动汽车。

1.1 汽车轻量化发展背景

（1）汽车平均整备质量不断增加。

近年来，随着汽车保有量的持续高速增长，汽车轻量化对社会能源供给、环境保护和交通安全带来日益巨大的影响。汽车工业石油消耗占中国石油产量的近 50%，汽车的尾气排放也对环境造成了严重的影响。国家发改委于 2004 年颁布的《汽车产业发展政策》第十条明确提出："汽车产业及相关产业要注重发展和应用新技术，提高汽车的燃油经济性。2010 年前，乘用车新车平均油耗比 2003 年降低 15%以上。"

《中国汽车工业"十一五"发展规划》也提出："要积极开发应用新材料，树立发展循环经济的理念，在汽车产品设计、生产中广泛应用各种新材料，充分考虑其报废后的可回收性和可利用性，推广应用高强度材料及轻质、环保、复合材料，限制使用对环境污染或安全有危害的材料。到 2012 年，汽车整备质量减轻 10%。"

但与上述要求不对应的是，为了满足安全、排放、舒适性、可靠性、智能化等要求，在汽车上装备了越来越多附件，导致汽车自重不断上升。

图 1.1 所示为 1977—2004 年，美国新款乘用车（New Passenger Car）平均自重演变图，该图是根据 NHTSA（the National Highway Traffic Safety Administration）公布的数据绘制而成的。1977 年美国乘用车的平均自重为 1 651 kg，1982 年降低到 1 275 kg，降幅约 23%。此后车辆的自重又开始缓慢回升，到 2004 年已达 1 470 kg，较 1982 年上升约 15%。中国也是如此，目前自主品牌乘用车的自重比发达国家同类乘用车高 8%～10%，商用车重 10%～15%。随着各汽车厂商对汽车轻量化的深入研究及轻量化材料的推广，这种情况将逐步改善，预计到 2020 年全球乘用车的平均质量将下降到 1.6 t 左右，如图 1.2 所示。

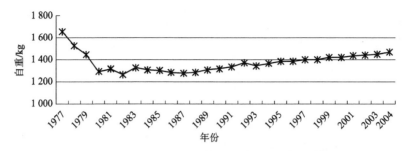

图 1.1 美国 1977—2004 年新款乘用车的平均自重

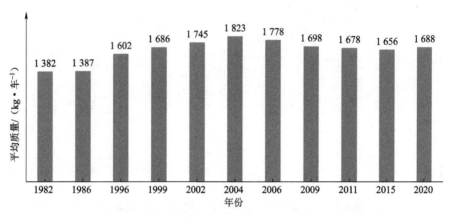

图 1.2 全球乘用车平均质量变化趋势与预测（来源：盖世汽车网）

（2）轻量化是汽车节能减排的重要途径。

从节能减排的角度出发，汽车质量变小，其生产所消耗的原材料和能源消耗，以及使用过程中的燃油消耗和污染物排放都会显著降低，有利于节能减排。世界铝业协会的报告指出：汽车自重每减小 10%，燃油消耗可降低 6%~8%。燃油消耗量减小不仅有利于节约能源，也可有效减少污染物排放。但是从日益严苛的整车安全和消费者对汽车越来越多的功能需求角度来说，又要求汽车设计者不断增加各类附件，以满足安全、排放、舒适性、可靠性、智能化等要求。因此，解决上述矛盾的途径就是采用轻量化材料及其关键应用技术实现汽车的轻量化。

以下是一些实验数据，用来说明车身轻量化对节能减排的作用。图 1.3 所示为日本统计的部分乘用车的自重与油耗之间的关系。不难看出，当车辆的自重从 1 500 kg 下降到 1 000 kg 时，每升燃油平均行驶的里程由 10 km 上升到 17.5 km，相当于每减重 100 kg，每升油可多行驶 1.5 km。换言之，在此区间内，燃油的经济性提高了 5.7%~10%。车辆自重对排放的影响如图 1.4 所示，由图可知，两者基本呈线性关系。

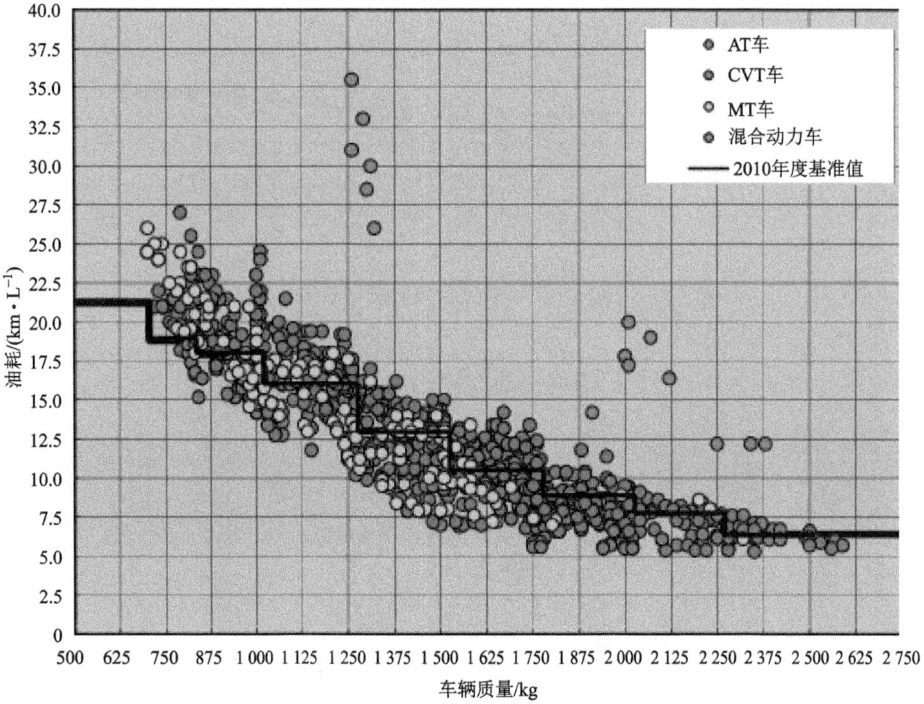

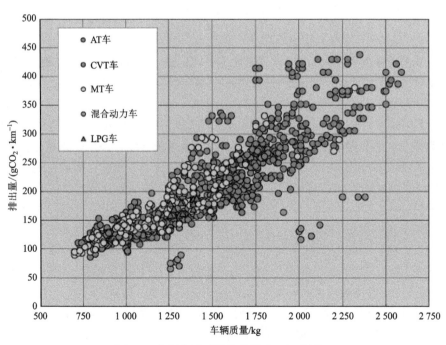

图1.3 日本乘用车自重与油耗之间的关系（见彩插）

图1.4 车辆自重对排放的影响（见彩插）

相比于传统汽车,电动汽车更需要车身结构轻量化技术。因为电动汽车目前使用的动力电池与传统汽车使用的液体燃料的比能量差距非常大(见表 1.1)。电动汽车中的动力源主要是电池,一般占整车总质量的 30%~40%,这使得电动汽车在同等能耗(电耗量/100 km)下,不如传统汽车靠一次补充能量就能实现长距离的行驶。因此,电动汽车必须采取比传统意义上的轻量化技术更先进的方法和措施,减小电动汽车车身质量,延长一次充电的行驶距离,改善动力传动系统的负荷,提高电动汽车的效率。从这个角度看,电动汽车车身轻量化技术的研究更有必要和意义。

表 1.1 现有动力电池与液体燃料的比能量　　　　W·h/kg

项目	铅酸电池	锂电池	汽油	备注
理论比能量	200	450	12 000	理论计算值
实际比能量	33~55	110~130	3 000	目前的产业化水平
系统比能量	30~50	70~90	—	加上管理系统质量之后的平均值

注:按照热力学第一定律,内燃机的转换效率最高为33%,此处汽油机按25%计算。

(3)新能源汽车轻量化相比传统燃油汽车增加了电池轻量化等更多内涵。

与传统燃油汽车相比,电动汽车目前所使用的动力电池的比能量比燃油的比能量小很多,且电池的引入大幅增加了汽车的整车质量,这使得电动汽车的续航里程远不如传统燃油汽车,因此电动汽车的轻量化相比传统燃油汽车有了更多内涵。专门针对电动汽车的轻量化研究目前相对较少,轻量化研究分类也不一致,但大致可分为以下 4 个方面:电池轻量化、电驱传动总成轻量化、车身轻量化和其他零部件轻量化。其中电池及车身占据整车质量的近 80%,因此这两方面的轻量化设计尤为重要。

电动汽车的整车部分主要由内外饰、电池、车身、电机、底盘、动力传动机构、制动系统与轮胎等构成。对电动汽车实施整车轻量化则需要对各个部位进行轻量化并能够将其有效集成,其重点在于对车身及底盘的轻量化。在电池能量密度达到瓶颈的情况下,由于电池的引入相当于增加了整车 20%~30%的质量,降低质量也有继续装载更多电池的可能,则需要对整车实现 50%的轻量化。然而基于以往的钢制材料而采用的工艺技术、所有产品及相关措施最多只能够降低 10%左右的质量,因而不能有效满足电动汽车对实际减重的需求。因此,目前主要的轻量化手段在新材料、新工艺中需要有所突破。新能源汽车车身轻量化主要的发展方向有高强度钢车身、全铝车身、改性塑料车身以及碳纤维增强复合材料车身,详细介绍及案例将在下面章节中叙述。

1.2 车身轻量化研究的发展

1.2.1 国外车身轻量化的发展

通过上述分析知道，减小汽车质量是降低油耗、减少废气排放最有效的方法之一。汽车轻量化的一个重要途径就是选用轻质材料或者复合材料，并采用先进的设计制造技术，从而获得质轻、优质、净形、价廉的汽车零部件。现在在各种汽车上，我们看到铝、镁、高强度复合材料等轻质材料已被广泛使用。另外，这些材料还具有比强度和比刚度高、阻尼减振性好、导热和导电性好等特点。在一些汽车工业发达国家，这些轻质合金材料已经被越来越多的汽车生产企业用于汽车相关产品的生产中。在未来的几十年里，这些轻质材料会慢慢取代钢材，成为汽车的主要原材料。

1. 超轻钢汽车研究计划

鉴于当前的技术水平和轻质材料昂贵的价格，汽车钢材在相当长的时期内还会被采用，因此利用钢材来实现车身轻量化的研究就显得很有意义。20 世纪 90 年代，国际钢铁协会成立了超轻钢车身（Ultra Light Steel Auto Body，ULSAB）项目组，该组织吸收了 35 个钢铁企业，分布在世界上 18 个国家和地区。该组织主要通过对汽车的车身结构进行重新设计和对生产制造工艺进行改革来达到整车车身轻量化的目的。其轻量化的前提是保证汽车的原有强度、刚度性能且不增加生产成本。该组织进行轻量化的主要手段包括：

① 利用高强度板材来代替传统板材。
② 采用新的生产工艺，如激光焊接工艺、液压成形工艺等。
③ 利用有限元法对现有的车身进行重新优化设计，利用计算机仿真技术以保证车身的各种性能指标。

该项目完成时，取得了令人满意的效果，试制的车身质量比原来降低了 25%。其车身弯曲刚度、一阶模态频率、车身扭转刚度都有了不同程度的提高，而生产成本比原来降低了 15%，整个车身的各项性能与原来相比没有丝毫的降低。

ULSAB 项目组委托 Porche 公司，投入 2 200 万美元开展了超轻钢车身（ULSAB）项目。90%以上车身部件采用高强度钢板，制造出了高性能的车身样品，如图 1.5（a）所示。ULSAB 车身质量为 203 kg，比同级别轿车车身平均质量降低 25%，同时扭转刚度提高 80%，弯曲刚度提高 52%，车身一阶固有频率上升到 60 Hz，并且完全满足碰撞安全性法规要求。1997 年，总投入 880 万美元的超轻钢汽车组件（Ultra Light Steel Auto Component，ULSAC）项目启动。ULSAC 项目采用无框架车门结构，使用高强度钢制造车门外板（钢的种类有 BH210、DP500、DP600 等），使用 DP650/840 制造车门管件。单个车门质量为 21 kg（包括车门本体、后视镜、铰链、玻璃升降器等），在满足所有结构性能要求的前提下降低车门质量 36%，而制造成本仅为 133 美元。图 1.5（b）所示为 ULSAC 车门样品。

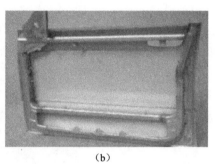

(a) (b)

图 1.5　高强度钢汽车车身及车门

(a) ULSAB 样品；(b) ULSAC 车门样品

继 ULSAB 项目获得成功之后，钢铁企业于 1998 年又开始实施超轻钢车身–先进汽车概念（Ultra Light Steel Auto Body-Advanced Vehicle Concepts，ULSAB-AVC）计划，总投入 1 000 万美元，进一步从整体上研究开发新一代钢铁材料的汽车结构。研制的 PNGV 级车车身质量 215 kg，质量降低 20%。白车身成本约 972 美元，车身附件成本 383 美元。车身结构性能方面，不仅明显提高了弯曲和扭转刚度，而且达到了 2004 年美国和欧洲的五星级碰撞安全标准。在 ULSAB-AVC 项目中，白车身 100% 使用高强度钢板，其中超过 80% 为先进高强度钢板，双相（Dual-Phase，DP）钢成为车身主要制造材料。图 1.6 比较了 ULSAB 和 ULSAB-AVC 的车身材料构成。

除此之外，世界各国单独对车身轻量化技术的探索也从未停止过。在美国，无论是 1993 年克林顿政府时期实施的新一代汽车合作伙伴计划（the Partnership for a New Generation of Vehicles，PNGV），还是 2002 年布什政府时期实施的自由合作汽车研究与燃油伙伴计划（the Freedom Car and Fuel Partnership Plan，FCFPP），汽车轻量化都是其中的核心技术路线之一。美国航空航天局兰利研究中心的 J.Sobieszczanski-Sobieski 和福特公司车辆安全部门的 R. Y. Yang 以及 SGI 公司的 S.Kodiyalam 共同进行了轿车的 BIP（Body In Prime）基于汽车 NVH（Noise Vibration Harshness，噪声、振动与声振粗糙度）和碰撞安全性要求下的轻量化研究。他们通过应用 MSC/NASTRAN 和 RADIOSS 分

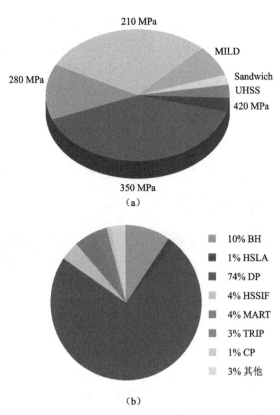

图 1.6 ULSAB 和 ULSAB-AVC 车身材料构成（见彩插）
(a) ULSAB; (b) ULSAB-AVC

析软件，以汽车的 NVH 值和 BIP 变形量为约束条件，以 BIP 的各部件尺寸为设计变量，以车身质量为目标函数，使车身质量在保证各项性能的前提下降低了 15 kg。韩国汉阳大学的 K. H. Lee、G. J. Park、J. K. Shin 和 S. L. Song 对一轿车的前门内板进行了重新优化设计，该课题组主要用上述 ULSAB 组织所采取的轻量化方法，在保证车门强度和刚度的前提下，使优化后的车门内板质量降低了 8.72%。21 世纪初，各国先后出现了百公里油耗 3 L 的汽车，它们的质量基本处于 750~850 kg，比现今同类汽车轻了大约 50%。

韩国浦项钢铁公司、韩国机械研究院联合现代汽车公司以及大宇汽车公司共同开展"国产汽车轻量化材料开发事业"项目。此项目提出汽车用钢开发的 EVI（Early Vendor Involvement）模式，在新车开发阶段（商品策划–设计–制作–批量生产）就开始介入，包括新技术、新钢种的交流–钢种选定–新技术的应用、零件加工和性能评价–共同应对批量生产的问题，确保批量生产。通过采用高强度钢板，汽车质量降低了 10%。

2. 铝合金轻量化车身

铝在地壳中的含量约占 8.13%，在金属元素中是最丰富的。铝具有良好的机械性能、耐蚀性、导热性、加工性及回收性，其密度只有钢铁的 1/3，因此在汽车车身轻量化中的作用非常明显。目前，用于汽车车身的铝合金主要有 Al–Cu–Mg（2000 系），Al–Mg（5000 系）和 Al–Mg–51（6000 系）等。2000 系铝合金具有优良的锻造性、良好的焊接性和较高的强度。5000 系铝合金中的 Mg 固溶于铝中，形成固溶强化效应，使得该系合金具有接近普通低碳钢板的强度，并且成形性较好，可以用于内板等复杂形状的部位。6000 系铝合金塑性好、强度高，具有优良的耐蚀性，综合性能好，可以用作汽车车身内板和外板。

为了应对钢铁联盟的竞争，世界各大铝业公司也结成了汽车铝材联盟（Auto Alumi–Alhance），加强了对汽车用铝的研究。由于汽车工业对轻量化的要求越来越高，铝合金在汽车上的用量呈现持续增长的趋势。根据国际铝协统计，自 1990 年以来，铝合金在轿车上的应用翻了一番，在轻型车中的用量则增加了 2 倍。

奥迪公司投入巨大力量进行铝合金在车身上的应用研究，并取得了丰硕的成果。奥迪公司最早于 1980 年在 Audi 80 和 Audi 100 型轿车上使用了铝制车门，并于 1994 年开发了具有里程碑意义的第一代全铝空间框架（Aluminum Space Frame，ASF）。ASF 是由挤压成形的多种盒形断面的铝制薄壁梁构成的空间框架，使用真空压铸铝接头来连接空间框架，主要承载部位通过 MIG（Metal Inert–Gas）焊接连接。车身外覆盖件由铝合金板冲压加工制造，铝板厚度是钢板厚度的 1.20～1.25 倍。铝挤压型材、铝压铸件及铝合金板构成 Audi ASF 车身，共使用了 125 kg 铝成形板材、70 kg 铝挤压型材、150 kg 铝压铸件。ASF 全铝车身质量降低 40%，只相当于普通中级轿车的水平，而 ASF 设计使车身的静态扭转刚度提高 40%。1999 年使用第二代空间框架的 Audi A2 问世，并批量生产。Audi ASF 汽车自身质量仅约 900 kg，车身质量比传统钢制车身轻 40%以上。第二代空间框架改进了制造工艺，提高了生产率，尽量使用平直且形状规则的铝挤压零件，减少使用真空压铸铝接头而改用粘接工艺，并大量使用激光焊接，保证了铝车身的质量。图 1.7 所示为 Audi A2 和 Audi A8 全铝合金车身框架。

美洲豹顶级轿车新款 XJ 型使用铝合金制造车身，其车身质量比原有车降低约 40%，车身刚度提高 60%。与 Audi A8 车身的 ASF 构造不同，新款 XJ 采用的是与原来钢制车身相同的整体构造单壳体结构，使用自冲铆接配合航天工业专用的环氧黏合剂，将经过模压、铸造及挤压处理的铝型材连接起来。使用这种单体构造结构的铝合金车身还有加拿大铝业公司（Alcan）和福特公司共同开发的 AIV（图 1.8），AIV 汽车共使用铝合金 270 kg，比传统钢制造的汽车减轻 200 kg。

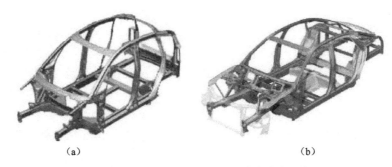

图 1.7 Audi A2 和 Audi A8 全铝合金车身框架
（a）Audi A2 铝合金车身框架；（b）Audi A8 铝合金车身框架

图 1.8 加拿大铝业公司和福特公司共同开发的 AIV 铝合金单体构造车身

本田公司开发了 Insight 复合结构全铝车身，这种车身结构结合了 ASF 与单体构造车身结构的优点，最大限度地发挥铝合金的优势。与铝合金单壳体车身（NSX 车）相比，Insight 铝复合车身所用的零件少 25%，焊点少 24%。此外，与 3 门钢车身的 Civic 车相比，白车身的质量减小 47%，而扭转刚度提高 38%，弯曲刚度提高 13%，同时具有很好的碰撞安全性。通用汽车公司开发的 5 座轿车 Precept 使用铝合金制造车身，车身使用了 49 kg 铝挤压型材、64 kg 铝合金板及 32 kg 铝压铸件。该车身共有 192 个零件，连接方法包括自冲铆接和盲铆、电阻点焊、金属惰性气体保护焊等。与传统钢结构车身相比，Precept 的车身质量减小 45%。1998 年，福特汽车公司开发的 P2000 汽车使用 332 kg 铝合金，铝材占整车质量的 37%，而福特公司 1997 年开发的 T5GL 车型使用的铝材只有 129 kg，铝材占整车质量的 8.6%。由于采用了全铝合金车身结构，P2000 汽车白车身质量比 T5GL 车减小 52.7%。

3. 其他轻质材料轻量化车身

除了高强度钢和铝合金外，镁合金、复合材料等轻质材料在车身上也得到一定程度的应用。镁具有良好的加工性、抗凹性、减振性等优点，镁合金密度大约为 1.89 g/cm^3，是铝合金的 2/3，具有极大的轻量化应用潜力。用于车身组件的变形镁合金主要有 Mg–Al–Zn 系合金和 Mg–Zn–Zr 系合金两大类。目前汽车使用最多的镁合金是 AM60B 和 AZ91D，此外 AS4lB 在北美生产的一些汽车上也得到了应用。

目前，汽车工业镁合金用量最多的国家和地区主要包括北美、欧洲、日本和韩国，这些镁合金主要用来制造离合器壳体、转向柱架、制动器踏板支架、转向盘骨架及进气歧管等，而在车身上的应用逐渐由仪表板拓展到车门网，随着技术的进步，还将会在车顶和其他车身结构件中得到应用。镁合金曾经在大众公司生产的甲壳虫汽车上得到较多的使用，每辆甲壳虫汽车使用大约 20 kg 镁合金，到 1980 年，大众公司共生产了 1 900 万辆甲壳虫汽车，使用镁合金共达 38 万吨。另外，福特公司 1997 年的 PNGV P2000 车上使用了 39 kg 镁合金，占整车质量的 2%。

纤维增强塑料（Fiber Reinforced Polymer/Plastic，FRP）是一种增强纤维和塑料复合而成的材料。常用的 FRP 是玻璃纤维和热固性树脂的复合材料，此外还有碳纤维和合成纤维等。FRP 复合材料不仅具有密度小、耐腐蚀、耐冲击等优点，而且易于制造各种形状的曲面，便于一体成形，减少装配工序。但是 FRP 也存在生产效率偏低、可靠性差、耐热性差等缺点。宝马 3 系列和 5 系列轿车的扰流板使用复合材料 SMC（Sheet Molding Compound），年生产量为 90 000 辆；大众的 Polo GTI 轿车上也使用低密度 SMC 制作车顶扰流板，年生产量为 12 000 辆；沃尔沃 V70 型轿车的后备厢盖由 2 个 SMC 复合材料零件和 1 个 BMC（Bulk Molding Compound）复合材料零件装配而成。

碳纤维增强材料（Carbon Fiber Reinforced Polymer/Plastic，CFRP），因其质量小、强度高、刚性高以及良好的耐蠕变与耐蚀性特点成为最理想的汽车用轻量化材料。自 1992 年通用汽车公司应用碳纤维制造超轻概念车以来，如今在汽车车身、尾翼、底盘、发动机罩、内饰等各个地方都能够发现碳纤维增强材料的身影。虽然对于汽车来说碳纤维增强材料具有众多优点，但碳纤维的价格一直居高不下，使得现阶段它还仅限于高档轿车或跑车上的应用，直到宝马 i3 纯电动汽车——创新型 Life Drive 构架（图 1.9）的首款宝马汽车的出现。其 Life 模块采用了高强度、超轻量的碳纤维增强塑料（CFRP），用于制造乘员舱。这种高科技材料在该车型上的大量应用保证了 Life 模块的极致轻量化，从而提高了宝马 i3 的行驶范围和性能。

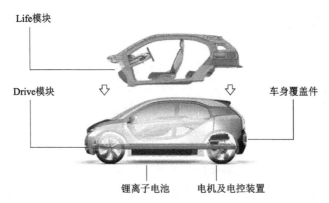

图 1.9 宝马 i3 Life Drive 模块示意图

1.2.2 国内车身轻量化的发展

我国连续 6 年位居汽车产销量世界第一,是名副其实的汽车制造大国,但不是汽车制造强国。我国汽车产业的下一个目标是:到 2020 年,汽车产业实现由大到强的转变,基本建成世界汽车产业强国。汽车强国的标志之一便是拥有核心技术的自主知识产权,轻量化作为汽车技术发展的重要方向之一,是我国实现由大到强转变的重要突破口之一。虽然目前国内汽车产业在该领域落后于国际先进水平,但从全球范围来看,汽车轻量化还没达到完全成熟的程度,随着国内轻量化技术标准和法规的健全,全社会对轻量化认识的提高,我国仍然有赶超国际先进水平的机遇。国内对车身轻量化的研究始于 20 世纪 90 年代,基本上是在一些高校和科研单位展开,近年来各自主品牌车企对车身轻量化问题的认识不断加深,开展了多方面的校企合作,并取得了初步的成果。

1. 高强度钢轻量化车身研究取得较大进展

随着先进高强度钢板的开发成功以及高强度钢轻量化车身项目的成功示范,汽车厂商已经逐渐认识到高强度钢在抗碰撞性能和成本方面较其他轻量化材料仍具有较大的优势,所以有些使用铝、镁合金的车门、保险杠、车轮等零部件又转而采用高强度钢。国内近年来在汽车用高强度钢的开发与应用方面也取得了较大进展,例如宝钢已经形成 CQ、DQ、BH、DP 及 TP 等多种商业化供货能力的高强度钢板品种,涵盖了国外当前生产的主要品种,这表明国产高强度钢系列已经初步形成。此外,宝钢还参加了 ULSAB-AVC 项目的研发。中国第一汽车集团将宝钢生产的 340 MPa 级高强度 IF 钢板应用于载货车左右车门内板、下后围和左右翼子板等零件。神龙汽车公司富康轿车的地板横梁加强板、车门铰链固定板、油箱固定板及发动机支架等也应用了高强度钢板。另外,高校学者从满足整车正面耐撞安全性能的角度,采用高强钢对车身主要覆盖件进行轻量化研究，取得了很好的轻量化效果。

2. 我国汽车铝合金用量与国外相比有一定差距

根据国际清洁交通委员会（the International Council on Clean Transportation，ICCT）的数据，铝合金在北美的用量最大，2011年美国汽车单车用铝量达到161 kg，2012年欧洲汽车单车用铝量为145 kg。但是，我国2010年乘用车单车用铝量仅相当于北美2000年的水平（119 kg），2010年我国乘用车使用铝需求为225万吨，其中国内整车装备约为172万吨，出口铝合金零件44万吨。乘用车用铝的需求约占国内整车用铝的83%。

近年来，铝合金受到国内汽车企业的高度重视，其用量逐年增加。我国科技部也对铝合金板材、铝合金半固态成形技术进行了不同阶段的项目支持，国内主要铝合金板材生产企业也完成了铝合金汽车板轧制技术开发并试制了相应的铝合金汽车板材，进行了汽车零部件试制和试生产。半固态铝合金的工业应用有了一定的基础和进展，但暂时未进入产业化阶段。

3. 轻量化战略联盟成立

2008年，我国汽车轻量化技术创新战略联盟在宁波正式宣告成立。据了解，作为我国汽车行业的第一个技术创新战略联盟，其中长期发展目标是：开展汽车轻量化材料应用共性关键技术研究，攻克和自主掌握轻量化核心关键技术，提升汽车行业轻量化材料应用水平。该联盟由中国汽车工程学会、中国第一汽车集团公司、东风汽车公司、浙江吉利控股集团有限公司、奇瑞汽车有限公司、重庆长安汽车股份有限公司、中国汽车工程研究院、吉林大学、哈尔滨工业大学、华东理工大学、宝山钢铁股份有限公司、西南铝业集团12家单位共同组成。截止到2016年，轻量化联盟发展成员单位19家、伙伴单位46家、观察员单位6家。

我国在产品设计的初期就采用轻量化辅助的范例很少，主要集中在卡车车身骨架、大客车车身骨架和轿车白车身的改型方面，这样设计与分析就未能做到真正的并行，不能发挥CAE技术缩短新产品开发周期的潜力。与国外相比，国内关于在轻量化设计过程中引入新的现代优化算法的研究比较缺乏，分析内容往往只局限于刚度、强度、模态三个方面，未考虑轻量化设计会影响到其他方面的指标。这就要求我们在产品开发的初期就引入有限元优化设计方法，利用计算机来预测所设计的新产品的动态和静态特性，慢慢积累设计研发经验，从而提高自主研发能力和技术水平，这样到一定阶段才能使创新变得有可能。

从总体来看，我国汽车轻量化技术的发展还主要面临如下问题：

（1）轻量化技术涉及众多学科研究领域，需要应用多学科交叉融合所形成的综合性、系统性知识体系，而我国研发机构目前只注重单个技术的开发，很少有各技术之间的交叉。

（2）汽车轻量化技术涉及众多共性技术和前沿技术，其关键核心技术的突破不可能由单个企业或研发机构完成，国家必须有战略性、前瞻性的部署，而我国缺乏此类机构。

（3）产、学、研结合不够紧密，没有明确的分工定位。

由此可知，我国汽车轻量化技术无论在理论研究方面还是在实际应用方面都与国外有较大的差距，任重而道远。

1.3　轻量化系数以及国内外车型轻量化水平评价

1.3.1　如何评价汽车轻量化的设计水平

目前车身设计的大趋势是轻量化设计，本质是通过一些合理的结构、新材料、新工艺，用更低的质量去实现相应车型的性能目标。那么换句话说，在目前行业大趋势下衡量一款车车身设计的好坏是可以通过轻量化设计的水平来进行评价的。

关于车身轻量化设计的评价，可以引用目前汽车行业内比较认可的一个计算公式——轻量化系数计算公式。通过计算所得的轻量化系数来对比评判不同厂家车型所处的行业水平。

$$L = \frac{m}{K_{TG} \times A} \qquad (1.1)$$

式中，L 为轻量化系数，m 为白车身质量（不包含四门两盖及玻璃），K_{TG} 为车位扭转刚度，A 为四轮的正投影面积（即轮距×轴距）。

将 m 定义为白车身质量是因为动力系统、底盘系统、开闭件等主要安装在白车身结构上，而车身的相关性能是由白车身框架结构所决定的，所以轻量化系数里主要考核的是单位质量的白车身所实现的车身性能。

车身性能的考核指标主要是弯曲刚度和扭转刚度（弯曲和扭转模态在整车体系下评价会更合理），而与汽车行驶品质关联比较紧密的主要是扭转刚度，扭转刚度的大小对汽车底盘的操纵稳定性、行驶在凹凸路面上车体的抗变形能力影响都比较大，所以性能目标的变量主要选用扭转刚度。

把轴距与轮距之间的正投影面积 A 作为分母的加权主要考虑的是车身弯曲和扭转刚度的激励主要来源于四个车轮，车轮虽然是安装在底盘上，但是底盘的安装点是在白车身上，其次是考虑不同级别车型之间的性能差异。

从这个公式我们也可以很直观地得出一个结论：同级别车型中，白车身质量越小,扭转刚度越高,轻量化系数就越小,也就是车身轻量化设计越好,反之则越差。

1.3.2 国内外车型轻量化水平评价

在行业内,整车品质的评比有 JD-power,发动机和内饰的评比有沃德十佳,外观造型也会有诸多媒体和行业协会发起的评比奖项,而关于车身设计好坏的评比机构和平台,对于普通消费者来说从媒体上获取的信息可能相对较少,实际上也有诸如欧洲车身年会(ECB)、中国汽车轻量化年会(已举办四届)等作为各大原始设备制造商、生产商展示自身车身设计水平的舞台。

先来看看 2011—2015 年这五年 ECB 获奖车型的名单及其轻量化系数。在这份名单数据里,我们可以很直观地看到,平均轻量化系数与最小轻量化系数是呈下降趋势的,这与目前的行业发展趋势很吻合。驱动动力主要来源于两方面,一是各国家和地区政府对能耗和排放的政策越来越严格,新能源和轻量化设计成为必要手段;二是汽车车身设计水平在提升,厂家对于成本的管控做得更精细化。

在这份统计中,我们还能发现:从 2013 年开始,随着 CRFP 和铝合金在一些车体上应用比例的提升,轻量化的最低系数开始突破 2,而且有逐年递减的趋势。其次是小微型车轻量化系数普遍偏高,比如 MX-5 的轻量化系数高达 6.11。这里主要是受限于两方面的原因,其一是受限于制造成本(BMW i3 和 Audi TT 这类豪华品牌成本敏感度不高的车型除外),新材料使用较少;其二是短轴距的小型车对扭转刚度的性能要求不高,导致轻量化系数的分母偏小。最后是中高端品牌车型轻量化设计要好于普通品牌车型,同时德系同级别车型轻量化设计要好于其他国家和地区车型。

轻量化系数平均值说明的只是一个行业趋势,而如果要对比具体车型,就需要考虑车型车身扭转刚度性能以及车型的轮距和轴距。我们再来看看 2011—2015 这五年 ECB 获奖车型的性能参数(表 1.2~表 1.5),然后依据轴距对车型进行分级做一个平均值的对比计算。我们将这些车型分为四个级别:轴距 2 600 mm 以下级别,轴距 2 600~2 700 mm 级别,轴距 2 700~2 900 mm 级别,轴距 2 900 mm 以上级别。同时剔除一个最高值、一个最低值,以及超级跑车等影响性能平均值失真的因素。

轴距 2 600 mm 以下有 10 款车(Alfa 4C 和 MX-5 属于 k-car,不计入统计范围,同时剔除 Golf Cabriolet 和 BMW i3),平均白车身质量 238 kg,扭转刚度 21 813.3 N·m,轻量化平均系数 3.27。

轴距 2 600~2 700 mm(包含 2 700 mm)有 17 款车(剔除 Avebtador 和 F-type 这两款超跑对扭转性能评估所引起的失真,同时剔除 Opel Cascada 和 AMG

GT S），平均白车身质量 280.8 kg，扭转刚度 21 931.4 N·m，轻量化平均系数 3.17。

轴距 2 700～2 900 mm 有 12 款车（Mustang 未公布扭转刚度值，再剔除 BMW i8 和 Corvette Z06），平均白车身质量 307.3 kg，扭转刚度 23 680.6 N·m，轻量化平均系数 3.19。

轴距 2 900 mm 以上有 10 款车（F150 作为 pickup 不计入样本，再剔除 XC90 和 BMW 7 系），平均白车身质量 313.4 kg，扭转刚度 29 813 N·m，轻量化平均系数 2.19。

表 1.2　2011—2012 年 ECB 获奖车型信息

车　型	轴距/mm	价格/万元	参展年份	车身骨架质量/kg	扭转刚度/[N·m·(°)$^{-1}$]	轻量化系数
Ford Fusion/Mondeo	2 850	/	2012	317.5	19 335.7	3.62
Skoda Rapid	2 602	6.79	2012	237	17 120	3.59
Benz SL Class	2 585	122.8	2012	257	19 400	3.2
Honda Civic	2 605	13.8	2012	273.9	24 500	2.79
BMW 3 Series	2 810	28.6	2012	301.3	26 000	2.66
Audi A3	2 601	25.5	2012	246.5	25 750	2.41
Cadillac ATS	2 775	30.8	2012	289.2	29 000	2.34
Jaguar Range Rover L405	2 922	149.7	2012	288	26 300	2.22
VW Golf Cabriolet	2 578	30	2011	344	13 500	6.49
Opel Zafira	2 760	26.99	2011	369.8	17 200	4.91
Ford Focus	2 650	25.98	2011	280.8	16 441	4.16
Hyundai i40 new	2 770	/	2011	318	21 800	3.26
Nissan Leaf	2 700	/	2011	308	23 400	3.17
BMW 1 Series	2 690	24.2	2011	267	20 700	3.09
Range Rover Evoque	2 660	52.8	2011	323.4	25 196	2.96
Mercedes–Benz B Class	2 699	27.8	2011	300.3	25 700	2.79
Mazda CX–5	2 700	16.98	2011	322.1	27 000	2.79
Audi A6	2 912	63.8	2011	318	26 200	2.56

第1章 概 述

表1.3 2013年ECB获奖车型信息

车 型	轴距/mm	价格/万元	参展年份	车身骨架质量/kg	扭转刚度/[N·m·(°)$^{-1}$]	轻量化系数
Ford Transit Custom	/	/	2013	492.1	16 910	5.74
Opel Cascada	2 695	/	2013	370	15 800	5.48
Lexus IS	2 800	37.5	2013	308.5	20 900	3.42
Honda Fit	2 530	7.38	2013	231.6	18 000	3.41
Alfa Romeo 4C Coupe	2 380	/	2013	168.7	14 150	3.08
Renault Capture	2 605	18	2013	259.6	20 307	3.06
Range Rover Sport	2 923	104.8	2013	275	22 600	2.47
Infiniti Q50	2 850	32.58	2013	299.2	27 900	2.42
Mercedes-Benz S-Class	3 165	93.8	2013	362	40 589	1.73
Lamborghini Aventador	2 700	648.8	2013	249.5	35 000	1.55
BMW i3	2 570	50	2013	138.2	27 160	1.26

表1.4 2014年ECB获奖车型信息

车 型	轴距/mm	价格/万元	参展年份	车身骨架质量/kg	扭转刚度/[N·m·(°)$^{-1}$]	轻量化系数
Audi TT	2 505	53	2014	222	25 370	2.23
Fiat 500x	2 570	26	2014	283.6	26 950	3.02
Mazda 2	2 570	10	2014	213.4	18 500	3.02
Peugeot 308	2 620	13	2014	269.9	17 700	3.91
Jaguar F-type	2 622	180	2014	289.7	33 000	1.98
BMW i8	2 800	198	2014	229.4	49 000	1.2
Subaru WRX	2 650	34	2014	304.7	22 300	3.35
Renault Twingo	2 494	/	2014	220.1	22 600	2.7
Ford Mustang	2 720	80	2014	358.21	/	/
Chevrolet Corvette Z06	2 710	/	2014	214.68	14 658	4.99
Volvo XC90	2 984	105	2014	401.3	25 000	3.2
Mercedes-Benz C	2 840	35	2014	293	28 770	2.87

表 1.5 2015 年 ECB 获奖车型信息

车 型	轴距/mm	价格/万元	参展年份	车身骨架质量/kg	扭转刚度/[N·m·(°)$^{-1}$]	轻量化系数
Cadillac CT6	3 109	44	2015	305.6	36 602	1.66
Renault Espace	2 884	28	2015	339.34	22 200	3.28
Mercedes-AMG GT S	2 630	128	2015	231	27 925	1.89
BMW 7 Series	3 070	93.35	2015	323	42 100	1.53
Oplel Astra	2 662	19.5	2015	257	19 000	3.28
Jaguar XF	2 960	51.8	2015	283	24 000	2.49
Mazda MX-5	2 310	29	2015	197.04	9 302	6.11
Ford F150	3 683	50	2015	213.6	26 341	1.28
Audi Q7	2 994	80	2015	362	32 700	2.19

从以上的统计结果来看，A0 级车车身要达到一线的优秀水平，轻量化系数要达到 3.27 左右，A 级车则要 3.17，B 级车要 3.19，而 C 级及以上级则有一个大跳跃，需要达到 2.19，这主要是因为这个级别的车型基本上是采用以铝合金为主要金属材料的车身。

扭转刚度的样本差别比较大，主要原因是高性能车和 SUV 车型对扭转刚度的要求较高，拉高了整体的平均值。但是 ECB 这些获奖车型中，不管是家用型车还是高性能车，扭转刚度都普遍高于其他车型，比如一般日常 A 级轿车的扭转刚度目标值为 18 000 N·m 左右，B 级则为 20 000 N·m 左右。

在白车身质量方面，平均值的成绩也要优于大多数日常用车。举例来说，在 ECB 获奖的 A 级车，白车身平均质量在 280 kg 左右，而卡罗拉和朗逸这类家用车的白车身都在 300 kg 左右。

虽然这些车型里有些轻量化系数非常高，看起来车身设计很"差"。但是实际 ECB 的年度获奖车型，不仅要考核轻量化系数和车身相关性能，还要考量白车身零件的总数量、采用的新材料、新的焊接和黏合工艺、车型平台通用率等因素，是一个非常全面的考核，所以获奖车型一定是在同级别车型中有着过人之处。

国内自主品牌并不像欧美车型那么热衷参与 ECB 的评比，每年参与国内中国汽车轻量化年会评比的车型相对较少，也从侧面说明车身轻量化设计还没有完全在自主品牌中得到重视。

以 2016 年举办的第四届中国汽车轻量化年会的参选车型来说，一等奖是奇瑞的瑞虎 7，瑞虎 7 轴距 2.67 m，轮距 1.55 m，白车身质量为 285 kg，扭转刚度为 21 445 N，轻量化系数为 3.2。由于瑞虎 7 是全钢制车身，这样的成绩已属优秀，与国际一线钢制车身的水平相当，但是与轴距相当的路虎极光 2.96 的成绩还是有差距。

参展的另外一款车型江淮 iVE6S，作为纯电动车型的轻量化系数为 4.8，与同为纯电动车型的宝马 i3 的 1.26 差距还是较大，但是江淮已经尝试将铝合金发动机罩和塑料尾门进行量产搭载，这在国内的厂家中较为领先。

吉利帝豪 EC7 长期在轿车销量排行榜处于前十的地位，它的轻量化系数为 5.92，号称最美 SUV 的博瑞为 4.97，上汽荣威 350 为 3.63，与这个级别的一线平均水平尚有较大差距。

轻量化设计是目前行业的大趋势，各大厂家在近几年的新车型宣传推广上也经常会拿某某车型比上一代车身减重 100 kg，某某车型整车减重 200 kg 来作为品牌宣传，但是从未有厂家公开过白车身质量以及相关的车身的性能参数，这些不谈性能的轻量化成绩难以被认定为是有说服力的技术进步。

1.4　新能源汽车结构轻量化问题概述

汽车轻量化技术是设计、材料与制造技术的集成应用。现代车身轻量化过程中，普遍采用优化车身结构与新型材料应用相结合的技术方案，应用更先进的车身骨架结构以及轻质材料，使得强度合理分配到车身上，可以实现在既定成本内提高整个车身的强度、刚度，同时减小车身的质量的目的。实现汽车车身轻量化的主要途径及技术体系如图 1.10 所示。从其技术体系可知，目前的轻量化更多地达到了结构静态、碰撞安全以及 NVH 特性的要求，对结构的可靠性尚考虑很少，对在概念开发过程中的轻量化开发方法也缺乏研究和有效的应对。

1.4.1　轻量化设计的技术体系

1. 新材料应用

轻量化材料是指可用来减轻汽车自重的材料，它有两大类：一类是低密度的轻质材料，如铝合金、镁合金、钛合金、塑料和复合材料等；另一类是高强度材料，如高强度钢。与传统的钢铁材料相比，轻量化材料在物理化学特性等诸多方面存在着显著差异，导致在实际应用中难以完全照搬原有的设计理念和传统的制造技术。因此，新材料的应用绝不是对原有材料的简单替代，而是一项涉及技术、经济、安全、环境等诸多方面的复杂系统工程，需要解决从材料到零部件直至使用维修和回收全过程中所出现的各种问题。也就是说，要通过

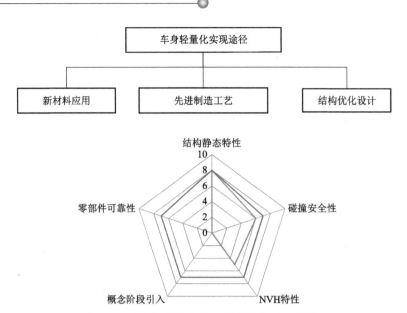

图1.10 车身轻量化途径及技术体系（见彩插）

新材料的应用实现汽车的轻量化，并最终为社会和用户所接受。除了材料的开发外，还离不开一系列相应的技术支持，包括材料试验与检测技术、零部件设计技术、相关的制造技术、零部件维修技术、材料回收与再生技术等。

2. 先进制造工艺

采用新材料生产汽车零部件所需的特殊加工技术主要有先进的成形技术、连接技术、表面处理技术和切削技术等。利用新的工艺技术，使车身的一些结构件和附件，通过有效的断面设计和合理的壁厚设计形成复杂的整体式结构，不仅减小了结构质量，同时强度、刚度及局部硬度都得到相应的提高，并且具有较强的成形自由性和设计工作的灵活性。

3. 结构优化设计

结合有限元法与结构优化方法，对零部件进行结构优化，也是实现零部件轻量化的一个重要研究方向。例如，采用优化设计除去零部件的冗余部分（使零部件薄壁化、中空化）、部件零件化、复合化以减少零件数量等。通过整合零部件，减少其数量，实现零件结构轻量化，这种方法减少了零部件之间的连接，车身刚度得以加强，在提高车身舒适性的同时也达到了减重的目的。

目前，新一轮的汽车轻量化潮流主要是大量应用新材料，但是这种趋势与我国经济比较落后的市场状况不太协调。虽然很多结构轻量化设计的实例都采用有限元法使结构应力分布更合理，但是由于缺少明确可行的轻量化设计评价准则，只是将设计应力控制在许用应力之下，这些结构仍是无限寿命。因此，这种"更合理"的结构仍有较大的减重空间。结构优化的常见内容有：

① 优化并排焊点。布置两排或多排焊点的翻边肯定比布置单排焊点的翻边宽，因此在设计中应充分利用模拟分析来优化焊点的布置形式和数量，以降低车身质量。

② 避免用增加零件整体厚度的办法来解决零件本身局部刚度或模态问题。一般可以采用优化加强筋的形状和位置、局部增加加强板的方法来加以解决。

③ 减重孔的优化设计。通过减重孔的设计去掉不必要的质量，达到减重的目的。

以上三个途径是相辅相成的，实际的轻量化汽车设计过程中必须采取新材料、新工艺的应用与结构优化相结合的方法，对汽车的质量、性能和成本进行权衡。

1.4.2 车身结构分析与优化的轻量化设计方法

一种车型一旦上市，其在市场上的定位也就基本决定了它应当具备的主要性能指标，因此合理的性能参数和布置尺寸是车身轻量化设计的基础。性能参数一般包括发动机的配置范围、操控性能、安全级别和噪声控制等。在整车的主要性能参数确定以后，我们才能在此基础上应用轻量化的设计技巧（如优化断面尺寸、优化钣金厚度等），同时根据实际的生产条件来设计可用于制造的轻量化车身结构。车身结构轻量化设计流程如图1.11所示。

车身的结构优化是指在车身设计阶段应用CAD/CAM/CAE/CAO一体化技术，用数值模拟技术代替实车试验，对车身进行静刚度、振动、疲劳和碰撞等结构性能分析，得到车身的力学结构性能，并应用现代优化技术对车身结构进行优化，在确保车身的功能、性能和质量的前提下，去除冗余材料，使车身部件精简化、小型化、薄壁化和中空化，以达到降低车身质量的目的。轻量化车身有限元分析的主要内容如图1.12所示。

近年来，随着高性能计算机技术的不断发展和数值计算方法的深入研究，结构分析和优化技术日趋成熟，并逐渐应用到车身各个设计阶段。以有限元法为主体的车身结构分析，避免了设计的盲目性，减少了设计成本以及缩短了车身结构的开发周期。以有限元法为基础的车身结构分析已成为一种面向车身结构设计全过程的分析方法，车身结构设计的过程也成为一种设计、分析和优化并行的过程，优化的思想在设计的各个阶段被引入。

有限元法在汽车结构分析上的使用可以追溯到20世纪60年代中期，并在20世纪80年代得到普及。但是，早期的有限元分析多用于车身模态或静刚度等线弹性分析，而汽车耐撞性计算机模拟技术直至1985年之后才开始迅猛发展并得到大量应用。在这之前，限于当时的理论水平，人们还不可能对汽车

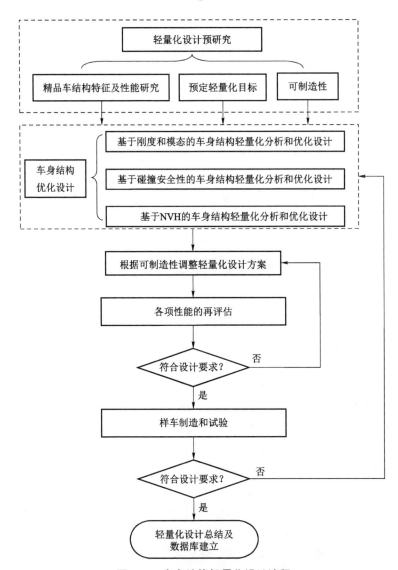

图 1.11　车身结构轻量化设计流程

碰撞这种复杂的力学问题有深入全面的了解，当时主要依靠多刚体系统动力学方法和机械振动学方法进行汽车碰撞响应分析。1985 年之后，显式有限元法研究获得突破，标志着汽车碰撞仿真研究新时期的开始。动态非线性显式有限元法采用中心差分法，可以用来计算具有大位移、大变形、复杂接触和高速冲击等特性的复杂力学问题，常用的动态显式有限元软件有 LS–DYNA、MCRASH、RADIOSS 等。动态显式有限元法的发展为汽车整车碰撞安全性及部件的耐撞性研究提供了有力工具，许多学者借此对汽车碰撞安全性进行了深

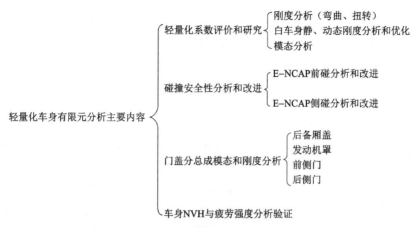

图 1.12　轻量化车身有限元分析主要内容

入研究和分析，主要包括整车的碰撞安全性分析、关键零部件的吸能模式和机理研究等。

有限元法作为一种分析手段，其主要功能是对给定设计进行精确评价和校核。传统的车身结构设计过程为：设计人员根据分析结果，依靠经验和直觉提出改进方案，然后重新分析和校核，直到找到一个满意的设计。这种设计过程不仅耗时费力而且容易出错，并且得到的结果仅仅是一个可行方案，而非最优设计。随着计算机技术的发展，有限元分析方法与计算机辅助优化技术相结合成为车身结构优化设计的有效方法，并开始在车身开发中得到应用。

早期的车身结构优化的基本思想是：将数学规划理论与有限元法相结合，构建车身结构优化设计模型，基于数学规划算法进行迭代计算，直到找到最优解。随着结构分析能力和手段的不断完善，以及现代优化理论的不断发展，车身结构优化的研究范围已从基于刚度及模态等单一准则优化发展到考虑结构耐撞性优化在内的多学科优化设计。近年来，车身结构的耐撞性优化得到广泛研究并取得重要进展。由于显式有限元分析需要非常小的积分时间步长，借助显式有限元法进行汽车碰撞仿真分析的计算时间相当长，而优化设计通常需要经过多次反复迭代计算才可以完成，这样使得完全集成有限元分析进行优化迭代变得不太可能。此外，由于碰撞分析的响应函数的导数大多不是连续函数，直接应用序列二次规划等基于梯度的优化算法进行求解变得困难。鉴于此，研究人员针对薄壁构件、车身部件乃至整车结构的耐撞性优化设计技术开展了广泛的研究。

现代承载式车身结构几乎承受轿车在使用过程中的所有载荷，主要包括扭转和弯曲载荷，因此轿车车身的刚度特性具有非常重要的作用。此外，车身结构低阶弹性模态不仅是控制汽车常规振动的关键指标，而且反映了汽车车身的整体刚度性能。因此，车身结构设计不仅要考虑汽车的耐撞性，而且需要同时分析车身的刚度以及动态特性。随着结构优化技术在汽车设计中的应用不断深入，一些学者开始关注考虑车身刚度、NVH 以及结构耐撞性等性能在内的多学科优化设计。

总而言之，车身结构优化技术已经取得显著进步并且日趋深入。车身设计过程中，就车身结构分析而言，已从解析法和经验设计法发展到采用有限元方法分析车身结构性能；就车身结构优化而言，已从传统优化设计中仅限于基于刚度、强度或模态单一准则优化发展到考虑结构耐撞性优化在内的多学科优化设计，已从对车身单一零部件的分析和优化发展到对白车身乃至整车进行结构优化。然而可以看到，对于结构耐撞性优化设计问题，目前在试验设计方法和近似模型的选择上具有一定的随意性和不确定性，需要在兼顾计算效率和准确性的基础上合理评价和选择试验设计方法与近似模型。

第 2 章

汽车结构轻量化理论与设计方法

2.1 汽车结构轻量化问题的建立

汽车结构轻量化，就是根据社会、经济、环境等各方面的要求，通过各种技术手段，在保证一定汽车性能要求的前提下，减轻整个结构及各个零部件总成的质量，以实现汽车自身质量降低的目的。因此，汽车的轻量化，首先应保持汽车原有的性能不受影响，既要有目标地降低汽车自身的质量，又要保证汽车行驶的安全性、耐撞性、抗振性以及舒适性，同时应使汽车本身的制造成本不被提高，避免给用户造成经济上的压力。实现车身轻量化的方法有很多，可以从车身结构设计、材料选择、制造工艺等方面进行研究。

汽车轻量化技术是设计、材料与制造技术的集成应用。现代车身轻量化过程中，普遍采用车身结构优化与新型材料应用相结合的技术方案，应用更先进的车身骨架结构以及轻质材料，使强度合理分配到车身上，可以实现在既定成本内提高整个车身的强度、刚度，同时降低车身质量的目的。

汽车轻量化问题是基于最优化理论建立的，所谓优化设计，就是根据具体的实际问题建立其优化设计的数学模型，并采用一定的最优化方法寻找既满足约束条件又使目标函数最优的设计方案。构成结构优化设计问题的三要素为：

① 设计变量（Design Variable，DV），是汽车结构的设计参数，如节点坐标、板厚、材料属性参数等，通过优化达到最优的汽车结构性能参数。设计变量一般具有上下限，构成优化问题的第一类约束，即设计约束。

② 状态变量（State Variable，SV），是优化过程中结构的响应，如应力、变形等。状态变量一般也有上下限，构成优化问题的第二类约束，即行为约束。

③ 目标函数（the Objective Function，OBF），是最优量的寻求目标。一般为汽车结构的性能参数，如一阶扭转频率、总质量等。

结构优化数学模型根据响应的约束情况分成无约束优化问题和约束优化问题两类。

（1）无约束优化问题。

$$\begin{cases} \min f(\boldsymbol{X}) \\ \boldsymbol{X}^{(\mathrm{L})} \leqslant \boldsymbol{X} \leqslant \boldsymbol{X}^{(\mathrm{U})} \end{cases} \quad (2.1)$$

式中，$f(\boldsymbol{X})$ 为目标函数；$\boldsymbol{X}$ 为由设计变量组成的向量；$\boldsymbol{X}^{(\mathrm{U})}$ 为设计变量的上限；$\boldsymbol{X}^{(\mathrm{L})}$ 为设计变量的下限。

（2）约束优化问题。

$$\begin{cases} \min f(\boldsymbol{X}) \\ g_j(\boldsymbol{X}) \leqslant 0, j = 1, 2, \cdots, n \\ h_i(\boldsymbol{X}) = 0, i = 1, 2, \cdots, m \\ \boldsymbol{X}^{(\mathrm{L})} \leqslant \boldsymbol{X} \leqslant \boldsymbol{X}^{(\mathrm{U})} \end{cases} \quad (2.2)$$

式中，$f(\boldsymbol{X})$ 为目标函数；$g_j(\boldsymbol{X})$ 为不等式约束函数；$h_i(\boldsymbol{X})$ 为等式约束函数；$\boldsymbol{X}^{(\mathrm{U})}$ 为设计变量的上限；$\boldsymbol{X}^{(\mathrm{L})}$ 为设计变量的下限。

显然，汽车结构的性能优化属于约束优化问题，而求解约束优化问题往往比求解无约束优化问题困难得多，所以一般是将约束优化问题转化为无约束优化问题，采用迭代算法求解多元函数的无约束优化问题。

结构优化设计数学模型根据设计变量的类型和求解问题的难易程度可分为拓扑优化、形状优化和尺寸优化三个层次，分别对应于三个不同的产品设计阶段，即概念设计、基本设计和详细设计三个阶段。

结构优化设计数学模型，根据目标函数的不同可分为单目标优化问题和多目标多学科优化问题。其中，单一目标优化问题及多目标利用折中规划法转化为单目标问题求解的方法已经趋于成熟并且商业化。多目标多学科求解问题的思路随着优化算法及计算机软硬件技术的发展逐渐完善。

围绕着汽车结构轻量化问题的理论数学模型以及技术方法，从最优化问题的设计变量、约束、目标三个要素出发，对轻量化理论设计方法进行了如图 2.1 所示的归纳。以下小节逐渐展开对图 2.1 中理论的简单数学模型介绍。

2.1.1 拓扑优化

拓扑设计方法是一种创新型的设计方法，能为我们提供一些新颖的结构拓扑。在研发设计早期阶段，拓扑设计的初始约束条件很少，设计者只需要提出设计域而不需要知道具体的结构拓扑形态。由于有充分的自由设计空间和时间

第2章 汽车结构轻量化理论与设计方法

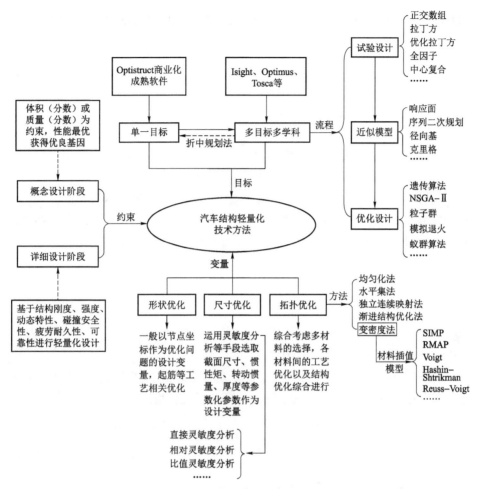

图 2.1 汽车结构轻量化技术方法

来改变设计方案,这时可选择拓扑优化方法对整车或零部件结构进行概念设计,以得到结构的最优拓扑形式。整车结构拓扑形式概念设计上的错误将导致最终设计的失败。

拓扑优化用来确定结构的最优形状和质量分布,在给定材料品质和设计域内,通过优化设计方法可得到既满足约束条件又使目标函数最优的结构布局形式及构件尺寸。拓扑优化计算每一单元的材料特性并改变材料分布,在一定的约束条件下实现优化目标。目前人们已经认识到,与拓扑结构不变的优化方法相比,拓扑优化能极大地改进结构设计。因此,拓扑优化方法受到了极大的重视并取得了快速发展。

结构拓扑优化的目标是在设计可行空间 Ω 中找到一个给定体积 V(或质量 m)的子空间 Ω^{mat},使得该空间相应的目标函数 Φ 取得极值,其目标可以是结

构刚度、形变值或者多个目标的综合函数。$\forall x \in \Omega$，引入材料密度函数

$$\rho(x) = \begin{cases} 1, & x \in \Omega^{mat} \\ 0, & x \in \Omega | \Omega^{mat} \end{cases} \quad (2.3)$$

则结构拓扑优化数学模型可以表达为

$$\min_{\rho} \Phi(\rho)$$
$$\text{s.t.} \int_{\Omega} \rho \text{d}\Omega \leqslant V \quad (2.4)$$
$$\rho(x) = 0 \text{ 或 } 1 \, (\forall x \in \Omega)$$

结合有限元分析的思路，可以将结构设计空间 Ω 离散为 n 个单元，将整体结构密度函数近似写为 n 维的向量 $\boldsymbol{X} = (x_1, x_2, \cdots, x_n)$，其中 x_i 为单元 i 的密度数值。此时的优化问题为 0~1 整数变量优化模型：

$$\min_{X} \Phi(\boldsymbol{X})$$
$$\text{s.t.} \, V(\boldsymbol{X}) = \sum_{i=1}^{n} \rho_i v_i \leqslant V \quad (2.5)$$
$$\rho_i = 0 \text{ 或 } 1 \, (i = 1, 2, \cdots, n)$$

式中，ρ_i 为单元 i 的密度；v_i 为单元 i 的体积。

由于整数模型的求解计算十分困难，通常采用连续变量方法，将 0 或 1 整数变量问题转化为 [0,1] 区间上的连续变量优化模型：

$$\min_{X} \Phi(\boldsymbol{X})$$
$$\text{s.t.} \, V(\boldsymbol{X}) = \sum_{i=1}^{n} \rho_i v_i \leqslant V \quad (2.6)$$
$$0 \leqslant \delta \leqslant \rho_i \leqslant 1 \, (i = 1, 2, \cdots, n)$$

式中，δ 为一个极小的数，以避免刚度矩阵奇异。

对连续体结构拓扑优化的研究比较经典的方法有变密度法、水平集法、均匀化法、进化式结构优化法、独立连续映射法等。均匀化法是将三维实体单元的设计变量作为单元内部某一三维空间的尺寸 a、b、c 和方位角 θ，板壳单元作为单元内部某一二维区域的尺寸 a、b；而变密度法中，其设计变量则为单元的材料密度 ρ。

1. 变密度法数学模型

变密度法连续体结构拓扑优化方法的主要思想是建立材料参数和结构密度之间的函数关系，一般情况下设定单元相对密度（即设计变量）和弹性模量之间的非线性解析关系，但材料泊松比保持不变。通过结构离散单元的设计变量变化控制单元刚度的变化，进而调整结构总体刚度矩阵的变化，经过优化使

结构刚度达到最佳,材料分布趋于最优。

在基于变密度法的拓扑优化中,优化的变量是单元的密度,变量连续化以后的模型是一个病态问题时,优化过程中会出现"中间密度单元",即密度值介于0~1的情况,需要引入惩罚因子来将每个单元的密度最终强制为0或1。常用的中间材料密度惩罚模型有固体各向同性惩罚微型结构模型(SIMP模型)和合理近似材料属性模型(RAMP模型)。其他一些材料插值模型还包括Voigt、Hashin–Shtrikman、Reuss-Voigt等。

1) SIMP材料插值

通过SIMP材料插值方式引入连续变量,可以解决拓扑优化离散变量不连续问题,SIMP的材料插值公式如下:

$$E_e(x_e) = E_{min} + x_e^p(E_0 - E_{min}) \qquad x_e \in [0,1] \tag{2.7}$$

式中,x_e为单元设计变量(即相对密度);p为惩罚因子;E_e为单元设计变量x_e对应的单元弹性模量,为经过插值更新后的单元弹性模量;E_0为原始材料弹性模量;E_{min}为空洞材料弹性模量,一般为E_0的1/1000。

当$x_e=1$时,单元为实体结构;当$x_e=0$时,单元为空洞结构。通过控制惩罚因子p的大小可以使单元密度或快或慢地逼近0或者1,这样便使目标函数接近理想状态下0~1的离散结构,并取得最优材料分布结构。

SIMP材料插值模型中对结构单元弹性模量等属性的控制参数为相对密度x_e和惩罚因子p。当取不同的p值时,不同的中间单元材料密度导致单元弹性模量等性能参数逼近0或E_0的趋势如图2.2所示。

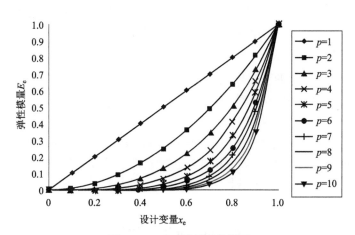

图2.2 SIMP材料插值模型

以图2.3的简支梁为算例对SIMP变密度法的惩罚因子p进行讨论,发现当p取值过小时,将达不到惩罚效果,会出现大量中间密度单元;而当p取值过大时，将导致柔度初始值过大，无法计算，得不到优化结果。故 p 通常取 2～5 之间的一个值，在这个范围内 p 取值越大，中间密度单元越少，优化结构越明确，如图 2.4 所示。

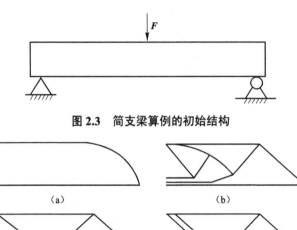

图 2.3 简支梁算例的初始结构

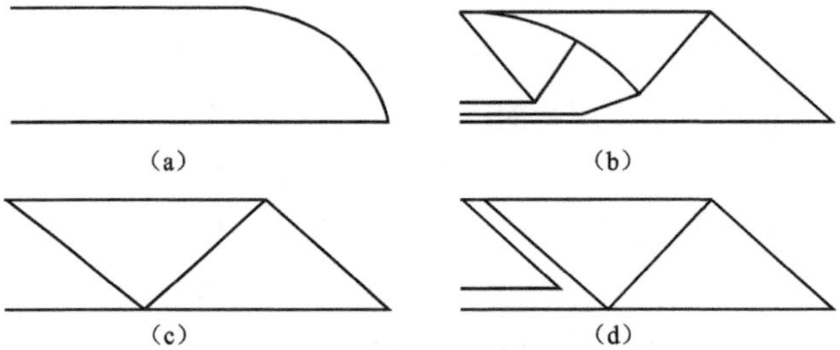

图 2.4 不同惩罚因子下的优化结果
（a）p=1.5；（b）p=2.5；（c）p=3；（d）p=5

在拓扑优化求解器 Optistruct 中，拓扑优化开始阶段的一般惩罚因子 p=2，而新能源汽车结构概念设计旨在获得桁架形式的结构，即更倾向于图 2.4 中 p=3 或 p=5 的结果。为此，通过改变迭代优化过程中惩罚因子 p 取值的技术，即最小组成尺寸控制的技术，来获得桁架概念更明显的优化结果。

2）RAMP 材料插值

RAMP 刚度密度插值模型：

$$E_q(x_j) = E_{min} + \{x_j/[1+q(1-x_j)]\}(E_0 - E_{min}) \tag{2.8}$$

式中，E_q 为插值以后的弹性模量；E_0 和 E_{min} 分别为材料固体部分和空洞部分的弹性模量，$\Delta E = E_0 - E_{min}$，$E_{min} = E_0/1\,000$。RAMP 材料插值模型如图 2.5 所示。

基于 RAMP 刚度密度插值格式，在给定的载荷和边界条件下，目标函数为结构柔度的最小化，约束条件为设计域规定的材料体积分数。拓扑优化的数学模型为

$$\begin{cases} \min C(x) = \{U\}^T[K]\{U\} \\ \text{s.t.} V(X) = \sum_{j=1}^{N} V_j - V \leq 0 \\ 0 < x_{min} \leq x_j \leq 1 \end{cases} \tag{2.9}$$

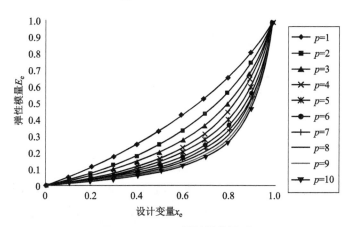

图 2.5 RAMP 材料插值模型

RAMP 模型的刚度矩阵、柔度函数和敏度为

$$K(x) = \sum_{j=1}^{N}\left[E_{\min} + \frac{x_j}{1+q(1-x_j)}\Delta E\right]K(x_j)$$

$$C(x) = \sum_{j=1}^{N}\left[E_{\min} + \frac{x_j}{1+q(1-x_j)}\Delta E\right]\{U\}^{\mathrm{T}}[K]\{U\} \quad (2.10)$$

$$C'(x) = -\sum_{j=1}^{N}\frac{1+q}{[1+q(1-x_j)]^2}\Delta E\{U\}^{\mathrm{T}}[K]\{U\}$$

式中，$[K]$ 为结构的刚度矩阵；$K(x_j)$ 为第 j 个单元刚度矩阵除以其弹性模量得到的"单位"刚度阵；$\{U\}$ 为结构的位移向量；x 为设计变量；N 为单元数目；C 为结构的柔度；C' 为敏度。

为避免总刚度矩阵奇异，取 $x_{\min}=0.001$。

2. 均匀化法

均匀化理论的主要思想是针对非均匀复合材料的周期性分布这一特点，选取适当的相对于宏观尺度很小并能反映材料组成性质的单胞建立模型，确定单胞的描述变量，写出能量表达式（势能或余能等），利用能量极值原理计算变分，得出基本求解方程，再利用周期性条件和均匀性条件及一定的数学变换，便可以联立求解，最后通过类比可以得到宏观等效的弹性系数张量、热膨胀系数张量、热弹性常数张量等一系列等效的材料系数。

利用均匀化方法对结构进行优化设计，其设计变量是微单元结构的尺寸 α、β 以及方位角 θ。求解目标函数的关键是对弹性矩阵进行计算，因为弹性矩阵是设计变量的函数。在求解弹性矩阵之前，首先通过虚功方程（2.11）求得结构材料特征参数 χ。

$$\int_Y (E_{ijkl}\chi_{g,h}^{kl} - E_{ijkl})\frac{\partial v_i}{\partial x_j}\mathrm{d}y = 0 \quad (2.11)$$

式中，Y 为微结构求解区域，下标 i，j 分别取 1 和 2 求解出特征参数 χ。

求出特征参数 χ 之后，可通过式（2.12）求出微结构的等效弹性模量 E_{ijkl}^H。

$$E_{ijkl}^H = \frac{1}{|Y|}\int_Y E_{ijkl}(\delta_{gk}\delta_{hl} - \chi_{k,yl}^{gh})\mathrm{d}y \quad (2.12)$$

式中，$\delta_{gk} = \{1(g=k);\ 0(g\neq k)\}$。

如图 2.6 所示，α、β 是位置 x 的函数，所以单元弹性矩阵在设计域 Ω 中是变化的。计算特征参数 χ 时，可以先选择特殊的点 (α_i, β_i)，其中 $i = 1, 2, \cdots, n$，通过多项式插值得出结果。

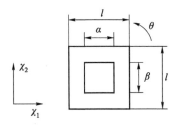

图 2.6 微结构单元参数

因此，对于均匀化方法而言，通过改变设计变量，即微结构的尺寸参数（α, β, θ）来优化实体和孔洞的分布，形成带孔的结构，实现对结构的拓扑优化设计。

3. 水平集法

水平集起初是作为研究界面在速度场中演化的一种方法，通过融合结构界面信息构造速度函数，连续体结构拓扑优化中的许多问题可以转化到水平集框架下解决。水平集法是将二维的曲线演化问题转化为隐含在三维空间中的水平集函数演化问题。这种方法解决了以往算法中不能解决的拓扑结构变化问题，具有跟踪拓扑结构变化、计算稳定、优化边界清晰光滑等优点。2000 年，Sethian 和 Wiegmann 将水平集首次引入结构优化领域中，用来进行等应力结构的设计，其后 Allaire、Jouve、Toader 和 Wang 等也开展了水平集方法应用于拓扑优化领域的研究，并取得了较好的效果。基于水平集法的结构优化技术以其独特的优势，引起了学者们的高度关注和研究热情。

应用水平集法进行结构拓扑优化，首先定义一个足够大的固定参考区域 $\bar{D}$，使它完全包含被优化的结构 D，即 $\bar{D} \supseteq D$。结构边界表面 ∂D 隐含地定义为嵌入的函数 $\Phi(x)$（$\mathbf{R}^n \rightarrow \mathbf{R}$）的一个等值表面，即 $\partial D = \{x\,|\,x\in\bar{D}, \Phi(x) = 0\}$，如图 2.7 所示。

采用局部符号来定义边界的内、外区域：

$$\Phi(x) = 0, \forall x \in \partial D \begin{cases} \Phi(x) > 0, \forall x \in D\,|\,\partial D \\ \Phi(x) = 0, \forall x \in \partial D \\ \Phi(x) < 0, \forall x \in \bar{D}\,|\,D \end{cases} \quad (2.13)$$

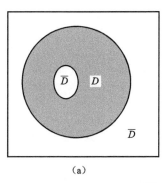
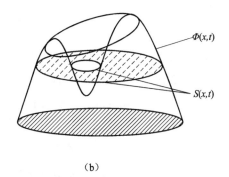

图 2.7 设计域与水平集模型

(a) 设计域 D 与它的镶嵌域 $\overline{D}$; (b) 嵌入函数 Φ 与水平集模型 S

$\Phi(x)$ 确定了结构的拓扑形式,它动态地随时间变化,能够描述结构优化的过程。其动态模型表示为

$$\Gamma(x,t) = \{x(t) | \Phi(x(t),t) = k\} \tag{2.14}$$

结构优化问题包括最小柔度问题、最小应力问题、最大固有频率问题和最大位移问题等,以第一类问题为例进行研究。通常结构拓扑优化最小柔度问题可写成如下形式:

$$\begin{aligned}
&\min_{\partial D} J(u) = \int_D F(u) \mathrm{d}\Omega \\
&\text{s.t.} \int_D E_{ijkl} \varepsilon_{ij}(u) \varepsilon_{kl}(v) \mathrm{d}\Omega = \int_D pv \mathrm{d}\Omega + \int_{\partial D} \tau v \mathrm{d}S \\
&u|\partial D_u = u_0, \forall v \in U \\
&\int_D \mathrm{d}\Omega \leq V_{\max}
\end{aligned} \tag{2.15}$$

式中,$J(u)$ 为目标函数;Ω 为设计域;D 为所设计的结构;∂D 为结构边界;$F(u)$ 由给定设计问题的几何和力学特性给定;u 为载荷作用下的位移场,它满足弹线性平衡方程,并可由弱形式表示;E 为弹性张量;ε 为应变张量;p,τ 分别为给定的体积力和边界分布载荷;u_0 为边界 Γ_D 上的初始位移;v 为虚位移。应变能密度 $F(u)$ 为

$$F(u) = \varepsilon(u) E \varepsilon(v)/2 \tag{2.16}$$

建立式(2.13)所示的隐式标量函数,即水平集函数 $\Phi(x)$ 以后,就可以应用水平集法进行拓扑优化。

为了使优化问题表述方便,采用下面定义的 Heaviside 函数 H 和 Dirac delta 函数 δ:

$$H(\Phi) = \begin{cases} 1, & \varphi \geq 0 \\ 0, & \varphi < 0 \end{cases} \tag{2.17}$$

$$\delta(\varPhi) = \frac{\mathrm{d}H}{\mathrm{d}\varPhi} \tag{2.18}$$

将 $\varPhi(x)$ 作为拓扑设计变量代入优化问题的表达式，则相应地以 $\varPhi(x)$ 为设计变量的优化问题数学模型为

$$\begin{aligned}
&\min_{\varPhi} J(u,\varPhi) = \int_{\bar{D}} F(u)H(\varPhi)\mathrm{d}\varOmega \\
&\text{s.t.}\ a(u,v,\varPhi) = L(v,\varPhi) \\
&u(x)|\partial D_u = u_0(x), \forall v \in U \\
&G(u) = V(\varPhi) - V_0 = \int_D H(\varPhi)\mathrm{d}\varOmega - V_0 = 0
\end{aligned} \tag{2.19}$$

式中，$a(u,v,\varPhi)$，$L(v,\varPhi)$ 分别为结构能量的双线性泛函和载荷的线性泛函。

在结构平衡方程的弱形式表示式中，$F(u)$ 表示应变能密度，$V(\varPhi)$ 定义为结构的体积。

$$\begin{aligned}
a(u,v,\varPhi) &= \int_{\bar{D}} E_{ijkl}\varepsilon_{ij}(u)\varepsilon_{kl}(v)H(\varPhi)\mathrm{d}\varOmega \\
L(v,\varPhi) &= \int_{\bar{D}} pvH(\varPhi)\mathrm{d}\varOmega + \int_{\bar{D}} \tau v H|\nabla\varPhi|\delta(\varPhi)\mathrm{d}\varOmega
\end{aligned} \tag{2.20}$$

为了使水平集函数曲面 $\varPhi(x)$ 的演化结果与闭合曲线的演化方程相关，$\varPhi(x)$ 的演化要遵循如下 H–J 方程：

$$\frac{\partial \varPhi}{\partial c} = V_n(x)|\nabla \varPhi(x)| \tag{2.21}$$

要保证式（2.21）的计算精度，要求 $\varPhi$ 满足

$$0 < c \leqslant |\nabla \varPhi| \leqslant C \tag{2.22}$$

式中，c 为 $\varPhi(x)$ 与 $V_n(x)$ 夹角的最小值，C 为 $\varPhi(x)$ 与 $V_n(x)$ 夹角的最大值。

优化过程的指导性原则就是依照水平集相对于目标函数的变分灵敏度来移动水平集模型表示的设计边界。关键问题是寻找一个合适的法向速度场 $V_n(x)$，使得该法向速度场 V_n 能驱动设计结构达到考虑目标函数和约束条件要求的最佳拓扑。

4. 独立连续映射法

在分析了各种拓扑优化方法的特点之后，隋允康等于 1996 年提出了独立、连续和映射方法（Independent Continuous and Mapping Method，ICM）。以一种独立于单元具体物理参数的变量来表征单元的"有"与"无"，将拓扑变量从依附于面积、厚度等尺寸优化层次变量中抽象出来，为模型的建立带来了方便，同时为了求解简捷，构造了过滤函数和磨光函数，把本质上是 0~1 离散变量的独立拓扑变量映射为区间 [0, 1] 上的连续变量，在按连续变量求解之后再把拓扑变量反演成离散变量。ICM 方法吸取了变厚度法和变密度法不再构造微

结构的优点，同时定义了连续的拓扑变量，从而可以吸纳数学规划中卓有成效的连续光滑的解法。ICM 方法以结构质量为目标，有效地解决了应力、位移和频率等约束下的连续体结构拓扑优化问题，从而更有利于工程实际应用。另外，ICM 方法引入对偶规划方法，大大减少了设计变量的数目，提高了优化的效率。然而该方法仅对简单二、三维结构进行了应用，对复杂结构和大规模有限单元模型的工程结构的拓扑优化设计问题，仍需进一步开展研究工作。

下面以位移约束下质量最小为目标的连续体结构拓扑优化为例说明 ICM 方法的建模过程。单元的拓扑设计变量与位移约束的显示关系由莫尔定理给出：

$$u_j \sum_{i=1}^{N} \int (\sigma_i^v)^T \varepsilon_i^R dv = \sum_{i=1}^{N} (\boldsymbol{F}_i^v)^T \boldsymbol{\delta}_i^R \quad (2.23)$$

式中，σ_i^v，ε_i^R 分别表示 i 单元虚、实载荷对应的应力与应变；$\boldsymbol{F}_i^v$ 及 $\boldsymbol{\delta}_i^R$ 为 i 单元在虚工况下的单元节点力向量及在实工况下的单元节点位移向量。

由此定义位移关于拓扑变量的近似显函数如下：

$$u_j = \sum_{i=1}^{N} \left[(t_i^{(k)})^{\alpha_k} / t_i^{\alpha_k} \right] \boldsymbol{F}_i^v \boldsymbol{\delta}_i^R = \sum_{i}^{N} A_{ij} (t_i^{(k)})^{\alpha_k} / t_i^{\alpha_k} = \sum_{i=1}^{N} c_{ij} / t_i^{\alpha_k} \quad (2.24)$$

式中，$t_i^{(k)}$ 为第 k 步迭代时 i 单元对应的拓扑变量值；$A_{ij} = (\boldsymbol{F}_i^v)^T \boldsymbol{\delta}_i^R$ 为单元对位移的贡献系数；$c_{ij} = (t_i^{(k)})^{\alpha_k} A_{ij}$ 为位移约束方程系数。

$J = L \times R$ 为优化模型中位移约束条件总数，L 为工况数，R 为用户定义的位移约束总数。由此可得有限元离散后的拓扑优化模型为

$$\min \ W = \sum_{i=1}^{N} t_i^{\alpha_\omega} \omega_i^0$$

$$\text{s.t.} \ \sum_{i=1}^{N} c_{ij} / t_i^{\alpha_\omega} \leqslant u_j \quad (j = 1, 2, \cdots, J) \quad (2.25)$$

$$0 \leqslant t_i \leqslant 1$$

5. 渐进结构优化方法

渐进结构优化方法（Evdutionary Structural Optimization，ESO）是根据一定的优化准则，将无效或者低效的材料（对目标函数贡献小）一步步去掉，从而使结构逐渐趋于优化的一种方法。在优化迭代中，该方法采用固定的有限元网格，对存在的材料单元，其材料数编号为非零的数；而对不存在的材料单元，其材料数编号为零。当计算结构刚度矩阵等特性时，不计材料数编号为零的单元特性，通过这种零和非零模式实现结构拓扑优化。该方法采用已有的有限元分析软件，通过迭代在计算机上实现，通用性较好。

ESO 首先是针对应力优化而提出的，受力分析表明结构中应力分布不均匀，有些区域应力较高，是结构破坏的主要区域；有些区域应力较低，材料未

充分利用，如果去掉该区域材料，对整个结构的受力影响很小，同时还可以减小结构的质量，是轻量化的重要方法之一。ESO 应力优化的准则为：逐渐去掉结构中的低应力材料，使剩下的结构更有效地承担载荷，从而使应力分布更加均匀。绝对的优化结构当然是每点的应力完全相同，但这种理想情况在实际结构中很难达到。设计目标是尽可能减小各处应力值的差距，使之分布尽可能均匀。具体步骤如下：

① 在给定的载荷和边界条件下，定义设计区域，称为初始设计，用有限元网格离散该区域。

② 对离散的结构进行静力分析。

③ 明确强度理论，例如，对平面应力状态下的各向同性材料，可采用 von Mises 应力准则，求出每点的应力值，单元的 von Mises 应力 σ_e^{VM} 和最大的单元应力 σ_{max}^{VM}，如果满足

$$\frac{\sigma_e^{VM}}{\sigma_{max}^{VM}} < RR_i \tag{2.26}$$

则认为该单元处于低应力状态，可从结构中删除，其中 RR_i 为删除率。

④ 以上有限元分析和单元删除重复进行，直到上述强度公式无法满足为止。也就是说，对应于 RR_i 稳定状态已经达到，为使迭代继续进行，引进另一参数进化率 ER，从而下一稳定状态的删除率修改为

$$RR_{i+1} = RR_i + ER \quad i = 0,1,2\cdots \tag{2.27}$$

⑤ 重复②～④步，直到结构质量或最大应力达到给定值。根据数值计算经验，迭代过程中初始删除率 RR_i 和进化率 ER 通常采用 1%。

下面以一工程实例进一步说明 ESO 方法的应用，如图 2.8 和图 2.9 所示。图 2.9 所示为设计区域，是一块长、宽、厚度均已知的矩形板件。板件所受载荷 F 及其材料物性参数均为已知，倘若已经知道 L，求满足约束条件下使结构最轻的解 H。

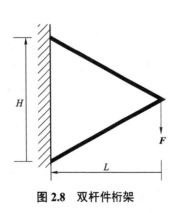

图 2.8 双杆件桁架

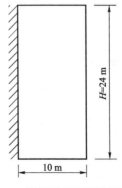

图 2.9 双杆件桁架设计区域

图 2.10 所示为采用不同的 RR 值和 $ER=1\%$ 的设计参数进行求解的过程,可以看到板结构进化到最后的杆结构的整个过程。图中黑色部分是被保留的单元,可以看到随着删除率的增加,被删除的单元也增加,最后的优化结构是 $H = 2L$。

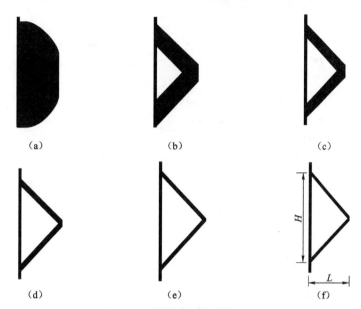

图 2.10　双杆件桁架进化过程

(a) $RR=3\%$;　(b) $RR=9\%$;　(c) $RR=15\%$;　(d) $RR=21\%$;　(e) $RR=27\%$;　(f) $RR=30\%$

图 2.11 所示为优化过程中结构应力的变化。可见,由于材料的减小,结构的应力在不断增大,但是结构的体积却有明显下降,其优化前后的结构体积对比如表 2.1 所示。由此实例可见,ESO 方法在拓扑优化中的轻量化效果明显,已经成为工程人员常用的轻量化优化方法之一。

表 2.1　初始设计和优化设计比较

参数	$\sigma_{\min}^{VM}$ /MPa	$\sigma_{\max}^{VM}$ /MPa	$\sigma_{\min}^{VM}/\sigma_{\max}^{VM}$	体积/m³
初始设计	0.000 3	0.860 3	0.000 3	0.24
优化设计	0.563 6	1.147 2	0.491 3	0.023 7

拓扑优化的迭代计算中常常出现数值不稳定现象,解决途径一般有两种:一种是采用有限元高阶单元和非协调单元,但是显然会增加计算量;另一种方法是在优化计算中附加人工约束,包括周长约束、局部密度斜率控制、最小密度下限控制、滤波函数法等,因为这类方法对于计算量影响不大,故而应用广泛。

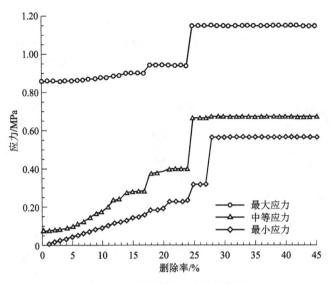

图 2.11 双杆件桁架应力的变化

2.1.2 尺寸优化

结构尺寸优化是在结构拓扑确定的前提下，首先用少量尺寸对结构的某些变动进行表达，如桁架各单元的横截面尺寸、某些节点位置的变动等，然后在此基础上建立基于这些尺寸参数的数学模型，并采用优化方法对该模型进行求解得到最优的尺寸参数。在尺寸优化设计中，不改变结构的拓扑形态和边界形状，只是对特定的尺寸进行调整，相当于在设计初始条件中就增加了拓扑形态的约束。而结构最初始的拓扑形态和边界形状必须由设计者根据经验或实验确定，但不能保证这些最初的设计是最优的，所以最后得到的并不是全局最优的结果。

尺寸优化在保持结构的形状和拓扑结构不变的情况下，寻求结构组件的最佳截面尺寸以及最佳材料性能的组合关系，设计变量可以是杆的横截面面积、惯性矩、板的厚度，或是复合材料的分层厚度和材料方向角度。其特点是设计变量容易表达，运用有限元法进行结构尺寸优化时基本不需要网格的重新划分，直接利用灵敏度分析和适当的数学规划方法就能完成尺寸优化。因此，尺寸优化研究的重点主要集中在优化算法和灵敏度分析上。目前尺寸优化的理论已经趋于成熟，应用也很广泛。

在尺寸优化中，其设计变量为材料参数（如弹性模量 E 和密度 ρ）和尺寸参数（如杆梁的横截面尺寸、转动惯量、板的厚度、弹性支承刚度、两部件之间的连接刚度等）。

第2章 汽车结构轻量化理论与设计方法

尺寸优化通过优化一维梁单元的截面尺寸、二维板单元的厚度等，寻求目标结构件的最佳截面尺寸，并能满足相应的性能要求，尺寸优化整个过程中结构的形状和拓扑结构没有发生变化。尺寸优化的一个重要方面是一维梁单元的截面尺寸优化，从早期的桁架结构到目前工业上用的各型钢梁，尺寸优化已经相对成熟，其是在给定结构的外形几何、材料、单元类型、结构布局的情况下，以截面尺寸为设计变量，通过寻求截面尺寸的最优以满足性能要求并实现结构轻量化，从而达到降低成本的目的。

在评比设计方案时，一般以在满足所有约束的条件下使结构的某种属性最佳为评比标准。这个标准可以是结构总体刚度最大，或者总质量最小，或者所有节点位移最小。这个性能指标自然是设计变量的函数，通常称为目标函数。在尺寸优化设计中，质量和体积是最常见的目标函数，即实现结构的轻量化目标。目标函数选取不同，造成的结果也不同。因此，准确地确定目标函数是尺寸优化设计的一个很重要的环节。

尺寸优化的设计变量可以是一维梁单元的惯性矩、横截面面积，可以是二维板壳单元的厚度，也可以是复合材料中材料铺层的方向和厚度。当尺寸优化的算法选用有限单元法时，应力和位移分析过程模型的网格不需要重新划分，直接使用原网格，利用灵敏度分析和适合的数学方法就能完成尺寸优化的过程。在尺寸优化中，结构单元的属性，如二维壳单元的厚度、一维梁单元的横截面参数等不是设计变量，但其属性可以和设计变量建立相应的函数关系。其表达式为

$$P = C_0 + \sum(DV_i \cdot C_i) \tag{2.28}$$

式中，P 为尺寸优化的属性；C_0 为一个常数，优化时默认值通常为 0；DV_i 为尺寸优化的设计变量；C_i 为与设计变量 DV_i 有关的系数。

如果设计变量有多个，可以建立多个设计变量之间的相互关联，通常用下列线性组合公式设计变量间的关联：

$$DDVID = C_0 + CMULT\sum(C_i \cdot IDV_i) \tag{2.29}$$

式中，C_0 为一个常数，优化时默认值通常为 0；CMULT 为常量；C_i 为 IDV_i 的系数；IDV_i 为独立设计变量的标识。

尺寸优化的约束条件可以是单元应力约束、整体应变能约束、节点位移约束、整体加速度约束及模态约束等。常用的截面尺寸优化方法有准则法和数学规划法两种。这两种方法的研究目前已比较完善成熟，可以保证整个尺寸优化结果的准确性。

在新能源汽车白车身拓扑优化结果的基础上，选取结构上的关键控制点，包括 A 柱、B 柱、C 柱的位置和形状节点，车顶横梁位置节点，电池支架位置

及形状节点,地板纵梁和加强梁位置节点等,建立用于验证白车身性能的梁单元线框有限元模型——新能源汽车的线框模型。

将拓扑优化结果导出,取拓扑优化的关键点,建立线框模型,以整车质量最小为优化目标,以梁的截面尺寸为设计变量,以车身弯曲刚度、扭转刚度、梁的厚度为约束条件,其数学模型为

$$\begin{cases} \text{find } X = x_i \\ \min f = f(x_i) \\ \text{s.t. } B(x_i) \geqslant B \\ G(x_i) \geqslant G \\ 0 \leqslant T \leqslant 5 \\ x_i \geqslant 0 \end{cases} \quad (2.30)$$

式中,X 为设计变量;x_i 为新能源汽车线框模型梁的横截面尺寸;$f(x_i)$ 为线框模型的总质量;$B(x_i)$ 为线框模型的弯曲刚度;B 为弯曲刚度的规定值;$G(x_i)$ 为线框模型的扭转刚度;G 为扭转刚度的规定值;T 为梁的厚度。

2.1.3 形状优化

形状优化是指在给定的结构拓扑前提下,通过调整结构内外边界形状来改善结构的性能。以轴对称零件的圆角过渡形状设计为例进行说明。形状设计对边界形状的改变没有约束,与尺寸优化相比,其初始条件得到了一定的放宽,应用的范围也得到了进一步扩展。

在形状优化中,其设计变量为边界点的坐标,为计及网格的变化,有基向量法和摄动向量法两种方法可以应用。以整个结构质量最小为目标函数,以节点坐标作为设计变量,约束条件一般包括强度、变形、稳定性等,数学模型为

$$\begin{cases} \text{形状设计变量:} X = \{X_1, X_2, \cdots, X_m\}^T \\ \text{目标函数:} \min W(X) = \sum_{i=1}^{n} \rho_i A_i L_i \\ \text{约束条件:} \sigma_i \leqslant [\sigma] \ (i=1,2,3\cdots) \\ \qquad\qquad X_i^L \leqslant X_i \leqslant X_i^U \ (i \in m) \end{cases} \quad (2.31)$$

式中,X 为形状设计变量;W 为杆系结构质量;ρ_i 为各杆密度;A_i 为各杆截面积;L_i 为各杆长度;σ_i 为各杆应力;$[\sigma]$ 为许用应力。

2.1.4 灵敏度分析

灵敏度分析主要与设计变量的选取有关。计算出结构响应值对于设计变量

第2章 汽车结构轻量化理论与设计方法

的灵敏度,从而可以确定在设计变量过程中哪个部分对结构响应最为敏感,进而获得结构优化设计中最佳的设计参数和最关心部位的灵敏度系数。

1. 直接灵敏度分析

弯曲刚度为 K_b,扭转刚度为 K_t,其水平实际上只取决于考察点的 Z 向位移 $d=\Delta Z$。于是,K_b、K_t 的灵敏度可转化为对应位移的灵敏度表示。对此,定义弯曲刚度、扭转刚度、一阶模态频率、白车身总质量的灵敏度分别为

$$S_b = \frac{\partial d_1}{\partial t}, \quad S_t = \frac{\partial d_2}{\partial t}, \quad S_f = \frac{\partial f_1}{\partial t}, \quad S_w = \frac{\partial w}{\partial t} \qquad (2.32)$$

1)弯曲刚度灵敏度

计算得出的 S_b 全部为正,表明因变量与自变量的变化方向相同,也就是板厚 t 增加使位移 d_1 变大。因为根据坐标系设定,d_1 为负值,所以实际上其绝对值减小,白车身弯曲变形减小,刚度增大。这符合我们根据材料力学理论作出的预期。

基于优化性能的最终目的,我们必然要关注灵敏度数值最大的一组零件,对它们进行加厚,显然能有效地提升性能。然而,优化往往是带有条件的,一般是关于质量的约束,限制修改造成的质量增加,在很小范围内甚至不增加,以满足整车轻量化的必然趋势。这时我们自然想到减薄灵敏度数值低的零件,以腾出增重空间之余尽量不削弱相应性能。因此,灵敏度最大及最小的零件组是关注点。

灵敏度最大,也就是对白车身抗弯性能贡献最大的零件位于侧围和前围。这不难理解,这些零件组成了在 XZ 及 YZ 平面内的一系列截面封闭的结构,对抵御 Z 向载荷所造成的变形有显著作用。灵敏度最小的零件方面,分布上看不出明显规律,但都是质量很小的件。这是因为直接灵敏度取决于两个因素:一个是零件的几何构型及其所处的位置,另一个是零件的质量或体积。两者的关系类似于功率和时间,共同影响所做的功,这里指对刚度的贡献量。在灵敏度小的区间,质量因素起主要作用,排在后10位的零件质量的总和,尚不够排在前10位的1/10。这造成一个问题,排在前面的零件都是大型板件,后面的都是零散的细小件,减薄带来的减重根本无法弥补增厚带来的增重。因此,直接灵敏度低的零件不是值得关注的对象,要找出适合减重的零件,需要其他灵敏度评价准则。

2)扭转刚度灵敏度

与弯曲刚度灵敏度相似,扭转刚度灵敏度数值全部为正,即板厚增加对抗扭性能的增强起正面作用。因在刚度直接灵敏度准则中只有数值大的零件有明显的参考价值,扭转工况对白车身施加了扭矩,对比弯曲工况的单向集中力,受力情况更复杂,承力部件更多。扭转刚度直接灵敏度较大的零件分布范围比较广,包括侧围、前围、后围、地板、顶盖,构成类似立方体的封闭箱型结构,

有多条传力路径，起到较好的抗扭作用。

3) 一阶模态频率灵敏度

一阶模态频率灵敏度（以下称为频率灵敏度）与刚度灵敏度不同，其在数值上有正有负，表明频率与板厚的变化方向没有确定的关系。这与质点系统固有频率的复杂性有关。固有频率由系统刚度矩阵 K 和质量矩阵 M 决定，也就是不同位置的零件，其属性对系统频率可以有相反作用。虽然这给总结变化规律增添了难度，但也带来一个好处。数值最小的灵敏度是绝对值大的负数，而非绝对值小的正数。其对应的零件不是因为质量小，而是其增厚能使频率降低；反过来，减薄能使频率增大。另一方面，增厚灵敏度数值大（绝对值大的正数）的零件也可使频率增加。这样，同时以增厚和减薄的手段提升频率而基本保持质量不变成为可能。例如，白车身一阶模态振型为发动机舱处的局部扭转，通过加固发动机舱及前围处的零件，或减弱散热器支架、车身尾部的零件，都能调整系统质量矩阵和刚度矩阵的具体信息，提高一阶频率水平，减小因发动机怠速给车身前端造成的振动。

4) 质量灵敏度

车身上的板件绝大多数可视为厚度均匀，体积为厚度与形面面积之积，于是容易将式（2.32）扩展为

$$S_w = \frac{\partial w}{\partial t} = \frac{\partial (\rho V)}{\partial t} = \frac{\partial (\rho S t)}{\partial t} = \rho S \frac{\partial t}{\partial t} = \rho S \propto S \qquad (2.33)$$

可见，白车身总质量对各零件板厚的灵敏度差别仅体现在各零件面积的差别，而且为一定值，不会受板厚初值取值影响，而白车身总质量因各板件厚度改变产生的改变也是一种线性关系，可以通过式（2.34）准确预测：

$$\Delta w = \sum_{i=1}^{n} w_i = \sum_{i=1}^{n} S_{wi} \cdot \Delta t_i \qquad (2.34)$$

2. 相对灵敏度的性能贡献分析

上面的分析表明，基于直接灵敏度的排序分析受到零件自身质量的影响明显，使我们无法完全选出合适的零件，特别是作为减重对象的零件。这里提出的问题是，如何撇除质量差异的因素比较零件对性能的影响。联想到考察一个地区的经济发展水平时，除了计算产值总量，为了消除劳动力多寡的因素，会除以人口得出人均产值，这是一个更能反映发展质量的指标。作一般性的理解，就是将要撇除的因素作为分母去除一个绝对性的量，而得到一个相对性的指标。按这个方法，作如下定义：

$$R_b = \frac{S_b}{S_w}, \quad R_t = \frac{S_t}{S_w}, \quad R_f = \frac{S_f}{S_w} \qquad (2.35)$$

将各性能的直接灵敏度除以另一个直接灵敏度——质量灵敏度,从意义上说,就是板厚发生变化后带来的性能变化与质量变化之比,也就是单位质量变化对应的性能变化。这种以直接灵敏度比值形式生成的变量,反映了板厚修改的相对效能,称其为相对灵敏度。通俗地说,它们反映了板厚修改的"性价比"。如果优化是无条件的,我们关注的只是最终性能,是有条件的,那么也要关注相应的代价,相对灵敏度就成为重要考虑因素。

1) 弯曲刚度相对灵敏度

依据构造相对灵敏度的初衷,R_b 对质量约束下的弯曲刚度优化有重要作用。按其大小对零件进行排序,能从队列前面找到对弯曲刚度增加作用显著而体积不十分大的件;从队列后面找到对弯曲刚度影响不明显,但有可观的体积从而具备减重潜力的件。

2) 扭转刚度相对灵敏度和一阶频率相对灵敏度

在扭转刚度和一阶频率方面,相对灵敏度起的作用与弯曲刚度类似。

3. 基于比值灵敏度的性能贡献分析

上面我们验证了相对灵敏度确实能撇除质量因素,更好地反映零件拓扑结构和位置等属性对白车身性能的影响。事实上,很多文献也提及这种方法并证明了其有效性。但我们也发现相对灵敏度数值只可互相比较,对零件排序有用,但单独来看却没有实际参考价值。在此提出一个问题,能否另外构造一个灵敏度准则,起到相对灵敏度类似作用的同时,数值本身也有明确的参考意义?相对灵敏度实际上是两个灵敏度的比值,反过来看,是否可以构造一个比值的灵敏度?可以的话,这个比值怎么定?

一个件的板厚从 t_0 增加到 t,可使弯曲刚度从原来的 Kb_0 增加到 Kb,代价是白车身质量从 w_0 增加到 w,用 $\dfrac{Kb_0}{Kb}$ 及 $\dfrac{w}{w_0}$,即初值与终值的比值来表示该过程中各变量的变化程度是一种直观的方法。进一步,求这两个值的比值百分数,并与 1 作比较,可知两个值哪个更大。如果大于 1,表明作为分子的 $\dfrac{Kb}{Kb_0}$ 更大,即刚度增大比质量增大更明显。将这个比值百分数定义为变量变化比 P_b,表示如下:

$$P_b = \frac{Kb/(Kb_0)}{w/w_0} \times 100\% = \frac{(F/d)/(F/d_0)}{w/w_0} \times 100\% = \frac{d_0/d}{w/w_0} \times 100\% \quad (2.36)$$

例如,求得现有方案考察点 Z 向位移 d_0=0.404 89 mm,白车身质量 w_0=0.347 13 t。d 及 w 在 Nastran 分析中是 DRESP1 类型的响应,自行创建一个 DRESP2,使

$$\text{DRESP2} = P_b = \frac{0.404\,89/d}{w/0.347\,13} \quad (2.37)$$

设置了响应，就可以算出它的灵敏度，将其定义为

$$S_\mathrm{P} = \frac{\partial P_\mathrm{b}}{\partial t} = \partial \frac{Kb/(Kb_0)}{w/w_0}/\partial t = \partial \frac{d_0/d}{w/w_0}/\partial t \quad (2.38)$$

式中，S_P 为变量变化比随板厚改变的灵敏度，称其为比值灵敏度。板厚改动前，P_b 的值为 1。S_P 应该是一个可正可负的灵敏度值，为正值时，表示改变某板厚后，P_b 的值大于 1，代表弯曲刚度的增幅大于质量的增幅，S_P 越大，这两个增幅的差距越大，对应的零件应作为加厚的对象；反之，S_P 为负值时，代表弯曲刚度的变化小于质量的变化，对应的零件应作为减薄的对象。

2.1.5 多目标优化

考虑多个优化目标联合优化问题，目的是找到一组决策变量的向量，这组决策变量是满足约束而且最优化一组以目标函数为元素的函数向量。这些函数形成了函数之间通常相互冲突的性能标准的一种数学描述。因此，"优化"是指找到一组解，使得所有目标函数的值对于设计者来说是可以接受的。随着计算机及优化算法的发展，求解多目标问题一般有两种思路：一是将多目标问题转化为单目标问题，从而建立各种折中规划法数学模型，如基于静态特性各种工况的折中、基于动态特性各种工况的折中，以及考虑动静态各种工况的折中；另一种是随着各种仿生算法的发展，通过试验设计，建立精度较高的各种近似模型，求解近似模型的多目标非劣解及最优解，然后进行真实模型验证。

1. 基于折中规划法的优化模型研究

前文已经对结构优化的一般数学模型进行介绍，即求

$$\begin{aligned}
&\boldsymbol{X} = (x_1, x_2, \cdots, x_n)\\
&\min f(\boldsymbol{X})\\
&\text{s.t. } h_j(\boldsymbol{X}) = 0 \ (j=1,2,\cdots,m)\\
&g_k(\boldsymbol{X}) \leqslant 0 \ (k=1,2,\cdots,p)\\
&x_i^l \leqslant x_i \leqslant x_i^u \ (i=1,2,\cdots,q)
\end{aligned} \quad (2.39)$$

式中，$f(\boldsymbol{X})$ 为目标函数；$\boldsymbol{X}=(x_1, x_2,\cdots,x_n)$ 为设计变量向量，在拓扑优化问题中设计变量是单元的密度；$h_j(\boldsymbol{X})$ 为等式约束；$g_k(\boldsymbol{X})$ 为不等式约束。

如何协同考虑不同工况对于车身概念结构拓扑优化的影响，采用相应的目标函数 $f(\boldsymbol{X})$ 和约束条件是在进行优化之前必须考虑的问题。考虑到拓扑优化问题中常使用结构柔度来衡量结构的刚度水平，综合考虑不同整车工况的结果，使得结构在各个工况下的性能都达到最优（即柔度最小），是一个多目标拓扑优化问题。一般来说，任何函数 $\varphi(x_1,x_2,\cdots,x_n)$ 的最大值都可转换成其负函数 $-\varphi(x_1,x_2,\cdots,x_n)$ 的最小值，所以多目标优化的一般形式可以写为

$$\min\{f_1(x), f_2(x), \cdots, f_k(x)\}$$
$$\text{s.t. } x \in X \tag{2.40}$$

式中，有 $k(k \geq 2)$ 个子目标函数 $f_i(x)$，$i = 1, 2, \cdots, k$，多目标优化函数式要使所有子目标同时最小。

将多目标优化问题转化为单目标优化问题的一般思路是采取加权和法。传统多目标优化的求解思路是利用线性加权法将多目标问题简单地转化为单目标问题求解。这种转化要求所有的子目标之间不存在矛盾，使所有子目标都达到最优的解可以求得，然而实际问题中很少有这种情形。

假如有两个或更多的子目标函数之间存在冲突（即非凸优化），亦即在 $k(k \geq 2)$ 个子目标函数中，至少存在一个子目标的增加必将导致另一个子目标的减少，在这种情况下，线性加权和法不能保证得到所有的 Pareto 最优解。车身结构问题是非常复杂的非线性问题，所有变量对不同目标不可能都具有相同趋势的灵敏度，因此线性加权和法不保证适用于解决车身的优化问题。

折中规划法在多目标拓扑优化问题的应用能较好地解决上述不足。假设 $y^0 = (y_1^0, y_2^0, \cdots, y_k^0)$ 为原多目标优化问题中对应每个单一子目标函数的最优解，那么多目标优化问题的折中解可以看作是与每一个目标函数的理想解距离最小的矢量。因此，多目标优化问题可以转换为下面单目标函数的优化问题：

$$\min\left\{\left[\sum_{i=1}^{k} \lambda_i^p (f_i(x) - y_i^0)^p\right]^{\frac{1}{p}}\right\} \tag{2.41}$$

式中，$x \in X, \lambda \in \Lambda, \Lambda = \left\{\lambda \in \mathbf{R}^k \mid \lambda \geq 0, \sum_{i=1}^{k} \lambda_i = 1\right\}$。

一般来说，不同的子目标函数是描述结构在不同条件下或者不同范畴的性能，所以它们一般具有不同的数量级或者单位。此时，目标函数的折中解与其理想解的绝对距离没有意义，应转换为相对值以便进行相互比较。转换之后的目标函数为

$$\min\left\{\left[\sum_{i=1}^{k} \lambda_i^p \left(\frac{f_i(x) - y_i^0}{y_i^0}\right)^p\right]^{\frac{1}{p}}\right\} \tag{2.42}$$

若记 $\dfrac{f_i(x) - y_i^0}{y_i^0} = Z_i(x)$，则针对不同的 p 值，目标函数有不同的含义。

① 当 $p=1$，综合目标函数的意义是所有单一子目标函数的距离加和，此时目标函数定义为曼哈顿距离：

$$\min\left\{\sum_{i=1}^{k}|\lambda_i Z_i(x)|\right\} \qquad (2.43)$$

② 当 $1 < p < \infty$ 时，综合目标函数的意义为加权几何距离。特别地，当 $p=2$ 时，综合目标函数定义为欧几里得距离：

$$\min\left\{\sum_{i=1}^{k}\left[(\lambda_i Z_i(x))^2\right]^{\frac{1}{2}}\right\} \qquad (2.44)$$

③ 当 $p = \infty$ 时，综合目标函数定义为最大加权距离，即切比雪夫距离：

$$\min\{\max|\lambda_i Z_i(x)|\} \qquad (2.45)$$

折中规划法经常被用于解决结构多目标拓扑优化问题，如范文杰等采用带权重的折中规划法进行车架的拓扑优化，对客车车架结构进行多刚度拓扑优化，得到了良好的效果。

2. 静态指标的多工况优化目标函数

汽车车身结构的拓扑优化是，通过研究在设计空间内获得最合理的材料分布，使车身结构刚度或其他性能最大化的问题。在多工况下的刚度拓扑优化问题中，每一个不同的载荷工况必将产生不同的最优拓扑结构。因此，静态多工况拓扑优化问题本身也属于多目标拓扑优化问题，可利用折中规划法化作单目标问题求解。

工程中通常把刚度最大问题等效为柔度最小化问题来研究，柔度值为单元总应变能值，更加方便计算与提取。由折中规划法可得到静态多刚度拓扑优化的目标函数：

$$\min C(x) = \left[\sum_{k=1}^{m} w_k^q \left(\frac{C_k(\rho) - C_k^{\min}}{C_k^{\max} - C_k^{\min}}\right)^q\right]^{\frac{1}{q}} \qquad (2.46)$$

$$\text{s.t.} V(\rho)/V_0 \leqslant f$$

式中，m 为载荷工况总数，本书中 $m=7$，代表整车分析的 7 种工况；w_k 为第 k 个工况的权重值；q 为折中规划的惩罚因子，且 $q \geqslant 2$，本书中取 $q=2$；$C_k(\rho)$ 为第 k 个工况的结构应变能函数值；$C_k^{\max}$ 为第 k 个工况应变能的最大值，对应结构刚度最小的情况，其获取可以通过对结构进行该子工况下的拓扑优化，在优化应变能迭代曲线中取其应变能最大值；$C_k^{\min}$ 为第 k 个工况应变能的最小值，对应结构刚度最大的情况，即对最初去除材料之前模型进行分析得到的应变能；ρ 为设计变量，即材料密度；$V(\rho)$ 为优化后结构的有效体积；V_0 为结构的原始体积；f 为体积约束的百分比。

3. 动态固有频率优化目标函数

动态固有频率拓扑优化一般将低阶的几阶重要频率的最大化作为目标函数。结构固有频率往往是结构整体刚度的重要指标，结构中存在薄弱环节将导致固有频率降低。在车身概念结构拓扑优化阶段，对于各阶固有频率下的振型无特别的要求，故只需要以固有频率最大化为目标进行动态固有频率的拓扑优化。针对频率的动力特性，拓扑优化目标函数是在满足结构约束的情况下改善结构的模态特性，使结构整体刚度提高、材料得到优化配置。无阻尼自由振动模型的特征值问题用公式表示为

$$[\boldsymbol{K} - \lambda_i \boldsymbol{M}]\boldsymbol{U}_i = 0$$
$$f_i = \frac{\sqrt{\lambda_i}}{2\pi} \quad (2.47)$$

式中，$\boldsymbol{K}$ 为结构的刚度矩阵；$\boldsymbol{M}$ 为质量矩阵；λ_i 和 $\boldsymbol{U}_i$ 为各阶特征值和特征向量；f_i 为固有频率。

模态频率特征值优化的数学模型为

$$\max \Lambda(\rho) = \sum_{i=1}^{n} w_i \lambda_i$$
$$\text{s.t.} \, V(\rho)/V_0 \leqslant f \quad (2.48)$$

式中，w_i 为第 i 阶特征值的加权系数。

为了避免低阶模态振荡导致的迭代曲线振荡，本书研究实例中对第 1～6 阶固有频率进行综合优化，故 $n=6$，$w_i=1/6$。

4. 综合考虑静态和动态指标的优化综合目标函数

本书以体积比作为约束，综合考虑静态多刚度目标和动态振动频率目标进行车身结构的拓扑优化，由带权重的折中规划法可得到多目标拓扑优化的综合目标函数如下：

$$\min F(\rho) = \left[w^2 \left(\sum_{k=1}^{m} W_k \frac{C_k(\rho) - C_k^{\min}}{C_k^{\max} - C_k^{\min}} \right)^2 + (1-w)^2 \left(\frac{\Lambda_{\max} - \Lambda(\rho)}{\Lambda_{\max} - \Lambda_{\min}} \right)^2 \right]^{\frac{1}{2}}$$
$$\text{s.t.} \, V(\rho)/V_0 \leqslant f \quad (2.49)$$

式中，$F(\rho)$ 为综合目标函数；w 为柔度目标函数的权重，不同静动刚度的分配将产生不同的拓扑优化结果，后面将进行讨论。

为了消除量纲之间数量级的差别，引入了 $\Lambda_{\min}$ 和 $\Lambda_{\max}$。$\Lambda_{\min}$ 为频率目标函数的最小值，通过对车身结构进行单独的以动态频率为目标的拓扑优化，从而在固有频率优化迭代曲线中取其最小值；$\Lambda_{\max}$ 为频率目标函数的最大值，是对填充材料后的模型进行分析得到的固有频率，同时将频率最大化的问题转化为

函数的最小化问题来求解。

5. 多工况多学科下的多目标优化

近年来出现了代理模型技术。代理模型技术的主要内容包括：样本点生成、数值模拟、生成代理模型。样本点生成就是试验设计方法决定了代理模型样本点的个数和样本点的分布情况。常用的试验设计方法有全析因试验设计、正交试验设计、中心复合试验设计、均匀试验设计、随机投点设计、拉丁超立方方法。常用的近似模型有多项式响应面模型、克里格代理模型、径向基函数模型、人工神经网络模型。一般在得到代理模型后还需要对近似模型进行精度检验。常用的精度检验方法有误差平方、均方根误差、相对平均绝对误差、相对最大绝对误差等。对于代理模型技术，目前还有两大问题需要完善：一是探索一种更有效的样本点生成方法，用尽可能少的样本点得到高精度的代理模型；二是当输入变量较多时如何得到高精度的代理模型。

2.2　基于性能的结构轻量化设计方法

随着结构轻量化优化理论及计算机软硬件技术的发展，轻量化解决方案从轻量化设计进行性能方案验证发展到了从各种性能出发，以多学科多目标为基础的优化。本节从轻量化解决方案实例出发，简单归纳总结了几种轻量化解决方案，对轻量化设计流程进行了简单描述。

2.2.1　基于刚强度、频率性能的多目标优化方案

方案实例 1 对轻量化车身结构进行了研究，以各工况结构强度进行拓扑优化，同时考虑结构刚度与频率动态特性、灵敏度分析进行设计变量的选取，通过基本性能的多工况多目标优化，将优化方案进行碰撞安全性及耐久性验证，方案流程如图 2.12 所示。对结构进行静力分析的目的在于，计算结构在最大载荷作用下的变形与应力，以便进行强度与刚度的检验。为了对车身结构有更充分的了解，在计算分析时，应对可能出现的各种工况均予以考虑，因此应对车身可能承受的最大载荷进行分析，才有可能确定车身结构强度是否满足要求。

方案实例 2 对前右转向节优化运用带权重的折中规划法，建立了以多工况下的静态刚度和一阶固有频率最大化为目标函数的多目标优化模型，进行多目标拓扑优化设计，流程如图 2.13 所示。优化后的方案在轻量化的基础上使多工况下柔度显著减小，动态一阶固有频率显著增大，实现了多目标优化的目的。实践结果表明，运用折中规划法的多目标拓扑优化设计方法进行转向节的优化设计是可行且有效的。根据优化结果，结合实际工艺设计出转向节新结构方案并进行验证及校核。

第2章 汽车结构轻量化理论与设计方法

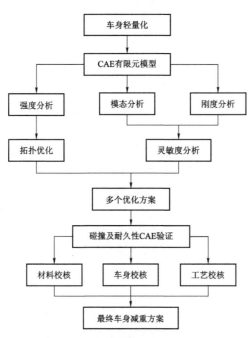

图 2.12 轻量化车身结构分析与优化流程

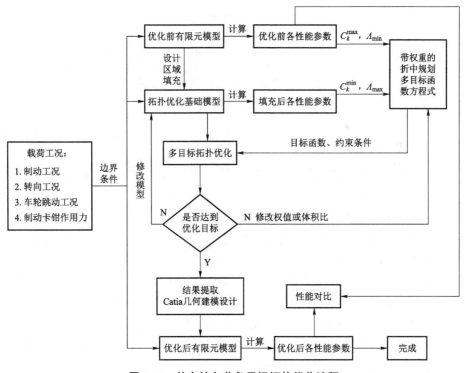

图 2.13 前右转向节多目标拓扑优化流程

方案实例 3 主要对某车型的前后副车架结构,从多体动力学、刚度、强度、模态、疲劳寿命及结构优化进行仿真分析,制定了如图 2.14 所示的研究路线。

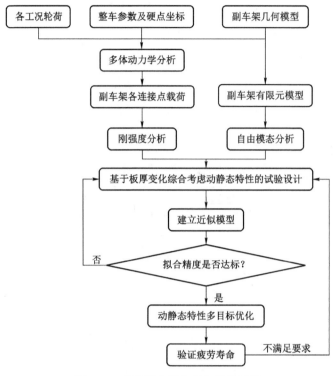

图 2.14 前后副车架多目标优化流程

具体步骤如下:

① 多体动力学分析,获得多工况下的副车架结构各连接点载荷,作为静态特性分析的载荷输入。

② 静态刚度、强度分析,求解出副车架结构在多个工况下的静态特性,识别结构中的高应力区域,为之后的副车架结构优化分析提供参考数据,并对提高结构的安全性有积极的意义。

③ 模态分析,获取副车架结构的固有频率及振型,为避免在随机路面振动输入及发动机激励输入的情况下引起副车架结构共振提供依据。

④ 结构优化,结合试验设计和近似模型方法,采取多目标优化算法优化副车架结构板厚,获得结构板厚最佳配置,达到结构轻量化目标。

⑤ 疲劳寿命分析,获得副车架结构在路面不平度随机振动作用下的疲劳寿命,识别疲劳危险区域,对比优化前后副车架结构的疲劳寿命,验证结构轻量化设计的可行性。

2.2.2 基于碰撞安全性的多目标优化方案

方案实例 4 是对汽车碰撞安全分析的有限元仿真模型，涉及一些非线性问题，计算时间通常比较长。同时，由于碰撞数值分析的本质，碰撞的优化设计是一个非常难的问题。按照优化理论，首先定义设计变量、约束条件和目标函数。优化问题定义后，即可根据代理模型的方法来进行设计变量的筛选工作，以减少优化的时间和去除对结果影响不大的变量，这可以通过构造初步的代理模型来完成。在筛选变量的基础上再次构造代理模型，由于该代理模型将代替耗时较长的仿真模型来完成优化问题的计算，因此必须对该代理模型的精确性进行检验。当合适的代理模型构造好以后，进行基于代理模型的数值优化，并用仿真计算对代理模型的优化解进行检验。如果达到收敛条件，则优化结束，否则修改设计变量、试验设计点或者代理模型，重新构造代理模型。通常，判断是否终止优化的依据为优化解与仿真解的数值之差是否已经达到充分小。优化结束后，还可以基于代理模型对设计方案的可靠性进行分析。

2.2.3 基于可靠性的多目标优化方案

方案实例 5 采用近似模型的汽车车身结构的多目标和鲁棒性优化设计流程如图 2.15 所示。

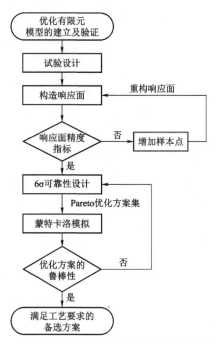

图 2.15 采用近似模型的多目标和鲁棒性优化流程

具体步骤如下：

① 白车身及碰撞等有限元分析及优化模型的建立及验证。

② 选择合适的试验设计方法，在设计空间中确定构造模型所用的样本点，试验设计方法通常包括全因子设计、部分因子设计、正交设计、中心组合设计和拉丁方设计等。

③ 利用有限元分析软件确定系统在样本点处的响应值；拟合在样本点处的响应值得到响应面模型，并对其有效性进行评价。

④ 采用多目标遗传算法，如 NSGA-Ⅱ算法和 6σ 可靠性设计对近似模型进行优化求解，得到多个 Pareto 解。

⑤ 采用蒙特卡洛模拟技术对 Pareto 解的鲁棒性进行评价，如不满足设计要求，返回优化求解步骤④。

⑥ 输出满足工艺要求的优化方案。

2.2.4　SFE 车身概念设计优化技术

传统的逆向设计和基于上代车型的优化设计在结构的减重上难有较大的突破。在此情况下，方案实例 6 开始对全参数化车身的正向开发设计开展相关研究，而车身框架作为车身的基础框架，对整车性能结构及实现车身轻量化程度有着较大的影响。基于以上思想，研究方案思路如下：

① 对车身框架结构的设计流程和方法进行研究。内容包括：车身正向开发的一般流程及主要工作内容介绍、性能驱动下的车身框架结构设计方法研究、隐式参数化建模的相关理论介绍、车身框架形状结构设计的性能要求及评价方法相关理论介绍、几何优化设计方法基础理论研究与基于性能搭建优化集成系统平台进行优化结构的流程介绍。

② 对车身框架性能指标评价系统建立的意义进行论述，提出对车身开发阶段中车身框架设计适用的评价标准体系的建立方法与流程。以某样车性能参数的提取过程为例，通过实车试验与仿真结果的对比论证详细有限元模型有效性，并对详细有限元模型简化的原则进行描述，最后对简化后的车身框架有限元模型进行特定工况下的性能分析，获取所需要的性能参数，作为车身框架结构开发参考的性能指标。

③ 基于隐式参数化车身关键框架结构的建模方法进行详细的研究。首先进行车身框架模型参数化建模技术路线的搭建，并提出构建车身关键框架结构的原则，在此基础上选取隐式参数化建模关键元素。创建车身结构数据库初步管理模式，并进行车身关键框架结构几何模型的搭建以及有限元分析模型的生成。最后基于某些特定工况验证隐式参数化模型的可靠性，为优化设计工作提供可靠的基础模型。

④ 进行关键性能下的车身形状结构设计，提出车身框架形状结构设计的

一般流程，进行优化集成系统平台的搭建，并进行集成优化方案的调度。主要是基于静态性能对车身框架形状结构进行优化设计，其中包括优化问题的描述、几何参数化及变量化设计、建立优化的数学模型、试验设计、构建近似模型以及运用优化算法得到车身形状结构的最优结果。

⑤ 在车身框架形状结构优化基础上提出车身关键截面形状设计的方法与流程，以门槛梁截面设计为例，论述车身关键截面的约束条件。进行性能综合驱动设计门槛梁，设计过程中主要包括截面可行域的离散化、截面形状约束的参数化、模型描述与优化设计问题定义，最后通过所搭建优化集成系统平台进行截面控制点位置的寻优，得到特定性能综合下最优的截面形状。

SFE 车身概念设计优化流程如图 2.16 所示。

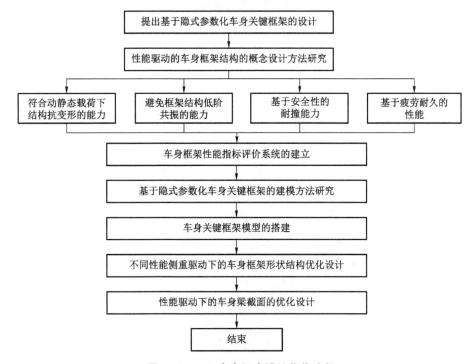

图 2.16 SFE 车身概念设计优化流程

2.2.5 全新架构"性能-材料-结构"一体化设计技术方案

全新架构的一体化设计方案，从材料本构出发，对多材料本构与数据库进行研究，将"合适的材料用于合适的地方"的轻量化理念应用于开发初期，综合考虑多种工况下静态刚度、强度以及频率动态特性，将碰撞安全性、NVH、耐久性作为设计中考虑的约束与目标，进行多学科多目标优化，材料配置与结构整体和部件拓扑，形成轻量化结构"性能-材料-结构"一体化、参数化、模块化设计。技术路线如图 2.17 所示。

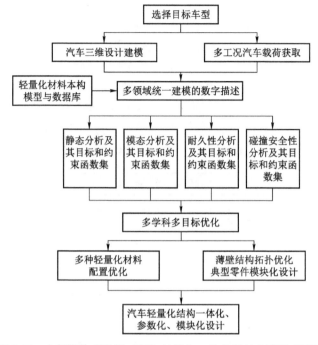

图 2.17　全新架构"性能-材料-结构"一体化设计方案技术路线

对一体化设计技术综合考虑加工工艺，形成图 2.18 所示的集成材料、工艺、结构的"性能-材料-结构"一体化技术方案流程。

2.3　基于新材料的轻量化解决方案

2.3.1　基于新材料的开发流程分析

轻质材料的使用是实现车身轻量化的一项重要途径，而不同的材料组合方案所达到的轻量化和车身结构性能的综合效果相差巨大。汽车的碰撞是非线性的动态响应过程，且车身结构由成百上千个零部件组装而成，对其材料进行合理的选择显得十分困难。以往通常的做法是凭经验分析碰撞过程中力的传递路径，选择安全系数较高等级的高强度钢板，然后再通过试验来验证，以体现多材料混合车身结构"合适的材料应用于合适的部位"这一核心理念。

"合适的材料应用于合适的部位"这一理念，其中心思想就是根据车身结构各个组件不同性能的要求选择合适的材料和厚度，然后组装起来，共同达到

第2章 汽车结构轻量化理论与设计方法

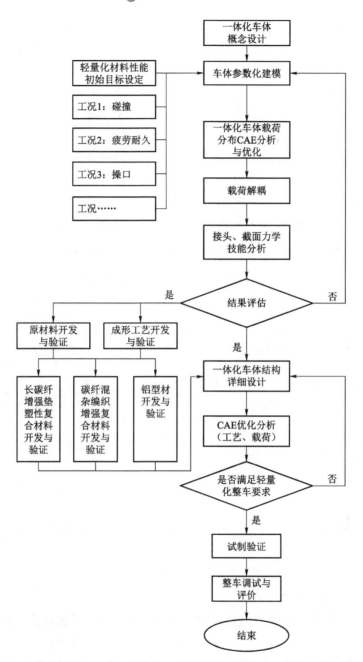

图2.18 集成材料、工艺、结构的"性能–材料–结构"一体化技术方案流程

车身的轻量化。从根本上来讲,是基于车身结构不同部位上零件的功能来考虑的,故对于每个零部件进行材料的选择时,应首先考察该部件在整车结构中所起到的作用。例如,前保险杠和吸能盒的功能主要是在正面碰撞中通过自身塑性变形达到吸能的目的，从而保证汽车的安全性。与此同时，由于铝合金比强度高，其单位质量的能量吸收比高强度钢要高，故保险杠和吸能盒的选材可考虑铝合金。再以发动机罩和车门组件为例，相对于白车身框架结构而言，前两者对刚度的要求不高，但其外板对冲压成形后的表面质量要求较高，从轻量化的角度考虑，发动机罩内板和车门内板可考虑选择 5000 系列的铝合金，而其外板则应从 6000 系铝合金进行考虑。以往的研究表明，在保险杠、发动机罩、车门、后备厢盖等组件上，铝合金完全可以代替钢板并且能够满足性能上的要求，但实际中应用较少，其原因主要是钢铝异种材料之间的连接问题难以解决，开发新的连接技术是铝合金在车身上得以扩大应用的前提，故材料选择时也必须考虑相应的连接问题。图 2.19 所示为钢铝混合材料车身结构开发流程。

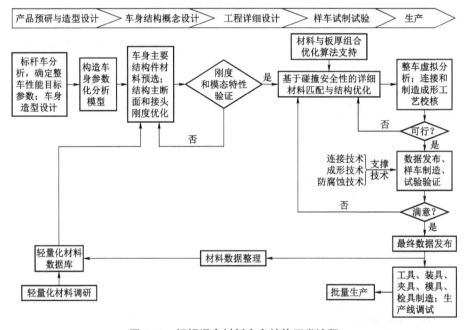

图 2.19 钢铝混合材料车身结构开发流程

每个阶段的工作为：

第一阶段，产品预研与造型设计。在进行充分的市场调研后，对车型的细分市场进行定位，然后选择对标车型，通过逆向后的建模仿真分析或者有关性能试验的手段获得轻量化及性能设计的目标；之后，完成车身的造型设计，获得车身外形的最终 A 级曲面。该阶段和单一材料白车身结构设计流程基本相同。

第二阶段，车身结构概念设计。对于钢铝混合材料车身，由于引入了铝合金这一轻量化材料，在车身概念设计阶段必须考虑材料的选择问题。首先构造白车身结构参数化分析模型，并基于结构件的主要功能进行材料的预选，在此基础上进行结构主断面及接头刚度的优化,直至刚度和模态特性达到设定的目标值。

第三阶段,工程详细设计。该阶段主要基于碰撞安全性进行详细的材料匹配和三维结构设计,同步进行虚拟分析、虚拟试验和虚拟制造工程分析,以满足整车性能目标。此阶段的核心任务是进行材料的详细匹配及板材厚度的精细优化,故适于材料和板厚组合优化的优化算法是该阶段性能目标得以实现的核心和关键所在。

第四阶段,样车试制试验。根据工程详细设计阶段发布的数据进行软工装夹具、模具的制造,完成零件和车身的制造,并进行外观品质评价、刚度和模态性能试验、碰撞性能试验、可靠性试验及认证试验等,根据试验结果对设计数据进行修改,并发布最终数据。样车试制阶段主要的支撑技术包括:钢铝异种材料之间的连接技术、轻量化材料先进制造成形技术及防电化学腐蚀技术等。

最后阶段,生产前各项生产资料的准备,从试生产、小批量生产逐步过渡到批量生产。

2.3.2 基于碰撞安全性的轻质吸能材料应用方案

1. 概念设计阶段

钢铝混合材料车身开发的目标是在降低质量的前提下,提高车身的承载能力和碰撞安全性能。由钢铝混合材料车身开发流程可知,有两个阶段涉及材料的选择匹配问题,分别是概念设计阶段和工程详细设计阶段。在概念设计阶段,还不能建立详细的车身几何模型信息,设计人员更关心的是从整体上把握车身结构的性能指标,如白车身总质量、刚度、频率、NVH等,而这些性能取决于车身结构布置形式、主体结构中每个零部件所选用的材料类型及其主断面形式。以往的单一材料车身开发在概念设计阶段不需要考虑材料的选择问题,主要原因在于在车身结构布置和结构主断面形式一定的情况下,车身整体性能(质量、刚度、模态等)主要受材料的密度、弹性模量的影响,而即使对于不同牌号不同强度等级的钢板,它们也都具有相同的密度和弹性模量。

概念设计阶段的材料选择,属于在轻量化材料调研基础上的初步预选,只需大致确定哪些结构用钢、哪些结构用铝即可。其主要目标是在材料初步确定后进行结构主断面设计和接头刚度优化,并且是以车身结构整体刚度和模态性能满足设定的预期目标为准则,原因在于该阶段车身布置和结构信息都不完善,会带来较大的分析误差,重点是确定轻量化设计的方向。这一时期对材料的预选,应着重从每一个部件对其不同性能的要求并按重要程度进行评级的基础上进行。对部件性能的考虑主要从以下几方面的要求进行评判:

① 碰撞吸能特性。
② 刚度、强度。
③ NVH。
④ 制造成形难易程度。
⑤ 表面质量要求。

2. 工程详细设计阶段

高强度钢和普通钢板之间的材料机械性能，在弹性范围内基本没有区别，对于不同系列和牌号的铝合金之间同样如此。因此，要研究不同强度的高强度钢板及不同系列和牌号的铝合金的匹配优化，必然涉及材料非线性问题。对于整车而言，则主要是碰撞安全性问题，即详细工程设计阶段中基于碰撞安全性的详细材料匹配与结构优化。该阶段重点是以满足车身结构碰撞安全性为目标，在概念设计阶段对材料进行预选以及在主断面和接头刚度优化的基础上，进行详细的钢铝异种材料的匹配和板厚的组合优化。详细工程设计阶段对材料的匹配选择，则是在概念设计的基础上进一步具体到哪一种牌号的高强度钢、哪一种系列什么牌号的铝合金。对于材料具体牌号的初选，则主要基于以下几个材料特性考虑：

① 材料的刚度和强度。
② 成本。
③ 连接难易程度。
④ 加工制造难易程度。
⑤ 防腐蚀特性。

由于影响整车抗撞特性的因素特别多，若同时考虑材料特性、制造成本与结构的刚度、强度等特性，势必造成过约束问题，很难得到满意的结果。为了求解出钢铝混合材料白车身结构的材料匹配及板厚优化，首先进行两个基本假设：

① 假设白车身结构在竞争车的基础上已进行了初步强度、刚度及模态等动静态特性分析，各项指标基本符合设计要求。

② 假设在初始设计阶段的概念设计中已经基于参数化模型或者主断面法对断面的形状与接头的刚度等进行了优化，即已经确定断面拓扑结构；更换材料时，为了节省冲压模具等成本，在材料匹配优化阶段不再考虑变断面优化；已建立准确的初始白车身结构 CAE 模型。

基于以上两个基本假设，工程详细设计阶段车身结构性能将主要取决于结构所用材料类型及板厚。下面对该阶段进行基于碰撞安全性、NVH 特性、可靠性、生命周期等特性的材料详细匹配及板材厚度的精细优化。

针对整车碰撞安全性的汽车轻量化设计本身而言，它应该是一个既要使整车碰撞安全性最好,同时车身结构质量也最小的多目标优化问题。假设需要对 n 个车身构件进行材料和厚度的优化,而可供选择的材料类型共有 m 种。对于该优化问题,由于每个零件可以从 m 种材料中选用不同的材料,如果用枚举的方法列出全部的材料组合,再使用优化技术对车身进行结构优化,则总共要进行 m^n 次优化,当构件和材料种类稍多时,显然是不可行的。一种可行的办法是将材料和板厚同时考虑为设计变量,建立优化问题的数学模型,再采用合适的优化算法进行求解。基于碰撞安全性的材料与板厚组合优化的多目标优化数学模型表达为

$$\begin{cases} \min \ y = f(\boldsymbol{X}) = \{f_1(\boldsymbol{X}), f_2(\boldsymbol{X}), \cdots, f_p(\boldsymbol{X})\}^{\mathrm{T}} \\ \text{s.t.} \ g_u(\boldsymbol{X}) \leqslant 0 \ (u=1,2\cdots) \\ \text{Variable} \ \boldsymbol{X} = (\delta_i, A_i)^{\mathrm{T}} \ i=1,2,\cdots,n \\ \qquad \delta_i^l \leqslant \delta_i \leqslant \delta_i^u \\ \qquad A_i \in \{(\rho_1, E_1, v_1, \sigma_1(\varepsilon)), (\rho_2, E_2, v_2, \sigma_2(\varepsilon)), \cdots, (\rho_u, E_u, v_u, \sigma_u(\varepsilon))\} \\ \qquad \sigma_u(\varepsilon) = \{(\sigma_1, \varepsilon_1), (\sigma_2, \varepsilon_3), \cdots, (\sigma_z, \varepsilon_z)\} \end{cases}$$

(2.50)

式中,$y=f(\boldsymbol{X})$ 为目标函数向量集,为设计变量 $\boldsymbol{X}$ 的函数;$g_u(\boldsymbol{X})$ 为标准化后的碰撞评价指标,u 表示碰撞评价指标的个数;δ_i 为第 i 个构件的板厚,δ_i^l 和 δ_i^u 分别表示第 i 个构件板厚的下限和上限;A_i 为第 i 个构件的材料类型所确定的材料参数集合,包括密度 ρ_i、弹性模量 E_i、泊松比 v_i、应力应变数组集合 $\sigma_i(\varepsilon)$ 等。

由以上数学模型表达式可知,材料类型和板件厚度组合优化问题显然比常见的材料已定纯粹去优化零部件的形状或厚度的情况要复杂得多。在式(2.50)中,应重点关注设计变量的处理。共有两类设计变量,分别为板件厚度 δ_i 和材料类型 A_i。前者是可以量化的,而后者未被量化,很难采用成熟的数学优化算法进行优化求解,而且包含众多的材料参数集合,更加大了直接求解的难度,故而问题的关键在于怎样对材料类型 A_i 进行量化。关于材料类型的选择涉及材料参数的集合,一种直观的量化思路是直接把板厚、材料的密度、弹性模量、屈服强度等参数一起直接作为设计变量。这种思路虽然清晰明了,但其缺点是无法克服的:引入了过多的设计变量,给优化求解带来了大量的求解量;另外,有些变量之间并不是独立的,而是相互之间存在着关联关系,例如,当密度为 $7.8\times10^3 \ \text{kg/m}^3$ 时,对于常用的工程材料而言,意味着是钢材,也就意味着其弹性模量必然是 210 GPa。因此,如果采用这种方法直接进行优化,可能最终优化出来的变量所代表的材料类型并不存在。为解决这个问题,本书将材料的类型而不是材料参数直接作为设计变量进行量化。

其方法表述为:首先对 m 种备选材料进行唯一的整数编码,其码值为 1~

m 的连续整数,并定义第 i 个零件所采用的材料 M_i($M_i \in \{1, 2, \cdots, m\}$)为设计变量。这样,当分别给定材料变量 M_i 和厚度变量 δ_i 时,就确定了制造第 i 个构件所采用的材料及其厚度,从而也就确定了这种材料所代表的所有材料参数。式(2.51)及图 2.20 反映了材料编码 M_i 与其代表的材料参数之间的一一映射关系。

$$\begin{cases} \begin{Bmatrix} \rho_i \\ E_i \\ v_i \\ \sigma_i(\varepsilon) \end{Bmatrix} = \begin{Bmatrix} (M_i)\rho \\ (M_i)\varepsilon \\ (M_i)v \\ (M_i)\sigma \end{Bmatrix} \\ \sigma_i(\varepsilon) = \{(\sigma_1, \varepsilon_1), (\sigma_2, \varepsilon_2), \cdots, (\sigma_k, \varepsilon_k)\} \\ i = 1, 2, \cdots, m \end{cases} \quad (2.51)$$

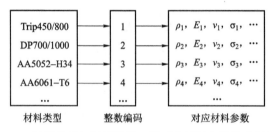

图 2.20 材料编码与材料牌号及其对应材料参数的映射关系

在图 2.20 中,以高强度钢 Trip450/800 和铝合金 AA5052–H34 为例,将其材料类型分别整数编码为 1 和 3,对于列入优化问题的第一个构件,假设经过优化后其材料类型和厚度分别为 $M_1=1$ 和 $\delta_1=2.0$,则表明该构件选用的材料为高强度钢 Trip450/800,板件厚度为 2.0 mm。将式(2.51)代入式(2.50)可得钢铝混合材料车身在工程详细设计阶段构件材料类型及其厚度组合优化问题的多目标优化数学模型:

$$\begin{cases} \min \quad y = f(X) = \{f_1(X), f_2(X), \cdots, f_p(X)\}^T \\ \text{s.t.} \quad g_u(X) \leq 0 \ (u=1, 2\cdots) \\ \text{Variable} \quad X = (\delta_i, M_i)^T \ i=1, 2, \cdots, n \\ \quad \delta_i^l \leq \delta_i \leq \delta_i^u \ i=1, 2, \cdots, n \\ \quad M_i \in \{1, 2, \cdots, m\} \end{cases} \quad (2.52)$$

多目标优化问题的最主要特点是不存在唯一的全局最优解,而是存在一个最优解集,解集中的各组解之间没有优劣之分,称为 Pareto 解集(非劣解集)或 Pareto 前沿。对于两个目标的优化问题,其 Pareto 前沿可以直观地由图 2.21 表示,图中阴影部分为整个解集,P 表示 Pareto 前沿。

多目标优化问题的解成为 Pareto 最优解的条件为：解的任何一个目标函数的值在不使其他目标函数值恶化的条件下已不可能得到进一步改进。Pareto 前沿解集中的解称作非支配解，非支配解优于解集中的其他解（也称作支配其他解），但是非支配解之间不能比较优劣。多目标优化问题的最终目的就是找到 Pareto 前沿面或者它的一个抽样，供决策者权衡决策。目前，在车身轻量化领域，将数值仿真和试验设计相结合，采用近似模型技术拟合车身结构在各种分工况下的响

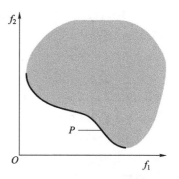

图 2.21 Pareto 前沿曲线

应，并采用现代优化设计理论进行多学科多目标优化的研究越来越多，已成为当前车身轻量化的主流技术。近似模型是根据试验设计样本点所提供的变量选取方案及各方案对应输出的响应信息，利用近似的方法对离散数据样本点进行拟合或插值得到相关数学模型，即近似模型是利用已知点构造出数学拟合或插值函数用于进一步预测未知点的响应。将该技术应用于材料类型与板厚组合优化问题时的流程如图 2.22 所示。

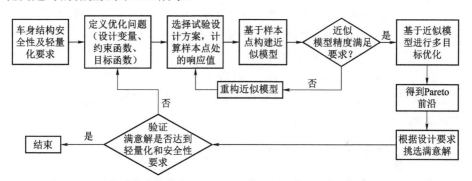

图 2.22 基于试验设计和近似模拟的材料与板厚组合多目标优化设计流程

2.3.3 基于可靠性的轻量化材料应用方案

近年来，汽车新型轻量化材料层出不穷，如合金材料、工程塑料等，这为汽车结构设计带来了更多的选择。材料可靠性是指产品在规定的条件下、规定的时间内完成规定功能的能力。汽车所用材料基本会贯穿在整个汽车的生命周期内，材料的可靠性关乎整车安全。本节将通过具体实例给出基于材料的可靠性轻量化设计过程中的参考方案。

基于材料静特性与轻量化的多目标优化：

可靠性设计可以给出关键尺寸的均值 μ_d 和方差 σ_d^2，如长度、厚度和直径

等。对该关键尺寸的零件进行标准试验，与标准试验载荷对应的试验应力定义为 S_p。当考虑低载强化时，应检验试验应力 S_p 是否在有效强化区间内。如果 S_p 在强化区间内或低于强化区间，就意味着 μ_d 太大，不能作为理想的轻量化尺寸。这时 μ_d 应进一步减小到一个适当的值 μ_{opt}，接下来，通过方差和均值的经验公式关系得出一个新的方差 σ_{opt}。如果 S_p 超过强化区间并在强化区间以上但小于 σ_{-1}，就可以认为 μ_d 是轻量化设计的最佳尺寸，因为超过强化区间的应力可以随着载荷循环使零件的强度保持恒定或者退化，因此可以使零件的强度潜力充分发挥。大多数情况下，设计应力以及试验应力都在强化区间内或以下。为了得到 μ_{opt}，其前提是知道在低幅载荷下材料得到强化的性能。在这些性能的基础上，随着载荷周期的进行，强化区间内的应力将使单元的强度得到提高。因此当关键尺寸在强化区间以上并且稍大于强化区间的最大载荷时，试验应力 S_{opt} 在单元内屈服，所以随着载荷循环的进行，零件强度慢慢退化。最后，可靠性设计的优化可以通过以下步骤进行：

① 确定零件的强化区间。
② 用可靠性方法设计单元的关键尺寸。
③ 检验单元的试验应力是否超过强化区间。
④ 选取强化区间以上的一个最佳应力。
⑤ 对比最佳应力和试验标准中定义的试验载荷。
⑥ 根据步骤④确定修正尺寸。
⑦ 比较修正尺寸和关键尺寸，确定最佳尺寸。

这样的设计能够同时满足可靠性（静强度）和尺寸优化（疲劳强度）的要求，达到了轻量化设计的目的。

2.3.4 基于环境生命周期的轻量化材料应用方案

基于环境生命周期的材料应用方案是在综合考虑材料物理特性、机械特性以及环境特性基础上提出的汽车轻量化方案。此方案应用在汽车工程设计初始阶段，旨在考虑材料环境特性的基础上选择符合要求的轻量化材料。这种综合的材料选择、应用方式与传统的基于工艺结构轻量化的方式一致，只是需要在初期综合评估各种可行性材料对环境的影响。本方案有 5 个主要步骤：设计目标的选定；材料类型以及材料族的选择；轻量化；生命周期建模与评价；结果分析与材料选定。本节中轻量化模型、环境分析方法和影响指标自行选择，材料成本不予考虑。

（1）选定设计目标及设定要求与约束。

设计目标由一系列期望效果的功能性要求和非功能性要求综合确定，这些限制因素需要在整个设计空间里明确表明。此外，其他后期因素也会影响和限制设计目标，如车辆的用途及其在整个生命周期中的使用工况。

（2）材料类型以及材料族的选择。

工程材料可以分为以下 6 类：金属、陶瓷、玻璃、聚合物、橡胶、混合物。这些材料代表可行的设计解决方案设计目标，并将在连续阶段使用质量最小化和生命周期评估适用方法。例如，前风挡玻璃的透明性要求就决定了金属材质不适合。

（3）轻量化。

对所有可能的材料都进行轻量化考虑，以便于找出满足设计目标的最优方案。设计目标的要求确定了零部件的可行性空间和最大允许变形等的约束条件。大致的轻量化约束方程如下：

$$\min\ f_0(x_{(1:i)}) \tag{2.53}$$

$$\text{s.t.}\ f_k(x_{(1:i)}) \leqslant b_k, k=1,2,\cdots,n$$
$$\underline{x_i} \leqslant x_i \leqslant \overline{x_i}, i=1,2,\cdots,5 \tag{2.54}$$

式中，f_0 为设计变量 x_i 的函数；f_k 为约束变量的函数；b_k 为约束变量值。

x_i 的设计上下限是 $\overline{x_i}$ 和 $\underline{x_i}$。这些边界条件是板厚之类的实际值。

（4）生命周期建模与评价。

每种备选材料生命周期模型的建立与评估由 ISO 14040 来确定。功能单元（评价标准）定义了设计目标的功能与使用寿命，并且该评价标准保持恒定以便于对不同设计提供可比较的结果。材料数据库、供应商或生产基地等所有阶段和过程的环境数据（能源、材料和排放量的流入和流出、废物）都应收集并建立库存。设计的潜在环境影响可以用生命周期影响评估（Life Cycle Impact Assessment，LCIA）方法来估算和量化。最合适的评价方法通过数据的可用性、模型的质量以及设计目标等来确定。

（5）结果分析与材料选定。

为了满足生命周期内的低环境影响要求，以下几个方面需要综合分析考虑：

① 每种材料的所有生命周期影响都要单独考虑，并与其他材料作比较。

② 在不同生命周期阶段的环境影响表现均需考虑。

③ 生命周期阶段或环境影响指标的权衡。

④ 设计目标或性能的变动对于材料生命周期的影响。

选择的最佳材料是特定情况下根据目标功能优先级之间的权衡而定的。

2.3.5　实例分析——钢铝混合材料单帽型直梁轻量化

单帽型点焊薄壁梁构件几何构型及截面形状如图 2.23 所示。单帽型截面与平板间通过点焊连接，总长 180 mm，焊点间距为 30 mm，两端焊点距离端面 15 mm。结构截面尺寸为 50 mm×50 mm，法兰宽为 15 mm，圆角半径均为 5 mm。

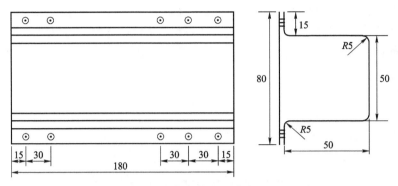

图 2.23 单帽型点焊薄壁构件几何构型及截面形状

选择 B-T 类型二维壳单元划分网格，单元大小统一为 2 mm。结构左端固定，右端施加一仅保留法向自由度的刚性墙，强迫速度为 10 m/s，压溃距离为 135 mm 时仿真结束，并在固定端附近设置截面力输出定义以读取结构动态碰撞力；刚性墙与薄壁构件间以及各薄壁构件间的接触均采用"单面自动接触"模拟，动、静摩擦系数均取 0.2。测试案例的目标是实现结构的轻量化和吸能最大化，并控制碰撞峰值力不至于过大。故在忽略材料间连接形式对耐撞性影响的前提下，提出将构件均分为前后两段，由高强度钢和铝合金混合设计的思想。由于需保证前段在碰撞中最大限度吸能，故将前段设定为轻量化和比吸能均较好的铝合金，后段设定为高强度钢，但具体的材料牌号则需要通过优化的手段予以确定。钢铝混合材料单帽型薄壁构件有限元模型如图 2.24 所示。

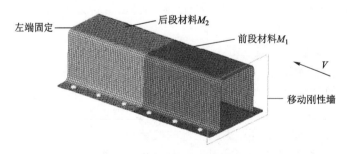

图 2.24 钢铝混合材料单帽型薄壁构件有限元模型

在板料厚度的选择上，以 1.5 mm 板厚值为分界线，铝板的选取大于 1.5 mm，高强度钢板的选取小于 1.5 mm。前后两段材料的可选类型按强度等级的高低进行材料编码，铝合金和高强度钢各考虑了 5 种。其中，铝合金材料的强度等级范围为 130～264.83 MPa，类型包括 5000 系至 6000 系铝合金板；

高强度钢板材料的强度等级范围为 300～950 MPa，材料类型包括双相钢、相变诱导塑性钢、马氏体钢等。用 M_1 表示铝合金，M_2 表示高强度钢，对应的材料屈服强度及材料编码如表 2.2 所示。

表 2.2　铝合金和高强度钢的屈服强度及材料编码

M_1（铝合金）			M_2（高强度钢）		
编号	牌号	屈服强度/MPa	编号	牌号	屈服强度/MPa
1	A5182-O	130	1	DP300/500	300
2	A5754	146	2	Trip450/800	450
3	A6111-T4	165	3	DP500/800	500
4	A5052-H34	211	4	DP700/1000	700
5	A6061-T6	264.83	5	Mart950/1200	950

钢铝混合薄壁结构材料类型和板厚组合耐撞性多目标优化问题整体描述如下：

$$\begin{cases} \min\ m(\boldsymbol{X}) = m_1(\boldsymbol{X}_1) + m_2(\boldsymbol{X}_2) \\ \min\ F_{\max}(\boldsymbol{X}) \\ \max\ E(\boldsymbol{X}) \\ \text{Variable}\ \boldsymbol{X} = (\boldsymbol{X}_1, \boldsymbol{X}_2)^{\text{T}}, \boldsymbol{X}_1 = (M_1, t_1)^{\text{T}}, \boldsymbol{X}_2 = (M_2, t_2)^{\text{T}} \\ \text{s.t.}\ 1.6\ \text{mm} \leqslant t_1 \leqslant 2\ \text{mm},\ 0.6\ \text{mm} \leqslant t_2 \leqslant 1.4\ \text{mm} \\ M_1 \in \{1, 2, 3, 4, 5\}, M_2 \in \{1, 2, 3, 4, 5\} \end{cases} \quad (2.55)$$

式中，m 为结构总质量，m_1 和 m_2 分别为前、后段质量；$F_{\max}$ 为碰撞力峰值；E 表示结构总吸收能量；M_1 和 t_1、M_2 和 t_2 分别表示结构前后两段的材料编码及厚度。

铝合金材料在碰撞过程中没有考虑应变速率的影响，且具有相同的弹性模量（E=70 GPa）、泊松比（ν=0.3）和密度（ρ=2.7×10^3 kg/m^3）；5 种高强度钢板具有相同的弹性模量（E=210 GPa）、泊松比（ν=0.3）和密度（ρ=7.85×10^3 kg/m^3），高强度钢板在碰撞过程中的应力应变曲线均考虑了应变率效应，且由 *MAT_PIECEWISE_LINEAR_PLASTICITY 关键字定义，应变速率的设置分布于 0.001/s 到 1 000/s 的范围。

在薄壁结构的耐撞性设计中，通常采用比吸能来描述结构单位质量吸收冲击能量的能力，定义为

$$\text{SEA} = E/M$$

式中，SEA（Specific Energy Absorption）为比吸能；E 为吸收的能量；M 为结构总质量。

比吸能越大，则结构单位质量吸收的能量越多，表明其耐撞性越好。

由于径向基函数近似模型的综合预测能力最佳，为考察其 Pareto 解是否已实现对多目标问题的优化，以轻量化设计要求中质量最小为优化解的选择偏好，并同时兼顾解的预测精度，在 Pareto 解中挑选了结构质量、吸能总和以及碰撞力峰值预测误差总和最小的解用于与原正交试验设计的方案进行对比。将优化解的实际有限元计算值与正交试验设计原方案进行比较，考察在 Pareto 预测解所提供的变量参数设定条件下能否完成对原设计方案的优化，对比结果如表 2.3 所示。

表 2.3 优化结果与原设计方案对比

因素 项目	前段选材 M_i	后段选材 M_j	前段厚度 t_i	后段厚度 t_j	试验结果			
					质量/kg	吸能总和/J	碰撞力峰值/N	SEA/$(J \cdot kg^{-1})$
原试验方案	1	2	1.7	0.8	0.243 8	2 917.66	93 823	11 967
优化方案	1	2	1.713	0.653	0.218 5	2 650.72	82 393	12 131.11
对比原方案	—	—	0.76%	−18.4%	−10.38%	−9.15%	−12.18%	1.37%

由表 2.3 的优化结果前后对比发现，以轻量化设计为目标，按照预测解所提供的设计变量选择板料类型以及调整板料厚度，可以在结构整体质量降低 10.38%的情况下降低碰撞力的峰值 12.18%，同时还略微提升了 SEA，对结构整体的耐撞性和轻量化水平提升效果明显。这表明，优化后的零件材料及厚度分布更加合理，充分发挥了"合适的材料应用于合适的部位"的原则。

2.4 基于新工艺的轻量化解决方案

2.4.1 各类轻量化新工艺的发展与应用

1. 超高强钢热成形技术的应用

零部件的热冲压成形工艺是利用金属板材在高温状态下塑性迅速增加、屈服强度和抗拉强度迅速下降的特点，在热冲压模具上使板材成形的工艺。它主要针对一些强度高、塑性差和形状复杂等难成形的金属部件。在热冲压成形过程中，将坯料加热到再结晶温度以上，使其在奥氏体状态下成形，这样能够降低成形时的流动应力和提高板料的成形性。为了防止金属板料在热加工后强度等性能降低，需要在热冲压过程中辅以合适的热处理工艺，一般是在板料高温成形后保压冷却，使板料成形件与带冷却系统的凸凹模接触淬火。在淬火过程中需控制冷却速度以获得马氏体组织，得到最佳力学性能的目标零部件。

热冲压成形过程中的成形到冷却阶段是一个热、力、相变的多场耦合阶段，如图 2.25 所示。a 表示相变点、相变量、相变应变对温度的依赖性，主要表现为控制温度的变化以获得所需要的组织。b 表示热力学参数对相变的依赖性，主要表现为组织转变引起体积改变和对应力的影响。c 表示成形应力对温度的影响，主要表现为变形功转化为热能，而热能反过来又影响温度的分布。d 表示组织转变对温度的影响，主要表现为组织转变过程中产生潜热，而潜热反过来又影响温度的分布。e 表示成形应力和应变速率对组织转变的影响，通常表现在两方面：一是应力诱导相变，即对组织转变动力学的影响；二是引起相变塑性，即引起和相变有关的力学行为的变化。f 表示温度对成形应力的影响，主要表现为热应力，即热力学性能对温度的依赖性，如流动准则、摩擦系数、换热系数等都将随着温度场变化而变化。

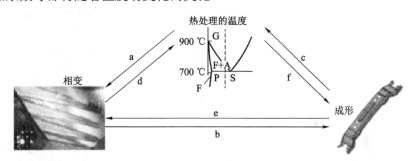

图 2.25　热冲压成形过程

这种热成形技术是国际上近年来出现的一种专门用于生产汽车超高强度钢板冲压件的新技术，可生产轻量且超高强度的冲压件，质量降低 20%以上，高温下成形没有回弹，零件成形精度高（冷冲压无法消除回弹），并且可以一次成形冷冲压无法成形的复杂零件。目前，超高强度钢板热成形技术已成为国外汽车制造业的热门技术，发展非常迅速。德国、法国等工业发达国家走在前列，开发出多种热成形超高强钢，如 Usibor1500、DB200 等，并率先推出商品化生产线。法国的阿塞洛（Arcelor）公司，德国的蒂森-克虏伯（Thyssen. Krupp）、本特勒（Benteler）公司都拥有该项技术及成套生产线。2005 年，阿塞洛公司为德国大众汽车公司提供了 6 条生产线用于新型帕萨特（Passat）轿车高强度钢冲压件的生产。在美国，通用（GM）、福特（Ford）等汽车公司的多款高档轿车也在应用该项技术来制造超高强度冲压件。日本本田（Honda）公司运用该技术使其 Honda Civic 车型的白车身质量降低 20%。为满足 2004 年以后欧洲更为严格的碰撞安全标准（New Car Assessment Program，NCAP）和欧 IV 排放标准，各国汽车制造商都在大量使用热成形超高强度冲压件，尤其是在欧洲和北美，汽车制造商要求新车生产中必须使用这种超高强度冲压件。目前，大量使用热成形超高强度冲压件已经成为国外汽车生产的新模式。

2. 激光拼焊技术的应用

激光加工应用于汽车车身，包括拼焊板制造、白车身零部件加工及总成等。采用激光技术制造车身，可节省约 2/3 的样车新车身开发模具和约 70%的夹具费用，使生产周期缩短 50%，白车身质量减小 20%，制造精度（形状、尺寸等）和白车身总体质量（刚度、强度等）显著提高。

汽车车身激光制造的工艺流程通常是：激光拼焊板材→冲压成形→激光三维切割→激光焊接分总成→总装→激光在线检测。零部件的激光加工包括：修边、割孔、分离，模块化零件的子件边线套裁，模块化零件的子件套焊，共面零件的连接边界套裁，共面零件连接的边界组焊，零件重叠边界套裁，零件重叠边界套焊，零件错位边界组焊，重叠零件孔界组焊，重叠组件修边、割孔。整个工艺流程中包括 3 种类型的加工工艺，即激光拼焊、激光三维切割和激光组焊。激光焊接的主要特点如下：

① 热量输入小、焊缝深宽比大、热影响区小导致工件收缩和变形小，无须焊后矫形。

② 焊缝强度高、焊接速度快、焊缝窄，且通常表面状态好，免去焊后清理等工作。

③ 焊接一致性、稳定性好，一般不加填充金属和焊剂，并能实现部分异种材料焊接。

④ 光束易于控制，焊接定位精确，易于实现自动化。

⑤ 与其他焊接工艺方法相比，激光焊接的前期投资较大。

⑥ 被焊工件装配精度高，相对而言对光束操控的精确性也有较高的要求。

激光用于车身面板的焊接可将不同厚度和具有不同表面涂镀层的金属板焊在一起，然后再进行冲压，以达到最合理的金属组合。激光拼焊技术是激光焊接在汽车制造应用中最成功，同时也是效益最明显的一项技术。激光拼焊的目的是在保证车身强度的前提下，降低车身质量。这种技术是在进行车身的设计制造时，根据车身不同部位的性能要求，选择钢材牌号、种类、等级和厚度不同的钢板，通过激光裁剪和拼焊技术将车身某一部位（如侧围、底板、车门内门、支柱等）拼焊起来再冲压成形的制造方法，也可将具有表面涂镀层的金属板焊在一起，然后再进行冲压。

激光拼焊技术具有一系列优越性：减少车身零件的数量，使车身结构大大简化，可根据不同部位对强度的不同要求将不同厚度的板料焊在一起，再一次冲压成形，不再需要焊接加强筋；减少模具的数量，拼焊板一体成形，不仅提高了车身的精度，而且还减少了大量冲压加工的设备、工序和模具；降低结构件质量，从而降低钢材消耗和生产成本，降低车身质量与汽车能耗；由于采用连续激光焊代替不连续的点焊、铆接，提高了车身的刚度、紧固性和安全性；板坯可在充分分析车身结构的基础上进行优化设计，选择少数几种典型的板坯拼焊成，这样省去了二次加工，加速了用冲压零件代替锻造零件的进程。据统计，一辆汽车的车身和底盘由 300 多种零件组成，采用拼焊板技术可使零件数量减少 66%，因此大大减少了模具数量，提高了材料的利用率。日本丰田汽车公司的侧围生产线采用拼焊板后，模具由 20 副减少到 4 副，材料利用率由 40% 增加到 65%。过去内门板用 0.8 mm 的钢板冲压成形，需焊上加强件以便铰接和安装反光镜，现采用 2 mm 和 0.8 mm 的板坯用激光焊接在一块，然后一次冲压成形，不再需要额外的部件，每扇门的质量可降低 1.4 kg。采用这种技术，一台中型轿车可减轻 9 kg 而不会影响其刚性。到目前为止，世界上几乎所有著名的汽车制造厂都大量采用了激光拼焊技术，所涉及的汽车结构件包括车身侧框架、车门内板、挡风玻璃窗框、轮罩板、底板、中间支柱等。

3. 液压成形技术的应用

液压成形技术早在 20 世纪 40 年代就被用于汽车制造业。受到汽车轻量化及安全性要求的推动，汽车中越来越多的结构件采用圆管作为成形毛坯，利用充液成形技术来完成制造，如汽车传动轴、轿车发动机支架、排气管、装配式凸轮轴等。随着液压密封技术和自动控制技术所取得的一些突破，充液成形工艺已成为一种整体成形薄壁结构件的塑性加工方法。液压成形技术优势明显，一般大中型冲压件平均需要 4 套模具，采用金属板料单模液压成形仅需使用凸模，故模具制造费用可节省 50% 以上，制造时间缩短 35%～75%，模具整修费用减少 80%。各冲压工序间的集成（如拉延和弯曲工序的集成），使成形和测试时间大约减少 50%。因使用流体压制成形，冲压过程是一个柔性、均匀的变形过程，不会使工件表面划伤，成形工件的质量和精度高，不需要凸、凹模间的匹配调试，更换模具的时间短，可以将数种材料成形工艺合并在一次柔性成形中完成，减少了冲压成形零件再次进行冲压的次数和手工修理。板材柔性成形技术不但可用于单件车身制造，更适合于小批量甚至中等批量车身制造，是汽车试制技术中最为关键的技术之一。目前，包括丰田、奥迪在内的众多著名的汽车制造商已将此技术应用于汽车覆盖件的生产上。

液压成形技术可以减少需要焊接的部件，因而可提高无焊接部件闭合截面上的强度及成形精度，适于复杂形状部件的成形，形状稳定性、一致性良好。这些特性增加了形状设计的自由度，减少了部件的件数，有利于实现汽车车身的轻量化。与普通的加工技术相比，液压成形技术不但能够提高零件的质量，减少成形的工序，降低加工成本，而且特别适合于小批量零件的加工生产。如果按照加工过程的特点，可以分为管件液压成形技术和板材液压成形技术等。

4. 半固态成形技术的应用

半固态成形技术是将搅拌法制造的非枝晶半固态金属坯料，经再次加热到半固态后进行挤压或压铸成形。由于半固态金属在成形前已是固液两相共存，易于均质变形，且高黏度的半固态浆料可以在填充时不发生紊流而平稳充型，同时半固态金属坯料的初生相为球状而使变形抗力显著下降，使铸件的加工性能和内在质量都优于常规铸件，可以制造近终形制品。就金属材料而言，半固态是其从液态向固态转变或从固态向液态转变的中间阶段，特别对于结晶温度区间宽的合金，半固态阶段较长。金属材料在液态、固态和半固态 3 个阶段均呈现出明显不同的物理特性，利用这些特性产生了凝固加工、塑性加工和半固态加工等多种金属热加工成形方法。凝固加工利用液态金属的良好流动性，以完成成形过程中的充填、补缩直至凝固结束，其发展趋势是采用机械压力替代重力充填，从而改善成形件内部质量和尺寸精度。但从凝固机理角度看，凝固加工要想完全消除成形件内部缺陷是极其困难的，甚至是不可能的。

半固态加工是利用金属从液态向固态转变或从固态向液态转变（即液固共存）过程中所具有的特性进行成形的方法。这一新的成形加工方法综合了凝固加工和塑性加工的优点，即加工温度比液态低，变形抗力比固态小，可一次大变形量加工成形形状复杂且精度和性能质量要求较高的零件。因此，国外有的专家将半固态加工称为 21 世纪最有前途的材料成形加工方法。半固态成形工艺具有以下优点：

① 制品表面质量好，尺寸精度高，可以获得形状复杂的零件。
② 制品显微组织均匀，缺陷和偏析少，成品机械性能高。
③ 工作温度低，模具热负荷小，使用寿命长。
④ 半固态金属在变形前保持固体形状，便于坯料传输，简化了送料系统，生产率大大提高。
⑤ 变形抗力低，因此能耗低、效率高，易于自动控制。

半固态加工技术适用于具有较宽液固共存区的合金体系，如铝合金、镁合金、锌合金、铜合金等均可用该技术制备。其中，半固态加工技术用于制备铝合金最为成功，也最为广泛，包括 Al–Cu 合金、Al–Si 合金、Al–Pb 合金和 Al–Ni 合金等，促进了汽车轻量化金属材料的应用和推广。

5. 智能冲压成形技术的应用

智能冲压成形技术，是针对高强度薄板在汽车难成形部件上的应用，已开始进行部件的开发和试制研究。该技术的一个显著特点是通过优化薄钢板与冲压模间的摩擦行为来控制成形冲程，以避免加工过程中过大的冲压载荷，从而可使强度达 980 MPa 的材料应用于难成形部件，过去冲压这类部件只能使用 780 MPa 级的材料。以下是智能冲压成形技术的基本工艺步骤：

① 落料：把板材冲压出所需外轮廓坯料。

② 奥氏体化：包括加热和保温两个阶段。将钢板加热到合适的温度，使钢板完全奥氏体化，并且具有良好的塑性。

③ 转移：将加热后的钢板放进热成形模具中，并且需保证尽可能快地将钢板转移到模具中。

④ 冲压和淬火：在将钢板放进模具之后，要立即对钢板进行冲压成形，以免温度下降过多影响钢板的成形性能。成形以后模具要合模保压一段时间。

⑤ 后续处理：从模具中取出成形件后，利用酸洗或喷丸的方式去除零件表面的氧化皮，以及对零件进行切边和钻孔。

2.4.2 基于可靠性的轻量化工艺应用方案

1. 成形工艺——以液压成形技术为例

1）管件液压成形技术

管件液压成形技术，就是以无缝管件或焊接管件为原料，通过管件腔内的液体压力与轴向负荷的作用，使其在给定模具内变形，从而得到所需形状零件的技术。管件液压成形过程如图 2.26 所示，首先将原料（直管或预先弯曲成形的钢管）放入底模，然后管件两端的冲头在液压缸的作用下被压入，将管件

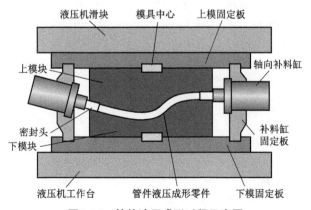

图 2.26 管件液压成形过程示意图

内部密闭，冲头内有液体通道，液体不断流入管件，此时上模向下移动，与下模共同形成封闭的模腔，最后高压泵与阀门控制液体压力不断增大，冲头向内推动管件，管壁逐渐贴近模具变形，最终得到所需形状的产品。

对于圆角尺寸较小、难以成形的产品，往往采用分段式加压成形，即先用较小压力完成扩管，形成较大圆角，此时壁厚保持较均匀，然后再将压力加大，迫使管件贴合模具，圆角处材料产生拉伸变形，管壁减薄，最终得到所需形状。要得到横断面形状连续变化的管状汽车零件，传统的工艺方法是冲压后焊接，与之相比，管件液压成形技术有以下 3 个显著优点：

① 减小质量。由于复杂形状的零件可一次成形，减少了结构的零件数量与焊接质量，而且可以使用更少的材料，所以管件液压成形技术的减重效果十分显著。例如，美国福特公司 1994 年推出的 Mondeo 车型，其前车架的结构件原来是由 6 件箱形或者槽形冲压件组合而成的，而现在采用管件液压成形技术，只需要一个零件，整个部件的质量减小了 34%。

② 提高产品质量。零件因在成形过程中发生了加工硬化，提高了强度，而且成品的壁厚均匀，尺寸精度高，整体质量得到改善。

③ 降低生产成本。减少零件数，可以减少模具数量，节省模具费用。如前面提到的 Mondeo 车型的前车架结构件，由于采用管件液压成形技术，模具数从原来的 32 副减少至 3 副，模具费用减少了 37%。

但在使用管件液压成形技术时也要注意到它的缺点，如生产周期长、液压成形机与模具费用高等。目前，液压成形管件在汽车上的应用大体可以分为以下 4 类：

① 排气系统零件，如进气歧管、排气歧管、催化转化器、压力管尾部导管、插接器等。由于汽车结构和功能的特殊要求，部分汽车采用的排气管形状比较复杂。这种异型管使用传统加工方法生产往往需要很多工序，成本很高，而利用液压成形工艺进行生产则往往可一次成形，节省了大量的人力、物力。图 2.27 所示为管件液压成形的排气系统零件。

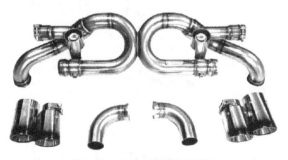

图 2.27　汽车排气系统零件

② 承载零件。这类零件在汽车中往往作为主要承载部件，对强度和刚度要求高是其主要的特点。过去的生产工艺中，此类零件往往采用冲压+焊接的生产方法，这种方法不仅工作量大，而且很难保证承载零件所要求的性能均匀性。利用液压挤胀成形工艺生产的结构件，可充分利用坯料加工硬化性能，在减少加工工序及劳动量的同时，还能保证成形件的强度、刚度及其分布的均匀性。这类工件主要包括车架纵梁、副车架、顶盖纵梁、仪表板支架、后桥车架、散热器车架。图 2.28 所示为液压成形工艺生产的汽车后桥。

图 2.28　汽车后桥

③ 发动机及动力系统零件。这类部件在汽车中主要是起传递动力的作用，要求它们具有稳定的传递载荷的能力。过去主要采用机加工方法生产，虽然可以保证性能，但由于大多为实心坯料加工，它们的质量往往占整车质量的很大一部分，不利于整车减重。采用液压成形件，不仅可以保证动力传输能力，而且由于使用空心坯料，在很大程度上降低了整车的总质量。这类零件主要包括悬架横梁、空心凸轮轴、驱动轴、齿轮轴、曲轴等。图 2.29 所示为管件液压成形工艺生产的传动轴。

图 2.29　发动机空心双拐曲轴

④ 结构件。这类构件在整车结构中起支撑作用，同时还要求其具有质量小的特点。利用管件液压成形技术，此类构件在很大程度上能满足要求。这类构件主要包括前挡风玻璃支架、前挡风玻璃与侧窗玻璃的隔离条、侧窗玻璃之间的隔离条、空间骨架、座椅骨架、减振机架等。

2）板材液压成形技术

板材液压成形技术具有传统板材成形方式无法比拟的优越性。它不仅可以成形形状复杂的零件，而且成品零件精度高、表面光洁，加工成本可大幅度降低。金属板料液压成形根据成形原理的不同可以分为两类：其一为充液拉深（也称软凹模拉深），其二为软凸模拉深。这两种液压成形工艺在许多研究者改善法兰区受力分布状况以提高板料极限拉深比（Limited Drawing Ratio，LDR）的努力下又发展出较多的分支。其工艺特点可归纳如下：

① 借助于强制性流体润滑的结果，使拉深过程中法兰部位的摩擦力减小，降低了零件圆角处的减薄断裂倾向。

② 软凹模成形工艺中，凸模的"摩擦保持效果"使得拉深成形主要集中于法兰部位，增加了成形件壁厚的均匀性。

③ 软凸模成形工艺中，由于均布成形压力成形浅形件时存在的"材料二次分配"效应，成形件壁厚减薄较轻，同时也避开了传统拉深过程中局部减薄现象的出现。

④ 由于其极大地提高了板料 LDR，可大大减少成形工序。

⑤ 成形工件无须工序中间退火，表面质量好。

⑥ 所用模具没有配模要求。

⑦ 模具费用减少 65%～90%。

⑧ 模具制造周期大大缩短。

软模成形原理如图 2.30 所示。

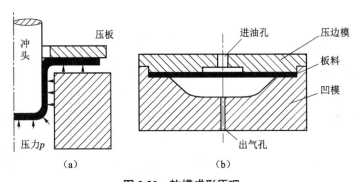

图 2.30 软模成形原理

（a）软凸模成形原理；（b）软凹模成形原理

板材液压成形主要用于汽车覆盖件生产。丰田公司所使用的板材液压成形机成形力达 40 000 kN，能成形平面尺寸为 1 300 mm×950 mm、质量达 7 kg 的板材。

2. 拼接工艺——以激光拼焊为例

车身是典型的薄板壳结构，由大量低合金高强度薄钢板经冲压、剪裁、整形制成覆盖件，并经焊接装配而成。传统的车身焊装主要采用的是电阻点焊工艺。电阻点焊是利用两个电极，从两个方向接近工件，在两块搭接件上加压并通电，产生大量电流，使接触面间形成焊点而将工件焊在一起的焊接方法。为满足结合和外形要求,各点焊熔点间要保持一定间隔。由于电阻点焊时需上下两个电极,若遇到开口较小的覆盖件区域,电极不能进入待焊点施焊,会造成焊接缺陷。另外,车身装配中的大量点焊,要把两个焊头夹在工件凸缘上进行焊接,凸缘宽度需要 16 mm,而激光焊接是单边焊接,凸缘宽度只需要 5 mm。把点焊改为激光焊,每辆车可节约钢材 40 kg。采用激光焊接技术,不仅降低了成本,还大大提高了生产率。用传统点焊焊接两片 0.8 mm 的钢板冲压件,平均 20 点/min,焊距 25 mm,即速度为 0.5 m/min;用激光焊接速度可达 5 m/min 以上。激光焊接时需要工件接触面吻合,这在工艺上存在一定的困难,但目前先进的夹持方法和适合激光焊接的凸缘设计已将这一问题解决。激光焊接形成窄而深的焊缝,容易使工件焊透。激光头和待焊件之间无任何机械接触,不存在加工机械应力。激光焊缝的拉伸强度和疲劳强度高于母材强度,符合承力要求,这样可使构件材料减薄,车身质量减小。采用激光焊接工艺使车身的抗冲击性和抗疲劳性都得到显著改善。同时,由于激光焊接采用计算机控制,所以具有较强的灵活性和机动性,可以对形状特殊的门板、挡板、齿轮、仪表板等进行焊接,也可以完成车顶和侧围,发动机架和散热器架等部件的装配。如果加上光纤传输系统和机械手,就可实现自动化的汽车装配生产线。使用 3 kW 左右光纤传输的 Nd:YAG 连续激光器,配合点焊系统,与生产线上的夹具相配合,就可以达到自动化焊接的目的。激光焊接技术的逐渐成熟,使得工业发达国家的各大汽车厂无一例外地将它应用到了汽车生产线上。

  激光焊接在汽车制造中的应用始于变速箱的齿轮焊接。在汽车变速器齿轮的设计制造中,为了减小齿轮质量、体积和加工难度,节约原材料,发达国家已将整体加工的齿轮组或齿轮轴改为分体加工,然后将两部分焊接在一起,形成一个整体。焊接后要求变形小,不破坏原材料性能,并且具有较高的焊接强度。采用激光焊接技术进行齿轮焊接,可提高变速器齿轮的产品精度,简化产品结构及制造工艺,方便零部件结构的调整。同时,由于激光焊接的齿轮件结构紧凑,精度和可靠性提高,可降低车辆故障率。由于采用了激光焊接,焊接后的齿轮几乎没有焊接变形,焊接后不需要热处理,而且焊接速度大大提高,因此这种方法很快得到推广。到目前为止,国外在汽车零部件生产中,激光焊接已得到了非常广泛的应用,包括歧管、排气管、消声器、变速箱齿轮、离合器齿轮、汽车空调皮带轮、减振器、储油缸筒体、滤清器、车门铰链等。

  除焊接钢板外,激光焊接还有其他一些特殊用途,如修复柴油发动机的喷嘴等。喷嘴是一种结构相当复杂的零件,制造一个喷嘴需多道工序且花费较大。喷嘴损坏的主要原因是燃油燃烧产物的沉积使喷嘴孔径变小甚至消失。为使喷嘴能够修复使用,必须焊接封堵缩小的孔洞,并重新打出新孔。利用 Nd:YAG 脉冲激光器和不锈钢焊条可进行此类焊封。目前汽车工业中使用的激光器多采用 Nd:YAG 固体激光器和 CO_2 气体激光器。在实际应用领域中，CO_2 激光器以切割和焊接应用最广，分别占到 70% 和 20%，表面处理则不到 10%，而 Nd:YAG 激光器的应用是以焊接、标记（50%）和切割（15%）为主。

2.4.3　基于碰撞安全性的轻量化工艺应用方案

本节以钢铝板材压–胶复合连接工艺为例。

压–胶复合连接作为一种新型的连接方式，能结合压力连接和胶接的优点，在未来的钢铝混合车身上的应用将占据重要位置。成熟的压–胶复合连接技术将有助于扩大铝合金在车身上的使用范围，为汽车轻量化提供新的技术基础。图 2.31 所示为钢铝板材压–胶复合工艺具体运用的实例流程。

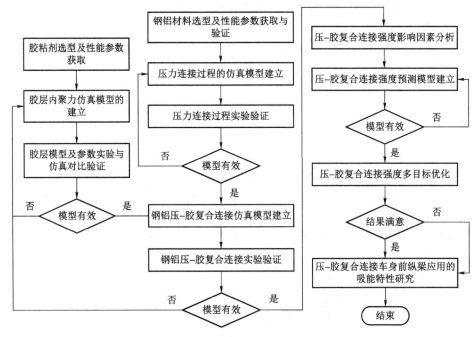

图 2.31　钢铝板材压–胶复合工艺流程

1. 胶粘剂力学参数的获取及本构模型的构建

获取胶粘剂的力学参数并合理构建本构模型，才能准确地模拟胶粘剂的破坏失效行为，包括裂纹产生、扩张到最终破坏失效，也是后续工作开展的基础。

为满足车身结构的连接性能，胶粘剂需满足以下性能：

① 与被连接件之间的相容性好，具有较高的连接强度，综合力学性能良好。

② 与被连接件之间的热膨胀系数接近。
③ 固化温度尽可能低。
④ 对温度和湿度的敏感性尽可能小，具有较好的环境适应性。
⑤ 具有较好的耐久性。
⑥ 使用方便，工艺性好。

胶粘剂按照成分组成的不同，可以分为环氧树脂、酚醛树脂、环氧酚醛、聚酰亚胺、有机硅树脂、聚酯树脂和聚硫橡胶等。各类胶粘剂的优缺点比较如表 2.4 所示。

表 2.4 各类胶粘剂优缺点比较

优缺点 种类	优 点	缺 点
环氧树脂	机械强度高，化学稳定性好，固化收缩率小，工艺性好	热强度低，硬度一般，耐磨性差
酚醛树脂	热强度高，耐酸性好，电气性能好，价格低	需高温高压固化，成本高，收缩率大
环氧酚醛	强度高，耐热性好，耐低温	多孔性，电气性能不良，需高温固化
聚酰亚胺	耐热、耐寒、耐水，绝缘性好	成本高，易腐蚀，需高温固化
有机硅树脂	温度敏感性低，防辐射，绝缘性好	强度低
聚酯树脂	机械及电气性能好，耐热、耐酸	仅用于次要构件
聚硫橡胶	耐油、耐酸	强度较低，易老化，加工性不好

针对不同的胶粘剂性能及被连接件的特点，国内外学者研究了不同材料在实际胶接中的合适胶粘剂，并做了汇总，如表 2.5 所示，表中空白表示相应材料间没有合适的胶粘剂。

表 2.5 不同胶粘剂的适用情况

材料＼材料	金属、合金	有机硅树脂	陶瓷和玻璃	聚四氟乙烯	酚醛
金属、合金	E/T	S	E	E/T	E
有机硅树脂	S				
陶瓷和玻璃	E				E

续表

材料\材料	金属、合金	有机硅树脂	陶瓷和玻璃	聚四氟乙烯	酚醛
聚四氟乙烯	E/T			E/T	
酚醛	E		E		E

注：E—环氧树脂；S—有机硅树脂；T—聚硫橡胶。

可以看出，金属与合金之间的胶接适合用环氧树脂或者聚硫橡胶作为胶粘剂。然而，聚硫橡胶的连接强度较低，且容易老化，不符合车身连接适用的基本要求。环氧树脂不仅适用于金属连接，还适用于大多数金属与非金属连接。环氧树脂的连接强度很高，化学性能稳定，有些甚至可以在常温下固化，具有优异的综合性能，是航空结构中使用最多的胶粘剂。德国 Ergo7200 环氧树脂胶接强度大，且能在常温下固化（48 h），操作极为方便，且适应温度较广，能适应车身件连接的多种复杂情况。因此，综合考虑车身结构件的连接要求，选取 Ergo7200 环氧树脂作为压–胶复合连接的胶粘剂。

2. 钢铝板材压–胶复合连接的数值仿真模型构建及实验验证

结合胶粘剂、钢铝板材的力学参数，建立数值仿真模型，模拟压–胶复合连接的接头成形过程和破坏过程，并与实验进行对比分析，得出所构建数值仿真模型的准确性。

1）有限元分析

由于冲压过程中板材在连接部位会发生塑性大变形，并形成自锁结构起到连接作用，因此对选定型号的钢铝板材间的冲压成形性是否良好需先做研究。钢铝板材力学性能参数如表 2.6 所示。

表 2.6　钢铝板材力学性能参数

材料种类\材料参数	弹性模量/GPa	泊松比	屈服强度/MPa	拉伸强度/MPa	断后伸长率
Q235 钢	210	0.30	233.50	469.36	0.30
A5052 铝合金	72	0.30	131.58	281.54	0.27

仿真中材料的真实应力应变数据依据表 2.6 进行定义。确定材料参数后，建立钢铝板材的压力连接有限元模型，板材与模具的位置关系及尺寸如图 2.32 所示。容易得知该模型具有对称性质，建模时为节省计算时间选取半边模型。网格划分上，对塑性大变形区域采取网格细化的方式，并对该区域网格采用

ALE 自适应网格重划分技术,以控制网格的畸变;其他区域则采用较粗的网格,以控制计算成本;钢铝板材使用 C3D8R 实体单元,而模具则采用刚体进行定义。设置三个分析步骤,即凸模冲压、凸模卸载、整体模具卸载三个阶段。冲压阶段凸模的下压速度为 5.6 m/s,预留两板材接头处厚度值 0.8 mm,整个冲压过程为 0.64 ms。

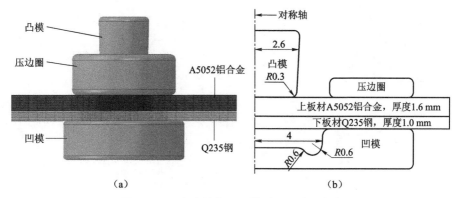

图 2.32 压力连接有限元模型及尺寸示意图
(a)有限元模型;(b)尺寸示意图

压力连接的接头主要在凸模冲压阶段成形,其成形过程如图 2.33 所示。从图中可以看出,压力连接的塑性变形首先发生在与凸模接触的铝合金板上,在 0.32 ms 之前,A5052 铝合金板件已出现明显的塑性形变,而 Q235 钢板的变形则主要为弹性弯曲,塑性变形并不明显;0.48 ms 时,随着冲压的继续进行,钢板也开始发生塑性变形,此时下板材向凹模沟槽处填进部分材料;至 0.64 ms 时,板材充满凹模沟槽,两板紧密连接且无相对分离,形成了具有明显颈厚值和自锁值的接头,连接界面的截面呈现"S"形曲线。

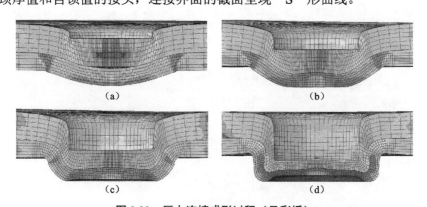

图 2.33 压力连接成形过程(见彩插)
(a) 0.16 ms;(b) 0.32 ms;(c) 0.48 ms;(d) 0.64ms

钢铝板材冲压成形形成连接接头后，需对模具进行卸载，卸载后的接头形状才是压力连接接头的最终形状。在卸载过程中，板材在接头处会发生回弹，使接头形状发生轻微变形；回弹后，接头应力也会减小，利于保护接头。模具卸载前后接头应力情况如图 2.34 所示。

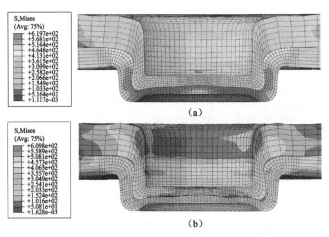

图 2.34　回弹前后接头应力分布情况（见彩插）

（a）回弹前接头应力分布；（b）回弹后接头应力分布

压力连接接头在回弹前后几乎没有发生变形，而应力的变化则非常明显。凸模冲压成形结束后连接完成，接头底部尤其是钢板的内部应力很大，而模具卸载完成后，接头底部大部分应力均大幅下降，只有板材连接处的底边缘极小区域残余应力仍然较大。

2）压力连接实验验证

压力连接实验设备及所用模具中的凸模和凹模如图 2.35 所示。利用伺服电动机控制凸模的冲压速度及行程，最大冲压力为 70 kN。冲压时铝合金板在

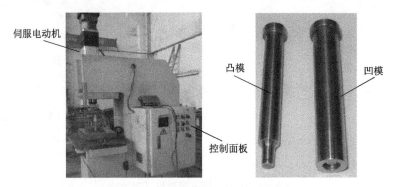

图 2.35　压力连接实验设备及模具凸凹模

上钢板在下,设定凸模向下冲压速率为 5.6 m/s。将连接点的底部厚度值控制为 0.8 mm,与仿真设置保持一致。冲压得到的压力连接接头外观如图 2.36 所示。

图 2.36 压力连接接头外观

铝合金板与钢板压力连接后得到了理想的接头,板间贴合紧密,保证了连接的质量。观察并测量接头的形状参数,压力连接实验得到接头的颈厚值和自锁值分别为 0.51 mm 和 0.26 mm,而仿真得到对应的结果分别为 0.47 mm 和 0.23 mm,颈厚值和自锁值的误差分别为 7.84%和 11.5%,如图 2.37 所示,均在可接受范围内。可见对选定的钢铝板材,在厚度不相等的情况下进行压力连接是可行的,同时也验证了仿真模型的有效性。

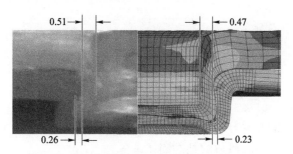

图 2.37 接头参数实验与仿真对比(见彩插)

通过压力连接实验证实了 A5052 铝合金板及 Q235 钢板具有良好的成形性能。加上胶粘剂后,其接头具有怎样的连接性能,将在下面做相关的研究。

3)压-胶复合连接工艺方案

图 2.38(a)所示为先压力连接后固化方案,由于胶粘剂没有固化,虽然在压力连接过程中可以随板材的变形而流动并起到润滑剂的作用,但其对温度和时间的控制要求较高,并且在压力连接过程中,凸模对板材的冲击力会造成胶层厚度的变化,从而影响连接的效果,也使得连接强度更加难以控制。

另外，胶粘剂固化前，其力学性能还没发挥出来，仿真中需要的参数也难以通过实验获得。

图 2.38（b）所示为先固化再进行压力连接。固化后胶层已经形成结构力学性能，在压力连接完成后即可形成完整的复合连接接头，操作难度较小。固化后胶层已经发挥连接作用，其性能参数即可根据相关实验测定。这种方案的缺点是胶层固化后，在压力连接区域，凸模冲压时会导致胶层发生脆性断裂，在一定程度上降低连接强度。为避免固化后胶层在压力连接区域发生胶层脆裂而降低接头强度的现象，提出对图 2.38（b）方案的改进，即方案三为涂胶时在压力连接区域空出半径为 4.5 mm 的圆形区域，如图 2.39 所示。

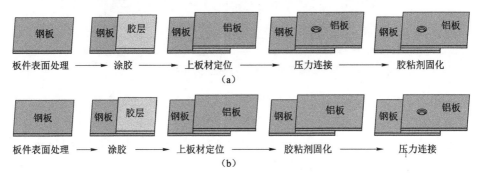

图 2.38　压-胶复合连接的连接工艺顺序
(a) 先压力连接后固化；(b) 先固化后压力连接

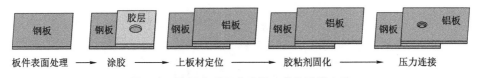

图 2.39　先固化后压力连接工艺的改进方案

综上，针对钢铝板材压-胶复合连接，可以有以下 3 种连接工艺：

方案一：先压力连接后胶粘剂固化。

方案二：先胶粘剂固化后压力连接。

方案三：压力连接接头区域不涂胶，先胶粘剂固化后压力连接。

4）接头破坏形式

压-胶复合连接接头的破坏形式涉及压力连接和胶接的综合，破坏形式较为复杂，需先对压力连接和胶接的破坏情况有所了解。

(1) 压力连接接头破坏形式。

对压力连接接头进行各种载荷下的破坏，通过观察发现其接头的破坏形式主要有板材脱落和颈部断裂两种情况，如图 2.40 所示。板材脱落主要是由于压力连接形成的接头自锁值过小,上下板材间不能很好地嵌合在一起,在外力作用下上板材极易脱离从而导致接头失效;颈部断裂则是由于接头处上板件的颈厚值过小,在外力作用下颈部位置发生断裂而导致接头失效的一种破坏形式。

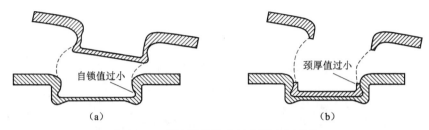

图 2.40 压力连接接头的主要破坏形式
(a)板材脱落; (b)颈部断裂

(2)胶接接头破坏形式。

胶接接头破坏形式按照破坏机理可分为 3 种类型:内聚破坏、界面破坏和混合破坏。

① 内聚破坏。内聚破坏发生在胶粘剂或被粘物的内部,狭义上只指由胶粘剂固有的粒子结合力的性质决定,即胶粘剂抵抗劈裂或者断裂的能力。发生内聚破坏表明胶粘剂的作用已经得到充分发挥。

② 界面破坏。界面破坏是发生在胶粘剂和被粘物接触界面处的破坏现象,也称为黏附破坏。界面区域的材料性质往往和胶层主体存在较大差异,涉及两种不同材料间的接触吸附作用。由于界面处的吸附力小于胶层的内聚力,外力作用下发生脱离而导致接头失效。界面破坏表明胶粘剂的作用未发挥完全,会降低连接的强度,因此是胶接工艺中应尽量避免的。

③ 混合破坏。胶接接头的性能会随着外界环境变化,如温度、湿度的影响等。通常胶接时 100%为内聚力破坏的情况是极少见的,总会存在一定程度的界面破坏。应尽量减少界面破坏所占的比例,保证胶接接头的连接强度和安全性。

3. 钢铝板材压-胶复合连接接头强度预测模型的建立及优化分析

影响压-胶复合连接性能的因素种类众多,合理选择具有代表性的若干因素作为设计变量进行分析,构建预测接头强度的近似模型,并通过多目标优化得出推荐的参数组合。

试验设计(Design of Experiments,DOE)方法是数理统计学的一个重要分支,提供了合理有效的获取信息数据的方法,在科研和工程中应用广泛。构建近似模型首先需要采集样本点,即试验设计。通常以影响因素作为设计变量,通过不同的设计变量组合得到的结果作为输出值；设计变量组合与对应的输出值构成样本点，以此构建近似模型。试验或者仿真得到的输出值称为实测值，而通过近似模型得到的输出值称为预测值。预测值与实测值之间存在误差，通过误差分析结果可以得到近似模型的拟合效果。近似模型构建流程如图 2.41 所示。

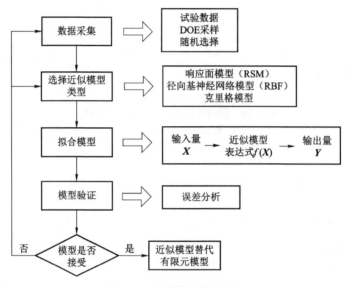

图 2.41　近似模型构建流程

对近似模型拟合的精度评价指标一般用复相系数 R^2 和修正复相系数 R_{adj}^2 以及均方根 RMSE 来衡量，其定义如下：

$$R^2 = \frac{\sum_{i=1}^{p}(\tilde{y}_i - \bar{y}_i)^2}{\sum_{i=1}^{p}(y_i - \bar{y}_i)^2} \tag{2.56}$$

$$R_{\text{adj}}^2 = 1 - \frac{\sum_{i=1}^{p}(\tilde{y}_i - \bar{y}_i)^2 (p-1)}{\sum_{i=1}^{p}(y_i - \bar{y}_i)^2 (p-k-1)} \tag{2.57}$$

$$\text{RMSE} = \sqrt{\frac{\sum_{i=1}^{r}(\tilde{y}_i - y_i)^2}{r}} \tag{2.58}$$

式中，p 为样本点个数；k 为自由度；y_i，$\tilde{y}_i$，$\bar{y}_i$ 分别为响应量的实测值、预测值以及实测值的平均值。

R^2 和 R_{adj}^2 越接近于 1,则表明响应面拟合的精度越高。近似模型都有各自的优缺点,没有一种方法是完美的,选用何种近似模型需根据具体情况而定。

1) 试验设计

在钢铝压-胶复合连接中,影响连接效果的因素非常多,包括被连接件的材料种类及厚度、胶粘剂种类及厚度、搭接长度、冲压模具参数等。如果将所有影响因素汇总成设计变量,则可能因为设计变量过多导致难以拟合。再者,影响因素发挥的作用也不尽相同,应选取影响性较大的因素作为分析对象。针对 Q235 钢和 A5052 铝合金的压-胶复合连接,被连接件种类已经确定,胶粘剂种类也选定为高强度的环氧树脂胶。选取对连接强度有直接影响的因素作为设计变量,能使构建的近似模型具有较高的精确性,也可使后续优化方案的实施具有便利性。

在被连接材料、压力连接模具参数、胶粘剂种类确定的情况下,结合压力连接和胶接性能方面的文献,认为压-胶复合连接的接头性能可能受到钢铝板材厚度、胶层厚度和板材搭接长度的影响,而压力连接中凸模的下压行程会影响接头的颈厚值和自锁值,从而会影响复合连接接头的性能。以上 5 个因素均可选取不同的水平,因而可以将强度预测问题看作一个多因素多水平的数学建模问题。

试验设计的方法主要有正交试验设计、均匀设计、全因子设计、拉丁超立方设计、Box-behnken 设计等,不同的设计方法采取的样本点空间分布不同,在一定程度上也会有不同的拟合效果。其中,正交试验设计方法是一种研究与处理多因素多水平的数学方法,具有整齐可比、均匀充满空间的特点,能大大减小试验的次数,是计算机仿真分析中常用的试验设计方法。选取铝板厚度(x_1)、钢板厚度(x_2)、胶层厚度(x_3)、搭接长度(x_4)以及凸模冲程(x_5)这 5 个因素作为分析的设计变量,变量示意如图 2.42 所示;每个因素选取 3 个水平,如表 2.7 所示。

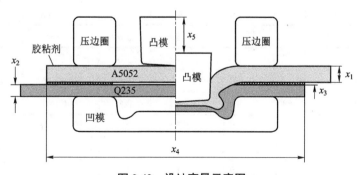

图 2.42 设计变量示意图

表2.7 因素水平表

因素＼水平	1	2	3
铝合金板厚度 x_1/mm	1.4	1.6	1.8
钢板厚度 x_2/mm	0.8	1.0	1.2
胶层厚度 x_3/mm	0.1	0.2	0.3
搭接长度 x_4/mm	30	40	50
凸模行程 x_5/mm	2.6	2.8	3.0

安排L27（3¹³）正交试验，具体正交试验安排与仿真结果如表2.8所示。

表2.8 正交试验安排与仿真结果

试验序号	变量取值/mm					结果输出/N	
	x_1	x_2	x_3	x_4	x_5	剪切强度 S	剥离强度 P
1	1.4	0.8	0.1	30	2.6	8 435.86	781.75
2	1.4	0.8	0.2	40	2.8	8 476.15	742.55
3	1.4	0.8	0.3	50	3.0	8 735.06	623.22
4	1.4	1.0	0.1	40	3.0	9 040.32	694.78
5	1.4	1.0	0.2	50	2.6	9 442.44	732.82
6	1.4	1.0	0.3	30	2.8	8 286.91	787.94
7	1.4	1.2	0.1	50	2.8	9 446.49	670.74
8	1.4	1.2	0.2	30	3.0	9 164.16	688.80
9	1.4	1.2	0.3	40	2.6	9 612.74	724.07
10	1.6	0.8	0.1	30	2.6	8 311.51	806.59
11	1.6	0.8	0.2	40	2.8	9 187.18	782.04
12	1.6	0.8	0.3	50	3.0	9 267.67	667.38
13	1.6	1.0	0.1	40	3.0	9 616.72	673.37
14	1.6	1.0	0.2	50	2.6	9 883.36	689.02
15	1.6	1.0	0.3	30	2.8	7 904.61	780.28
16	1.6	1.2	0.1	50	2.8	10 104.96	628.23
17	1.6	1.2	0.2	30	3.0	9 578.16	686.10
18	1.6	1.2	0.3	40	2.6	9 567.14	676.35

续表

试验序号	变量取值/mm					结果输出/N	
	x_1	x_2	x_3	x_4	x_5	剪切强度 S	剥离强度 P
19	1.8	0.8	0.1	30	2.6	8 644.36	761.73
20	1.8	0.8	0.2	40	2.8	9 373.48	707.44
21	1.8	0.8	0.3	50	3.0	10 041.67	573.37
22	1.8	1.0	0.1	40	3.0	10 293.19	608.98
23	1.8	1.0	0.2	50	2.6	10 463.35	586.24
24	1.8	1.0	0.3	30	2.8	8 510.59	666.42
25	1.8	1.2	0.1	50	2.8	10 718.86	542.24
26	1.8	1.2	0.2	30	3.0	10 003.66	556.51
27	1.8	1.2	0.3	40	2.6	9 843.12	510.75

对 27 次试验方案的仿真结果进行观察，发现 27 号试验的压力连接接头没有形成明显的自锁结构，未能达到复合连接的效果，将影响响应面模型的精度。为保证拟合的近似模型具有较高的精确度，采取样本点时去除 27 号试验，将余下的 26 组试验用于构建响应面模型、径向基神经网络模型以及克里格（Kriging）近似模型，选取拟合效果最好的模型进行多目标优化分析。

2）响应面近似模型（Response Surface Method，RSM）

响应面近似模型通过选取设计空间内一定数量的设计点来构造响应函数作为近似数学模型，利用多项式函数来拟合设计空间，具有收敛速度快和鲁棒性好等特点。在变量数目和样本点较少的情况下是一种较为高效的近似求解方法。响应面函数原理可描述如下：

假设一响应量 y 取决于变量 x，则其响应面拟合函数为

$$y = \tilde{y}(x) + \delta = \sum_{i=1}^{n} \alpha_i \varphi_i(x) + \delta \tag{2.59}$$

式中，$\tilde{y}(x) = \sum_{i=1}^{n} \alpha_i \varphi_i(x)$，为响应面的表达式；$n$ 为基函数 $\varphi(x)$ 的项数；α_i 为基函数系数；δ 为响应面函数的误差项。

构造二次多项式响应面函数时，其基函数 $\varphi(x)$ 为

$$\varphi(x) = [1, x_1, x_2, \cdots, x_m, x_1x_2, x_1x_3, \cdots, x_1x_m, \cdots, x_1^2, x_2^2, \cdots, x_m^2] \tag{2.60}$$

响应面函数可表示为

$$\tilde{y} = \alpha_0 + \sum_{i=1}^{m} \alpha_i x_i + \sum_{i=1}^{m} \alpha_{ii} x_i^2 + \sum_{i=1}^{m-1} \sum_{j=i+1}^{m} \alpha_{ij} x_i x_j \tag{2.61}$$

式中，m 为设计变量的个数，用于构造二阶响应面函数的最少样本点数量 q 与 m 的关系为

$$q = \frac{(m+1)(m+2)}{2} \quad (2.62)$$

本书近似模型设计变量为 5 个，计算得出最少样本点个数为 21 个，而实际采取的样本点有 26 个，能满足构造响应面的需求。

对目标函数剪切强度 S 和剥离强度 P 进行拟合，得出其响应面函数表达式为

$$\begin{cases} S = 93\,267.44 - 19\,792.4x_1 - 2\,477.13x_2 + 15\,080.03x_3 + 37.38x_4 - 52\,360.91x_5 + \\ \quad 2\,415.30x_1^2 + 2\,331.22x_2^2 - 26\,182.62x_3^2 - 1.76x_4^2 + 8\,298.97x_5^2 - 43.67x_1x_2 - \\ \quad 3\,849.38x_1x_3 + 97.01x_1x_4 + 3\,937.42x_1x_5 \\ P = -8\,014.19 + 3\,679.89x_1 + 1\,765.35x_2 + 1\,117.81x_3 + 0.17x_4 + 3\,860.34x_5 - \\ \quad 1\,109.48x_1^2 - 403.19x_2^2 - 807.26x_3^2 - 0.03x_4^2 - 769.98x_5^2 - 728.3x_1x_2 - \\ \quad 545.11x_1x_3 - 2.13x_1x_4 + 192.58x_1x_5 \end{cases}$$

经计算，剪切强度 S 的响应面模型的复相系数 R^2 为 0.981，修正复相系数 R_{adj}^2 为 0.956；剥离强度 P 的响应面模型 R^2 为 0.982，R_{adj}^2 为 0.958。可见，其拟合的精度还是比较高的。

3）连接强度影响因素的灵敏度分析

采用基于 RBF 神经网络模型构建了压-胶复合连接的强度预测近似模型后，可以对各个因素的灵敏度进行分析，即分析各个因素对连接强度的影响程度。试验设计中选取的各设计变量对复合连接的剪切强度和剥离强度的总体影响情况如图 2.43 所示。图中，x_1 为 A5052 铝合金板的厚度；x_2 为 Q235 钢板的厚度；x_3 为胶层厚度；x_4 为钢铝板的搭接长度；x_5 为压力连接凸模的下压行程。

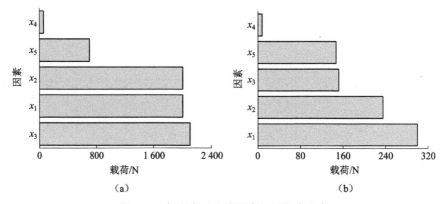

图 2.43　各因素对连接强度的灵敏度分布
(a) 剪切强度；(b) 剥离强度

可以看出，钢铝板材压-胶复合连接在剪切强度的影响因素中，胶层厚度对连接强度的影响最为明显，其次是钢铝板材的厚度；凸模行程对连接强度具有一定的影响，但不是很大，而搭接长度对剪切强度的影响最小。在剥离强度的影响因素方面，铝合金板厚度的影响最大，其次是钢板厚度，二者对强度的影响均比较明显；其次是胶层厚度和凸模行程，二者的影响效果非常接近，而搭接长度对剥离强度的影响效果也非常小。

综合剪切强度和剥离强度的影响情况，可以看出钢铝板材厚度对连接强度具有明显的影响效应，而压力连接过程中凸模下压行程的影响则非常小，在后续优化过程可以加以注意。

从总体因素灵敏度中可以看出各因素对连接强度的总体作用，但不知道其具体影响方式，下面分析单一影响因素对连接强度的具体影响情况。剪切强度中胶层厚度和钢铝板材的厚度影响较大，单一因素的分析如图 2.44（a）所示，图中纵坐标为对应的连接强度值。剪切强度中，其他因素固定不变，在铝合金板厚从 1.4 mm 变化到 1.6 mm 时剪切强度基本保持不变，当铝合金板厚度继续增加时剪切强度缓慢上升；剪切强度随钢板厚度的增加而明显上升，随胶层厚度增加而下降。

剥离强度中影响最明显的 3 个因素也同样是钢铝板材的厚度以及胶层的厚度，其单一因素影响情况如图 2.44（b）所示。当其他因素固定不变，铝合

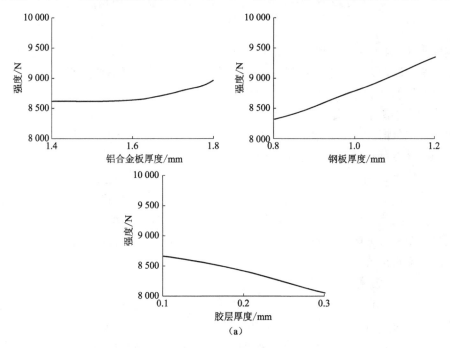

图 2.44　单一因素对连接强度的影响灵敏度
（a）剪切强度

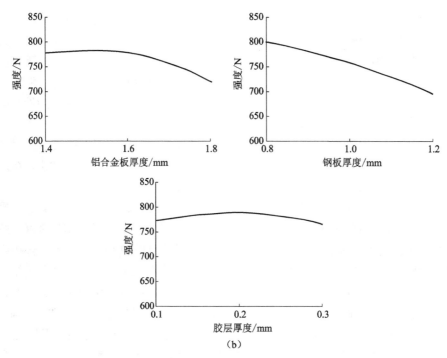

图 2.44 单一因素对连接强度的影响灵敏度（续）
(b) 剥离强度

金板厚从 1.4 mm 变化到 1.6 mm 时，剥离强度基本保持不变，而当铝合金板厚继续增大时，剥离强度将明显降低；剥离强度随钢板厚度增加而明显下降；随胶层厚度的增加先升高后下降，但变化不明显。

随个别影响因素的变化，剪切强度和剥离强度会呈现出不同的变化趋势。例如，随着钢板厚度的增加，复合连接接头的剪切强度呈现上升趋势，而对应的剥离强度则呈现明显的下降趋势。

事实上，钢铝板材采取压-胶复合连接时，其连接强度受到各种因素的综合影响，剪切强度和剥离强度存在一定的矛盾性，不可能同时达到各自可能的最大值。因此，在结构最优化设计时，并不是为了使二者均获得最大值，而是获得一个能最大限度满足连接性能的强度组合，得出其对应的参数组合，于是就涉及多目标优化的问题。

4）连接强度多目标优化

建立近似模型的意义不仅可以预测连接强度，对连接要求作出相应的参数化调整，同时也可以用于最优化分析，使接头获得最优的机械性能。对于压-胶复合连接而言，其剪切强度和剥离强度在一定程度上存在矛盾，而车身上对于连接件的要求是能够承受各种载荷，因此需要合理优化连接强度，进行接头强度的多目标优化。

在确定了设计变量、目标函数以及约束条件后，建立使剪切强度和剥离强度达到最大值的数学模型，则多目标优化的具体数学表达式为

$$\begin{cases} 设计变量：x_1, x_2, x_3, x_4, x_5 \\ 目标函数：\text{Max}(S), \text{Max}(P) \\ 约束条件：1.4 \leqslant x_1 \leqslant 1.6, 0.8 \leqslant x_2 \leqslant 1.2, 0.1 \leqslant x_3 \leqslant 0.3, 30 \leqslant x_4 \leqslant 50, 2.6 \leqslant x_5 \leqslant 3.0 \end{cases}$$

在 Isight 软件中利用多目标优化 NSGA-Ⅱ遗传算法函数，通过计算得出响应面模型中剪切强度和剥离强度达到最大值时各个变量的取值及其对应的结果，从而得到两者的多目标优化 Pareto 前沿解集，如图 2.45 所示，并从解集中选出具有代表性的 10 项列入表 2.9。

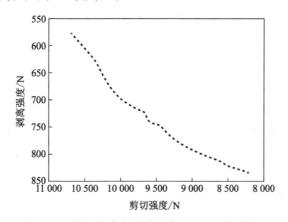

图 2.45　剪切强度与剥离强度 Pareto 前沿解集

由 Pareto 前沿图可以看出，钢铝压-胶复合连接的剪切强度和剥离强度存在一定程度的相互矛盾，有着此消彼长的关系。表 2.9 中有部分解集剥离强度过低，而实际应用中，车身连接件会受到各个方向的载荷，因此在剪切强度本身比较大的情况下，希望寻求剥离强度较大的试验方案。从表 2.9 中可以看出，Pareto 解集中 2 号、7 号、9 号和 10 号的剪切强度均在 9 400 N 以上，而剥离强度均在 700 N 以上，可以优先考虑为综合最优解。

表 2.9　Pareto 前沿部分解集

试验序号	变量取值/mm					结果输出/N	
	铝合金板厚度	钢板厚度	胶层厚度	搭接长度	凸模行程	剪切强度	剥离强度
1	1.77	1.00	0.14	49.51	3.00	10 810.08	572.32

续表

试验序号	变量取值/mm					结果输出/N	
	铝合金板厚度	钢板厚度	胶层厚度	搭接长度	凸模行程	剪切强度	剥离强度
2	1.54	1.03	0.18	47.36	2.61	9 676.39	721.89
3	1.56	0.96	0.18	30.37	2.61	8 695.58	808.50
4	1.79	0.89	0.15	49.70	2.99	10 641.65	599.87
5	1.50	1.05	0.19	33.85	2.62	9 037.94	785.38
6	1.60	1.19	0.16	49.03	2.60	10 289.64	648.14
7	1.53	1.08	0.19	47.60	2.63	9 729.09	715.48
8	1.57	0.80	0.18	30.00	2.70	8 162.91	835.48
9	1.52	1.12	0.15	37.31	2.63	9 404.80	739.32
10	1.57	0.99	0.15	42.76	2.62	9 442.03	741.70

对选择的 4 组最优解方案通过仿真方法进行验证，其结果如表 2.10 所示。结果表明，剪切强度的优化方案与仿真结果的最大误差为 7.41%，剥离强度的优化方案与仿真结果的最大误差为 7.21%，均能够满足工程实际的需求，同时也验证了优化结果的正确性。

表 2.10 Pareto 优化方案与仿真结果对比

项目	序号	优化结果/N	仿真结果/N	误差/%
剪切强度	2	9 676.39	10 023.77	3.47
	7	9 729.09	10 507.34	7.41
	9	9 404.80	10 080.91	6.71
	10	9 442.03	9 280.33	1.74
剥离强度	2	721.89	673.37	7.21
	7	715.48	685.42	4.39
	9	739.32	704.71	4.91
	10	741.70	767.33	3.34

第 3 章

概念设计阶段汽车轻量化设计与开发

3.1 概念设计阶段汽车轻量化概述及理论

3.1.1 现代整车开发方法概述

20 世纪 60 年代以来,随着计算机技术的飞速发展,计算机辅助下的设计及制造技术在车身结构设计开发上得到了广泛应用,包括虚拟设计、虚拟分析试验及虚拟制造。随着基于数字技术的虚拟车身结构开发技术日益成熟,现代化的车身设计方法逐渐形成。

一般来说,完整的整车开发可以分为产品策划、概念设计、技术设计、产品试制、产品试验和生产准备 6 个阶段。从技术内涵上来看,汽车的开发设计过程一般分概念设计阶段、详细设计阶段和虚拟验证阶段,而详细设计阶段与虚拟验证阶段都属于技术设计阶段。一个典型的整车开发的详细流程可以大致包含以下步骤:

① 骡子车制造与验证。骡子车是在新产品开发初期用来进行前期研究的样车,不代表未来产品的外观,因此在汽车行业被称为"骡子车",如图 3.1 所示。此阶段的主要工作包括对底盘及车架等结构进行可行性分析,对动力系统、悬架系统和控制系统等总成进行选型,对汽车的主要性能(如安全性、空气动力性、耐久性、NVH 和排放性等)进行研究验证。不同的项目,制造骡子车的目的不相同。

② 车身结构可行性设计及分析。车身结构可行性设计及分析是指满足车身开发目标并服务于车身造型结构的可行性研究、构思及布置等活动的总称,与造型设计同步。根据可行性研究对象的侧重点不同,车身结构可行性研究分为

图 3.1　宝马 X1 骡子车

造型可行性研究和工程可行性研究。造型可行性研究是指从效果图开始至全尺寸模型装饰前所进行的造型型面的可行性分析工作；工程可行性研究指从模型主形体确定至 B 级表面数据完成所进行的详细的结构方案可行性分析工作。工程可行性研究是在造型可行性研究的基础上进一步修正和细化结构方案，并作为三维结构设计阶段的技术输入。

③ 竞争车型白车身拆解。通过对竞争车型白车身进行拆解、测量，得到竞争车型车身结构数据。

④ 典型断面设计。A 级曲面发布后，对车身关键区域、关键结构进行断面设计，用于指导详细结构设计和结构验证。同时，使用 CAE 辅助分析主要的典型结构断面的弯曲和扭转刚度及经济性指标。

⑤ 详细结构设计。A 级曲面首次发布之后，对车身各总成、零部件进行详细的设计，详细设计完成后发布验证数据。

⑥ 虚拟评审。在初始数据发布和验证后的数据发布之前对整车三维数据各组织一次虚拟装配评审，给出问题及改进意见。主要评审内容包括产品结构评估、工艺性能评估、总布置确认、CAE 确认和干涉检查等。

⑦ 数据发布。通过上一步虚拟评审之后以及各相关区域确认数据后，即可发布数据，同时进行样车生产及验证。在整个车身结构开发流程中，一般会进行 3 次数据发布，即初始数据发布、验证后的数据发布以及最终数据发布。

⑧ 产品试制。用于产品功能和性能验证以及技术认可，满足生产要求，并用于可靠性、耐久性验证。

⑨ 软工装样车制造与验证。软工装样车也叫集成车，即在初始数据完成后按照认可的图纸、样板、模型或者其他工程设计资料，使用特定的材料制造的样件，用于认可设计，为正式生产做好准备。

⑩ 正式工装样车制造与验证。正式工装样车是指采用生产用模具、夹具，

和由供应商制造并经材料检验、尺寸检测、性能检测、台架试验合格的零部件制造的样件,用于认可产品设计。

3.1.2 概念设计阶段概述

由以上可知,汽车开发设计过程中各阶段的任务均有所不同。详细设计阶段的具体任务主要是对子结构和重要车身零部件进行拓扑优化、形貌优化以及参数优化,包括设计肋条和减重孔,以及基于车身结构刚度与模态进行结构灵敏度分析,优化各个钣金件厚度,同时针对 NVH、疲劳、耐撞性以及工艺性能对各零件进行校核与优化。虚拟验证阶段的主要工作是验证整车性能,输出可行性设计方案。而与详细设计阶段、虚拟验证阶段不同的是,概念设计属于产品设计的前期工作,对后续的设计、验证起到重要作用,它是对未来投产的汽车总体概念进行概括性的描述,是确定汽车性能、外形与内饰等主要方面的初步设计。概念设计阶段的主要任务就是选择合理的车身结构布置形式和进行车身主要结构件的优化,以确定车身主要结构件的特性参数,为后续的详细设计阶段提供指导和必要的数据。为了给车身结构详细设计阶段提供最佳的车身结构方案,概念设计阶段必须对多种结构方案进行深入分析和比较,掌握各个车身结构方案的主要力学性能,并最终确定车身主要结构断面尺寸参数和一些次要结构的布置。在比较分析的过程中,需要对一些位置参数和断面尺寸参数做适当的调整,以便能反复考察各个方案的性能,同时也意味着在概念设计阶段需要对强度、刚度、可靠性等分析建立概念模型。它虽是一种简单的模型,但能反映车身的静态与动态响应要求,并能为以后的详细设计提供设计变化余量。概念模型可用于车身的整体性能分析与优化,选择车身结构形式,确定结构参数以及车身模态响应。各个阶段的设计流程与方法可以从图 3.2 中看出。

从设计开发的功能上考虑,概念设计阶段在整个汽车设计过程中起着至关重要的作用。在时间上,能有效缩短整个汽车设计周期,减少重复设计的工作量;在成本上,有资料表明,在概念设计阶段结束时,就能确定大约 70%的全部汽车成本,在整车产品开发的过程中具有十分重要的指导和参考作用。

3.1.3 传统车身概念设计阶段开发的一般流程

传统的车身概念设计开发流程如图 3.3 所示。整个过程把大部分时间都耗费在建立 CAD 模型和 CAE 模型上,这个过程速度慢,效率低,一般需要几个月的时间,而反复地修改调整和分析比较必然要增加设计成本和设计周期,这是开发人员所不愿看到的。

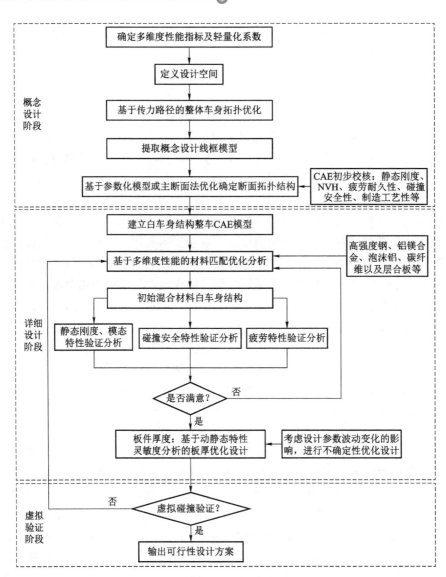

图 3.2　不同开发阶段车身结构的设计流程与方法

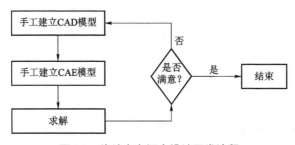

图 3.3　传统车身概念设计开发流程

这种手工设计存在以下缺点：

① 车身的设计、分析和优化一般在不同软件系统中完成，设计参数不能进行自动连接和更新，使得优化的结果不能反映到车身几何模型上。

② 手工设计的结果不能得到有效管理，设计参数不能被以后的设计所利用。

③ 设计结果不能自动生成合适的报表以获取车身概念设计所需要的各种数据。

④ 概念设计方案主要依靠工程师的经验来确定。

⑤ 设计早期阶段缺少对产品性能有较大影响的结构设计方面的考虑。

⑥ 设计中后期进行大量反复修改，带来成本和周期的问题。

在传统车身概念设计的过程中，白车身结构的设计变更存在于开发过程的全部阶段，而随着研发的推进，零部件逐步开始进行开模、招标，设计自由度越来越小，优化更改方案的成本也越来越高，受到周期、成本、空间等限制，很多优化方案不能实施，致使在开发后期阶段的设计变更将十分困难且代价很高。研发成本模型如图3.4所示。

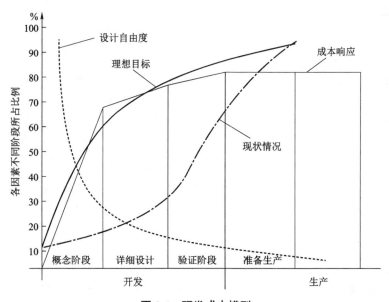

图 3.4　研发成本模型

由图3.4可知，相对于中后期的结构优化，早期设计成本较低，设计自由度较高。因此，在车身结构概念设计阶段需要一种有效的方法，能够将概念设计的结构设计、分析和优化等各阶段操作合为一体，建立于统一的且适合车身概念设计的系统平台之上，以便快速进行车身结构设计与分析。

3.1.4　现代车身概念设计阶段开发的一般流程

在概念设计阶段引入 CAE 性能评估优化，将 CAE 分析提前。CAE 的早期介入能综合考虑对产品有较大影响的结构设计，通过科学的分析计算，建立较为理想的设计模型，可大量减少设计中后期因为性能提升而进行的反复修改，进而降低成本和缩短周期，提高设计效率。

概念设计阶段引入 CAE 技术的汽车研发流程如图 3.5 所示。

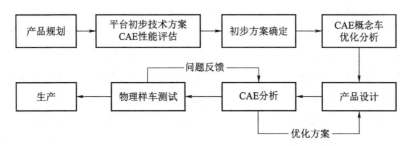

图 3.5　概念设计阶段引入 CAE 技术的汽车研发流程

3.1.5　概念设计阶段汽车轻量化理论

概念设计阶段汽车轻量化理论主要包含两方面：一是概念设计阶段轻量化材料选择理论；二是概念设计阶段汽车结构轻量化理论。截至目前，国内外在轻量化材料选择上的理论研究均比较缺乏，对多种轻质材料在不同的车身部位应用缺少足够的系统的理论指导。目前，概念设计阶段汽车的轻量化研究主要是通过对车身结构的优化设计来实现的，而车身结构的优化设计是在多目标优化技术的基础上实现的，是有效提高车身结构性能的可靠方法。该方法可针对车身结构性能参数，如车身质量、车身刚度、车身的低阶模态等进行优化设计和计算，以车身板厚、梁的断面属性或形状等为设计变量，对车身结构进行最优化设计，得出设计者满意的方案。以下对车身结构多目标优化体系进行简要介绍。

1. 多目标优化问题的数学模型

车身结构设计中，由于其被动安全特性、NVH 性能等多个评价指标，结构的优化设计往往是多学科、多变量、多目标的优化过程。多目标优化问题的数学模型可以描述如下：

$$\min f(\boldsymbol{x}) = (f_1(\boldsymbol{x}), f_2(\boldsymbol{x}), \cdots, f_i(\boldsymbol{x})) \quad \boldsymbol{x} \in E \quad (3.1)$$

$$\text{s.t.} \ g_i(\boldsymbol{x}) \leqslant 0, i = 1, 2, \cdots, i \quad (3.2)$$

$$h_k(\boldsymbol{x}) = 0, k = 1, 2, \cdots, k \quad (3.3)$$

$$x = (x_1, x_2, \cdots, x_m), E = \{x \mid x_n^t \leqslant x_n \leqslant x_n^n, n = 1, 2, \cdots, m\} \quad (3.4)$$

式中，$x_1, x_2, \cdots, x_m$ 为多目标优化模型的设计变量；m 为设计变量的个数；$f_i(x)$ $(i = 1, 2, \cdots, i(i > 1))$ 为模型的第 i 个目标函数；$g_i(x)$ 和 $h_k(x)$ 为约束函数，i, k 分别对应约束函数的数量；集合 E 为边界约束条件；x_n^t 和 x_n^n 分别为设计变量 x_n 的下边界和上边界。

2. 试验设计方法

试验设计是以概率论和理论统计为理论基础的方法，通过适合的试验设计方法，可以在有效空间范围内提取合理有效的样本点，使研究人员在对试验结果进行统计分析后进行正确有效的判断。

1）全因子设计

全因子设计是一种完全组合试验设计，考虑所有可能的试验条件，对其进行试验和评估。全因子设计的优点是信息量多，可以对各试验因素的主效应大小及各因素间的交互效应进行准确的估计，还可以评价各因素对指标的影响程度，适用于因素数和水平数均不多的场合；缺点是如果增加因素数量和水平数，所需的试验次数也成倍地增加。

2）正交试验设计

正交试验设计是研究和处理多因素试验的主要试验方法。由于正交试验设计的关键在于基于正交原则进行的试验因素安排，因此可以保持因子间的正交性。相比于全因子设计方法来说，正交试验设计需要的样本点更少，但其精度相对较低。

3）拉丁超立方试验设计

拉丁方试验设计是一种基于随机抽样原理的试验设计方法。它是将每个因素的设计空间划分出相同数目分区的若干个水平，在每个设计变量中随机抽取一个水平，组成一组设计组合，同时保证每个设计变量的每个水平只应用一次。重复上述过程，将这些随机设计组合合并在一起，形成具有若干采样点的设计矩阵。其具有抽样少、均衡性好等优点。与正交试验相比，拉丁方试验可以用相同的试验样本点研究更多的组合。但拉丁方试验方法仍然可能出现试验点分布不均匀的情况，M. D. McKay、R. J. Beckman 和 W. J. Conver 首先提出了拉丁超立方的空间填充设计方法。该方法可以有效控制抽样点的位置，避免小邻域内重复抽样，并且十分均匀。拉丁超立方试验设计方法可以改善随机拉丁方试验设计的均匀性，使所有的试验点尽量均匀地分布在设计空间。图 3.6 显示了全因子试验、正交试验、随机拉丁方试验、拉丁超立方试验设计样本的分布情况。鉴于车身结构设计中因子类型多样且水平较多的情况，采用拉丁超立方试验设计方法，可以用更少的样本点得到更加均匀的样本点分布。

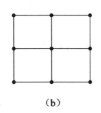 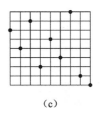 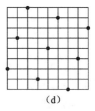

图 3.6　各试验设计方法的样本分布情况

(a) 全因子试验；(b) 正交试验；(c) 随机拉丁方试验；(d) 拉丁超立方试验

3. 近似模型构建方法

车身结构设计的分析过程中，常常涉及反复的复杂迭代计算。例如，整车碰撞分析是一种非线性显式计算，同时需要对多个变量的多种组合方式进行基于有限元模型的仿真模拟。对于多个变量、多个水平而言，需要消耗大量的计算成本，因而常引入具有一定精度的近似模型来替代直接的有限元仿真计算进行多目标优化。近似模型的原理是利用已知样本点的响应信息，通过近似方法来预测未知响应的一种数学模型。大体而言，近似模型通过拟合与插值已知样本点而得出输入参数与输出值之间的函数关系。常用的近似模型有响应面模型、神经网络模型和克里格模型。

1) 响应面模型

响应面法是一种利用多项式函数对设计空间进行拟合的方法，其数学表达式为

$$f(x) = \beta_0 + \sum_{i=1}^{m} \beta_i x_j + \sum_{i=1}^{m}\sum_{j=1}^{m} \beta_{i,j} x_i x_j \tag{3.5}$$

式中，β_0，β_i，$\beta_{i,j}$ 为需要拟合出的未知系数；x_j 为自变量 x 的分量，求出系数 β 即可得出多项式的近似模型。

响应面模型的阶次和数据点的选取对拟合结果具有直接影响。模型需要的初始样本点数量根据多项式阶次的不同而不同，阶次越高需要的初始样本点越多。响应面法可以通过较少的试验在局部范围内较精确地拟合响应关系，但构造的响应面不能在全局范围内保证其拟合精度，在处理高度复杂非线性问题时，其拟合效果往往不如神经网络方法。

2) 神经网络模型

神经网络模型包含径向基神经网络模型和椭圆基神经网络模型，其中径向基模型因其搜索速度快、拟合效果好而得到广泛应用，并且在高阶非线性问题中具有非常明显的优势。它是一种用线性叠加方式构造出的模型，基函数是径向函数，自变量则是样本点与设计参考点之间的欧几里得距离，相应的数学表达式为

$$f(x) = p(x) + \sum_{n=1}^{\infty} w_i \cdot \phi(\| x - x^i \|) \tag{3.6}$$

$$\phi(x) = -\frac{\| x - c_i \|^2}{2\sigma_i^2} \tag{3.7}$$

式中，$p(x)$为多项式，常用的基函数为高斯函数；w_i为权重系数；$\| x - x^i \|$为样本点与设计参考点之间的欧几里得距离；ϕ为径向函数；n为仿真模型中的变量数，初始化模型至少需要$2n+1$个设计样本点；c_i为第i个基函数的中心向量；σ_i为第i个感知变量，围绕基函数中心点的宽度取决于σ_i值。

径向基函数神经网络分为输入层、中间层和输出层 3 层。输入层与中间层之间进行固定不变的非线性变换，由中间层向输出层映射，输出层则在线性空间中进行线性加权组合，模型如图 3.7 所示。神经网络模型具有很强的逼近复杂非线性问题的能力，模型的复杂性不会随着变量的增多而大幅增加，且具有一定的容差性。

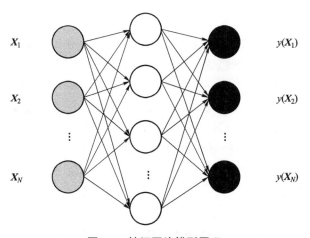

图 3.7 神经网络模型原理

3）克里格模型

克里格方法的基本原理为在有限的区域内对区域化变量进行无偏最优估计。设 x_0 为未观测且需要估值的点，其估值为 $y(x_0)$；$x_1, x_2, \cdots, x_N$ 为其周围的已观测点，且对应的观测值分别为 $y(x_1), y(x_2), \cdots, y(x_N)$；未观测点的估值由相邻观测点的值加权求和得出，其数学公式如下：

$$\tilde{y}(x_0) = \sum_{i=1}^{n} \lambda_i \cdot y(x_i) \tag{3.8}$$

式中，λ_i 为待定的加权系数。

克里格模型的初始化同样需要至少 $2n+1$ 个设计样本点，n 为变量数目。国外相关学者指出，克里格模型仅适用于高维空间的低阶非线性问题，且对噪声因素较为敏感，建模速度较低。

通过分析 3 种近似方法的特点可知，在拟合精度方面，响应面模型对低阶简单的函数能精确地拟合，但对高级函数，尤其是非线性程度高的仿真模型拟合误差较大。相比较而言，径向基神经网络模型和克里格模型的适用范围更广，且相同样本点下误差更小。拟合效率方面，在多变量的问题中，克里格函数由于需要对其极大似然估计进行复杂的求解，因而耗费的时间较长，而另外两种近似模型的拟合效率较高。在实际应用中，常面对不同学科的不同问题，而这些问题的非线性程度以及噪声差异不同，因此应当综合考虑各近似模型的特点及优缺点，选择合适的近似模型。

4. 多目标优化算法研究

目前在多目标优化问题中有许多优化算法，其中遗传算法属于非经典优化算法，是基于达尔文进化论和孟德尔遗传学说的一种模拟自然选择和繁衍过程的自适应全局搜索优化算法，可以用来解决复杂的大尺度、多变量的非线性问题。Goldberg 等人率先在遗传算法的选择中引入 Pareto 优化概念，指出种群的分布状态直接影响算法的收敛性。其中具有代表性的算法有：多目标遗传算法（Multi-Objective Gentic Algorithm，MOGA）、非支配排序遗传算法（Non-dominated Sorting Genetic Algorithm，NSGA）、第二代非支配排序遗传算法（Non-dominated Sorting Gentic Algorithm-Ⅱ，NSGA-Ⅱ）、强度 Pareto 遗传算法（Strength Pareto Evolutionary Alogrithm，SPEA）等。车身的碰撞问题属于高度非线性的复杂问题，并且由于数值噪声的影响，常规的优化算法很难收敛到最优值。但第二代非支配排序遗传算法因其结构简单、运行效率高，在多目标优化领域具有明显的优势，因而应用最为广泛，且在处理车身结构的非线性问题中已得到了多次试验，证明了其优越性。为了配合基于修正点更新的近似模型构建方法，采用了第二代非支配排序遗传算法进行多目标优化。

5. 一般结构优化过程

一般车身结构优化的关键是定义设计变量和响应，其中需要进行 3 个要素的定义。一是优化设计目标的定义。对于概念设计阶段汽车结构轻量化而言，车身质量毫无疑问被定义为主要设计目标，其他的次要设计目标还包括车身的总体刚度、低阶频率等。二是定义设计约束。例如，在进行车身减重时，需要保证车身刚度和模态在一定范围内，因此作为设计目标的这几个量也可以作为设计约束，此外还有车身的节点局部位移和应力的最大、最小值也可以定义为约束，几个约束可以同时设定，形成多约束系统。三是定义设计变量。设计变量决定了这个优化设计的实际能力，一般的车身设计变量为板厚，更深入一些的可以设定断面形状参数或者焊点个数等,来实现不同方式的优化。

车身结构优化过程和其他优化计算过程基本相似,但由于是结构计算,因此在优化过程中需要调用分析软件进行求解计算,将求得的相应值回代到迭代过程中。基本过程如下:

① 进行一般优化参数设置,包括最大迭代次数、收敛准则,如绝对收敛值和相对收敛值等。

② 定义优化设计目标,如果是多目标优化,需要将其通过公式转化为单目标优化。

③ 定义优化约束,可定义多个约束。

④ 定义优化变量,将优化变量定义在一个合理的变化范围内。

⑤ 对车身有限元模型进行分析,获得初始相应值。

⑥ 代入优化计算模块进行优化计算,直到优化收敛。

需要注意的是,不是每个优化过程都一定会收敛,并得到最佳的优化结果,这和优化目标、优化约束、优化变量和收敛参数的设定有关。

概念设计阶段轻量化优化分析流程如图3.8所示。

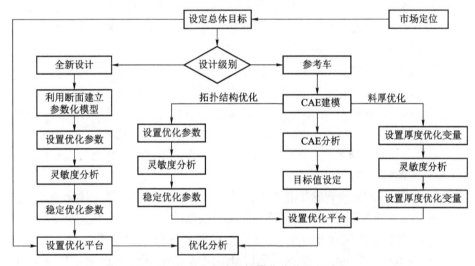

图3.8　概念设计阶段轻量化优化分析流程

6. 常用优化分析工具

目前,CAE分析的软件主要有Nastran、Ansys、Marc、Abaqus等。但在优化方面这些软件还存在一些不足,如Nastran只提供了3种算法,即改进的可行方向、序列线性规划法和序列二次规划,由于其方法的固有局限性,只能对一些简单边界结构进行优化。目前,应用最广的结构优化商业有限元软件主要是Altair公司的Hyperworks软件以及Engineous公司的Isight软件,其他著名的优化软件还包括 Optimus 软件、Modefrontier 软件等。

Hyperworks 是 Altair 开发的 CAE 软件包，包含前后处理器、线性及非线性问题的求解器、多体动力学前处理和求解器、流体力学求解器以及强大的优化设计工具。其中，Optistruct 和 Hyperstudy 是其关于优化设计的软件。Optistruct 是用于结构概念设计和改进设计、基于有限元方法的结构分析及优化软件，可以对设计对象进行拓扑优化、形貌优化以及尺寸优化，能帮助设计者优化出基于各种约束条件下的具有最小质量或者最大性能的结构，并且支持在工艺约束下的拓扑优化设计，是白车身结构概念设计的有力工具。Altair Hyperstudy 是另一款优秀的优化软件，与 Optistruct 的不同之处在于其主要用于与稳健性设计有关的参数化研究和多学科问题优化求解，其主要采用 DOE 方法和响应面方法对需要优化的目标进行设计参数的优化。

Isight 是 Engineous 公司开发的关于优化设计和稳健性设计的软件平台，内嵌多种优化方法，可以进行多学科、多目标优化。它是一种过程集成、优化设计和稳健性设计的软件，可以将数字技术、推理技术和设计探索技术有效融合，并把大量的需要人工完成的工作由软件实现自动化处理，就像一个软件机器人在代替工程设计人员进行重复性的、易出错的数字处理和设计处理工作。Isight 软件可以集成仿真代码并提供设计智能支持，从而对多个设计可选方案进行评估、研究，大大缩短了产品的设计周期。

Optimus 软件是用于过程集成和设计优化的软件，能够很好地提供解决方案。这种软件所提供的解决方案能够帮助工程师自动进行过程分析，快速比较各种设计选项，并最终得到使产品质量最佳的设计方案。其可以与任何类型的仿真软件联合使用，如 Nastran、Ls-Dyna、Hypermesh、Fluent、Matlab 等，涉及应力分析、碰撞分析、流体流动、声光电热磁等领域，甚至可以是用户用 Fortran、C 语言等编写的程序。

Modefrontier 软件包含丰富高效的算法，而且为用户提供人性化的友好接口和强大的后处理工具。其独有特点是将高质量的试验设计、优化算法、响应面分析、稳健设计完美地结合在一起。它也具有强大的集成功能，可集成 Abaqus、Adams、Condor、Excel、Femlab、Marc、Matlab、Nastran、Paramesh、Patran、Simulink 等几十种常用软件。另外，它还具有丰富的算法库，可以根据需要调用。

3.2　概念设计阶段汽车轻量化设计途径

概念设计阶段汽车轻量化的实现途径主要是基于结构轻量化设计和材料轻量化设计。现代概念设计阶段汽车轻量化过程中，普遍采用优化车身结构与新材料应用、多材料相结合的技术方案。在概念设计开发阶段，应用更优化的车身骨架结构以及轻质材料，能从结构上合理降低车身的质量，并使强度合理分配到车身上，同时实现在既定成本内提高整个车身强度、刚度等特性。

3.2.1 概念设计阶段结构轻量化设计

概念设计阶段结构轻量化设计主要是通过尺寸优化和车身结构的拓扑设计（Topology Design）来完成的。尺寸优化又分为用于详细设计的尺寸优化和用于概念设计的自由尺寸优化。因此，在概念设计阶段，汽车的轻量化设计主要是通过自由尺寸优化技术完成的。这种技术用于确定非等厚薄板零件（用板壳单元进行模拟）的厚度分布，如航空航天结构用得比较多的机加件和化铣件。在自由尺寸优化中，设计空间的每一个单元（一个零部件可能包含成千上万个单元）的厚度就是一个设计变量，其优化算法与拓扑优化（每个单元的单元密度就是一个变量）类似。自由尺寸的优化结果一般可实现区域板厚分布，所得到的设计能同时生成空腔和肋板，并且能自由地改变厚度，这是在拓扑优化中不可能的。车身结构的拓扑设计是指对车身结构中梁、柱等承载件的空间布置形式的设计。拓扑优化是概念设计阶段采用最多的技术方法，它是指在给定的设计空间内找到最佳的材料分布或者传力途径，从而在满足各种性能的条件下得到质量最小的设计。在拓扑设计阶段，需要研究结构拓扑模型和定义初始的几何尺寸参数，如构件截面、接头参数和板料厚度等。

在车身概念设计阶段，进行整体结构设计时引入拓扑优化概念方法，获取较好的结构布局，对后期的详细设计阶段提供传力路径和结构特征的指引，在车身结构概念设计阶段获取较好的轻量化目标。

在拓扑优化中，过于简化的载荷处理将导致车身悬架硬点处加强结构的需求无法实现和结构传力路径偏离实际情况。针对车身结构边界条件的确定问题，在一款电动车的车身结构概念设计开发中，先进行整车多工况多体动力学分析，获得车身载荷数据；再以轻量化为目标，基于折中规划法对车身结构进行多目标拓扑优化和截面参数优化，并根据优化结果制造样车，对其进行模态试验，得到扭转和弯曲模态，验证拓扑优化方案的可行性和效果，如图3.9所示。基于拓扑优化的白车身结构设计流程如图3.10所示。

结构拓扑优化研究方法目前有解析法和数值法。解析法不太适合工程应用，工程应用中常采用数值法。目前连续体结构已成为结构拓扑优化的主要研究对象。连续体结构的拓扑优化设计具有两个不同的求解体系，即局部应力约束下的强度拓扑优化设计和全局体积约束下的刚度拓扑优化设计。结合有限元法与结构优化方法，对零部件进行结构优化，也是实现零部件轻量化的一个重要研究方向。

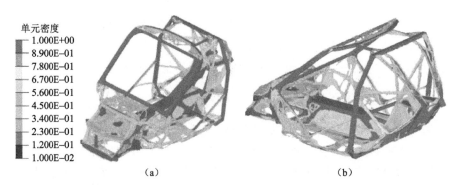

图 3.9 某电动车车架基于折中规划法多工况下的拓扑优化结果（见彩插）
(a) 前部；(b) 后部

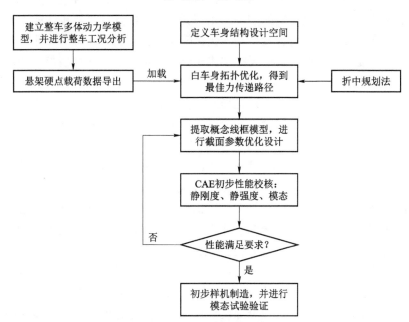

图 3.10 基于拓扑优化的白车身结构设计流程

目前，结构断面优化的理论和方法已比较成熟，研究重点已经转向拓扑优化等更高层次的结构优化问题。国外一些大公司利用长期积累的拓扑设计和几何参数模型开发经验，建立了庞大的、高效合理的车身结构设计数据库。在车身结构作局部改动时，紧跟着便可快速实现 CAE 分析与认证，进而缩短研发周期，提高开发高质量、高竞争力产品的能力。

概念设计阶段结构轻量化的结构拓扑优化主要有 3 种设计途径：基于强度和耐久性的结构轻量化设计、基于碰撞可靠性的结构轻量化设计、基于灵敏度的结构轻量化设计。每一种设计途径的方式不同，但最终目的都是运用不同的评价方式来实现结构的轻量化。下面简单介绍这三种设计途径。

3.2.1.1 基于强度和耐久性的结构轻量化设计

车辆的强度和耐久性是任何一辆新车型的设计都必须面对的问题，同时也是评价汽车好坏的重要指标之一。基于强度和耐久性的结构轻量化是指研究汽车在各种典型路况下各部件所受的载荷，包括随机载荷（疲劳载荷）、标准载荷、碰撞载荷及作用在车身上的非破坏性作用力的规律。在整车结构设计时，针对各个不同部件受力情况进行优化，从而实现整车低成本轻量化设计。

整车多工况静态强度分析是目前汽车白车身结构强度设计和耐久性设计的主要方法，一般在商业多体动力学及有限元工具中进行。整车多工况准静态强度常用的分析工况有：右转弯工况、前行制动工况、前行紧急制动工况、路障撞击工况、最大向前加速度工况、单边轮上跳工况、路洞冲击工况、倒车制动工况、倒车紧急制动工况以及垂向颠簸工况等。

在进行整车多工况静态虚拟仿真分析时，需对白车身数学模型按照设计或者测量得到的非簧下质量的载荷进行配重。需要配重的大致包含以下部件：动力总成、散热器总成、发动机罩总成、各车门总成、包含乘员质量的座椅总成、货物总成、装满燃油的油箱总成、排气管总成及备胎总成等，不同车型需根据实际情况进行配重。集中质量根据实际情况设置质心位置并连接到安装点，从而建立整车强度分析模型。

对于白车身设计中强度和耐久性仿真来说，车辆所加载荷的准确性是至关重要的。只有在符合实际情况的载荷下产生的分析结果才可靠，不正确的载荷下的分析结果会对车身结构设计者产生严重的误导。目前，车辆载荷获取方法可分为3种：直接测量法、半测量半理论分析法和全理论分析法。

载荷的直接测量法主要是采用应力、位移、加速度等测量手段直接获得载荷数据，然后加载至仿真软件环境中，测量结果比较准确，但是测量手段困难，效率低。

半测量半理论分析法介于直接测量法和全理论分析法之间。由于大部分情况下直接测量法很难测量所需部位的载荷情况，于是可以用图3.11所示的六分力测量仪先测量出汽车在各工况下各个轮心处的载荷，然后通过多体动力学软件仿真将其分解到底盘和车身连接的硬点处，从而间接获得车身强度和耐久性分析所需要的载荷。

在未制造骡子车或无法实际测得车辆载荷的情况下，必须使用全理论分析法。通过对标杆车型在实际行驶过程或者道路试验场中的载荷进行分析，估算出车辆在各个极限载荷下车身的加速度，并计算出各个轮心处的加速度，由多体动力学分析软件将轮心处的载荷分解到车身与悬架连接硬点处。模拟工况如表3.1所示。

图 3.11　六分力测量仪测量轮心处载荷

表 3.1　整车 10 种载荷工况加速度

序号	工况名称	加速度值	加载点	载荷类型和方向
1	右转弯工况	1.0g	左轮心 右轮心	Y：力；Z：力；RX：力矩 Y：力；Z：力；RX：力矩
2	前行制动工况	0.8g	左轮心 右轮心	X：力；Z：力；RY：力矩 X：力；Z：力；RY：力矩
3	前行紧急制动工况	1.0g	左轮心 右轮心	X：力；Z：力；RY：力矩 X：力；Z：力；RY：力矩
4	路障撞击工况	2.0g	左轮心 右轮心	Z：力 Z：力
5	最大向前加速度工况	1.0g	左轮心 右轮心	X：力；Z：力 X：力；Z：力
6	单边轮上跳工况	3.0g	左轮心 右轮心	Z：力
7	路洞冲击工况	垂向：3.0g 纵向：1.0g	左轮心 右轮心	X：力；Z：力 X：力；Z：力
8	倒车制动工况	0.5g	左轮心 右轮心	X：力；Z：力；RY：力矩 X：力；Z：力；RY：力矩
9	倒车紧急制动工况	1.0g	左轮心 右轮心	X：力；Z：力；RY：力矩 X：力；Z：力；RY：力矩
10	垂向颠簸工况	1.0g	左轮心 右轮心	Z：力 Z：力

完成上述动力学分析并输出载荷结果后，即可进行白车身准静态强度分析。将多体动力学软件计算出的车身各点处载荷施加到整车有限元模型上对应的位置，采用惯性释放法计算车身结构在不同工况下的应力。整车多工况准静态强度分析各工况下的许用应力范围如表 3.2 所示。

表 3.2 整车多工况准静态强度分析各工况下的许用应力范围

序号	工况名称	许用应力范围
1	右转弯工况	小于材料屈服点
2	前行制动工况	小于材料屈服点
3	前行紧急制动工况	介于材料屈服点与抗拉强度之间
4	路障撞击工况	介于材料屈服点与抗拉强度之间
5	最大向前加速度工况	小于材料屈服点
6	单边轮上跳工况	小于材料抗拉强度
7	路洞冲击工况	小于材料抗拉强度
8	倒车制动工况	小于材料屈服点
9	倒车紧急制动工况	介于材料屈服点与抗拉强度之间
10	垂向颠簸工况	介于材料屈服点与抗拉强度之间

白车身结构强度的判别要根据各个分析工况下的应力大小、各个工况发生的概率、零部件的材料性能、零部件的表面质量以及相似车型相应的试验结果综合进行分析。

基于强度和耐久性的结构轻量化设计方法意味着以最少的材料用量实现所需要的强度与可靠性指标。对于当今普遍采用的各种高性能材料，包括高强度钢、铝合金、镁合金等，一定要做到其用量尽可能少。为此，出现了多种优化设计方法。但是，这些方法都假定结构强度是单调下降的，没有意识到强度的增长潜力。因此，这样的优化很难保证材料用量最少，即低成本。目前，我国的汽车用高强度钢强度级别在 800 MPa 左右，对其强度潜力的研究还是空白。基于强度和耐久性的结构轻量化设计利用动态强度方程，确定结构的临界载荷，推算结构寿命，并将临界载荷作为轻量化设计的目标。这种方法将结构强度试验与理论分析相结合，具有较高的可靠性和可操作性。基于这种方法，可以使结构在使用中的强度得到充分发挥。对于新设计结构，由于缺少样机进行强度试验，可以根据结构的低载强化特性对结构在试验载荷下的强度及寿命增长进行预估，进而计算出结构的临界载荷。这种方法常借助有限元分析，以结构强度变化特性为基础，以结构强度试验结果为依据，以动态强度方程为指导，以结构临界载荷为目标，以提高设计应力为核心，实现汽车结构件减重设计。

长期以来，我国的汽车结构件大多采用类比或经验的设计方法。同时，由于道路条件和材料质量等方面的因素，我国的汽车结构件强度试验标准也都过于严格。例如，载货汽车前桥的疲劳试验，国外某公司的标准要求试验载荷的最大值为前桥静满载荷的 2.5 倍，而我国标准要求试验载荷的最大值为前桥静满载荷的 3.5 倍。由此，国产车前桥的静刚度相应地就会大大提高，但导致质量也大大增加。由于我国的设计标准相对较高，有很多构件没有发挥材料应有的强度，设计时普遍存在过强度。因此，以有限元分析和许用应力为基础的无限寿命轻量化设计方法更能充分发挥材料的强度潜力，因而可以在更深层次上实现结构的轻量化。

3.2.1.2 基于碰撞可靠性的结构轻量化设计

车身结构设计不仅需要同时分析车身的刚度以及动态特性，还要考虑汽车的耐撞性。随着高性能计算机技术的不断发展和数值计算方法的深入研究，汽车耐撞性计算机模拟技术 1985 年之后开始迅猛发展并得到大量应用。1985 年之后，显式有限元法研究获得突破，标志着汽车碰撞仿真研究新时期的开始。动态非线性显式有限元法采用中心差分法，可以用来计算具有大位移、大变形、复杂接触和高速冲击等特性的复杂力学问题。常用的动态显式有限元软件有 Ls–Dyna、Mcrash、Radioss 等。动态显式有限元法的发展为汽车整车碰撞安全性及部件的耐撞性研究提供了有力工具。许多学者借此对汽车碰撞安全性进行了深入研究和分析，主要包括整车的碰撞安全性分析、关键零件的吸能模式和机理研究等。

基于碰撞可靠性的结构轻量化设计是指研究汽车在发生 100%正面碰撞、50%偏置碰撞、侧面碰撞等工况下受到的碰撞载荷，以及作用在车身上的破坏性作用力、材料失效临界条件的规律。在整车碰撞仿真时，针对各个不同部件的受力情况找出碰撞安全件与非安全件，然后选择适当的部件进行分析与优化，从而实现整车低成本轻量化设计。安全件与非安全件的优化方法如图 3.12 所示。

整车碰撞安全相关零件主要包括正面碰撞安全相关零件和侧面碰撞安全相关零件。整车正面碰撞过程中，车身安全件可以定义为在碰撞过程中起到碰撞能量吸收和保护乘员作用的部分关键车身零部件，如前防撞横梁、前纵梁、A 柱等。除去正面和侧面碰撞安全件剩下的零件可以看作非安全件。

基于碰撞可靠性的结构轻量化设计主要包括白车身非安全件的轻量化优化设计和白车身安全件的轻量化优化设计两部分。分为两部分的主要原因是存在一些对整车碰撞安全性影响较小的零部件。如果在基于碰撞可靠性的结构轻量化设计中考虑这些零件，就会使变量数目大量增多，导致整车正碰安全性能

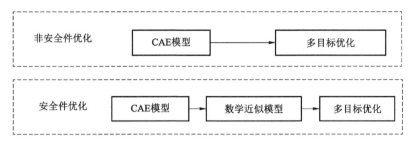

图 3.12　安全件与非安全件的优化方法

仿真分析的次数大幅增加,而进行一次整车正碰仿真分析又需要大量的时间,这样优化时间就会大幅度增加。把整车碰撞安全件和非安全件区分开来,这样进行非安全件轻量化优化设计就只需要考虑白车身的刚度和振动特性即可,能够节省大量的计算时间。

目前,国外的一些学者在基于碰撞可靠性的结构轻量化方面有一些较好的研究,如 Kodiyalam 和 Yang 等利用高性能计算机群对汽车 NVH、车身顶盖抗压、100%正面碰撞、50%偏置碰撞、侧面碰撞等多个学科进行了优化设计,他们采用基于灵敏度的近似方法构建 NVH 响应的近似模型,利用拉丁超立方试验设计构建碰撞分析的样本空间,并采用克里格近似方法构建碰撞响应的近似模型,最后用序列二次规划法进行优化求解。Craig 等采用基于最优设计的方法来对设计空间进行布点。其首先采用线性响应面模型对设计变量进行筛选,剔除掉对碰撞响应影响不大的设计变量,然后构建近似模型,对包含正面碰撞和扭转模态等多个学科的优化问题迭代求解,使汽车车身质量降低 4.7%。

3.2.1.3　基于灵敏度的结构轻量化设计

在汽车车身结构优化设计中,往往需要对多个设计变量进行调整,不同设计变量的变化势必会对结构的整体性能产生不同程度的影响,如白车身的低阶固有振动频率以及静态弯扭刚度特性等性能是由构成白车身的各个零件的属性决定的,如零件的厚度、材料特性和面积等。基于灵敏度的结构轻量化设计就是指在多个设计变量影响车身结构性能的前提下,找出白车身结构中对其性能相对不敏感但对减重较敏感的设计变量,力争以较小的结构改动获得车身质量明显下降,实现有效的车身结构轻量化。

基于灵敏度分析的车身结构优化设计流程如图 3.13 所示。对车身结构的减重优化,采用"灵敏度分析–试验设计–近似模型–全局优化"的优化策略,能够快速有效地获得全局的最优解,缩短优化设计周期,对车身结构的优化设计具有指导性意义。

对结构的分析可分为动态分析和静态分析两个方面,结构的灵敏度分析也可分为动态灵敏度分析和静态灵敏度分析。结构的动态灵敏度分析包括特征

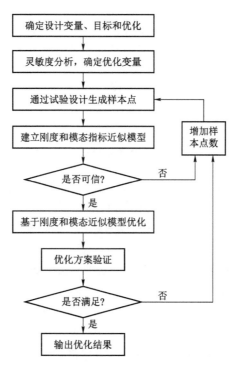

图 3.13　基于灵敏度分析的车身结构优化设计流程

（特征值、特征向量）灵敏度分析、传递函数灵敏度分析和动力响应灵敏度分析等，静态灵敏度分析则可以是位移、应力等。

灵敏度分析方法一般有两种，即直接求导法和伴随结构法。直接求导法最先由 Fox 和 Kapoor 提出，后经多人的努力发展而形成，并得到大量的推广和使用。伴随结构法是根据电子学中的伴随结构理论（伴随网络理论），利用电子学中的特勒根定理与结构力学中的虚功原理之间的相似性，将网络理论扩展到机械结构中的一种方法。伴随结构法一般用于计算一阶灵敏度，而且公式推导及计算比较复杂，概念不直观，而直接求导法物理概念明确，数学推导简单，计算方便，可从一阶灵敏度扩展到高阶灵敏度，因此得到广泛使用。

结构灵敏度分析可以在概念设计阶段为选择变量提供重要指导。通过灵敏度分析结果选择对结构响应最敏感的部件作为设计变量，可提高优化效率。为了在优化中更具针对性，需对车身各零部件进行灵敏度分析，根据灵敏度分析结果选取设计变量。

3.2.2　概念设计阶段材料轻量化设计

目前，概念设计阶段材料轻量化大概包含两种设计方法：一是在车身拓扑结构前选定轻质材料作为开发对象,得到应用轻质材料后的车身整体架构,再对应用轻质材料后的车身进行验证分析;二是在针对原有已经拓扑好的整体结构进行强度、刚度、碰撞等分析后,借助灵敏度分析找出各分析结果中对整体性能影响小的零部件,进行轻质材料的应用替换,能在最小影响性能的前提下比较明显地实现概念设计阶段车身的轻量化。从以上两种方法来看,概念设计阶段材料轻量化设计的本质都是指在汽车概念设计阶段针对车身结构应用轻质材料,在保证性能的前提下实现整体车身结构的轻量化。轻质材料的应用及混合材料车身框架结构是目前材料轻量化设计的主要研究出发点。

3.2.2.1 轻质材料的应用

轻质材料是指可用来减轻汽车自重的材料。它有两大类:一类是低密度的轻质材料,如铝合金、镁合金、钛合金、塑料和复合材料等;另一类是高强度材料,如高强度钢。与传统的钢铁材料相比,轻质材料在物理化学特性等诸多方面存在着显著差异,导致其在实际应用中难以完全照搬原有的设计理念和传统的制造技术。

Ludke 和 Woltm 以 BMW 车型的更新换代为例,阐述其成本、质量、材料和设计之间的关系,如图 3.14 所示。A 处为初始设计,通过结构优化设计(从 A 到 B)可以得到最优的轻量化设计 B,此时质量和成本同时减小。若结合轻量化材料和结构优化设计,质量还可以进一步减小(从 B 到 C),但是由于采用轻质材料,成本将不断增加。C 处为最佳的材料选择和结构设计,该处轻量化效果显著,且成本增加不多。轻量化材料的使用可以大大降低车身的质量,但是轻质材料的价格一般远高于普通低碳钢的价格,因此轻质材料车身的成本会比现有普通钢车身的成本高很多,如奥迪 ASF 的全铝合金车身的成本要远远高于普通钢车身的成本。当前,高成本是阻碍铝合金、镁合金、复合材料等轻量化材料在车身上全面应用的一个主要原因。

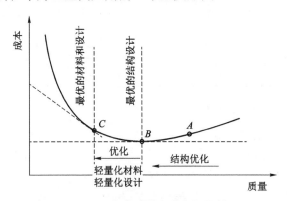

图 3.14 车身质量和成本的关系

即便如此，高成本仍然不能阻止汽车工业对轻量化新技术的开发。随着轻量化的要求越来越高，铝合金在汽车上的用量呈现持续增长的趋势，而成本将随铝合金成形制造技术的进步而逐渐降低。奥迪公司生产的 Audi A2 和 Audi A8 就是采用铝合金车身框架。

在复合材料应用方面，由于现有金属结构不能直接转换为复合结构设计，慕尼黑工业大学电动汽车创造中心与新加坡南洋理工大学合作，开发出了一种考虑设计、仿真、生产制造、样车装配的复合功能材料全车身设计，并于 2013 在东京汽车展览会上展示了该款碳纤维复合材料样车 EVA（图 3.15）。该车白车身相对钢制白车身减重超过 100 kg，在和本田雅阁轿车性能对比上均有显著的提升，如表 3.3 所示。

图 3.15　EVA 样车

表 3.3　EVA 与本田雅阁白车身性能对比

	白车身质量/kg	扭转刚度/[kN·m·(°)$^{-1}$]	弯曲刚度/(kN·mm^{-1})
本田 2011 款雅阁	328	12.33	8.69
EVA	210	25.2	14.0

3.2.2.2　混合材料车身结构

混合材料车身结构是基于高性能轻质材料与优化车身结构相结合路线的典型应用。现代车身轻量化过程中，应用更先进的车身骨架结构以及轻质材料，即在传统的车身骨架钢质结构中，有些构件或组件用高强度钢板或铝合金材料代替，且可以通过优化设计和性能模拟方法确定不同材料的不同比例和部位，使得强度合理分配到车身上,可以实现在既定成本内提高整个车身强度、刚度的同时,降低车身的质量。

由于在汽车车身结构上大幅采用轻质材料会导致生产成本过高,因此现阶段的汽车研发部门及生产厂商更多地尝试在传统车身上应用钢及不同轻质材料来共同设计与制造,提出了混合材料车身结构概念。混合材料结构设计将代表今后汽车车身结构的发展趋势。随着对各种轻量化材料特性的深入研究以及成形、连接工艺的不断革新,汽车车身零部件的选材范围逐渐扩大。另外,汽车车身结构复杂,组成的零部件繁多,现代轿车的全承载式车身各个部件的结构性能要求各不相同,这就要求"合适的材料用于合适的部位",这就是混合材料结构车身设计的核心思想。相对于单一材料结构车身,混合材料结构车身允许分配给车身各个零部件最合适的材料,可以充分利用各种材料的优点,从而在满足零部件性能的前提下,以最小的代价获取最大的轻量化效果。针对目前国内外对混合材料车身结构缺乏比较系统且具有指导性理论的问题,以下简单介绍国内外在混合材料车身结构上的一些基础研究和应用。

车身结构发展趋势如图 3.16 所示。

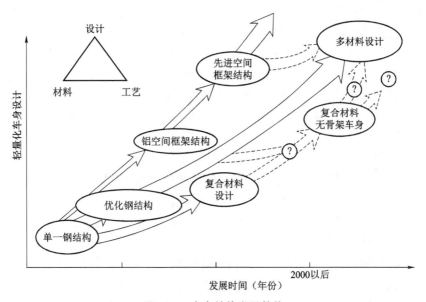

图 3.16　车身结构发展趋势

1. 混合材料车身结构相关理论研究

相关学者在汽车概念设计阶段对钢铝组合车身框架结构设计进行了初步的试探研究,取得了一定的理论基础。其主要思想是在结构设计中将利用正交试验设计的方法来研究车身框架的钢铝不同组合方案对结构静动态性能的影响规律。

1）车身框架子结构

车身是一个非常复杂的结构，包含的组件成百上千，单个零件更是数以万计。在设定钢铝组合方案进行研究时，如果针对车身每个构件用钢或者用铝都设定一个方案，当采用试验设计方法或者其他方法（如神经网络遗传算法）进行方案试验时，获取每个试验的结果和数据将是一项十分庞大的工程，设计周期会十分漫长，设计过程付出的成本也会相当高，是不现实的。在概念设计阶段，基于车身框架模型，车身结构得到简化，使零部件的数量大为减少，即使是简化模型，如果一开始就着手针对每一个构件的材料使用都设定一个试验方案，整个框架 50 个构件也将形成数量巨大的试验次数，不同的框架结构可能形成数量差距很大的试验次数，这样的研究具有盲目性，没有形成合理的分析思路，所以一开始就针对每个构件进行钢铝替换研究显然不具备太大的可操作性和现实意义。

针对这种情况，提出在最初设计阶段从更为宏观的角度去研究结构材料替换所产生的效果。对车身框架来讲，可以首先从车身框架的局部组件出发进行钢和铝材料的整体替换研究。这里创造性地提出车身框架子结构分层的概念，方法是将整体车身框架结构进行拆分，划分出第一层次的子结构进行结构的分析设计，得到这一层次下结构不同钢铝组合对车身框架性能产生的影响规律；然后根据设计需要，第一层所有子结构或者其中某些子结构可以进一步拆分，产生第二层次的子结构，进行钢铝组合试验分析；在此基础上又可以将第二层次子结构进一步细化拆分出第三层次子结构进行研究，以此类推。具体分的层次数目可以依据上一层达到的效果和设计需要而定。

采用分层子结构方法进行的试验设计，能够实现一次试验设计的试验次数大大减少，同时对结构的研究将更具有针对性。通过分层子结构的方法，整个设计分析过程是由整车框架到大组件，由大组件到小组件，由小组件到某一构件，全面地研究结构不同钢铝组合方式对车身框架性能的影响。

2）车身框架子结构的划分方式

子结构如何划分并没有限制。在进行车身框架子结构划分时，不同的车身框架、不同的设计考虑和不同的设计者都可能有不同的划分方式，所以划分时存在一定的随意性。常用的划分方式是根据车身结构中前发动机舱、乘员舱和后行李舱三大部分中组件在汽车整车坐标系中 X、Y、Z 的走向，将 SUV 概念框架模型划分出第一层子结构，以组件形式具体划分为：车身前部发动机舱为第 1~3 号组件；乘员舱为第 4~6 号组件；前水箱支架和前保险杠为第 7 号组件；A 柱、B 柱、顶盖边梁和门槛为第 8 号组件；车身后部结构为第 9 号组件。

车身组件的划分和各组件的编号如图 3.17 所示。

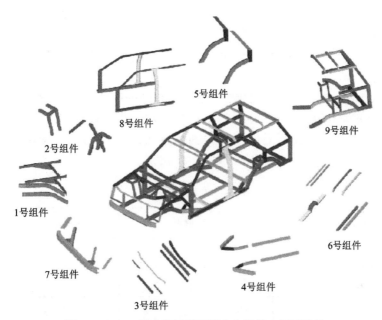

图 3.17 SUV 概念框架模型划分出的第一层子结构

3）静动态性能下车身框架结构的钢铝组合试验设计

（1）车身框架第一层子结构初始设定。

根据划分的子结构数量和组件情况，对第一层部分子结构的材料规格做出以下定义：

① 前水箱支架和前保险杠组成的 7 号组件对整体框架结构静动态性能影响较小，从轻量化角度考虑，正交试验中将其材料直接设定为铝合金。

② A 柱、B 柱、顶盖边梁和门槛组成了 8 号组件，考虑在汽车正面碰撞和侧面碰撞中这些部件主要起到避免乘员舱发生大变形和保护生存空间的作用，目前绝大多数汽车车身都采用高强度材料进行结构的强化设计，因此参考实际车身的设计经验，从碰撞安全性考虑直接将其设定为钢材料。

③ 车身后部结构的 9 号组件为后行李舱结构，其材料组合设计对框架车结构的静动态性能也起到一定影响，出于对试验研究工作量的考虑，暂不将其纳入研究范围，但是通过参考欧洲汽车研究委员会的"Super Light-Car"（超轻量化汽车）混合材料轻量化车身开发项目中对此部分结构最终设计成为非金属的复合材料，将其材料设定为铝合金。

④ 1～6 号组件作为第一层子结构研究对象参与不同钢铝组合设计方案的

正交试验设计,分析不同组合方案对车身框架结构静动态性能的影响规律。

(2)基于第一层子结构车身框架钢铝组合正交试验设计。

将框架模型的第一层 6 个子结构组件作为试验因素,在试验中不仅涉及概念设计阶段框架各组件除了材料的不同组合,还考虑了组件钢铝两种不同材料下不同厚度组合对框架结构的静动态性能带来的影响,多角度研究框架结构的钢铝组合设计。

选取 5 种不同厚度规格的钢铝材料,从材料的弹性模量 E(铝合金的弹性模量 E 为 $6.9×10^4$ MPa,钢的弹性模量 E 为 $2.1×10^5$ MPa)考虑,因此铝合金材料构件的厚度设置比采用钢材料的构件大,每种构件厚度赋值间隔为 0.5 mm。5 种材料规格的赋值情况如表 3.4 所示。

表 3.4 5 种材料规格

材料规格编号	构件材料	构件厚度/mm
1	钢	2.0
2	钢	1.5
3	铝合金	3.0
4	铝合金	3.5
5	铝合金	4.0

试验设计中将 5 种钢铝材料规格选作试验水平,将第一层子结构中的 6 号组件作为试验因素,车身框架结构钢铝组合规律研究采用 5 水平 6 因素的正交试验表 L25(5^6),如表 3.5 所示。每组试验都进行车身框架结构的静态弯曲刚度、静态扭转刚度、一阶扭转模态、一阶弯曲模态和框架总质量的计算分析,作为每组方案钢铝组合车身框架考核的基本性能指标,进行 25 组试验,总共获取 125 个试验数据,通过对数据的分析,从中总结出框架模型钢和铝材料的不同组合对结构基本性能影响的一般规律。

(3)静动态性能正交试验结果分析。

按照上述车身框架试验设计、模型静态刚度和模态有限元计算方法,对框架结构进行了 25 组试验,得到有效试验数据 125 个,最终结果如表 3.6 所示。

表 3.5　车身框架结构钢铝组合规律研究正交试验表 L25 (5^6)

试验号	车前部 1号组件 (1)	车前部 2号组件 (2)	车前部 3号组件 (3)	乘员舱 4号组件 (4)	乘员舱 5号组件 (5)	乘员舱 6号组件 (6)
1	1	1	1	1	1	1
2	1	2	2	2	2	2
3	1	3	3	3	3	3
4	1	4	4	4	4	4
5	1	5	5	5	5	5
6	2	1	2	3	4	5
7	2	2	3	4	5	1
8	2	3	4	5	1	2
9	2	4	5	1	2	3
10	2	5	1	2	3	4
11	3	1	3	5	2	4
12	3	2	4	1	3	5

续表

试验号	车前部 1号组件(1)	车前部 2号组件(2)	车前部 3号组件(3)	乘员舱 4号组件(4)	乘员舱 5号组件(5)	乘员舱 6号组件(6)
13	3	3	1	4	5	2
14	3	4	2	5	1	3
15	3	5	3	1	2	4
16	3	1	4	2	3	5
17	3	2	5	3	4	1
18	4	3	2	1	5	4
19	4	4	3	2	1	5
20	4	5	4	3	2	1
21	4	1	5	4	3	2
22	4	2	1	5	4	3
23	5	3	3	5	2	4
24	5	4	4	1	3	5
25	5	5	5	2	4	1

表 3.6　基于静动态指标的车身框架正交试验设计试验结果

试验序号	扭转刚度/ [N·m·(°)$^{-1}$]	弯曲刚度/ (N·mm^{-1})	一阶扭转模态频率/Hz	一阶弯曲模态频率/Hz	框架总质量/kg
1	4 210.58	7 490.17	21.63	40.08	168.7
2	3 613.59	6 728.72	21.00	46.42	151.3
3	3 217.92	6 058.16	20.77	47.37	135.1
4	3 475.33	6 432.94	21.20	46.90	141.1
5	3 721.26	6 764.37	21.56	46.43	147.0
6	3 610.98	3 295.58	21.51	46.99	143.0
7	3 841.45	6 597.39	22.08	45.56	147.9
8	3 674.73	6 635.33	21.38	46.15	145.4
9	3 369.85	6 673.71	21.01	45.50	142.2
10	3 446.56	6 384.34	21.36	45.60	143.2
11	3 427.65	6 386.72	21.53	46.73	137.7
12	3 463.29	6 569.22	22.22	45.15	140.0
13	3 757.65	6 518.20	22.73	44.34	144.9
14	3 562.06	6 151.64	21.65	45.52	141.3
15	3 472.92	6 256.19	21.08	47.51	137.7
16	3 351.76	6 382.64	21.07	46.58	138.1
17	3 650.56	6 289.64	21.45	46.54	140.0
18	3 677.43	6 392.16	21.99	46.10	142.3
19	3 737.97	6 554.15	22.60	45.81	146.1
20	3 437.08	6 802.34	21.84	45.77	142.4
21	3 456.10	6 385.02	21.52	45.81	142.7
22	3 381.25	6 385.02	21.05	46.72	140.7
23	3 534.34	6 774.69	21.73	42.33	142.7
24	3 752.00	6 733.25	21.92	47.01	143.2
25	3 868.22	6 543.08	22.39	45.60	147.0

对上述试验数据进行分析统计，利用正交试验极差分析法对 5 个指标下的数据分别进行计算，统计结果最终绘制成不同钢铝组合方案下框架结构的扭转刚度、弯曲刚度、一阶扭转模态频率、一阶弯曲模态频率和框架总质量的正交

试验效应曲线,如图 3.18～图 3.22 所示(组件在各图中从左到右的顺序与表 3.6 相对应)。

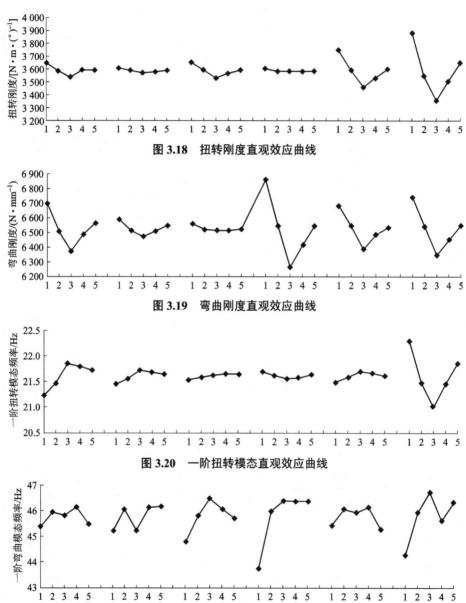

图 3.18　扭转刚度直观效应曲线

图 3.19　弯曲刚度直观效应曲线

图 3.20　一阶扭转模态直观效应曲线

图 3.21　一阶弯曲模态直观效应曲线

从图 3.18～图 3.22 的效应曲线中可以看出,6 个组件不同钢铝组合设计方案对整个车身框架在扭转刚度、弯曲刚度、一阶扭转模态频率、一阶弯曲模态频率和总质量 5 个指标上的影响。其中包括车身框架每个性能指标下对每个组

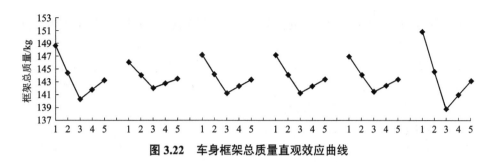

图 3.22 车身框架总质量直观效应曲线

件采用钢材料或铝材料引起的该性能变化的趋势,还包括同种材料下由不同组件厚度引起的变化趋势。

4) 第一层子结构钢铝最优组合设计方法

为了更加直观地研究不同材料规格的钢铝组合对车身框架 5 个性能指标的影响所表现出来的变化特性,将上述 5 组正交试验直观效应曲线统一规整到一个图中,如图 3.23 所示。通过对图 3.23 的直观效应曲线综合走势研究,可

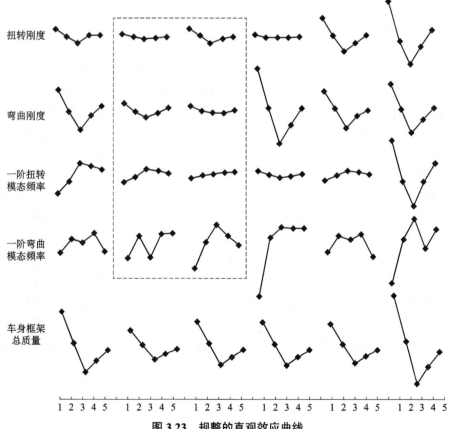

图 3.23 规整的直观效应曲线

以得到基于静动态性能的钢铝组合车身框架结构的设计方法：如果某些组件除了质量效应曲线外其他 4 项性能指标的效应曲线在不同材料规格下变化的幅度不大，则可认为这些组件可以用铝合金材料替换钢材料进行结构设计，而对应的静动态性能将基本保持不变，在此基础上选用质量最小的方案则达到了车身框架结构保证一定性能要求设计的同时实现轻量化的目的。

需要注意的是，上面进行框架结构钢铝组合最优设计的研究是基于第一层部分"子机构"，从设计过程来讲还处于比较宏观和粗糙的阶段，此时对最优组合方案就下定论为时尚早。上述准则中提到组件除了质量效应曲线外其他 4 项性能指标的效应曲线在不同材料规格下变化的幅度不大，则从轻量化角度考虑该组件可以采用铝材料进行设计，但是对于变化幅度大的组件，并不能认为这些组件只能用钢材料进行设计才能保证其性能。根据上述提出的框架子结构概念，这部分组件可以进行第二层子结构划分，从框架更细化的结构层次去进一步研究不同钢铝材料规格设计方案对整个结构产生的影响，最终实现车身框架静动态性能由大总成到小总成、由小总成到具体构件都是基于钢铝组合框架结构轻量化的最优设计。

5）组合设计方法在实际白车身中的验证

从图 3.23 综合观察可以发现，第一层子结构中第 2 号组件和第 3 号组件在 5 种不同钢铝材料规格下整个车身框架的扭转刚度、弯曲刚度、一阶扭转模态频率的效应曲线走势平缓，一阶弯曲模态频率效应曲线虽然有些波动，是因为纵坐标刻度值间隔较小，实际相差的数值很小，变化幅度并不大，如图 3.23 的虚线框中所示。从车身框架结构中看，第 2 号和第 3 号中部分组件构成了车身中的前围板结构，如图 3.24 所示。因此，两个组件满足上述提出的设计方法中"除了质量效应曲线外其他 4 项性能指标的效应曲线在不同材料规格下变化的幅度不大"的特点。这两处组件可以用铝材料代替钢材料设计，而车身静动态性能不会产生大的改变，下文将以这两号组件为实例对组合设计方法进行验证。

根据上述结果，以第 2 号和第 3 号组件为研究对象，对概念设计阶段总结的基于静动态性能车身框架钢铝组合设计方法进行验证。前文已经提到在概念设计阶段中，初始结构的设计将直接影响到后期详细结构的性能特性。同样的，后期详细结构的性能也可以反映出初始概念设计阶段是否得到了良好的设计。因此，选择利用某款 SUV 车型钢质白车身详细模型，将其钢质前围板组件替换为两种厚度方案的铝合金材料分别进行整体结构的静动态分析，如图 3.25 所示。分析结果与原来的全钢车身进行对比，通过对比来验证概念设计阶段基于静动态性能的车身框架钢铝组合设计方法是否正确。

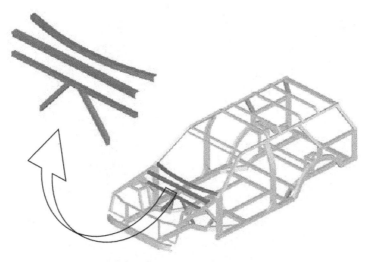

图 3.24　构成前围板结构的框架组件

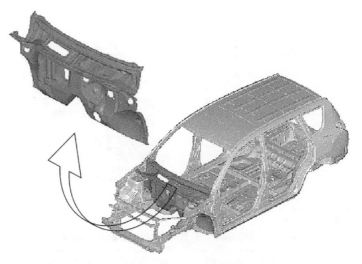

图 3.25　某 SUV 全钢白车身的前围板组件

方案 1 中换用铝合金的前围板组件厚度设定为原钢质对应的组件厚度的 2 倍，设定后的铝合金组件的厚度最大为 2 mm。方案 2 将每个换用铝合金材料的组件在方案 1 的基础上都减少 0.2 mm，以验证同种材料下厚度改变对整体静动态性能带来的影响是否明显。两个方案中组件材料规格变化情况如图 3.26 所示。

经过计算，基于两种铝合金厚度前围板的白车身和原全钢白车身的弯曲刚度、扭转刚度、一阶扭转模态频率和一阶弯曲模态频率结果如表 3.7 所示。将结果与原车的数据进行对比，计算基于两个铝合金厚度前围板的白车身与原全

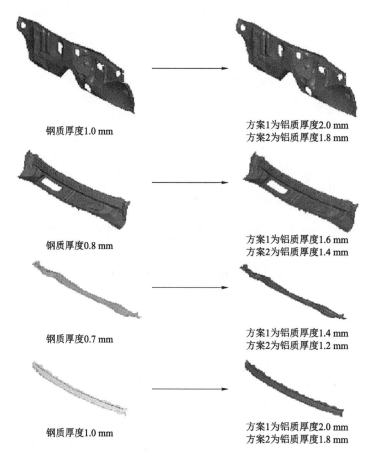

钢质厚度1.0 mm　→　方案1为铝质厚度2.0 mm / 方案2为铝质厚度1.8 mm

钢质厚度0.8 mm　→　方案1为铝质厚度1.6 mm / 方案2为铝质厚度1.4 mm

钢质厚度0.7 mm　→　方案1为铝质厚度1.4 mm / 方案2为铝质厚度1.2 mm

钢质厚度1.0 mm　→　方案1为铝质厚度2.0 mm / 方案2为铝质厚度1.8 mm

图 3.26　两个方案下前围板组件材料厚度改变情况

钢白车身各静动态性能的变化幅度，如表 3.8 所示。

表 3.7　原车与两个方案的静动态性能计算结果

厚度方案	材质	弯曲刚度/ (N·mm^{-1})	扭转刚度/ [N·m·(°)$^{-1}$]	一阶扭转模态频率/Hz	一阶弯曲模态频率/Hz
原车	钢	14 355.9	9 033.8	33.3	39.5
方案 1	铝合金	14 354.3	9 048.3	33.5	39.5
方案 2	铝合金	14 328.1	8 993.1	33.2	39.5

由表 3.8 的结果可以发现，方案 1 采用铝合金材质的前围板组件总质量比原全钢车身降低了 31.64%，整车的弯曲刚度和一阶弯曲模态频率与原全钢车身保持一致，而扭转刚度和一阶扭转模态频率还略微提升了 0.16% 和 0.60%。这样，方案 1 验证了上文研究得到的基于车身框架第一层子结构下静动态性能

与全钢车保持一致的钢铝组合设计方法是合理的,车身框架中第 2 号和第 3 号构成的前围板组件结构采用铝合金设计可以在实现减重的同时保持车身的静动态性能基本不变。

表 3.8 两个方案与原车的性能变化对比结果

厚度方案	弯曲刚度	扭转刚度	一阶扭转模态频率	一阶弯曲模态频率	组件质量变化
方案 1	0	0.16%	0.60%	0	−31.64%
方案 2	−0.19%	−0.45%	−0.90%	0	−39.19%

方案 2 在方案 1 的基础上对铝合金组件的厚度进行了减薄设定,减薄值为 0.2 mm,从表 3.8 中看出方案 2 下铝制前围板车身减重幅度为 39.19%,弯曲刚度、扭转刚度和一阶扭转模态频率与全钢车身相比略微降低了 0.19%、0.45% 和 0.90%,一阶弯曲模态频率则保持不变。总的来讲,铝合金组件减薄后对车身静动态性能略有影响,但影响的幅度非常小,也可以认为基本是与全钢车身保持一致的。如果是基于严格的设计要求,损失的数值可以通过结构上的改进设计来弥补。

综合上述验证结果,证明了基于车身框架第一层子结构不同钢铝组合试验总结得到的对车身框架静动态性能的影响规律是可信的。同时,针对影响规律提出的第一层子结构下钢铝组合设计方法也是合理的。

2. 国外混合材料车身结构应用

国外的混合材料车身技术比国内要成熟,并且在量产车型上的应用也远远领先于国内汽车厂。随着国外混合材料车身结构技术逐渐成熟,其应用也从跑车、超级豪华车逐步过渡到中大型车。在本田推出的全新 NSX 车型(图 3.27)上,轻量化技术再次得到了创新。新车采用了一套名为"多种材料的空间框架"概念,这包括大量的铝合金材质,以及用于局部强化的超高强度钢制材料,同时在车体部件上还应用了碳纤维增强复合材料(CFRP)。本田的设计初衷是通

图 3.27 本田全新 NSX 车型

过 3 种材料的特性互补实现最佳的强度与轻量比，同时还要满足混合动力车型的布局需求，如图 3.28 所示。

多种材料的空间框架：铝合金+超高强度钢板+碳纤维增强复合材料

图 3.28　本田 NSX 多种轻量化技术

目前已经有一些汽车公司尝试使用多种材料制造车身，如宝马全新 5 系、7 系和奔驰 S 级 Coupe 等轿车，但是大多数还是依靠对比分析和评价不同材料车身性能的优劣的方法进行选材。在轻量化车身设计方面，已对单一材质车身（如高强钢车身或全铝合金车身）设计进行了广泛研究，但在多材料结构轻量化车身的设计方法与技术方面，混合材料车身结构的理论及系统研究还比较缺乏，需要一种针对汽车混合材料结构设计的通用开发指导，而这对汽车工业试图在成本约束下进一步减小车身质量，是迫切需要的。可以预见的是，混合材料车身结构未来将在汽车车身上被广泛采用。

3.3　概念设计阶段汽车轻量化的开发新方法

传统概念设计阶段存在以下问题：车身的设计、分析和优化一般在不同软件系统中完成；设计参数不能进行自动连接和更新，使优化的结果不能反映到车身几何模型上；手工设计的结果不能得到有效的管理，设计参数不能被以后的设计所利用等。这些问题导致传统概念设计过程速度慢、效率低，反复的设计与修改延长设计周期。基于以上难题，国内外针对汽车概念设计阶段进行了较多的参数化模型研究，在保证计算精度的前提下，大幅提高了概念设计阶段的模型修改、分析速率，为概念设计阶段汽车轻量化的开发提供了新的方法。

3.3.1　国内 VCD–ICAE 开发

国内学者开发的 VCD–ICAE（Vehicle Concept Design–Intellectualized CAE）智能化系统，主要表现在建立 CAD 和 CAE 模型这个过程都是利用参数化技术取代传统概念设计方案的手工操作。对于 CAD 模型的建立，VCD 利用 UG/OPEN API 提供的 KF 命令，建立整车模板，可以根据不同的需求调整模板，从而得到不同尺寸、不同结构的 CAD 模型；对于 CAE 模型的建立，利用电子表格技术把以往的手工操作过程转化成相关的数据信息，建立相关的数据库储存经验数据，建立 CAD 模型中的几何对象和数据库数据的关系，从而驱动 CAD 模型中的几何对象根据所对应的数据自动、快速地建立 CAE 模型，然后根据不同的工况进行求解，根据解的情况选取相应的变量进行优化，得到最优解。如果对最后得到的结果不满意，可以根据具体情况修改方案。如果结构不合理，可以利用模板重新快速建立 CAD 模型；如果 CAE 模型中的某些参数，如材料、网格大小、焊接关系等设置不当，可通过 VCD 交互界面上的相关设置进行调节。

该系统通过分析车身结构概念设计阶段的任务和特点，在基于 UG NX5 平台上利用 UG/OPEN API 语言进行二次开发，提出了一种全新的汽车车身概念设计方法。它主要是利用 VCD–ICAE 建立简化的有限元模型，该系统通过模板技术可快速建立参数化概念车身的几何模型；通过参数的设定，快速进行有限元前处理过程，进行刚度和模态的分析，并能自动生成设计者所需要的后处理视图以及产品报告。该方法还可对概念车身的简化梁和板进行灵敏度分析及优化，指导和帮助用户得到满意的设计方案，大大加快了车身结构概念设计阶段的进程，使车身结构概念设计阶段所需时间大大缩短，操作难度大大降低。

3.3.1.1　UG/OPEN API 概述

UG/OPEN API 是 Unigraphics（简称 UG）软件中的一个重要模块，是 Unigraphics 的二次开发工具之一。作为 Unigraphics 与外部程序之间的接口，UG/OPEN API 是一系列函数的集合。通过 UG/OPEN API 的编程，用户几乎能够实现所有的 Unigraphics 功能，开发者可以通过用 C 语言编程来调用这些函数，从而达到实现用户化的要求。

简单来说，UG/OPEN API 是 Unigraphics 提供的一系列函数和过程的集合，通过 C 语言编程来调用这些函数或过程，能够实现以下功能：

① 对 Unigraphics 模型文件及相应模型进行操作，包括建立 Unigraphics 模型、查询模型对象、建立并遍历装配体、创建工程图等。

② 在 Unigraphics 主界面中创建交互式程序界面。

③ 创建并管理用户定义对象等。

3.3.1.2 UIStyler 对话框使用

UG/OPEN UIStyle 模块提供了强大的制作 Unigraphics 风格窗口功能。UG/OPEN UIStyler 的主要功能如下：

① 提供了让开发人员构建 Unigraphics 风格对话框的可视化环境，并能生成 UG/OPEN UIStyler 文件和 C 代码，从而使用户在使用 UG/OPEN UIStyler 产生的对话框时不必考虑图形界面（Graphical User Interface，GUI）的实现。

② 利用可视化环境快速生成 Unigraphics 风格对话框，从而减少开发时间。

③ 通过选取和放置控件，实现所见即所得。

④ 可以在对话框中实现用户定义位图。

⑤ 提供了属性编辑器，从而允许开发人员设置和修改控件属性。

⑥ 由于 UIStyler 产生的对话框可以在 Menuscript 中调用，因此可以实现在 Unigraphics 菜单上调用 UIStyler 产生的对话框，从而将用户应用程序和 Unigraphics 完全融合。

利用 UIStyler 创建的界面如图 3.29 所示。

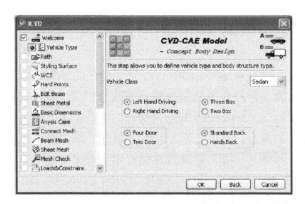

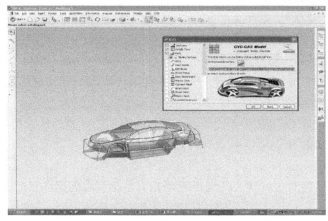

图 3.29 利用 UIStyler 创建的界面

3.3.1.3 利用 UG/OPEN API 开发

VCD 系统基于 NX5 平台建立，采用了 UG/OPEN API 语言进行开发，结构计算采用 NX Nastran 3.0 求解器计算，优化计算采用 Hyper Opt 优化模块。用户可以根据自己的需要建立用户交互界面，通过对界面的操作实现数据的设置及传递。还可利用 UG/OPEN API 所提供的其他函数实现 CAD 及 CAE 的相关功能。此外，系统建立了知识向导型界面，无缝地集成了求解器和优化器，便于用户操作和参数的管理。图 3.30 所示为该系统结构框图，可分为用户层、逻辑层和物理层 3 层。用户层体现了系统的功能。逻辑层为系统的总体参数数据结构，可分为 4 个模块，分别为概念车身的几何建模模块、有限元建模模块、求解与后处理模块、参数优化模块，通过 KF（Knowledge Fusion）知识熔接技术与模型中的参数保持一致。物理层用于存储设计参数数据和为系统提供相应的数据库数据，如车身模板库、车身参数库、车身截面库、车身材料库等。物理层数据与逻辑层数据通过 UG/Spreadsheet 接口进行传递，用户层读取逻辑层数据作为系统的参数，并保持实时的更新，保持 VCD 系统参数的一致性。下面将对概念车身的几何建模模块、有限元建模模块、求解与后处理模块、参数优化模块进行详细说明。

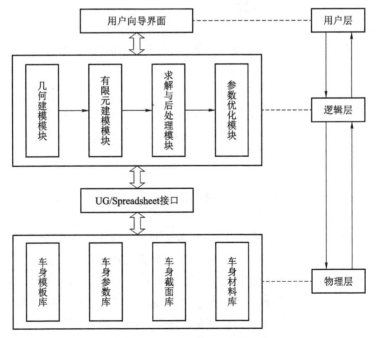

图 3.30　VCD–ICAE 系统框图

3.3.1.4 几何建模模块功能简介

VCD 软件系统的几何建模模块主要分为 8 个界面，分别为设定选取模板界面、路径选择界面、选取车身外表面模型界面、设定装配参考位置界面、调整模板界面、梁操作界面、调整板界面、显示调整车身基本尺寸界面。

下面简要介绍一下这 8 个界面。

1. 设定选取模板界面

通过车型的选择，调用适合的车型模板，VCD 系统中规定了多种车型，用户可根据需要选择不同的车型，对每种车型又可根据车门数、左右驾驶位置等进行细分。

2. 路径选择界面

根据上一步选择所设定的模板，设定与设计相关文件的存储路径，包含几何参数模型文件、有限元模型文件和后处理文件以及分析报告等。

3. 选取车身外表面模型界面

选择并调入车身造型师设计好的车身外表面模型到当前工作区中。

4. 设定装配参考位置界面

在车身外表面模型中定义局部坐标系，并将所选择的车身模板按局部坐标系装配到车身外表面模型之上。尽可能使车身外表面模型与模板的位置重合，这个过程可反复操作，直到用户满意为止。

5. 调整模板界面

通过调整模板上的参考硬点的位置来调整模板的大小、结构，使车身模板与车身外表面模型匹配。

6. 梁操作界面

在本界面中可以实现梁的增加、编辑梁的形状、编辑梁的属性、设计截面属性、定义梁的接头、删除梁等操作，用户可以根据具体车型对概念车身进行梁的调整。

7. 调整板界面

调整车身结构中板参数，使车身的地板、轮罩、通道位置符合用户要求。

8. 显示调整车身基本尺寸界面

显示调整车身基本尺寸界面用于显示和调整车身的基本尺寸。

车身是汽车的关键总成，为加快新车身开发速度、节约资金和提高质量，其设计技术正由原来的经验、类比、静态设计步入 CAD/CAE 一体化的虚拟设计，即借助车身模型进行静动态分析、优化设计、结构修改、疲劳寿命及可靠性预测。以上技术的关键是依托现有车身制定符合工程精度的建模准则，以便在形成系统的建模经验数据库后，供工程师在开发新车时调用。

在 VCD 系统中，模板的概念来源于面向对象设计方法中类的概念，即对具有相同属性和操作的对象的抽象，包括属性、操作及约束3部分。在面向对象语义中，类用于描述同类的对象，具有分类的作用，同时它可以通过派生的方式产生新类来进行功能的修改和添加。因此，在VCD系统中，模板是一种可分类、可继承的语义。

针对不同的车型，如何能够快速建立CAD模型、积累建模经验是车身概念设计需要解决的第一个问题。轿车车身分类方式有以下几种：按外形分为阶梯背式、斜背式、短背式、平背式；按车身承载方式分为承载式、半承载式和非承载式；按车门分为二门、四门、五门轿车；按座位分为一排座、二排座、三排座轿车。每一种轿车都有各自的结构，虽然结构不同，但针对某一类轿车，如三厢四门车，它们总体结构形式是一致的，只是在局部结构上会有所不同。局部结构主要包括梁的数量、位置、截面形状以及板的厚度等。针对某一类轿车，掌握其最基本的结构特征，建立一个参数化的模板，利用此模板生成不同结构的车身CAD模型是VCD模板技术的关键所在。建立模板的原则主要有以下几点：

① 模板要提取出每一类轿车的共同点，从基本结构着手，如地板、前后纵梁、立柱是每类轿车所具备的共同点，所以都要提取出来。对于车身的局部来说，也会存在为了满足某种具体要求而设计的梁。这些梁并不是每类轿车所共有的，所以在建立模板时可以忽略掉。但考虑到这种情况，在VCD系统中建立了添加梁的功能，用户可在整体模板的基础上，根据需求建立局部的梁，这种办法既考虑到了整体，又照顾到了局部，达到了协调整体与局部的关系。

② 模板既要体现出车身的整体结构特征又要尽量简化，这一简化要以符合结构的主要力学特性为前提。对于地板、顶盖、前围板等主要承载件，体现了车身的整体结构特征，应该保留，而对于车身结构中的小尺寸结构，如小孔、开口、翻边、小肋，设计它们的目的主要是局部过渡或者工艺上避让一些管线，它们对整体刚度和强度影响不大，因此在建模过程中要简化掉。

③ 模板要保证可以根据任意数据要求进行快速修改，且容易实现，不能在建模上占用设计者过多的时间和精力。这种快速修改性是VCD模板技术的核心。通过快速建立CAD模型，提高概念设计阶段的效率。

④ 模板要能给设计者提供较大的设计自由度，不能约束过多或过少，约束过多将使模型过于详细，可供提取的参数就少，而约束过少又不能满足整体的要求。

建立模板主要分为4个阶段。第一阶段，建立车身骨架结构，根据每一类车身的结构特点提取出能代表车身骨架结构特征的控制点，利用这些控制点控制车身的整体外形。第二阶段，根据车身的外形尺寸设计参数。车身的外形尺寸包括总长、总高、总宽、轴距、最小离地间隙等，把这些尺寸设计成变量，用户通过对这些变量的控制便可快速地得到一个 CAD 模型。第三阶段，根据骨架结构建立各种承载件。对于大的承载钣金件，如地板、顶盖、前后轮罩、前围板等，通过控制点的位置来控制它们的位置和形状。第四阶段，对每一个对象（点、线、面）起一个用于识别的名称。通过以上操作，建立起一个最简单的模板。利用这个模板，根据关键点的位置可以得到不同结构的 CAD 模型。图 3.31 所示为建立的一个三厢轿车的模板。

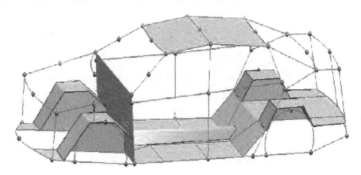

图 3.31　VCD–ICAE 建立的模板

VCD 系统中有一个模板库，根据车型的不同设计了不同的模板，用户可根据自己设计的车型选择模板。模板本身是一个参数化的车身文件，包括车身控制点、梁、板等属性。在每一个车身模板中，控制点的个数是固定的，但其位置可调节；模板中的曲线表示车身概念设计阶段中的梁，包含截面、材料等属性，曲线过控制点，曲线的曲率可调。模板中的曲面由其边界曲线定义，用于表示车身上的板。因此，基于模板的快速建模技术是通过用户调节车身模板中控制硬点来逼近设计外形来完成的。

3.3.1.5　有限元建模模块功能简介

VCD 软件系统的有限元建模模块主要分为 6 个界面，分别为确定分析工况界面、创建焊点界面、创建梁单元界面、网格检查界面、创建板单元界面、创建载荷与约束界面。

1. 确定分析工况界面

目前，该系统可支持概念车身结构的静态强度分析（弯曲/扭转）和模态分析，将来还会添加碰撞和疲劳的分析计算功能，供用户使用。用户选定某个工况后，系统会自动建立这个工况，并选定适合的求解算法。

2. 创建焊点界面

模型焊接方式的模拟主要有 3 种连接方式：点—点连接、点—面连接和面—面连接。焊接模拟连接方式如图 3.32 所示。

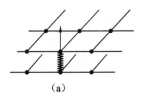 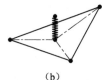 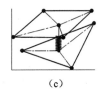

图 3.32 焊接模拟连接方式

(a) 点—点连接；(b) 点—面连接；(c) 面—面连接

建立有限元模型时，对白车身零件的连接方式进行模拟，通常所用的方法有：

① 两个零件的相应节点之间用梁连接，对于轴向传力的两个节点之间，可用杆连接。

② 将连接处合二为一，即在其中一个零件上将连接部分的厚度值定为两件的厚度之和，而另一个零件去掉相应部分的单元。

③ 在连接处，两个零件具有各自的单元，通过共用节点来模拟焊点。

VCD 软件系统采用最后一种连接方式来模拟零件的连接情况，原因如下：用梁或杆连接时，通过输入梁或杆的截面参数很难使其刚度合适，或者出现过软，或者出现细长比不合理，从而出现刚度过大的情况，如果采用第二种方法，那么在建立有限元模型时，输入单元参数将会很不方便，而最后一种方法是既方便又比较准确的一种方法。

3. 创建梁单元界面

在概念车身有限元模型中，梁单元的定义过程由 4 部分组成，即接头定义、截面定义、材料定义和单元大小定义，下面分别进行讨论。

1) 接头定义

轿车车身上 T 形接头与其他承载件共同形成一个牢固的车身承载结构。车身结构主要接头对结构的性能影响较大，将接头视为刚性的计算模型处理，使整车刚度提高较多，接头的柔性是不可忽略的。车身概念设计阶段对模型的 T 形接头进行模拟，接头处是简化的梁单元，对接头就需要做相应的处理，刚性连接的刚度太强，做柔度处理相对比较烦琐，但是模拟计算的结果相对准确。在本系统中，对于接头的模拟采用了带柔性系数的梁单元。该梁单元的长度与所在梁相比可以忽略，定义了相应柔性系数范围在 0.8～1.0，因此该梁单元的刚度等于柔性系数乘以原刚度。通过接头的处理，车身系统的柔性增强。

2) 截面定义

在车身概念设计阶段的有限元模型中，车身中的梁采用梁单元来定义，梁单元需要赋上相应的截面，截面的形状决定了梁的力学特性，因此简单采用矩形截面或原型截面进行替代是不准确的。概念设计阶段既要简化设计过程，同时还应该获得较为准确的结果，因此在本系统中，把真实截面进行简化。对于截面变化较大的梁，还可以采用将梁分为多段，赋给不同截面的办法来进行等效。真实截面的采集是一项比较复杂的工作，该系统设计的梁截面库模块支持截面的采集、编辑、管理和优化，为车身有限元模型的快速建立提供保障。图3.33 所示为一组在真实车身上截取的梁截面简化之后的结果，VCD 系统可自动算出梁截面的力学参数。

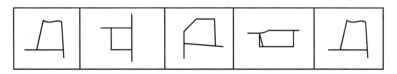

图 3.33 梁截面简化图

3）材料定义

在 NX5 平台中定义有材料库，既有金属材料又有非金属材料。VCD 系统使用的是 NX5 的材料库，对于材料库中没有的材料，VCD 提供了添加材料库的功能，用户可根据需求，向材料库中添加材料并相应设置材料的属性。

4）单元大小定义

梁单元大小可根据梁的曲率来定义。如果梁的曲率曲线是直线，只需要定义一个单元，如果曲率大，则需要定义多个单元；如果梁上有 n 个焊点，自动生成 $n+1$ 个单元。

4. 网格检查界面

系统提供了网格自动检查功能，对不合理的网格提供了修复的功能。这些功能包括创建、删除、合并、拆分网格等。利用这些工具，可修复大部分畸形网格。同时，其还提供了合并重复节点、手工编辑单元等功能。

5. 创建板单元界面

VCD 系统关于板单元界面参数的设定主要包括板厚、网格尺寸、材料等，利用 UG 提供的自动划分网格功能可快速建立板单元。本系统的单元类型主要是以四边形单元为主的混合单元。

6. 创建载荷与约束界面

本系统可根据不同工况自动生成约束和载荷，也可根据用户需要，在模型上任意添加或删除载荷及约束。

最终利用模板建立的简化有限元模型如图 3.34 所示。

3.3.1.6 求解与后处理模块

该系统利用 UG NX5 中的 Nastran 求解器对网格模型进行求解，计算相应

第 3 章 概念设计阶段汽车轻量化设计与开发

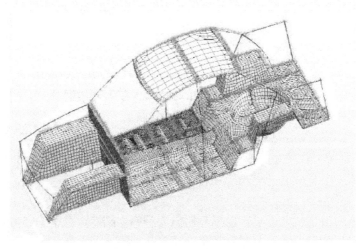

图 3.34 最终利用模板建立的简化有限元模型

的工况，也支持导出*.dat 文件，用其他求解器求解。在以往的分析中，需要操作者自己记录数据并进行整理、总结，这个过程要花费一定的时间。VCD 系统考虑到了这方面的需要，自动产生各种图片，同时记录下相关数据，并自动生成所需要的曲线图。把所有这些数据利用 XML 语言生成最终的报告，可使用户对最后的结果一目了然，并且积累了分析的经验。这个模块主要分为 3 个界面：

① 工况求解界面。调用 NX Nastran 求解器对网格模型进行求解，计算相应的工况，也可以导出*.dat 文件，用其他求解器求解。

② 后处理结果显示界面。可生成位移分布图、应力分布图，以及表示车身刚度的 $x-y$ 曲线图和频率的条形图。

③ 生成报告界面。本系统可自动根据用户定制生成项目报告，具体内容可包括概念车身的几何尺寸信息、材料信息、截面信息，还包括强度和模态计算结果等。报告的格式采用了通用的 XML 语言，使该报告方便上传到网络中进行共享。

3.3.1.7 参数优化模块功能简介

车身结构的优化和灵敏度分析是车身结构分析中指导车身结构设计的一种方法，其内容可以是车身结构的任意性能参数，如一阶扭转模态频率、总质量或对任意设计参数（如板厚等）的截面属性等。它在车身结构分析指导下的车身结构设计过程中发挥着重大作用。本系统也提供了优化的功能，并将优化过程主要分为优化参数设定界面、优化目标设定界面、优化约束设定界面、优化变量设定界面、变量连接设定界面、灵敏度计算界面、优化求解界面、显示优化结果界面、模型更新界面共 9 个界面,各种参数、变量、目标等都可在相应界面下进行设置。

1) 优化参数设定界面

优化参数设定界面用于设计优化过程中的一些参数,如优化工况的名称、优化迭代最大次数、绝对收敛误差、相对收敛误差等。本模块允许用户进行多次优化,但要求每次优化工况的名称必须不同。

2) 优化目标设定界面

VCD 系统可设定整车车身的质量、刚度和不同模态的频率为优化目标进行优化,实现车身减重、提高刚度等优化手段。

3) 优化约束设定界面

支持多约束优化,可设定以车身质量、频率、刚度、位移、应力和应变等响应作为优化约束。

4) 优化变量设定界面

可设定车身板的厚度、梁的厚度、截面形状定义参数为优化变量。

5) 变量连接设定界面

设定优化变量间的等效关系,用于减少设计优化变量,加快优化速度。例如,设定 T_B1=2*T_B2,则 T_B2 在迭代时用 0.5T_B1 替代。

6) 灵敏度计算界面

系统可根据目标求出设计变量的灵敏度,也可选择求解设计变量对整车的灵敏度,本步骤可为用户筛选适合的设计变量来参加优化计算。灵敏度计算后自动生成条形图。

7) 优化求解界面

系统调用了 HyperMesh/Opt 的内部优化程序进行优化计算,即使优化变量较多,也可迅速准确求解。优化结果被保存在相应的电子表格文件中,同时生成优化目标和变量的迭代过程图。

8) 显示优化结果界面

以电子表格方式来显示优化参数以及优化的中间值和最终值。

9) 模型更新界面

优化后的参数经过用户确认后,可通过电子表格数据自动更新车身几何模型,记录优化的结果,给用户以最合理的概念设计方案。

3.3.1.8 VCD–ICAE 系统有效性

在某汽车公司的一款三厢车几何模型实例的基础上,建立了详细的有限元模型,同时利用开发的 VCD–ICAE 系统建立了简化的有限元模型,分析结果如表 3.9 所示。

第3章 概念设计阶段汽车轻量化设计与开发

表 3.9　详细模型与简化模型对比结果

内容	详细模型	简化模型	误差/%
一阶弯曲模态频率/Hz	44.89	39.26	12.54
一阶扭转模态频率/Hz	28.30	24.85	12.19
质量/kg	234.8	207.5	11.6
节点数	208 443	14 554	
单元数	205 889	14 345	
采用单元类型	板单元	板单元和梁单元	

通过两种有限元模型在自由约束下白车身的一阶弯曲模态和一阶扭转模态的对比，可以看出二者差距在10%左右，简化模型的结果要略小于详细模型，主要原因是对模型中的板进行了简化，同时忽略了一些筋的作用。二者的单元数和节点数相差很多，说明了 VCD–ICAE 所建立的模型的简化程度，同时在求解中也会大大缩短求解时间。从结果精度分析上看，该系统能在快速建立简化车身模型、快速求解优化的同时保证良好的计算精度，证明了该方案的可行性，为汽车车身概念设计提出了一种全新的方法。

3.3.2　国外 SFE 开发

作为汽车三大总成之一，汽车车身的更新速度是最快的，每个车型的更新都伴随着汽车车身的变化或更替，提高车身的设计效率将直接影响整车的开发周期和成本。随着计算机技术的不断发展，参数化设计越来越多地被应用到 CAD 产品的设计中。从几何角度来说，参数化设计即依据产品的性能参数，确定其结构尺寸或者几何形状的设计方法。使用参数化技术能够方便地对几何模型进行修改，从而免去重复建立模型的烦琐，以此来提高设计效率。

参数化设计作为 CAD 设计的重要组成部分，通过改动图形的某部分或某些部分的尺寸，或修改已定义好的参数以自动完成对图形中相关部分的改动，从而实现对图形的驱动。参数化设计能够大幅提高设计速度，同时便于用户进行修改以及重新设计。在白车身方面，研发设计阶段一般需要多种车身结构方案，需要针对每种设计方案分别建立相应的 CAD 模型和 CAE 模型，进行车身的参数化设计必将节省大量的资源与时间。

传统的参数化设计，即显式参数化设计通常利用一些参数的输入，而非利用数学描述来实现模型的建立和修改，这样很难实现复杂装配体（如白车身模型等）的设计。要实现白车身的全部参数化，需要同时能够对单一零件的位置、尺寸和形状进行修改，并处理各零件之间复杂的装配关系，显式参数化设计方法已经难以满足需求，因此有必要开发一种新的参数化设计方法，即隐式参数化法。隐式参数化法的原理是通过控制点的位置、基线线段的曲率以及截面形状等参数对模型加以控制，而各个零件之间连接的拓扑关系是通过建立相应的数学映射来实现的。SFE-Concept 正是基于隐式参数化法而建立的参数化商业开发软件。在原始几何模型的基础上，新的模型可以很容易对各个变量进行调整。

3.3.2.1　SFE 概述

以往的结构参数化设计方法都是针对汽车某一相对简单的零部件建立参数化模型，再对结构进行分析，并根据分析结果修改结构的部分形状和尺寸参数。参数化模型中的其他尺寸参数也会随着参数的修改而变化，如 Ansys 等，但这些参数化建模的方法相对简单，可处理的参数数量非常有限，很难处理像车身这样大型复杂的结构。

近年来，德国 SFE 公司和美国 DEP 公司推出了专用的结构参数化设计软件 SFE-Concept 和 DEP-Mopher。通常，参数化软件需与优化工具如 Isight 或 Optimus 等多学科优化软件以及求解器 Nastran 或 PamCrash 等联合使用来进行优化，从而进一步提高优化效率和优化质量。基于 SFE-Concept 建立的白车身模型如图 3.35 所示。

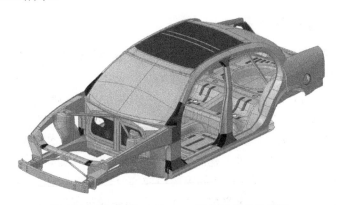

图 3.35　基于 SFE-Concept 建立的白车身模型

SFE-Concept 中使用的建模步骤和基本结构与现有的参数化建模软件，如 Catia V5，是相似的，主要区别在于其数学描述的方法不同。现有的 CAD 工具主要运用了一种利用参数输入来进行设计的显式参数化设计，而非利用数学描述来实现模型的建立和修改。这种传统的参数化方法使得各部件的修改工作非常困难，除了需要修改形状和尺寸变量外，还需要重新设置部件之间的拓扑连接关系。SFE 则是基于隐式参数化设计方法的参数化建模软件,隐式参数化的建模方法主要是应用一种非直接的参数化描述方法,即将参数化模型的结构都用 3 种可参数化结构元素组成,即运用控制点、控制线以及截面组成。其中,控制点是具有空间坐标信息的实体单元;控制线由曲线末端两点的切线斜率决定,其中切线的信息包含切线方向以及在每个方向上的权重,能够表达曲线在三维方向上的切线斜率;截面包含储存在模型数据库中的基础截面,以及基础截面在相应位置生成的副本截面,即局部截面。隐式参数化建模的描述方法,通过参数化控制点的坐标位置、控制基线的曲率、截面形状等参数对模型进行控制。通过控制线以及截面生成梁单元,梁单元可通过映射连接的关系组成以梁单元为基础的子结构件。当描述梁单元的基础截面信息发生变化时,梁结构形状也会发生变化,同时与梁结构相关联的接头结构也会发生改变,以适应新生成的梁结构截面形状,如图 3.36 所示。同理,当控制线曲率变化时,梁单元也会实时发生变化。通过添加局部截面,可以实现复杂梁单元的构造,如前纵梁、A/B/C 柱等。

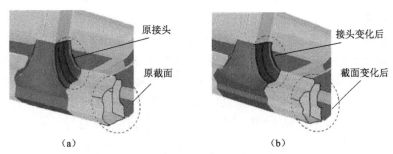

图 3.36 截面变化引起接头变化(见彩插)
(a) 原始结构; (b) 变化后结构

几何体之间的连接关系则通过拓扑映射关系来描述。映射连接的各结构件相互关联,当其中任何一个的形状或者位置发生改变时,与之具有拓扑关系的部件参数也会根据实际情况发生改变,以保证其正确的拓扑关系,不需要重新定义映射或重新修改模型。如图 3.37 所示,前纵梁中加强板 1 与加强板 2 均与前纵梁的翼板、盖板映射连接,当前纵梁的前部截面发生变化,前纵梁翼板、盖板的形状均发生改变时,加强板 1 与加强板 2 始终与其保持正确的连接关系,而没有发生拓扑关系的变化。同时,在此示例中,为了保持正确的拓扑连接关系,加强板 1 与加强板 2 的宽度尺寸也适时地发生改变,以保证正确的连接。当不需要结构的形状、尺寸发生改变即可保持正确的拓扑连接关系时,结构件也可不发生形状与尺寸上的改变。

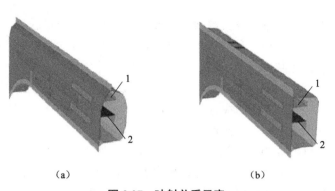

图 3.37 映射关系示意
（a）截面变化前；（b）截面变化后

3.3.2.2 SFE 参数化建模流程

参数化建模的基本顺序中，控制线的末端位置由空间的控制点决定；用于传递梁结构截面信息的控制线由其两端点处的切线向量相对值对曲线曲率进行控制，从而调整梁结构的整体形状；利用分段线构建结构件的基础截面，分段线的数量和各端点的位置根据截面形状以及变量的表达确定；梁结构的几何形状由空间控制线以及基础截面与局部截面共同决定，接头的位置以及截面形状与其连接的梁截面的形状一致，且当接头的截面形状以及控制点位置发生改变时，接头的形状与位置也作出相应的改变。曲面的边界与与之具有连接关系的梁结构边线形成拓扑关系，由梁结构的边线决定。隐式参数化建模过程如图 3.38 所示，整体的建模顺序为控制点、控制线，然后进行梁结构与接头的创建，最后是面结构。

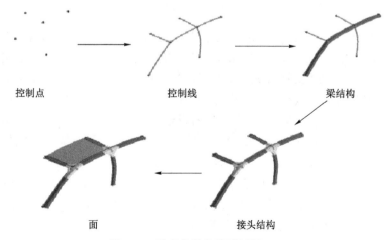

图 3.38 隐式参数化建模过程

3.3.2.3 SFE 模型的快速响应

SFE 的自动网格划分技术，可以快速实现网格的自动划分，而 batch 命令的编写也可以有效控制网格的质量。图 3.39 所示为车身结构中参数化模型的网格快速响应适应图。其中，图 3.39 中（a）和（c）分别为结构的初始参数化模型以及对应的 CAE 网格，（b）与（d）则分别为结构变化后的参数化模型及其对应的 CAE 网格。结构的变化以及模型网格的快速响应过程不超过 1 min，而这种快速的响应方式也为结构的形状和尺寸优化提供了良好的可操作条件。

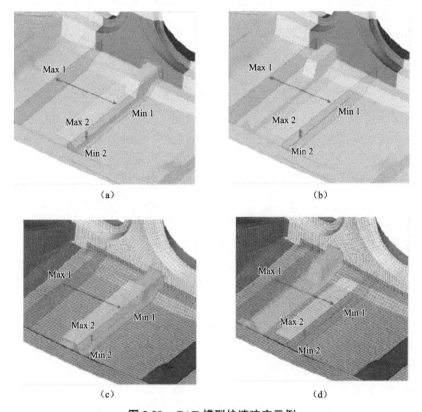

图 3.39 CAE 模型快速响应示例
(a) 初始状态；(b) 结构变化后；(c) 初始状态；(d) 结构变化后

总的来看，隐式参数化建模方法的特点主要包括以下几个方面：

① 参数化模型的基本元素包括控制点、基线、截面，用这 3 个元素构造白车身模型中全部的梁、接头以及曲面，且模型中零部件间的连接关系均用映射来表达。

② 主要应用于车身结构设计的概念设计阶段，其对车身结构的建模相较于详细设计阶段的模型来说较为简单，且其控制参数较少。

③ 可以实现有限元模型的快速生成以及自动更新技术，同时最大限度地保证了有限元模型的质量。

④ SFE-Concept 的建模特性及其数据库的管理可以实现车身结构的模块化建模与优化。

⑤ 可与众多结构分析和优化分析软件结合，实现子部件的多目标优化。

3.4 CAE 技术在汽车概念设计阶段轻量化中的应用

概念设计阶段是现代车身结构设计的早期阶段，也是设计的初级阶段，在这一阶段设计的目标是从总体上把握车身的结构形式和各项性能指标，忽略车身细节的考虑。

汽车设计中许多新技术、新概念的应用和普及与近 20 年的计算机和计算机辅助工程分析（CAE）技术的快速进步是密不可分的。CAE 技术作为能缩短产品开发周期的得力工具，被越来越频繁地引入产品的设计与生产的各个环节，以提高产品的竞争力。在分析过程中采用参数化，模型和参数的修改都很方便，最终确定合理的结构参数所需时间得到大幅度缩短。例如，对于道路试验和室内台架试验而言，利用 CAE 分析汽车整车及零部件的各种性能所需要的费用大幅减少，且不需要样车的试制，可以与设计并行进行，这样可以在设计阶段发现问题并及时修改。借助 CAE 分析有利于通过优化等手段开发出性能更为优越的汽车整车和零部件。例如，通过优化车架和车身的结构参数减小整车质量；通过优化行驶系统和转向系统的参数提高整车的操纵稳定性和行驶平顺性等。

综上所述，汽车 CAE 技术最大的优点是可以在产品设计初期，即图纸设计阶段，通过建立基本的计算机分析模型，对所设计的产品进行强度、寿命及性能预测，使产品设计指标得到保证，有效地提高设计产品的可靠性，缩短设计周期，能够显著提高产品设计的科学性，减少盲目性，提高设计效率。

综合国内外相关文献，可以发现目前 CAE 在汽车概念设计阶段轻量化中的应用主要表现在对 CAE 简化模型的不同简化方法研究，主要是通过所搭建的 CAE 简化模型与详细有限元模型的精度对比，验证概念设计阶段 CAE 简化模型的有效性，并在验证之后对快速搭建的简化有限元模型进行包含车身静态性能（包括整车弯曲刚度、扭转刚度、强度）和动态性能（低阶模态及碰撞性能）的分析与优化。在设定轻量化为目标的前提下，实现多工况下整车性能的最优化。

3.4.1 国外 CAE 技术在汽车概念设计阶段轻量化中的应用

Nishigaki Hidekazu、Amago Tatsuyuki 等人于 2004 年提出了 FOA（First

Order Analysis）技术，这是一种在汽车概念设计阶段应用 CAE 技术的理念。基本思路包含以下 3 个方面：应用 Microsoft/Excel 建立产品分析导向的图形交互界面；基于材料力学的知识向设计人员提供有用的数据；针对梁单元进行拓扑优化。应用 FOA 技术实现了对车身接头非线性特性的分析，应用梁单元对车身耐撞性以及车身副车架的噪声和振动问题进行了分析，图 3.40 所示为 FOA 应用实例。

Dong-Chan Lee、Jeong-Ick Lee 建立了包含壳–梁–弹簧单元的车身结构简化模型，对车身梁截面的特性和接头的刚度进行了计算，并对铝合金结构在车辆中的应用进行了研究。铝合金结构的车身模型与常规的车身模型（钢结构）相比，车身弯曲刚度和扭转刚度分别增加了约 45%和 35%，而车身质量降低了约 30%。该研究也将形状优化、几何尺寸优化和材料分布优化 3 种优化技术应用于概念设计阶段，以期降低车身质量，提高车身刚度。

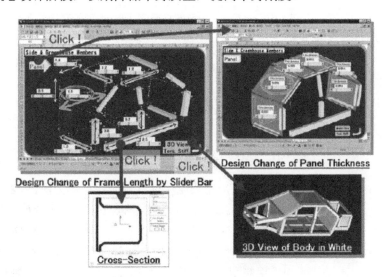

图 3.40　FOA 应用实例

Naesung Lyu、Byungwoo Lee 和 Kazuhiro Saitou 提出了应用车身结构组件快速建立简化车身模型的方法，并基于一系列成品车型建立了组件库。应用此方法搭建了车身简化模型，对铝合金框架车身结构进行了优化研究。以结构刚度为约束，同时考虑制造装配成本和尺寸完整性，寻求最优的接头结构和截面板厚。结构的刚度通过有限元计算的方法得出，所用的梁–弹簧单元简化模型，制造成本和装配成本根据结构的几何形状来进行评估，尺寸完整性以结构在给定的临界尺寸内的可调节性来评估。以测定的位置和可应用的接头类型为标准，结合横截面的板厚优化，从预定义的标准库中选择适合的结构组成车身结构模型。

  LMS 公司开发的概念车身建模工具能够指导设计人员按照特定的模型缩减流程，快速建立由梁单元和接头单元构成的概念车身模型，其流程如图 3.41 所示。这种概念车身模型包含详细模型中的梁截面信息、接头部位的刚度特性及车体部件的连接关系等信息，用户可通过更改或优化梁截面参数、调整接头刚度等操作来实现车身静动态刚度特性的修改。

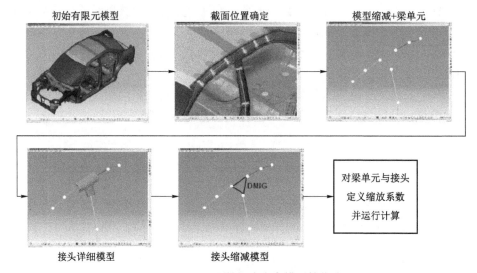

图 3.41　LMS 公司的概念车身模型简化流程

  Maria Andersson 提出了一种应用梁结构建立车身模型的方法，能够准确地建立可直接应用的车身简化模型。此方法可应用于有很少或几乎没有车身 CAD 数据情况下的新车概念设计。本书中以沃尔沃公司的 S40、V50 和 C70 车型作为研究对象，模型中梁的结构和质量都以点质量和线质量的形式进行加载，如图 3.42 所示，梁截面均采用箱型截面。应用建立的 3 种车型的车身概念模型，在 5 种不同的工况（弯曲、扭转、正碰等）下分别进行了优化分析，证明此方法可以用于新车型的开发，同时可用于研究车身的载荷路径。

  Nissan 北美技术中心的研究人员应用梁单元与滑动副或转动副模拟梁构件，赋予运动副刚度特性曲线，进行碰撞仿真。通过滑动副模拟轴向溃缩变形，通过转动副模拟弯曲变形。首先对二维杆结构做了碰撞仿真，如图 3.43 所示，进而推广到车身前部的三维结构，与详细模型对比，有较高的精度。

  综上所述，日本、韩国和欧美都有学者研究概念设计阶段运用 CAE 技术进行设计，主要是在概念设计阶段运用拓扑优化技术设计白车身，运用梁、壳或两种类型的单元进行白车身建模分析，对白车身的截面特性和刚度等指标优

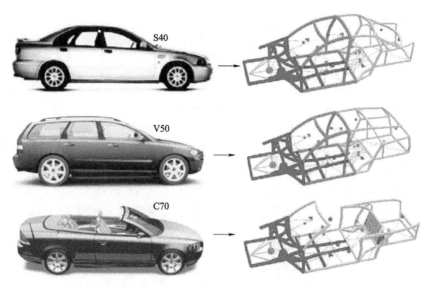

图 3.42　沃尔沃 S40、V50 和 C70 及对应的简化车身模型（见彩插）

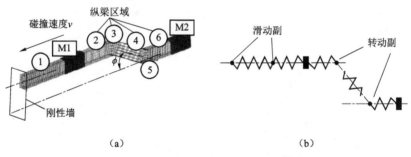

图 3.43　Nissan 公司建立的二维碰撞模型
（a）详细模型；（b）等效模型

化设计，同时也运用简化的矩形截面梁模拟白车身，施加各种载荷进行多学科的分析。这些研究为相关的汽车企业提供了极大的技术支持和知识积累。

3.4.2　国内 CAE 技术在汽车概念设计阶段轻量化中的应用

近年来，国内的一些学者和研发机构对于车身简化模型在概念设计阶段的应用研究也越来越重视。

胡平、侯文彬等人对概念设计阶段的车身结构分析及优化、概念车身材料的应用以及车身薄壁梁结构和接头对车身概念模型的影响都做了大量的研究，并设计了用于车身结构概念设计的全新工具——VCD–ICAE。该工具是基于 UG/NX 平台开发的，可快速建立全参数的概念车身几何模型和有限元模型，而后调用 NX Nastran 进行概念模型的强度和模态计算。该方法亦可对车身概念模型的板和梁结构进行灵敏度分析及参数优化。

吉林大学的徐涛教授及其团队与一汽技术中心合作开发了一系列用于车身概念设计的专用软件,包括试验设计与数据处理软件、常用截面梁截面特性与优化软件和概念车身结构分析与优化系统等。

上汽集团的戴轶博士领导的上汽工程研究院,提出了基于碰撞的车身概念设计流程,建立了上汽自主品牌轿车车身概念设计平台,完成了三大任务:创建了一个基于梁单元车身概念设计的标准及流程,如图 3.44 所示;开发了一个基于梁单元架构的车身概念设计模型;创建了一个基于梁单元车身子结构的数据库及其优化设计方法。此外,戴轶博士等还应用神经网络分析了前纵梁截面参数与碰撞响应的非线性关系,应用于车身概念设计,取得了较好的效果。

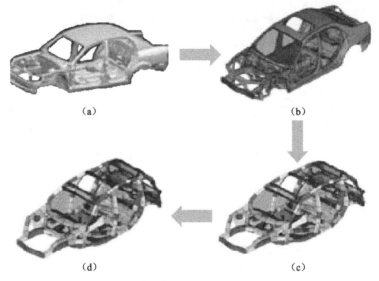

图 3.44 上汽集团车身概念设计流程(见彩插)
(a) 竞争车型 CAD 模型; (b) 竞争车型 CAE 模型; (c) 梁单元简化模型; (d) 修改后的简化模型

湖南大学成艾国教授建立了某车型白车身基于真实接头简化力学模型,对前舱简化力学模型和详细有限元模型进行了模态、动刚度和碰撞安全性能对比分析。分析结果表明,此简化力学模型的误差在可接受范围之内,能够满足工程设计的早期需要,同时大大缩短了计算时间,为概念设计阶段有效预测车身重要受力构件的性能提供了指导方法。同时,利用混合元自适应全局最优化算法对此简化力学模型计算的模态、强度和刚度进行了优化设计,分析结果表明优化后的车身性能得到了提高,且降低了车身质量,具有一定的工程意义。另外,在真实接头微型客车梁壳混合车身简化模型的基础上,对接头的耐久性能进行了分析,对于详细阶段合理设计接头耐久性具有重要的参考价值,如图 3.45 所示。

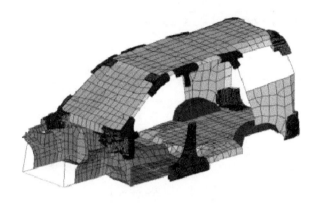

图 3.45　真实接头（ZJ）微型车简化模型

通过对比可以发现，国内 CAE 技术在车身概念设计阶段也已经进行了不同程度的研究，取得了良好的效果，并开发了相关 CAE 分析软件。但在实际车型开发应用方面，国内开发水平相对于国外来说还有一定的差距，为国内汽车自主品牌车型概念设计阶段开发提供了重要方向，对于提高我国自主品牌汽车概念设计水平具有重要意义。下面通过一个国内研究实例来具体讲解 CAE 技术汽车概念设计阶段轻量化中的应用过程。

3.4.3　CAE 技术在汽车概念设计阶段轻量化的实例

本节以某轿车白车身为研究对象，建立了白车身全参数化三维实体模型和有限元模型，综合考虑车身低阶固有频率、刚度和正面碰撞安全性等性能，同时兼顾效率和准确性，把整个轻量化优化过程分为车身非安全件轻量化优化设计和正面碰撞相关安全件轻量化优化设计两个步骤，并分别进行了多目标结构优化设计，两个过程是先后串联的过程，进行完两个优化过程最终得到优化设计结果。具体流程如图 3.46 所示。

该研究包含轿车白车身全参数化建模、参数化车身结构性能分析、白车身性能对各零件厚度的灵敏度分析、白车身多学科多目标轻量化优化设计四大部分。

3.4.3.1　轿车白车身全参数化建模

利用隐式参数化建模软件 SFE–Concept 进行白车身全参数化模型的创建。将传统有限元模型导入 SFE–Concept，在原始几何模型的基础上，建立新的全参数化模型，新的模型很容易对各个变量进行调整，通过接头和相邻部件的拓扑连接关系，能使几何变化时一直保持整体状态。基于 SFE–Concept 参数化模型的灵活性，以及通过其建立的模型与传统有限元模型具有良好的一致性，通过对参数化模型进行有效分析，能同时提升分析速度和模型的精确度。

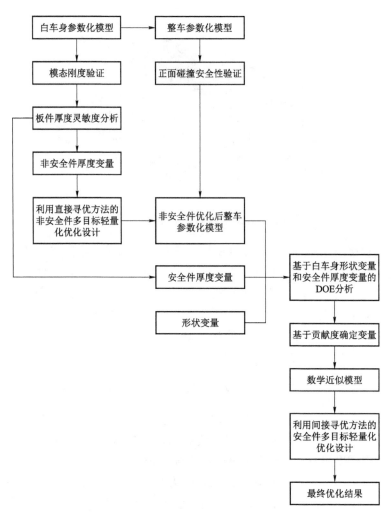

图 3.46　轻量化优化流程

白车身的隐式参数化建模不同于传统的车身建模思想，即并非严格按车身各个零件进行建模，而是更注重结构的模块化，如图 3.47 所示。建立模型时把车身分解为多个模块结构，如发动机舱、地板和侧围等，分别建立这些几何结构之后再利用映射关系建立各个结构之间的参数化装配关系，使整个白车身实现全参数化。模型建立时只需要先建立车身的一半，然后再进行对称映射即可，较少的非对称部分可以通过后续的局部修改来实现。同时，由于参数化模型主要侧重于车身结构概念设计阶段，因此部分较小的孔、倒角等特征可以忽略。

第3章　概念设计阶段汽车轻量化设计与开发

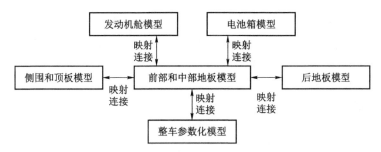

图 3.47　车身各部件参数化建模流程

发动机舱模块参数化建模如下：发动机舱部分主要包括前防撞横梁、前纵梁、前地板纵梁、前围板、前风窗框架横梁等，为方便与地板之间进行映射连接，建模时把前地板纵梁也归为此部分。此部分主要由梁单元组成，部分零件的具体模型及其相互之间的关系如图 3.48 所示，发动机舱的总体模型如图 3.49 所示。

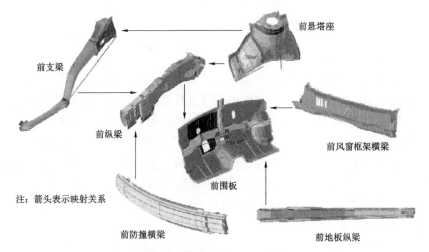

图 3.48　发动机舱模块的主要组成及其相互间的关系

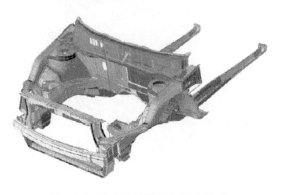

图 3.49　发动机舱模块参数化模型

在分别建立了车身的电池箱模块、发动机舱模块、地板模块和侧围与顶盖模块的参数化模型之后，通过映射连接以上各个子模块参数化模型几何结构，最终得到的整个白车身的参数化模型，如图 3.50 所示，该模型的基础元素包括 1 995 个控制点、356 根基线和 1 449 个基础截面，所组成的高级构成元素包括 304 根梁和 16 个接口。

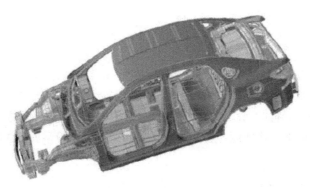

图 3.50　白车身参数化模型

利用 SFE-Concept 软件可以实现有限元模型的自动生成，并能够对网格质量标准进行相应的设置以得到合适的有限元模型。生成的有限元模型能随着参数化几何模型变化而变化，最终实现有限元模型的参数化。参数化白车身初始有限元模型如图 3.51 所示，模型中包含 203 个板类零件，484 015 个节点。车身多为薄板型构件，故模型主要由壳单元组成，包括 405 845 个四边形单元和 21 848 个三角形单元，以及 79 个 RB2 单元用于刚性连接。零件间焊点利用六面体和 RB3 组合的方式模拟，包括 8 325 个六面体单元和 45 444 个 RB3 单元，初始模型的总质量为 326.22 kg。

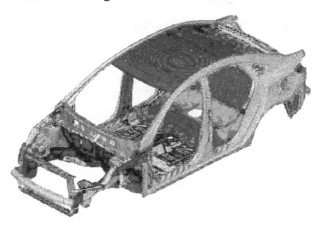

图 3.51　参数化白车身初始有限元模型（见彩插）

3.4.3.2 参数化车身结构性能分析

1. 白车身低阶固有频率分析

白车身一阶扭转模态频率和振型如图 3.52 所示。

模态试验采用多输入多输出（Multiple Input Multiple Output，MIMO）试验方法。在车身上选择两个激振点进行激励，白车身右后方的激励力垂直向上，以便激励出白车身的低阶垂向模态；左前方的激振力向右后呈约 45°倾斜，以便激励出白车身横向和纵向模态。激振信号采用猝发随机信号，两点激振信号互不相干，利用力传感器采集激振力信号，前后激振点位置如图 3.53 所示。白车身仿真与试验质量和固有频率如表 3.10 所示。

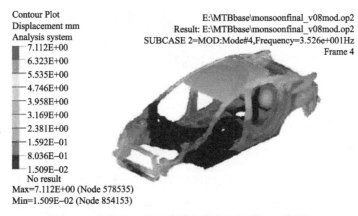

图 3.52　白车身一阶扭转模态频率和振型（见彩插）

图 3.53　激振点位置（左-前；右-后）

表 3.10　白车身仿真与试验质量和固有频率

	质量/kg	一阶扭转模态频率/Hz	一阶弯曲模态频率/Hz
仿真	304.8	35.26	52.05
试验	310.7	32.53	51.7
相对误差/%	−1.90	8.39	0.68

2. 白车身刚度分析

通过有限元弯曲刚度分析得到的参数化白车身有限元模型两侧加载点处的 Z 向位移结果分别为 0.153 mm 和 0.154 mm，位移云图如图 3.54 所示，弯曲刚度计算如下：

$$K_w = \frac{2F}{(Z_1+Z_2)/2} = \frac{2\times1\,000}{(0.153+0.154)/2} = 13\,055\,(\text{N/mm}) \qquad (3.9)$$

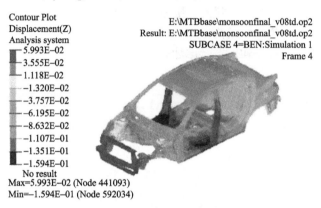

图 3.54　白车身弯曲刚度仿真分析（见彩插）

通过有限元扭转刚度分析得到的参数化白车身模型的两前悬架减振器中心点的 Z 向位移分别为 1.172 mm 和 −1.172 mm，位移云图如图 3.55 所示。扭转刚度计算如下：

$$K_n = \frac{F\cdot L}{2\arctan\dfrac{Z_1+Z_2}{L}} = \frac{3\,407\times1\,175.8}{2\arctan\dfrac{1.172+1.172}{1\,175.8}} = 17\,496.94\,[\text{N}\cdot\text{m}/(°)]$$

$$(3.10)$$

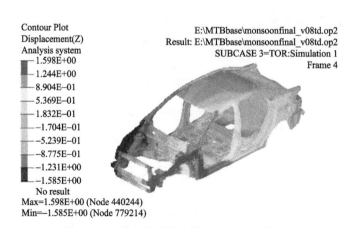

图 3.55　白车身扭转刚度仿真分析（见彩插）

白车身结构静刚度试验现场如图 3.56 所示。

图 3.56　白车身结构静刚度试验现场

进行白车身弯曲刚度试验时，用夹具约束前悬架阻尼减振器与车身连接处和后悬架弹簧与车身连接处，在白车身内部 B 柱附近放置加载砝码进行加载，利用拉线传感器测量各门窗洞口变形量，采用百分表测量白车身底部纵梁各位置的垂向变形量。根据砝码质量计算弯曲加载载荷，进而计算出白车身弯曲刚度，如表 3.11 所示。

表 3.11　白车身试验弯曲刚度

加载/kg	200	300	400	500	600	平均
白车身试验弯曲刚度/(N·mm^{-1})	12 193.11	12 024.54	11 765.79	11 405.94	11 196.21	11 717.12

白车身扭转刚度则通过百分表读取前约束加载装置处左右两侧测点的垂向变形量，在工控机中读取加载力大小，如表 3.12 所示。

表 3.12　白车身试验扭转刚度

加载/(N·m)	1 000	2 000	3 000	4 000	平均
白车身扭转刚度/[N·m·(°)$^{-1}$]	17 285.31	17 223.34	17 099.51	17 399.62	17 251.95

通过参数化白车身静态弯、扭刚度仿真分析与试验结果，对比可以看出：在扭转刚度的对比上，仿真数据与试验数据非常接近，误差约为 1.42%；在弯曲刚度的对比上，仿真数据要较试验数据大些，误差为 11.42%。作为参数化

模型而非精确有限元模型来说，误差在可以接受的范围内。从刚度性能上来说，该白车身参数化模型具有不错的可信度。

3. 整车正面碰撞耐撞性仿真分析

进行白车身安全件轻量化优化设计需要对整车的碰撞安全性进行分析，故需要在原白车身参数化模型的基础上组建整车模型，并对整车模型进行碰撞安全性试验验证。除参数化白车身、四门两盖和前后风窗玻璃外，其余部件不参与轻量化优化设计。图 3.57 所示为整车模型的各个组成部分，以及通过刚性单元连接各组成部分后的整车参数化模型，其中油箱、动力总成等部件视为刚体。

图 3.57 整车碰撞有限元模型（见彩插）

在进行整车正面碰撞仿真分析时，能量变化直接关系到仿真分析结果的正误。在整个碰撞过程中，总能量的波动幅度为 606 MN·mm，增加 0.38%，符合能量守恒的要求，碰撞前期汽车动能随着时间的增加而减小，而内能随着车身塑性变形而不断增加，在 60 ms 左右达到稳定状态。整车正面碰撞过程中能量变化曲线如图 3.58 所示。

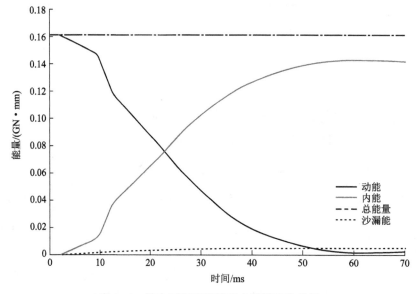

图 3.58 整车正面碰撞过程中能量变化曲线

图 3.59 所示为白车身前部吸收能量较大的零部件在碰撞过程中的能量吸收随时间变化曲线，各零件能量变化以及占总能量的比例如表 3.13 所示。

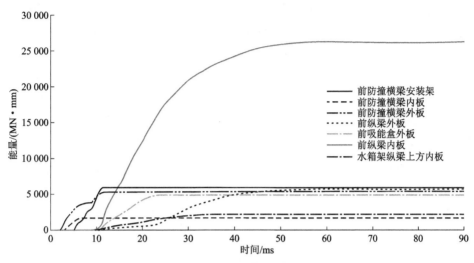

图 3.59　白车身主要吸能部件能量吸收曲线

表 3.13　主要吸能部件能量吸收量占总能量的比例

零件名称	前纵梁内板	前防撞横梁安装架	前防撞横梁外板	前纵梁外板	前吸能盒外板	水箱架纵梁上方内板	前防撞横梁内板
能量吸收/（MN·mm）	26 229	5 858.4	5 373.1	5 692.8	4 807.5	2 156.6	1 712.2
占总能量的比例/%	16.30	3.64	3.34	3.54	2.99	1.34	1.06

根据上面安全件的定义，由部件吸能的大小比例选定主要安全件，但在对安全件的进一步轻量化优化中，由于前防撞横梁安装架、前防撞横梁内板、前吸能盒外板的质量较小而不应再进行选择。

整车正面碰撞中选取的车身安全件包括前纵梁内板、前纵梁外板、前防撞梁、水箱架纵梁下方内板、A 柱下端加强板等结构件。

3.4.3.3　白车身性能对各零件厚度的灵敏度分析

对白车身的轻量化优化设计分为非安全件的优化和安全件的优化两部分，鉴于碰撞安全性能的灵敏度分析难以实现，故灵敏度分析更倾向于为非安全件的优化选择合适的变量。非安全件的优化中主要考虑白车身的低阶固有频率和刚度性能，所以下面对某轿车白车身全参数化有限元模型进行了厚度设计变量对白车身质量、低阶固有频率和刚度的灵敏度分析。

1. 非安全件设计变量的灵敏度分析

通过灵敏度分析最终得到的厚度设计变量为62个。由于对所有板件均进行了灵敏度分析,需要通过上述安全件的划分方法去除相应的安全件,得到非安全件厚度设计变量48个。所有设计变量在白车身上所处位置如图3.60所示,其中绿色为主要用于减小质量的零件(即通过相对灵敏度分析得到),黄色为性能补充相关零件(即通过直接灵敏度分析得到),红色为安全相关零件的厚度设计变量。部分非安全件设计变量相对灵敏度分析结果如表3.14所示。

图 3.60 白车身中非安全件厚度变量示意图(见彩插)

表 3.14 部分非安全件设计变量相对灵敏度分析结果

名称	编号	扭频/质量	弯频/质量	扭刚/质量	弯刚/质量
后地板加强板	588	−23.70	18.68	48.10	0.36
前地板	100001	−2.37	−30.23	267.07	2.72
前地板与门槛梁间连接板	100003	−15.78	−25.65	81.40	1.26
前排座椅横梁	100011	2.23	−23.27	406.59	5.04
中地板后段	100041	18.66	−14.68	1 533.23	2.22

2. 安全件设计变量的贡献度分析

由于车身碰撞塑性变形过程中存在多种非线性因素,如几何非线性、材料非线性等,碰撞仿真过程中具有很大的不确定性和不稳定性,响应函数的导数也并非连续,同时存在形状变量,所以上面论述的直接和相对灵敏度方法并不适用于碰撞仿真过程。这里采用了基于试验设计的贡献度分析方法,即试验设计中反映输入参数对设计目标的相关性大小的方法。

第3章 概念设计阶段汽车轻量化设计与开发

下面主要对安全件的厚度变量以及形状变量进行白车身各性能的贡献度分析（其中红色为正向贡献度，蓝色为负向贡献度），包括左、右侧门框最大变形量贡献度，左、右侧B柱加速度峰值贡献度，白车身一阶弯曲固有频率贡献度，白车身弯曲刚度贡献度，左、右侧前排乘员搁脚区最大变形量贡献度，白车身总质量贡献度，白车身一阶扭转固有频率贡献度，白车身扭转刚度贡献度的分析。部分贡献度分析分别如图 3.61～图 3.63 所示。

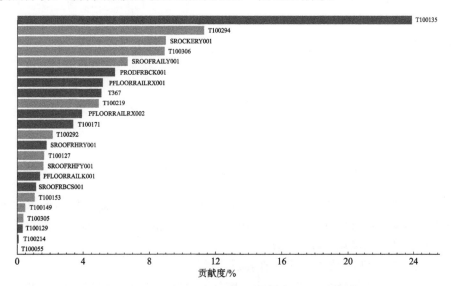

图 3.61　左侧门框最大变形量贡献度柱状图（见彩插）

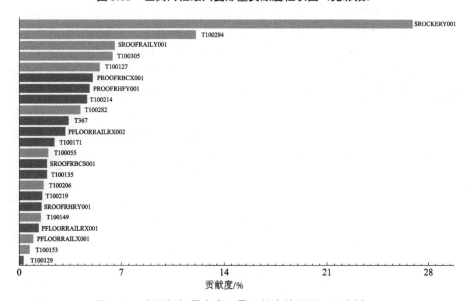

图 3.62　右侧门框最大变形量贡献度柱状图（见彩插）

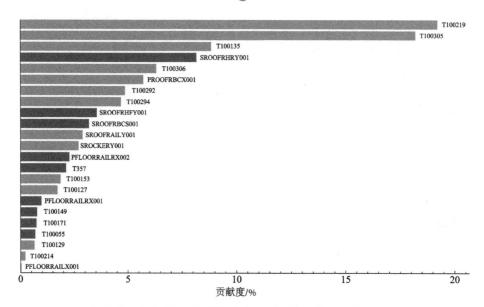

图 3.63 白车身一阶扭转固有频率贡献度柱状图（见彩插）

以上灵敏度分析确定了主要用于减重的对车身性能不敏感但对减重较敏感的板厚和形状设计变量，以及主要用于性能弥补的板厚设计变量，为车身结构多目标轻量化优化设计提供基础。

3.4.3.4 白车身多学科多目标轻量化优化设计

整个白车身的轻量化优化设计工作分为对白车身非安全件、安全件的轻量化优化设计两部分来进行。

1. 非安全件轻量化优化设计

在白车身非安全件轻量化优化设计中，设计变量包括 48 个厚度设计变量，其中主要用于减小质量的零件为 39 个（即通过相对灵敏度选择得到），主要用于性能补充的零件为 9 个。设计约束包括白车身的一阶扭转和一阶弯曲固有频率，设计目标为白车身的质量、静态扭转和弯曲刚度。为了避免对白车身结构的性能和外形产生过大的影响，根据混合灵敏度分析得到的厚度设计变量，设定主要用于减小质量的零件板厚在优化时的变化范围为原厚度的 70%～110%，主要用于性能补充的零件板厚在优化时的变化范围为原厚度的 90%～120%，所有零件厚度均不低于 0.7 mm。在进行白车身结构轻量化设计时，以各板件厚度为设计变量，以白车身一阶扭转和一阶弯曲固有频率为约束条件，以白车身的质量最小、扭转刚度和弯曲刚度最大为优化目标，并定义各固有频率的变化量不低于原频率的 95%。

下面基于改进的非支配排序遗传算法 NSGA-Ⅱ进行了白车身多目标轻量化优化，并一定程度上依赖于设计者对质量减小的设计目标主观上的偏好，得出了最优解。最优解下对应的部分设计变量和零件质量数值如表3.15所示。

表3.15 部分设计变量优化解与初始值比较

名称	初始厚度/mm	优化厚度/mm	初始质量/kg	优化质量/kg	质量差/kg
后地板加强板	1.2	0.8	1.845	1.230	0.615
前地板	0.8	0.7	10.799	9.449	1.350
前地板与门槛梁间连接板	1.5	1.2	0.986	0.789	0.197
前排座椅横梁	1.2	1.1	2.793	2.560	0.233
中地板后段	0.8	0.7	4.509	3.945	0.564

优化前后白车身的性能对比如表3.16所示。

表3.16 白车身性能优化前后对比

	质量/kg	一阶扭转模态/Hz	一阶弯曲模态/Hz	扭转刚度/[N·m·(°)$^{-1}$]	弯曲刚度/(N·mm^{-1})
初始模型	326.22	35.26	52.05	17 496.94	13 055
优化后	307.30	36.86	53.20	17 340.40	12 850

从表3.17中可以看出，经白车身多目标轻量化优化设计后，在不改变原白车身结构材料的情况下，白车身的质量由原来的326.22 kg下降到307.30 kg，减少了18.92 kg，降低幅度为5.8%，减重效果比较显著。白车身的一弯一扭固有振动频率略有增加，白车身的静态弯扭刚度略有下降，但变化很小。

2. 正面碰撞安全件轻量化优化设计

白车身正面碰撞安全件的轻量化优化设计，是在完成白车身非安全件的轻量化优化工作的基础上进行的。

以形状变量和白车身安全件板件厚度为设计变量，白车身一阶扭转和弯曲模态频率、扭转和弯曲刚度、前排乘员搁脚区最大侵入量和门框最大变形量为约束，约束值为不低于初始参数化模型的90%；以白车身质量、乘员舱B柱冲击加速度峰值为目标函数，建立了基于正面碰撞性能的白车身多目标轻量化优化设计模型，模型中厚度变量变化为原板厚的70%～110%且不低于0.7 mm，形状变量的变动范围为0～100%。

与非安全件优化相同，同样采用了算法效率较高、收敛性好的NSGA-Ⅱ方法进行白车身安全件的多目标轻量化优化设计。在车身安全件的NSGA-Ⅱ方法中设置种群大小为60，最大代数为100，交叉率为0.9，进行了6 000次迭代计算。同样在白车身其他性能不下降太多的前提下选取质量最小作为偏好，得到最优解。部分设计变量优化后变动值如表3.17所示。

表3.17 部分设计变量优化后变动值

	门槛梁加强板	后地板纵梁加强板 A	前纵梁外板	前纵梁内板	水箱架纵梁上方内板
初始值/mm	—	—	1.8	1.8	1.2
优化后/mm	向 Y 方向移动 30	截面向 X 方向移动 40.3	1.5	1.8	0.8

优化后近似模型预测值与实际仿真值对比如表3.18所示。

表3.18 优化后近似模型预测值与实际仿真值对比

	预测	优化	相对误差
质量/t	0.293 31	0.292 95	0.12%
扭转模态/Hz	36.55	36.67	0.33%
弯曲模态/Hz	53.13	53.13	0
扭转刚度/[N·m·(°)$^{-1}$]	16 391.6	16 298.6	0.57%
弯曲刚度/(kN·mm^{-1})	12.69	12.6	0.71%
乘员舱加速度峰值（左）/(m·s^{-2})	343.1	345.8	0.78%
乘员舱加速度峰值（右）/(m·s^{-2})	315.7	337.3	6.4%
驾驶员搁脚区最大变形（左）/mm	23.8	21.81	9.1%
驾驶员搁脚区最大变形（右）/mm	9.43	8.975	5.1%
门框变形（左）/mm	3.45	3.496	1.32%
门框变形（右）/mm	3.86	3.774	4.5%

3. 白车身多学科多目标轻量化优化结果

经过对白车身非安全件和安全件两个阶段的优化，优化前后白车身性能对比如表 3.19 所示，其中门框变形量以两侧上铰链处为准。白车身的质量从 326.22 kg 降低到 292.95 kg，减重 33.27 kg，质量降低 10.2%，减重效果非常明显，白车身各性能指标变化不大，变化最大的为车身右侧 B 柱加速度峰值，变化较大的原因在于近似模型的预测值本身存在一定的误差。

表 3.19 白车身优化前后各评价指标的对比

	优化前	优化后	相对误差/%
白车身质量/kg	326.22	292.95	10.2
白车身一阶扭转模态/Hz	35.26	36.67	−4.0
白车身一阶弯曲模态/Hz	52.05	53.13	−2.07
白车身扭转刚度/[N·m·(°)$^{-1}$]	17 496.9	16 298.6	6.89
白车身弯曲刚度/(kN·mm^{-1})	13.055	12.600	3.49
乘员舱加速度峰值（左）/(m·s^{-2})	347.8	345.8	0.575
乘员舱加速度峰值（右）/(m·s^{-2})	314.04	337.30	−7.4
前排成员搁脚区最大变形（左）/mm	21.39	21.81	−1.96
前排成员搁脚区最大变形（右）/mm	8.413	8.975	−6.7
门框变形（左）/mm	2.860	2.996	−4.76
门框变形（右）/mm	3.135	3.274	−4.43

轻量化系数能比较直观地反映汽车白车身的轻量化水平，表 3.20 为经过两个阶段轻量化优化设计之后白车身轻量化系数的对比。从表 3.20 中可以看出，经过轻量化优化设计后，白车身轻量化系数降低了 3.56%，体现了 CAE 技术应用在汽车概念设计阶段轻量化设计上存在的显著效果。

表 3.20 白车身轻量化优化设计前后轻量化系数对比

	初始模型	优化后模型	相对误差
轻量化系数	4.49	4.33	3.56%

第4章

面向汽车结构基础特性的轻量化设计方法

车身是轿车的重要组成部分，是整个轿车零部件的载体。在整个汽车结构中，不论就质量还是就成本而言，它都占有相当大的比例。从结构力学的观点来看，轿车车身可看作一个复杂的空间薄壁、杆系结构。车身的刚度、强度及动态特性是其性能要素中比较基础的方面，它们的优劣直接影响到轿车许多使用性能的正常发挥。对处于 3D 数模设计阶段的白车身进行结构分析，主要是对其进行结构刚度特性分析和结构强度特性分析。其中结构刚度特性分析包括抗弯刚度特性分析和抗扭刚度特性分析，结构强度特性分析包含疲劳强度特性分析。抗弯刚度和抗扭刚度是白车身必须满足的基本性能之一。如果白车身刚度不足，在使用过程中车身变形会比较大，特别是立柱、门框、窗框等关键部位的变形过大，就可能造成门锁变形、内饰脱落、整车密封性差甚至车门卡死、框内玻璃被挤碎等现象。因此，在设计过程中必须考虑白车身整体刚度和关键部位的变形量的控制。具有足够的强度是白车身必须满足的另一个基本性能，如果白车身的强度不足，将造成车身零部件局部开裂或整体断裂，严重影响汽车的使用寿命和安全性能。因此，白车身必须满足强度要求，并且最好有一定的强度储备。满足强度要求的车身结构，在受到周期载荷作用时，还有可能发生疲劳破坏。因此，还必须考虑白车身零部件的抗疲劳破坏能力，即白车身的疲劳强度。

早期的汽车结构分析主要是对汽车结构的经验判断和试验模拟，应用经典的力学方法进行零部件材料的强度、刚度计算。而对轿车车身这样复杂的大型连续弹性体来说，经典的解决方法就显得无能为力，不可能得到有意义的理论

第4章 面向汽车结构基础特性的轻量化设计方法

分析结果。车身整体力学特性只能在制作出样车后进行一系列的复杂试验得到,这样在车身定型前往往要经过多次反复修改,会延长车身设计和定型周期。部分设计者采用经验加试验的方法进行设计,但是经验数据往往趋于保守,会降低汽车的其他性能。利用现代 CAE 数字样机技术,可以在新产品的设计开发阶段评估出它的多种性能,如车身的刚度、强度、动态特性等,并指导工程师进行新产品的优化设计,为产品开发的一次性成功提供保障。目前,利用有限元方法对处于 3D 数模设计阶段的车身刚度、强度及动态特性进行准确的分析和预测已经成为车身结构分析和优化的重要手段。通过车身结构强度和刚度的有限元分析,可以找到汽车在各种工况下各零部件变形和材料应力的最大值以及分布情况。以此为依据,通过改变结构的形状尺寸或者改变材料的特性来调整质量和刚度分布,使汽车各部位的变形和受力情况尽量均衡。同时可以在保证结构强度和刚度满足使用要求的前提下,最大限度地降低材料用量,使整车的自重减轻,从而节省材料和降低油耗,提高整车性能。

4.1 车身静态特性分析方法概述

4.1.1 车身结构的力学特性

在车身概念设计的初期阶段,车身可以被简化为一个空间框架结构,用有限元法求得结构在外载荷作用下各个构件的内力。有限元模型是用梁单元来模拟梁、柱的简化模型。对于空间梁单元,每一个节点有 6 个自由度(位移分量),即相对于单元空间坐标系的三个线位移 u、v、w 和三个角位移,相应有三个分力 U、V、W,弯矩 M,转矩 T,如图 4.1 所示。

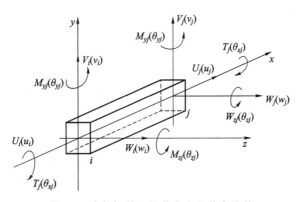

图 4.1 空间梁单元的节点力和节点位移

因此,i 节点的位移矢量为 $\quad \boldsymbol{\delta}_i = [u_i \quad v_i \quad w_i \quad \theta_{xi} \quad \theta_{yi} \quad \theta_{zi}]$ (4.1)

相应有 i 节点的力矢量为 $\quad \boldsymbol{F}_i = [U_i \quad V_i \quad W_i \quad T_i \quad M_{yi} \quad M_{zi}]$ （4.2）

单元节点的位移矢量为 $\quad \boldsymbol{\delta}^e = [\delta_i \quad \delta_j]^T$ （4.3）

单元节点的力矢量为 $\quad \boldsymbol{F}^e = [F_i \quad F_j]^T$ （4.4）

单元刚度方程为 $\quad \boldsymbol{F}^e = \boldsymbol{K}^e \boldsymbol{\delta}^e$ （4.5）

式中，$\boldsymbol{F}^e$ 为单元刚度矩阵，具体可由影响系数法求出。在杆长一定的情况下，梁单元的刚度主要取决于梁的材料和截面性质。

将所有单元刚度方程在车身整体坐标系下进行组合，因此对于整个结构，则有

$$k\boldsymbol{\delta} = \boldsymbol{p} \quad (4.6)$$

式中，$\boldsymbol{p}$ 为外载荷矢量；k 为总刚度矩阵；$\boldsymbol{\delta}$ 为整个结构的位移矢量，均对应于整体坐标系。

根据已知的外载荷和结构约束条件，即可通过求解此式求得结构每个节点位移并进而求得各单元的节点力，也就可求得每个构件所受的内力。

4.1.2 车身结构优化方法

结构优化设计是一门新兴的学科，其研究内容是把数学规划与力学分析方法结合起来，以计算机为工具，建立一套科学、系统、可靠而又高效的方法和软件。利用有限元分析方法，结构优化设计克服了以往采用经验、类比和采用许多假设和简化推导的计算公式的传统设计方法的许多局限，使得结构设计由消极的校验设计变为主动的改善设计，提高了设计的快速性和精确性，从而大大缩短了产品的设计周期，提高了产品的质量水平。

结构优化设计已经在车身设计方面得到了广泛的应用。从研究层次上看，已经从简单的桁架设计发展到了梁、板、壳等多种复杂形式的结构设计；设计变量有连续的，也有离散的；目标函数从单目标发展到多目标；约束变量从最初的应力、位移等发展到稳定性、动态特性等。

结构优化现在广泛采用准则法。准则法是从工程和力学观念出发，提出优化设计所应满足的某些准则，然后用迭代法求出满足这些准则的解。优化准则法最突出的特点是迭代次数少，且迭代次数对设计变量的增加不敏感，因而具有很高的计算效率；同时，优化准则法也易于编程。优化准则法虽然有较高的计算效率，但在建立迭代公式的过程中经常要引入一些假设，这些假设常常与所研究问题的特点，如约束种类有关，因此它的通用性受到限制。

目前常用的结构优化准则法有：满应力准则法、应变能密度准则法、能量准则法和基于 Kuhn-Tucker 条件的优化准则法。满应力准则法通常用于具有应力和尺寸约束的结构优化问题。

结构优化设计主要分成以下类型的问题：尺寸优化问题、形状优化问题和拓扑优化问题。尺寸优化可以通过参数调节，比如改变壳的厚度、梁的截面参数、弹性单元的刚度和质量单元的质量属性等，从而降低设计质量，调节所设计材料的性能。形状优化是通过变动结构的边界来改进结构特性的一种优化方式，它通过重新定义节点的位置来获得结构边界的变化。拓扑优化是给定载荷条件下寻找满足设计要求的结构材料最佳分布的优化技术。

1. 最优化设计方法

最优化设计是在现代计算机技术飞速发展的基础上出现的一项新技术。它是根据最优化原理和方法，综合各方面因素，以人机配合方式或"自动探索"方式，在计算机上进行的半自动或自动设计，以选出在现有工程条件下的最佳设计方案的一种现代设计方法。其设计原则是最优设计，设计手段是计算机及计算程序，设计方法是采用最优化数学方法。

任何一个最优化问题均可归结为如下的描述，即在满足给定的约束条件（决定 n 维设计空间 E^n 中的可行域 D）下，选取适当的设计变量 $\boldsymbol{X}$，使其目标函数 $f(\boldsymbol{X})$ 达到最优值，其数学表达式（数学模型）为

$$h_k(\boldsymbol{X}) \quad \boldsymbol{X} = [x_1 \ x_2 \ \cdots \ x_n]^T \quad \boldsymbol{X} \in D \propto E^n \tag{4.7}$$

在满足约束条件 $h_v(\boldsymbol{X})$ ($v = 1, 2, \cdots, p$) 的条件下，求目标函数 $f(\boldsymbol{X})$ 的最优值。目标函数的最优值一般可用最小值（或最大值）的形式来体现，因此，最优化设计的数学模型可简化为

$$\min f(\boldsymbol{X}) \quad \boldsymbol{X} \in D \propto E^n \tag{4.8}$$

$$\text{s.t.} \ h_v(\boldsymbol{X}) = 0 \quad v = 1, 2, \cdots, p \tag{4.9}$$

$$g_u(\boldsymbol{X}) \leqslant 0, \quad u = 1, 2, \cdots, m \tag{4.10}$$

解决最优化设计问题的一般步骤可概括为：首先建立优化设计的数学模型，其次选择适用的最优化方法及相应的计算程序，然后确定初始数据和初始设计点并编写有关的主程序及函数子程序，再用计算机求解并输出结果，最后进行结果分析、比较。

优化设计中，绝大多数是多变量有约束的非线性规划问题，但是一些有约束非线性规划问题往往可以转化为无约束非线性规划问题来求解，此外有些约束优化设计方法也可以借助无约束优化方法的策略思想来构造，所以说无约束优化方法是优化设计中的最基本方法。优化设计问题的求解方法通常采用数值计算方法，数值方法的实质是逐步逼近，因解析方法对于较复杂的问题是无能为力的，因此不采用解析方法。通常检查相邻两次迭代点差值是否小于设定的误差，迭代直至两次迭代点差值小于误差为止终止迭代输出结果。

优化设计理论和方法已应用于汽车诸多领域中的很多环节，如整车动力传

动系统优化和匹配,发动机、底盘、车身各主要总成的优化设计,机械加工的优化设计,车身 CAD/CAE/CAM 一体优化技术等,使汽车产品的性能和水平得到提高。

2. 基于灵敏度的结构优化设计

在优化设计中常常有多个参数可供调整,但每个变量参数值的变化对结构性能的影响是不同的,如何选择对所关注性能影响最灵敏的变量作为调整的主要参数,这对于提高结构力学特性具有十分重要的意义。结构灵敏度分析可以在选择变量时提供指导。通过灵敏度分析结果选择对结构响应最敏感的部件作为设计变量,可提高优化效率。为了在优化中更具针对性,需对车身各零部件进行灵敏度分析,根据灵敏度分析结果选取设计变量。

结构灵敏度分析是研究结构性能参数对结构设计参数变化的灵敏性。即

$$\text{Sen}\left(\frac{u_j}{x_i}\right) = \frac{\partial u_j}{\partial u_i} \tag{4.11}$$

对于一个线性结构,其动力学方程为

$$[M]\{\ddot{X}(t)\} + [C]\{\dot{X}(t)\} + [K]\{X(t)\} = F(t) \tag{4.12}$$

式中,$[M]$,$[C]$,$[K]$ 分别为质量矩阵、阻尼矩阵、刚度矩阵;$\{X(t)\}$,$\{\dot{X}(t)\}$,$\{\ddot{X}(t)\}$ 为位移、速度和加速度向量。无阻尼结构自由振动的特征方程为

$$([K] - \delta_\mu [M])\{\varphi_\mu\} = 0 \tag{4.13}$$

固有频率对设计变量的灵敏度可以通过对无阻尼自由振动特征方程式(4.13)的第 i 项设计变量求偏导获得:

$$([K] - \delta_\mu [M])\frac{\partial \{\varphi_\mu\}}{\partial x_i} = \left(\frac{\partial [K]}{\partial x_i} - \omega_j \frac{\partial [M]}{\partial x_i}\right)\{\varphi_\mu\} = \frac{\partial \delta_\mu}{\partial x_i}[M]\{\varphi_\mu\} \tag{4.14}$$

式中,δ_μ 和 φ_μ 为结构第 n 阶固有频率和振型;$[K]$ 为结构刚度矩阵,$[M]$ 为结构质量矩阵。求解式(4.14)的固有频率的灵敏度 S 为

$$S = \frac{\partial \delta_\mu}{\partial x_i} = \frac{\{\varphi_\mu\}^\text{T}\left(\frac{\partial [K]}{\partial x_i} - \delta_\mu \frac{\partial [M]}{\partial x_i}\right)\{\varphi_\mu\}}{\{\varphi_\mu\}^\text{T}[K]\{\varphi_\mu\}} \tag{4.15}$$

求解式(4.15),得到刚度灵敏度为

$$\frac{\partial [K]}{\partial x_i} = \frac{[K(\bar{X}^0 + \Delta x_i)] - [K(\bar{X}^0)]}{\Delta x_i} \tag{4.16}$$

4.2 车身结构刚度设计及优化分析

4.2.1 车身结构刚度分析与评价

车身结构刚度有两种：静刚度和动刚度。车身结构静刚度一般包括弯曲刚度和扭转刚度两种。车身的弯曲刚度可由车身的前后方向上的变形来衡量，车身扭转刚度可由前后窗和侧窗的对角线变化量及车身扭转角等指标来衡量。动刚度用车身低阶模态来衡量，其模态频率应避开载荷的激振频率。汽车车身结构刚度设计包括车身整体刚度设计和局部刚度设计。车身刚度设计的优化目标是提高车身的整体刚度，加强车身局部刚度的薄弱环节，使车身的刚度分布更加合理。车身局部刚度薄弱环节对车身整体刚度影响很大，虽然它们在体积和质量上可能只是相对很小的局部结构，可是往往出现在对车身刚度很敏感的车身刚度修改灵敏度较高的区域，它对整体刚度的影响将是全面的，形成了车身刚度的软肋。同时，车身刚度的薄弱环节也是对车身刚度优化效果最明显的部位，从车身薄弱环节可以深刻地体会到车身刚度优化的现实意义。

轿车车身刚度分析包括试验刚度分析和模拟计算刚度分析。试验刚度分析是对车身以试验方法进行加载，对试验结果进行必要的计算。而模拟计算刚度分析方法是对轿车车身进行有限元建模、参考试验边界条件对车身加载，可以计算出轿车车身模型的变形情况、受力情况以及动力学特性等。两种分析方法各有优势，模拟计算刚度分析方法可以大大缩短设计周期，且易于调整改善。试验刚度分析方法是对结构刚度的实际测定，可以对模拟分析方法加以验证。

1. 车身结构静刚度

1) 车身结构扭转刚度评价

当车身上作用有反对称垂直载荷时，结构处于扭转工况，左右载荷将使车身产生扭转变形。扭转刚度（GJ）用来表征车身在凹凸不平路面上抵抗斜对称扭转变形的能力，可用下式计算扭转刚度：

$$GJ = \frac{TL}{\theta} \quad (4.17)$$

式中，L 为轴距，单位为 m；T 为扭力，单位为 N；θ 为轴间相对扭转角，单位为（°）。

图 4.2 所示为轴间相对扭转角示意图。

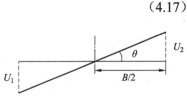

图 4.2 轴间相对扭转角示意图

扭转角为

$$\theta = \tan^{-1}\left(\frac{U_1 - U_2}{B}\right) \qquad (4.18)$$

式中，θ 为扭转角，单位为（°）；U_1 为左—左侧纵梁测点的挠度，单位为 mm；U_2 为右—右侧纵梁测点的挠度，单位为 mm；B 为左、右纵梁中心线的距离，单位为 mm。

在进行白车身扭转刚度分析时，所设定的边界条件为：约束左后减振器安装支座中心点 X、Y 和 Z 三个方向自由度，右后减振器安装支座中心点 X、Z 两个方向自由度，水箱横梁底部中点 Z 方向自由度，如图 4.3 所示。在前减振器安装支座中心施加 MPC 约束，即 $Z_1 + Z_2 = 0$。加载点为左前减振器安装支座中心点处，加载力的大小为 2 000 N，沿 Z 轴方向，如图 4.4 所示。依上面条件得到扭转刚度的计算公式如下：

$$K_N = \frac{FL}{2\tan\sin\left(\frac{Z_1 + Z_2}{L}\right)} \qquad (4.19)$$

式中，F 为加载力，单位为 N；L 为两加载点之间的距离，单位 m；Z_1 为左侧加载点处的 Z 向位移的绝对值，单位为 m；Z_2 为右侧加载点处的 Z 向位移的绝对值，单位为 m。

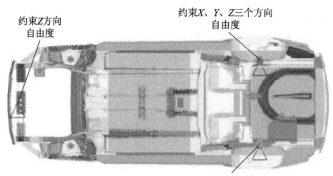

图 4.3 扭转刚度分析安装支座处约束示意图

2）车身结构弯曲刚度评价

车身的弯曲刚度表征车身结构抵抗车身垂直载荷导致的变形的能力。一般汽车的白车身可看作具有均匀弯曲刚度的简支梁，在白车身概念结构设计阶段，简支梁的弯曲刚度理论可以用于计算白车身弯曲刚度。通过在门槛中部施加的载荷与车身底部纵梁的最大垂直挠度值的比值来表示弯曲刚度大小。

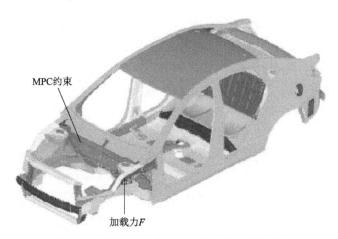

图 4.4 扭转刚度分析 MPC 约束和加载示意图

当车身上作用有对称垂直载荷时,结构处于弯曲工况,其整体的弯曲刚度由车身底架的最大垂直挠度来评价。将车身整体简化为一根具有均匀弯曲刚度的简支梁(图 4.5),在梁的中点施加集中力,就可得到近似车身件质量的弯曲刚度与垂直挠度的计算式(4.20)。将真实车身底架的最大垂直挠度值代入该式便得到车身结构的整体弯曲刚度 EI 的值。

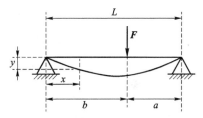

图 4.5 车架弯曲刚度计算示意图

$$EI = \begin{cases} \dfrac{Fax(L^2 - a^2 - x^2)}{6Ly} & x \leqslant b \\ \dfrac{Fa\left[\dfrac{L}{a}(x-b)^3 + (L^2 - a^2)x - x^3\right]}{6Ly} & b \leqslant x \leqslant L \end{cases} \quad (4.20)$$

式中,F 为集中载荷,L 为前后轴距,y 为挠度,x 为从前支点到测量点的距离,a 为从后支点到加载点的距离,B 为从前支点到加载点的距离。

上述计算方法比较烦琐,对多处加载情况的弯曲刚度计算通常用车身载荷 F 与门槛或纵梁处的最大弯曲挠度 Z 的比值来衡量弯曲刚度,此时的弯曲刚度计算公式为

$$EI = \frac{\sum F}{\delta_{z\max}} \quad (4.21)$$

一般白车身弯曲刚度 $(EI)_B$ 和成品车的扭转刚度 $(EI)_P$ 的关系为

$$\frac{(EI)_P}{(EI)_B} = 1.3 \sim 1.7 \quad (4.22)$$

有时还会用到车身底部两侧纵梁上的测点的 Z 方向挠度所组成的曲线来评价车身弯曲刚度，而且其还可以表示出车身弯曲刚度变化是否平顺。

在进行弯曲刚度分析时，所设定的边界条件为：约束左后减振器安装支座中心点 X、Y 和 Z 三个方向自由度，右后减振器安装支座中心点 X、Z 两个方向自由度，左前减振器安装支座中心点 Y、Z 两个方向自由度，右前减振器安装支座中心点 Z 方向自由度，如图 4.6 所示。白车身弯曲刚度分析加载点位于前后悬架阻尼减振器支座连线中心点且垂直于门槛梁的位置（考虑到 B 柱处于前后轴中心点位置，为使加载更加方便和准确，把加载力的位置向前推移 120 mm），加载力的大小为 $F=1\,000\,\text{N}$，沿 Z 轴负方向如图 4.7 所示。仿真时弯曲刚度计算公式如下：

$$K_\text{w} = \frac{2F}{[(Z_1+Z_2)/2]} \tag{4.23}$$

式中，F 为加载力，单位为 N；Z_1 为左侧加载点处 Z 方向位移的绝对值，单位为 mm；Z_2 为右侧加载点处 Z 方向位移的绝对值，单位为 mm。

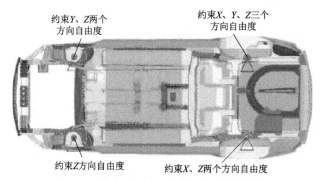

图 4.6　白车身弯曲刚度分析约束示意图

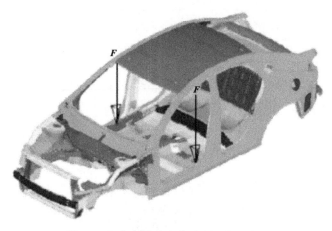

图 4.7　白车身弯曲刚度分析加载示意图

3) 轿车门窗开口变形

开口变形是评价车身刚度的另一个重要指标,它对整个车身的刚度有决定性的影响。车门、前后车窗和车锁等部位的开口变形过大会影响到车身的密封性,严重时会造成车门卡死、玻璃破碎、漏雨、渗水及内饰脱落等问题,也会导致开口部位应力加大。为了避免这些问题,必须校验开口部分的变形。一般是在车身受到扭转载荷情况下,通过计算车身开口部分对角线的变化量来衡量开口变形。图 4.8 所示为该车前后挡风玻璃和门处的对角线尺寸位置变化示意图。

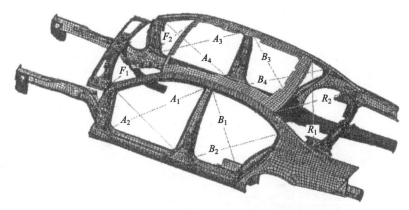

图 4.8 轿车车身开口对角线尺寸位置变化示意图

轿车车身开口对角线尺寸最大变形量推荐值如表 4.1 所示。

表 4.1 白车身扭转工况下开口最大变形量推荐值

开口子对角线位置	对角线尺寸最大变形量推荐值/mm
前后风窗对角线	F_1, F_2, R_1, $R_2 < 5.0$
前后门开口对角线	A_1, A_2, A_3, A_4, B_1, B_2, B_3, $B_4 < 3.0$

2. 车身结构动刚度分析

车身结构动刚度是用车身低阶模态来衡量的,这里根据需要简要介绍模态分析理论与模态提取方法。

1) 模态分析理论

对于一般多自由度系统而言,其运动微分方程为

$$[M]\{\ddot{X}(t)\} + [C]\{\dot{X}(t)\} + [K]\{X(t)\} = F(t) \tag{4.24}$$

式中,$[M]$,$[C]$,$[K]$ 分别为质量矩阵、阻尼矩阵、刚度矩阵;$\{X(t)\}$,$\{\dot{X}(t)\}$,$\{\ddot{X}(t)\}$ 为位移、速度和加速度向量。无阻尼结构自由振动的特征方程为

$$([K]-\delta_\mu[M])\{\varphi_\mu\}=0 \qquad (4.25)$$

式中，$\{\varphi_\mu\}$ 为振型矩阵。自由模态分析即求解式（4.25），即特征方程的求解。

2）模态提取方法

目前常用的模态提取方法有以下几种：

① Block Lanczos（兰索斯）法。

② Subspace（子空间）法。

③ Power Dynamics 法。

④ Reduce（House holder）法。

⑤ Unsymmetric 法。

⑥ Damped 法。

在用有限元软件求解时，前四种方法经常被采用，其详细介绍如表 4.2 所示。

表 4.2 特征值提取方法比较

特征值求解法	适用范围	内存要求	存储要求
Subspace 法	提取大模型的少数阶模态（40 阶以下）且模型中包含形状较好的实体及壳单元时采用此法	低	一般
Block Lanczos 法	提取大模型多阶模态（40 阶以上），建议用于模型中含形状较差的实体单元和壳单元的求解，运行速度快	一般	低
Power Dynamics 法	提取大模型的少数阶模态（20 阶以下），建议用于有 100 K 以上 DOF 的模型的特征值快速求解。在网格较粗的模型中，算得的频率是近似值，存在复频时可能遗漏模态	高	低
Reduce 法	用于获取小到中等模型（小于 10 K 的 DOF）的所有模态，在选取的主自由度合适时可用于获取大模型的少数阶（40 阶以下）模态，此时计算的精度取决于主自由度的选取	低	低

实际计算中常采用 Block Lanczos 法或 Subspace 法，Subspace 法适用子空间迭代技术，它内部采用 Jacobi 迭代算法。由于该法采用完整的刚度矩阵和质量矩阵，因此精度很高。然而同样因为采用了完整的矩阵，Subspace 法比 Reduce 法速度要慢。Block Lanczos 法博采众长，它采用稀疏矩阵方程求解器，将 $n\times n$ 阶实矩阵经相似变换化为三角阵，以求解特征值问题，运算速度快，输入参数少，特征值、特征向量求解精度高。由于它采用了 Sturm 序列检查，在用户感兴趣的频率范围内，如果在每个漂移点处找不到所有特征值，Block Lanczos 法会给出提示信息，弥补了丢根缺陷。故本书采用 Block Lanczos 法提取车身模态。

4.2.2 车身结构刚度的有限元模拟及优化

以一款正在开发的 SUV 轿车为研究对象，运用基于有限元理论的计算数值分析方法，对该车型的白车身进行了刚度特性分析，探讨了静动态性能优化的分析过程，最终得出了合适的优化方案。

1. 白车身有限元模型的建立

采用基于有限元理论的计算数值分析方法对在研车型的性能水平进行仿真评价已经成为汽车企业开发流程中必不可少的环节。该环节以建立一个满足要求的有限元模型为基础，建模过程将占用整个仿真任务 80%的时间。

1）网格划分

网格划分工作采用业内主流的功能强大的前处理软件 Hypermesh 进行。由于轿车白车身几乎是由冲压板件焊接而成，故采用 2D 壳单元划分每个薄板零件。网格划分需确定的最重要的参数是单元尺寸，它直接影响到计算精度和计算经济性之间取得的平衡。为了更好地模拟板件上各种几何特征，降低划分的工作难度，应该将单元尺寸取得小些。但这将带来对模型进行大变形动态分析时带来的时间代价。所以，在满足计算精度的情况下，单元尺寸不宜过小。结合车身实际结构和工程经验，选定单元基本尺寸为 10 mm。生成的网格需符合表 4.3 的规格，其中所有指标不可超出 Worst 值，除单元长度外，不可超出 Fail 值。

表 4.3 单元划分依循的质量标准

	Ideal	Good	Warn	Fail	Worst	Check
Min length	10.00	8.00	6.00	5.00	3.50	5.00
Max length	10.00	12.00	14.00	15.00	20.00	15.00
Aspect ratio	1.00	1.75	3.25	4.00	7.75	3.00
Warpage	0	5.00	8.00	15.00	30.00	0
Max angle quad	90.00	107.80	121.10	140.00	156.70	140.00
Min angle quad	90.00	70.00	55.00	40.00	15.00	40.00
Max angle tria	60.00	78.33	105.80	120.00	147.10	114.10
Min angle tria	60.00	50.00	30.00	20.00	10.00	21.70
Skew	0	10.00	40.00	45.00	75.00	44.90
Jacobian	1.000	0.925	0.775	0.680	0.512	0.700
Percent of trias	0	2.50	3.75	15.00	17.00	5.5

2）连接模拟

车身绝大多数的零件通过点焊连接，其他为胶接、螺栓连接、翻边连接。点焊连接中，两层焊点占多数，另外还有相当数量的三层焊点，显然对它们的模拟是连接处理中最值得关注的方面。Hypermesh 软件拥有多种类型的焊点模拟单元可供选用，包括刚性杆单元、弹性梁单元、塑性梁单元、区域接触模型、公共节点、公共单元等。在 Nastran 软件分析环境中最常用的点焊单元为 RBE2、CWELD 和 ACM（Area Contact Model）。RBE2 是一种刚性连接，将两个构件间的对应节点连起来，模型简单但无法反映焊点区域的真实受力特点（图 4.9（a））；CWELD 单元将焊点模拟为一种特殊的柔性铁木申柯梁，连接对象是两端的单元在不同软件中有不同的表示方法，如图 4.9（b）中的 CBEAM；ACM 模型是区域接触模型，以一个六面体单元模拟焊核，用 RBE3 单元将其八个节点连接到被焊接区域的多个节点上（图 4.9（c））。三种方式如图 4.9 所示。后两种方式不依赖网格节点，可根据焊点设计位置建立连接关系，使焊点位置更接近实际情况。而且可依照设计参数设定焊点材料属性和焊点直径，从而使焊点刚度更接近实际情况。由于 ACM 形式上更接近点焊区域的真实情况，便于该处受力状况后续分析，故采用之。

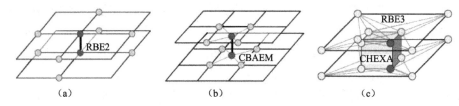

图 4.9　三种点焊模拟方式示意图
（a）RBE2 连接；（b）CWELD 连接；（c）ACM 连接

翻边结构在车身钣金件中经常出现，主要用于对连接处的外观平整性要求较高的、多重薄板结构之间的互相定位，它对于零件的扭转刚度和横向弯曲刚度有显著的提高作用，因而不可忽略。但翻边圆弧过渡处半径很小，生成网格超出单元最小规格，因此采取折中的办法，将翻边处并排的各板件单元合并成一层新单元，这层单元另存于一个组件内，其厚度属性定义为各板件厚度之和。如图 4.10 所示，紫色和蓝色单元分别为发动机罩外板及内板，绿色单元是外板边缘翻折包裹内板形成的翻边，其厚度定义为外板的两倍加上内板。

图 4.10　翻边连接图示（见彩插）

对于螺栓连接，采用 RBE2 刚接的方法连接。两个螺栓孔中心点各自定义为主节点，孔边缘节点定义为从节点，约束所有自由度。两中心点再添加一个 RBE2 单元，释放绕螺栓轴线转动的自由度，如图 4.11 所示。对于胶接，以实体单元模拟黏胶，再以 RBE2 单元连接相关的零件，如图 4.12 所示。

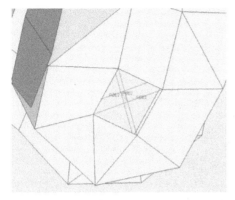 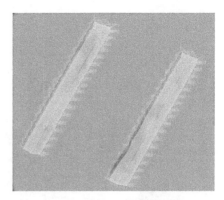

图 4.11　螺栓连接图示（见彩插）　　　　图 4.12　胶接图示（见彩插）

3）赋予属性

完成网格的划分及连接后，最后赋予其单元属性。所有的板件都模拟为 2D 壳单元，对其赋予 PSHELL 属性，单元厚度依据 BOM 表对各个零件的标示，分别定义到对应的单元组件中。ACM 单元及胶接单元赋予 PSOLID 属性，1D 单元无须赋属性。材料方面，不同板件，依其性能需求及成形特点，采用了多种成分及强度水平不同的钢材，包括超高强度钢。但由于不涉及大变形及钢材屈服失效的研究，故所有板件定义为使用统一的钢材，胶接单元使用黏胶材料，它们的参数如表 4.4 所示。

表 4.4　有限元模型材料属性

材料	弹性模量/GPa	泊松比	密度/(kg·m^{-3})
钢板和焊点	210	0.30	7 900
黏胶	15	0.49	1 000

完成后的白车身有限元模型如图 4.13 所示，所有的零件被划分到 506 个组件中，并按车身分块方法组成不同的总成。赋予了 13 种属性，包括 11 种厚度的钢板、焊点属性和胶接属性。单元总数为 634 552，其中壳单元 568 029 个，质量检查为 Fail 的不良单元共 110 个，都是单元大小的问题，其中 108 个过小，2 个过大，另外的指标没有造成 Fail 单元，符合规定的要求，可供进行下一步分析。

2. 白车身现有方案的静刚度仿真分析

白车身弯曲刚度和扭转刚度分别表征了轿车在平坦路面正常行驶和在坑洼路面慢速行驶，也就是常用工况和极限工况下抵抗车身变形的能力，是车身开发过程中首先需要确保的基本特性。采用实车试验对工程样车白车身刚度水

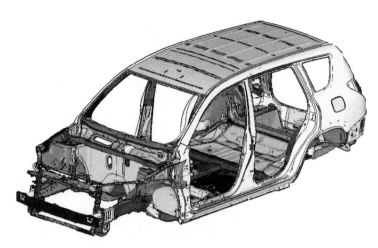

图 4.13 白车身有限元模型示意图（见彩插）

平进行验证是必经的开发环节，而之前采用有限元仿真对车身数模进行预评估和修改则是加快研发流程、减少开发成本的有效手段。本节将以上一节所述的 CAE 模型为对象进行静刚度仿真，以评估现有方案的刚度水平。

1）仿真分析边界条件

弯曲工况载荷条件：施加 4 000 N 竖直向下的集中力以模拟满载载荷，原则上按照乘员数量分别加载于每个座位的 R 点处，再以 RBE3 单元将力分配到座椅各安装点。但为了计算评价指标时获取最大位移值的方便，允许采用单点集中载荷的处理方式（图 4.14），即分为左右两个力，加载于门槛梁上部与前排座椅 R 点 X 向坐标相同处，再以 RBE3 单元分配力到梁 10 mm×5 mm 的面积上。

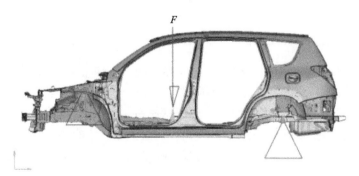

图 4.14 弯曲工况边界条件

弯曲工况约束条件：约束前减振器安装孔处 Z 向平动自由度，及后弹簧处所有平动自由度。

扭转工况载荷条件：在左右前减振器安装孔处施加一对沿 X 向的力偶，形

成的转矩大小 M 由下式确定：

$$M = 0.5FS \qquad (4.26)$$

式中，F 为前轴许用载荷，S 为前轮距，算得转矩值为 5 959 N·m。

扭转工况约束条件：约束后弹簧座处的所有平动自由度。在两个前减振器安装孔处（力偶加载处）设置一个多点约束（MPC），使两处的 Z 向平移大小相等，方向相反（图 4.15）。

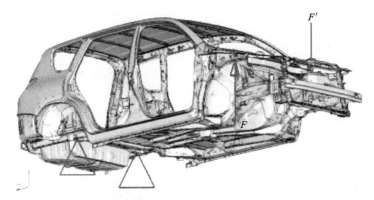

图 4.15　扭转工况边界条件

2）仿真分析结果评价

刚度水平的评判共有三个方面：指标水平、刚度曲线形状及门洞变形量是否及格。评价指标经下式给出：

弯曲刚度（N/mm）：

$$K_b = \frac{F}{\Delta Z} \qquad (4.27)$$

扭转角度（°）：

$$\alpha = \frac{180 \cdot \Delta Z}{\pi \cdot Y} \qquad (4.28)$$

扭转刚度（N·m/(°)）：

$$K_t = \frac{T}{\alpha} \qquad (4.29)$$

式中，F 和 T 为施加的集中力和力矩值，Y 为被测点的 Y 向坐标值，ΔZ 为被测点 Z 向位移值。弯曲工况被测点为与力加载点 X 向坐标相同的门槛梁下部，取位置左右对称的两点，将其结果平均。扭转工况则为与前减振器座 X 向坐标相同的前纵梁下部。从仿真结果文件读取 ΔZ 的值，经上式算得，K_b = 9 880 N/mm，K_t = 15 536 N·m/(°)。

刚度曲线描述前后纵梁及门槛梁下部沿 X 方向间距 100 mm 的一系列点的 Z 向位移或扭转角，直观地反映了车身前后方向上变形的趋势。图 4.16 和图 4.17 分别为弯曲刚度曲线及位移云图、扭转刚度曲线及位移云图。观察曲线形状，发现两种工况变形趋势平顺，没有明显的突变，与模型整体表现出来的变形状态吻合，也符合以往在实车试验中总结出的一般经验，分析结果较为可信。值得注意的是，从左侧取点及从右侧取点画出的刚度曲线有轻微差异，右侧取点的位移值稍稍高出左侧对应位置的取点，这表明白车身左侧的刚度值比右侧偏大。这是根据实际需要，设计车身左右侧结构不完全对称的必然结果，这也是计算弯曲刚度时取左右两点位移再平均的原因。

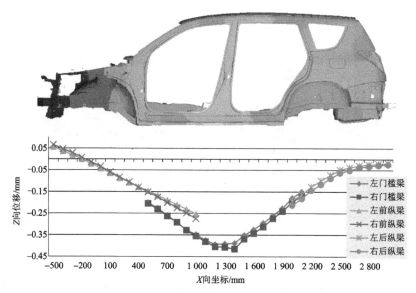

图 4.16　弯曲变形云图及弯曲刚度曲线（见彩插）

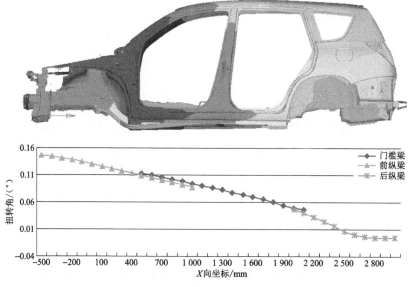

图 4.17　扭转变形云图及扭转刚度曲线（见彩插）

门洞变形量是评价白车身刚度的另一重要指标，它通过考察白车身各门窗开口处在加载前后对角距离的变化情况，评估实车在恶劣的工作环境下是否出现车门被卡死、玻璃被挤碎、车身内饰件脱落或是密封不严以致透风、漏雨等现象，变形过大还可能导致开口部位的应力集中，因而必须保证门洞变形量在允许范围内。图 4.18 所示为门洞变形量考察位置示意图，表 4.5 所示为仿真结果，前后风窗对角线变形量相对较大，但并未超出许可范围，前后门开口对角线变形则仍有较大富余。综合来说，符合标准要求。

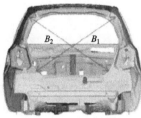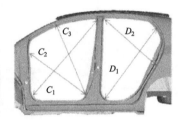

图 4.18　门洞变形量考察位置示意图

表 4.5　门洞变形量检查结果（扭转工况）

考察位置	仿真结果	标准要求
A_1	3.126	<5
A_2	2.923	
B_1	4.176	
B_2	4.075	
C_1	0.783	<3
C_2	0.754	
C_3	0.889	
D_1	0.922	
D_2	0.847	

从刚度曲线及门洞变形量的角度看，仿真结果是让人满意的，现在评价弯曲刚度及扭转刚度两个定量指标。虽然这两个指标是非常重要的特性指标，但没有唯一的确定的标准去评判其合格与否，而更多的是依靠经验及类比判断的方法。表 4.6 列出了几种现有车型的试验结果，以供参照。

表 4.6　几款不同类型白车身的刚度试验结果（见彩插）

车型	试验照片	弯曲刚度/(N·mm⁻¹)	扭转刚度/[N·m·(°)⁻¹]
某 MPV		11 838	12 830
某 SUV		13 741	15 061
某两厢轿车 A		17 881	11 719
某两厢轿车 B		6 759	8 950

弯曲刚度方面，该车型的仿真值为 9 880 N/mm，仅超越了其中一款车，另外三款车都超过了 10 000 N/mm，尤其是同类车型达到了 13 741 N/mm，整体来说本车处于相对较低的水平，尚有一定的改善空间。扭转刚度方面，本车仿真值达 15 536 N·m/(°)，超越了上述四款车，水平让人满意。得出的结论是本车身弯曲刚度偏低，扭转刚度有较大盈余。

3. 白车身现有方案的自由模态仿真分析

1) 仿真分析边界条件

由于获取的是白车身自身的模态属性，进行的仿真类型是自由模态分析，只需定义分析工况使用的算法、频率范围及阶数，而无须另外加载和约束，前处理比较简单。

2) 仿真分析结果评价

将计算得出的排除刚体模态后的前 10 阶白车身固有频率和振型汇总于表 4.7。

第4章 面向汽车结构基础特性的轻量化设计方法

表 4.7 白车身前 10 阶固有频率和振型

阶数	固有频率/Hz	振型描述	阶数	固有频率/Hz	振型描述
1	27.24	顶盖平移及前端扭转	6	50.11	前围局部弯曲
2	34.72	一阶扭转	7	51.47	前围局部弯曲
3	39.51	前端平移及一阶扭转	8	53.94	地板局部弯曲
4	41.56	一阶弯曲	9	54.64	前端局部弯曲
5	47.06	前端局部扭转	10	57.17	前端局部扭转

由于车身由大量的薄板件焊接构成，故有限元的模态分析结果中大部分是局部振动模态。其低阶的振型叠加效果不明显，而高阶的振型叠加现象比较严重并且还出现较多的局部振动，我们更关注整体的振动特性，而且关注的激振频率也多在低阶，故一般选择模态结果中的低阶振型进行评价分析。图 4.19 所示为前 4 阶模态振型。

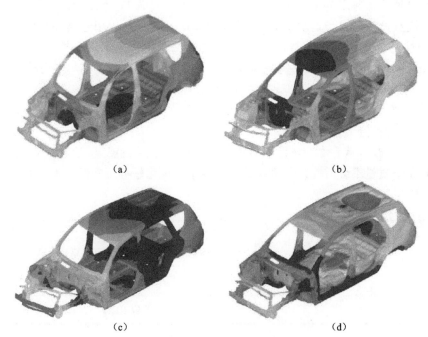

图 4.19 白车身前 4 阶模态振型（见彩插）
(a) 1 阶，顶盖平移及前端扭转；(b) 2 阶，一阶扭转；
(c) 3 阶，前端平移及一阶扭转；(d) 4 阶，一阶弯曲评价汽车车身模态分析结果的主要准则包括以下几个方面：

① 车体结构的低阶固有频率应尽可能地避开发动机在正常工作情况下的振动频率以及人体对振动比较敏感的频率段。

② 车体结构的骨架振型应该尽量光滑，避免发生振型突变的现象。

③ 车体结构设计要尽可能避免有固有频率过低的局部振动模态。

④ 车轮受到来自地面不平度的激励。一般情况下，我国汽车的行驶速度都在 150 km/h 以下，来自地面不平度的激励频率在 20 Hz 以下。

⑤ 车轮不平衡以及悬架、转向系统本身运动引起的激励。在常用车速内，一般在 15 Hz 以内。

⑥ 发动机的怠速振动激励。其激励频率大小与发动机的类型、怠速转速和气缸数等有关，四冲程汽油机的怠速频率可通过式（4.30）算出，n 及 Z 分别是发动机的怠速转速和气缸数。

$$f = \frac{n \cdot Z}{120} \quad (4.30)$$

分析结果显示，低阶振型比较光滑，且一阶频率值达 27.24 Hz，没有过低的现象。预计选配一款怠速转速为 (800±50) r/min 的四缸汽油机，代入式（4.30）可知怠速激振频率为 (26.6±1.7) Hz。一阶模态频率 27.24 Hz 恰好在这个范围内，而且振动形式正是发动机舱的扭转振动，因此很容易引起结构共振，降低平顺性乃至结构的疲劳寿命。一般要求带仪表板总成的内外饰白车身模型（trim-body）一阶固有频率与怠速频率错开 2 Hz 以上，考虑到与纯白车身模型的差别，希望将白车身一阶频率提高到 30 Hz 以上。

4. 基于灵敏度变化及变量优选的白车身特性优化实例

1）弯曲刚度性能优化方案

按要求，进行白车身弯曲刚度的性能优化，希望将性能提高到 12 000 N/mm，同时希望质量不会增大，一阶频率不会减小。优化任务可概括为表 4.8。

表 4.8 弯曲刚度优化任务

优化目标	$K_b \geqslant 12\ 000$ N/mm （转化为节点位移，即 $\Delta d \leqslant 0.333$ mm）
约束条件	$f_1 \geqslant 27.24$ Hz
	$w \leqslant 347.13$ kg

要最有效地增加弯曲刚度，就要增厚弯曲刚度直接灵敏度高的零件；要腾出增重空间，就要减薄弯曲刚度相对灵敏度低的零件。通过计算，求出该 SUV

车型车身各构件的两种灵敏度，并将零件灵敏度数据表以这两种灵敏度排序，取前者的前 10 位及后者的后 10 位的零件信息列于表 4.9 中。因为约束条件包括质量和频率，所以相关零件对应的灵敏度同时列出。

表 4.9　弯曲刚度灵敏度最大及最小的 10 个零件灵敏度数据

排序	零件名称	S_0	S_C	S_w/（t·mm^{-1}）	S_f/（Hz·mm^{-1}）
1	前地板左边梁	1.085 2E−01	7.324 6E−02	6.043 2E−03	1.002 1E−01
2	左侧围门槛加强板	3.323 6E−02	2.479 3E−02	6.950 6E−03	1.820 9E−02
3	左中柱内板	3.116 6E−02	2.255 4E−02	4.185 7E−03	−6.570 7E−02
4	左后轮罩内板	2.078 6E−02	1.442 0E−02	6.058 1E−03	−3.074 3E−02
5	左后柱内板	1.796 0E−02	1.328 1E−02	3.974 6E−03	4.954 6E−02
6	左前减振器安装板	1.703 3E−02	1.263 6E−02	7.032 8E−04	3.281 2E−02
7	左前柱加强板下段板	1.466 0E−02	1.097 6E−02	4.465 0E−03	6.275 5E−01
8	前围上挡板	1.269 6E−02	8.693 4E−03	2.271 8E−03	8.543 3E−01
9	左前柱下部内板	1.261 6E−02	9.801 8E−03	3.746 8E−03	6.491 1E−01
10	前围下主板	1.134 2E−02	8.292 5E−03	7.219 6E−03	1.186 6E+00
91	后防撞梁安装支架	2.242 1E−05	2.980 5E−05	4.558 6E−04	−7.859 1E−03
92	后拖钩加强板	1.731 2E−05	2.191 6E−05	4.128 0E−04	−7.791 3E−03
93	左悬置加强板	2.010 7E−05	1.892 0E−05	4.867 1E−04	1.306 5E−02
94	散热器上横梁外板	3.961 1E−05	5.584 6E−05	1.152 7E−03	−2.595 3E−01
95	中地板后段左加强板本体	1.935 4E−05	1.873 6E−05	6.037 6E−04	−1.767 2E−03
96	后横梁外板	7.303 3E−05	1.044 5E−04	2.978 2E−03	−7.113 5E−02
97	后横梁左内板	4.050 7E−05	5.421 6E−05	1.887 4E−03	−4.206 9E−02
98	顶盖 2 号横梁	1.409 4E−05	1.337 9E−05	6.808 4E−04	−1.623 2E−02
99	中地板前段加强板	8.780 9E−06	1.074 2E−05	8.023 1E−04	−8.709 9E−04
100	左前地板纵梁加强板	4.935 9E−06	5.168 9E−06	6.771 9E−04	1.843 6E−03

注：S_0 为初值灵敏度，S_C 为合成灵敏度，S_w 为质量灵敏度，S_f 称为一阶频率灵敏度；单元格的底色为红、橙、黄、绿、蓝分别表示该灵敏度值在该队列里排名 01～20，21～40，41～60，61～80，81～100 位。

进行变量优选的过程可以归结为按顺序填写表 4.10。

表 4.10 以弯刚优化为目的的变量优选过程用表

刚度目标 第一次 预判	$\Delta d \leqslant$ 0.333 mm	需要增厚的零件	直接灵敏度最大的 6 个零件
		增厚零件引起位移减小量预测	0.077 mm
		减小后的位移值	0.328 mm
质量约束 预判	$w \leqslant$ 347.13 kg	增厚零件引起增重预测	12.61 kg
		需要减薄的零件	相对灵敏度最小的 28 个零件
		减薄零件引起减重预测	12.56 kg
		增减后的质量值	347.17 kg（可认为 不违反约束）
频率约束 预判	$f_1 \geqslant$ 27.24 Hz	增厚零件引起频率变化量预测	0.032 Hz
		减薄零件引起频率变化量预测	0.409 Hz
		增减后的频率值	27.68 Hz
刚度目标 第二次 预判	$\Delta d \leqslant$ 0.333 mm	减薄零件引起位移增加量预测	0.001 1 mm
		增减后的位移值	0.329 mm
		增减后的弯曲刚度值	12 165 N/mm

将表 4.10 得出的方案称为方案 1。依据此方案重新设置有限元模型中零件的参数，进行一次仿真验证，是判断该方案是否有效的依据，也可以获知变量优选方法预测的准确程度。

预测误差的定义：

$$预测误差 = \left(\frac{性能变化预测值}{性能变化仿真值} - 1 \right) \times 100\% \qquad (4.31)$$

值得注意的是，因为该方法直接预测的对象就是性能的变化值，所以是"性能变化"而非"变化后的性能"（表 4.11 中第 2、3 列）的预测值和仿真值作比较，虽然以后者作为比较对象误差数值会小得多。对优化目标——弯曲刚度的预测,以及对约束条件——一阶模态的预测,误差都在 3%以内,可认为是比较准确的。因为质量灵敏度是定值,故误差总是 0。

表 4.11 优化方案 1 性能预测值与仿真值对比

性能指标	预测值	仿真值	预测误差/%
弯曲刚度 $K_b/(\text{N}\cdot\text{mm}^{-1})$	12 165	12 229	−2.71
一阶模态频率 f_1/Hz	27.68	27.67	2.32
总质量 w/kg	347.17	347.17	0

方案 1 中增厚件的特征是直接灵敏度大,减薄件的特征是相对灵敏度小。不妨以其他的灵敏度特征作为标准选取零件,构造更多的方案,以作比较。

方案 2 改为增厚相对灵敏度大的件,仍减薄相对灵敏度小的件。其变量优选过程及误差水平如表 4.12 和表 4.13 所示。

表 4.12 方案 2 的变量优选过程用表

刚度目标 第一次预判	$\Delta d \leqslant$ 0.333 mm	需要增厚的零件	相对灵敏度最大的 12 个零件
		增厚零件引起位移减小量预测	0.074 mm
		减小后的位移值	0.331 mm
质量约束 预判	$w \leqslant$ 347.13 kg	增厚零件引起增重预测	8.71 kg
		需要减薄的零件	相对灵敏度最小的 20 个零件
		减薄零件引起减重预测	8.85 kg
		增减后的质量值	346.99 kg
频率约束 预判	$f_1 \geqslant$ 27.24 Hz	增厚零件引起频率变化量预测	0.728 Hz
		减薄零件引起频率变化量预测	0.202 Hz
		增减后的频率值	28.170 Hz
刚度目标 第二次预判	$\Delta d \leqslant$ 0.333 mm	减薄零件引起位移增加量预测	0.000 49 mm
		增减后的位移值	0.331 mm
		增减后的弯曲刚度值	12 079 N/mm

表4.13　方案2性能预测值与仿真值对比

性能指标	预测值	仿真值	预测误差/%
弯曲刚度 K_b/(N·mm^{-1})	12 079	12 160	−3.56
一阶模态频率 f_1/Hz	28.17	28.11	7.01
总质量 w/kg	346.99	346.99	0

方案3改为增厚比值灵敏度大的件，减薄比值灵敏度小的件。其变量优选过程及误差水平如表4.14和表4.15所示。

表4.14　方案3的变量优选过程用表

		需要增厚的零件	比值灵敏度最大的6个零件
刚度目标第一次预判	$\Delta d \leqslant$ 0.333 mm	增厚零件引起位移减小量预测	0.077 mm
		减小后的位移值	0.328 mm
质量约束预判	$w \leqslant$ 347.13 kg	增厚零件引起增重预测	12.61 kg
		需要减薄的零件	比值灵敏度最小的6个零件
		减薄零件引起减重预测	12.91 kg
		增减后的质量值	346.82 kg
频率约束预判	$f_1 \geqslant$ 27.24 Hz	增厚零件引起频率变化量预测	0.032 Hz
		减薄零件引起频率变化量预测	0.223 Hz
		增减后的频率值	27.496 Hz
刚度目标第二次预判	$\Delta d \leqslant$ 0.333 mm	减薄零件引起位移增加量预测	0.003 9 mm
		增减后的位移值	0.332 mm
		增减后的弯曲刚度值	12 063 N/mm

表4.15　优化方案3性能预测值与仿真值对比

性能指标	预测值	仿真值	预测误差/%
弯曲刚度 K_b/(N·mm^{-1})	12 063	12 155	−4.03
一阶模态频率 f_1/Hz	27.50	27.48	6.53
总质量 w/kg	346.82	346.82	0

以图 4.20~图 4.22 表示三个方案改动的零件在车身上的分布，图中增厚的件以红色显示，减薄的件以蓝色显示。

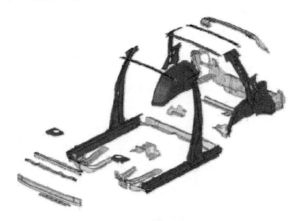

图 4.20 弯刚优化方案 1 的修改零件分布（见彩插）

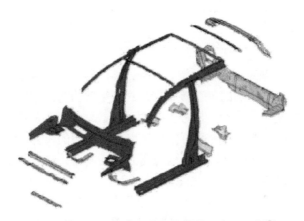

图 4.21 弯刚优化方案 2 的修改零件分布（见彩插）

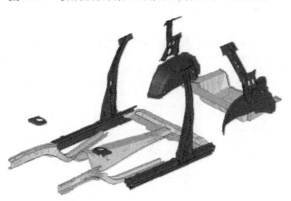

图 4.22 弯刚优化方案 3 的修改零件分布（见彩插）

虽然上述三个方案都在不违反约束条件的前提下达到了优化目标,但它们之间仍有比较的空间。对详细结构的优化分析往往在车辆开发的后期进行,这时模具已初步定形,所以我们除了关注优化效果外,也希望尽可能减少修改零件的数量以及面积,以降低模具的修改成本。从这方面对三个方案进行比较,如表4.16所示。

表4.16 三个弯刚优化方案修改零件的属性比较

	方案1	方案2	方案3
弯曲刚度仿真值/($N \cdot mm^{-1}$)	12 229	12 160	12 155
改动零件总面积/m^2	6.996	4.849	7.394
改动零件数量	增6减28	增12减20	增6减6
增、减板件各自的特点	直接灵敏度大,相对灵敏度小	相对灵敏度大,相对灵敏度小	比值灵敏度大,比值灵敏度小
方案的优点	性能改善大	修改零件面积小	修改零件数量少

呈现出来的规律为:因为方案1增厚的零件的直接灵敏度大,而直接灵敏度是反映板厚对性能影响的最直接指标,故优化后的弯曲刚度最大;方案2增厚件的相对灵敏度大,排除了部分大型零件,故修改零件的面积最小;方案3则以比值灵敏度作准则,此准则可以挑选出比较大型的零件,因此在效果相同的情况下,可以减少修改件数量。这说明,可以根据关注点的不同,有倾向地按不同的准则挑选零件作改动。

为了对误差水平有更加直观的认识,不妨对各方案中选择的零件,分别以初值灵敏度 S_0、中值灵敏度 S_{MU} 代替合成灵敏度 S_C 进行预测,对比它们的误差水平,如表4.17所示。

表4.17 采用不同灵敏度作为弯曲刚度预测依据的误差对比

预测项目		以 S_C 为依据	以 S_{MU} 为依据	以 S_0 为依据
板厚增减后的位移值/mm	方案1	0.328 80	0.333 69	0.300 14
	方案2	0.331 15	0.333 86	0.299 76
	方案3	0.331 59	0.334 10	0.298 97
板厚增减后的弯曲刚度/($N \cdot mm^{-1}$)	方案1	12 165	11 987	13 327
	方案2	12 079	11 981	13 344
	方案3	12 063	11 972	13 379

第4章 面向汽车结构基础特性的轻量化设计方法

续表

预测项目		以 S_C 为依据	以 S_{MU} 为依据	以 S_0 为依据
弯曲刚度预测误差/%	方案1	−2.71	−6.91	52.26
	方案2	−3.56	−7.86	51.89
	方案3	−4.03	−8.02	53.81

可见,以 S_0 为依据的预测总是高估性能的变化,且误差超过 50%,是不可接受的,这正是初值灵敏度不可直接用于性能变化预测的直接原因。以 S_{MU} 为依据的预测,误差在 10%以内,不算十分大,且预测值比实际值要小,说明按此依据得出的方案应该能达到优化目标,但偏于保守,可能使改动零件的数量不必要地增加。以 S_C 为依据的预测,误差约为以 S_{MU} 时的一半,显然效果最好。

2) 不削弱静动态性能指标的轻量化方案

按整车轻量化的目标,希望将白车身总质量减小到 330 kg,当然,要求减重不会导致弯曲刚度及一阶模态频率的降低。优化任务可概括为表 4.18。

表 4.18 白车身轻量化任务

优化目标	$w \leqslant 330$ kg
约束条件	$K_b \geqslant 9\,880$ N/mm (转化为节点位移,即 $\Delta d \leqslant 0.404\,9$ mm) $f_1 \geqslant 27.24$ Hz

要减重就需要对零件进行减薄,为了将对性能的影响减至最小,应该选择直接灵敏度低的件。但这类件一般是零散分布且体积很小,减重潜力不足。因此,一般选取相对灵敏度小的件进行减薄,对性能造成的削弱通过增厚相对灵敏度大的件来弥补。按照此思路,制作用于减重优化的变量优选过程表,如表 4.19 所示。

表 4.19 以减重为目的的变量优选过程用表

质量目标 第一次预判	$w \leqslant 330$ kg	需要减薄的零件	相对灵敏度最小的 30 个零件
		减薄零件引起的质量减小值	17.12 kg
		减小后的质量值	330.01 kg

续表

弯曲刚度约束预判	$\Delta d \leqslant$ 0.404 9 mm	减薄零件引起位移增加值预测	0.001 33 mm
		需要增厚的零件	相对灵敏度最大的1个零件
		增厚零件引起位移减小值预测	0.001 96 mm
		增减后的位移值	0.404 mm
频率约束预判	$f_1 \geqslant$ 27.24 Hz	增厚零件引起频率变化量预测	0.034 Hz
		减薄零件引起频率变化量预测	0.000 35 Hz
		增减后的频率值	27.275 Hz
质量目标第二次预判	$w \leqslant 330$ kg	增厚零件引起的质量增加值	0.1 kg
		增减后的质量值	330.11 kg（可认为达到目标）

根据表 4.19 形成的方案称为方案 1，它的一个缺点是，虽然以相对灵敏度为基准，但减薄的零件有些仍是比较零散的小件，这时改动零件的数量超过 30 个。注意到以比值灵敏度大小排序的零件队列，其首尾都是比较大型的零件，因此再构造方案 2，将减薄件改为比值灵敏度小的件。两个方案的修改零件分布及仿真验算结果如图 4.23、图 4.24 和表 4.20 所示。可见，方案 2 在修改零件数量上大幅减少，会稍稍增大修改零件的总面积，但该优化方案使车身质量得到更好分配，并能有效减小车身质量。

图 4.23 减重方案 1 的修改零件分布（见彩插）

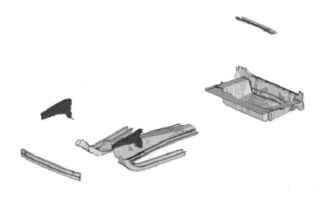

图 4.24　减重方案 2 的修改零件分布（见彩插）

表 4.20　两个减重方案验算结果及修改零件的属性比较

	方案 1	方案 2
一阶频率仿真值/Hz	27.242	27.244
弯曲刚度仿真值/（N·mm^{-1}）	9 885	9 865（可认为不违反约束）
总质量/kg	330.11（可认为达到目标）	329.84
改动零件总面积/m²	4.706	4.965
改动零件数量	增 1 减 30	增 1 减 12
增、减板件各自的特点	相对灵敏度大，相对灵敏度小	相对灵敏度大，比值灵敏度小
方案的优点	修改零件面积小	修改零件数量少

4.3　车身结构强度设计及优化分析

4.3.1　车身结构强度及其评价指标

　　结构强度是汽车零部件正常工作必须满足的基本要求，零件在正常工作时，不容许出现结构断裂或塑性变形，也不容许发生疲劳和表面损坏。强度就是零件结构在正常工作过程中抵抗这种失效的能力。零件的强度分体积强度和表面强度，前者是拉伸、压缩、剪切、扭转等涉及零件整个体积的强度，后者是指挤压、接触等涉及零件表面层的强度。在体积强度和接触强度中，又可以各自分为静强度和动强度。

　　汽车在行驶时承受着复杂多变的载荷，进行车身结构设计及分析时，必须考虑到实际行驶以外作用的载荷及行驶中的最大载荷，在这种情况下车身骨架既不能有较大的变形也不能损坏，并且承受随机载荷时不能产生裂纹等疲劳破坏，即车身必须有足够的静态强度和疲劳强度。两者分别是结构在静态、动态两种载荷作用下的强度特性，是车身结构强度分析的重要方面。静态强度分析是对车身结构进行静力分析，以计算结构在最大载荷下的应力是否满足强度要求。车身结构的损坏，大多数是由疲劳破坏引起的，因此研究车身结构的强度仅仅分析结构的静强度是不够的，必须研究车身结构在随机载荷作用下的动强度。

按照循环应力大小，车身疲劳破坏可分成应力疲劳和应变疲劳。当最大循环应力小于车身材料的屈服应力时，疲劳称为应力疲劳。由于应力疲劳中作用的应力水平较低，其寿命循环次数较高，一般大于 10 000 次，故应力疲劳又称为高周疲劳。根据车身在实际使用中的受载情况可知，车身在绝大部分行驶时间内的应力是低于其材料的屈服极限的，车身的疲劳寿命应采用高周疲劳方法进行估算。另外，若最大循环应力高于材料的屈服极限，则由于材料屈服后应力变化较小，用应变作为疲劳寿命估算参数更为恰当，故称之为应变疲劳。由于应变疲劳中作用的应力水平较高，其寿命循环次数较低，一般小于 10 000 次，故应变疲劳又称为低周疲劳。汽车在行驶过程中，当遇到路面的凹坑或凸包，或紧急制动、转向时，车身某些区域的应力有可能超过材料的屈服应力，车身这些区域的疲劳寿命应采用低周疲劳方法进行估算。

车身疲劳强度一般是通过耐久试验测得的。车身的耐久试验有两种，一种是车辆和其他构件一起进行的行驶耐久试验；另一种是以整车或车身为对象，模拟各种载荷条件在台架上进行的台架耐久试验。在确定车身疲劳强度的标准时，由于试验路面的性质、试验条件等不同，以及各公司对车辆性能的要求不同，因此一般都由各公司单独制定。

4.3.2 车身结构强度工况分析

汽车在实际运行中，会遇到各种复杂的工况，如各种不同的路面激励，单轮骑障、对角骑障、一轮悬空、对角悬空等。利用动力学模型进行各种静、动态工况响应分析，可使设计者在产品开发阶段就能预测各种工况下车身的应力及变形分布情况，为评价结构和部件的力学特性提供有用的信息，从而指导设计，为优化结构、降低振动幅值以及相关的一系列问题提供依据。

汽车的使用工况很复杂，但是与车身骨架强度相关的主要是弯曲工况、扭转工况和弯扭工况。弯曲工况研究满载条件下骨架的抗弯强度；扭转工况是后两轮固定，前轴施加极限扭矩，模拟汽车单轮悬空时的极限受力情况；弯扭工况是在车身剧烈扭转时的情况，一般是在汽车低速通过崎岖不平的道路时发生的。《汽车产品定型可靠性行驶试验规程》规定：样车必须以一定车速，在各种道路上行驶一定里程，主要分为在高速道路、一般道路、弯道上行驶的弯曲、扭转、紧急制动和急转弯等四种典型工况。大多数文献都集中讨论前两种工况，而对后两种出现频次较高（特别是城市客车）的工况未加详细分析。计算分析时，应对可能出现的各种工况均予考虑才可能确定车身结构强度和刚度是否满足要求，以进一步进行优化设计。本章在后边会结合实例对这些强度工况进行分析研究。

车身的材料多为低碳钢和合金钢，结构的破坏形式一般为塑性屈服，因而在强度分析中采用第三强度理论或者第四强度理论。第三强度理论未考虑主应力 σ_2 的影响，它虽然可以较好地表现塑性材料（如低碳钢）塑性屈服现象，但只适用于拉伸屈服极限和压缩屈服极限相同的材料。第四强度理论考虑了主应力 σ_2 的影响，而且和试验较符合，与第三强度理论相比更接近实际情况，因而在强度评价中通常采用第四强度理论导出的等效应力 σ_e（又称 von Mises 应力）来评价。

第四强度的含义就是：在任意应力状态下，材料不发生破坏的条件是

$$\sqrt{\frac{1}{2}[(\sigma_1-\sigma_2)^2+(\sigma_2-\sigma_3)^2+(\sigma_3-\sigma_1)^2]}=[\sigma] \qquad (4.32)$$

式中，σ_1，σ_2，σ_3 为第一、第二、第三主应力；$[\sigma]$ 为许用应力，$[\sigma]=\dfrac{\sigma_e}{\text{安全系数}}$，$\sigma_e$ 为比例极限。

目前，对车身结构的分析一般包括静态分析和瞬态分析。静态分析主要是计算整个结构的载荷分布和承载能力。静态分析工况一般包括静态弯曲、静态扭转、弯扭组合、车轮悬空等工况，车身的弯曲或扭转刚度计算也是在静态分析基础上进行的，将静态分析结果按一定的规则进行运算处理即可得到弯曲或扭转刚度。从实际经验看，与车身结构强弱有直接关系的主要是弯曲和弯扭联合工况。所以，进行车身结构静态特性分析时，计算了这两种工况。

瞬态分析（也称时间-历程分析）主要用于确定结构承受随时间变化载荷时的动力响应。汽车在道路上行驶时，会受到随时间变化的外载荷作用，进行车身结构的动响应分析也是车身动态设计的一个主要研究内容，对于提高车辆运行的安全性和可靠性具有重要意义。

瞬态分析属于结构动力分析的范畴，要考虑随时间变化载荷以及阻尼和惯性的影响，可以得出在瞬态及谐波载荷或由它们合成的载荷作用下，结构内部任一点随时间变化的位移和拉、压应力。车身结构的瞬态分析主要包括突然紧急制动、急转弯、单轮或双轮同时过障等工况。

4.3.3 车身结构强度分析及优化

针对目前国内某客车的整车质量过大的问题，通过 CAD/CAE 技术结合，对改变承载式客车的整车骨架进行了有限元分析，并采用灵敏度优化理论对其骨架结构进行优化，以达到轻量化的目的；最后对优化的方案进行验证。

1. 满载弯曲工况分析

1）边界约束条件

匀速直线行驶是客车经常使用的基本工况，该工况下车速较高，动载荷较大。路面的反作用力使车身承受对称的垂直载荷，它使车身产生弯曲变形，变形大小取决于作用在车身各处的静载荷及垂直加速度，必须保证有足够的强度和抗疲劳能力。车架纵向弯曲是车架的基本变形，是任何情况下都存在的。计算时主要校核客车满载状态下，四轮着地时的结构抗弯强度，了解客车在良好路面下匀速行驶时的应力分布和变形情况。前悬约束左右两侧气囊弹簧上支架中心孔处 X、Y、Z 三个平动自由度，如图 4.25 所示；后悬约束如图 4.26 所示的左右两侧约束施加点处 Z 向平动自由度。

图 4.25 满载弯曲工况下前悬约束（见彩插）

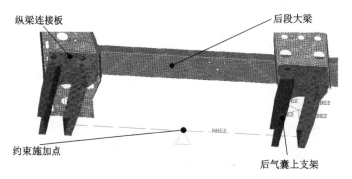

图 4.26 满载弯曲工况下后悬约束（见彩插）

2）弯曲刚度分析

满载弯曲工况下整车 Z 向变形如图 4.27 所示，该图在初始变形图基础上放大 100 倍，能清晰看出整车各部分的变形情况。整车垂向最大变形为 5.673 mm，位于后排五人座椅处，该处位移比实际情况要大，因为有限元模型忽略了地板，将座椅和乘客的质量简化为集中质量加在座椅固定槽钢上，而实际上座椅和地板的质量是通过地板均布在地板骨架上。图 4.28 描述满载弯曲工况下后段车架纵梁的变形，最大变形 4.744 mm；图 4.29 描述满载弯曲工况下中段车架纵梁的变形，最大变形 1.067 mm。

图 4.27　满载弯曲工况下整车 Z 向变形（见彩插）

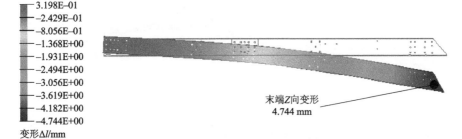

图 4.28　满载弯曲工况下后段车架纵梁变形（见彩插）

图 4.29　满载弯曲工况下中段车架纵梁变形（见彩插）

3）整车骨架强度分析

初始模型满载弯曲工况下整车骨架应力分布如图 4.30 所示，由于有限元模型对某些区域的处理不是特别完善，有限元模型中有些结构应力值与结构实际应力情况有些出入，但由于这些结构是企业认为相对安全的结构，在后面的分析过程中忽略这些区域（如螺栓孔模拟区域），重点关注一些经常发生破坏和企业关注的结构应力分布情况。

图 4.30　初始模型满载弯曲工况下整车骨架应力分布（见彩插）

4）车架强度分析

车架的高应力区主要分布在行李舱末端处的中段纵梁和加强板处，结构经常发生破坏和企业关注部位的应力主要在：后桥后方车架末纵梁部分区域、牛腿和车架、车身连接部位。图 4.31 描述中段纵梁行李舱末端应力分布情况，中段纵梁与加强板连接处应力值较高，最大为 47 MPa。满载弯曲工况，第三牛腿连接部位应力分布较其他牛腿连接部位应力分布剧烈，如图 4.32 所示，最大应力为 36.9 MPa，位于左侧牛腿和纵梁接头处。图 4.33 描述第五纵梁连接板和中段车架纵梁接头应力分布。

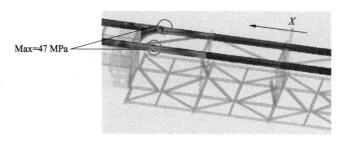

图 4.31　中段纵梁行李舱末端应力分布

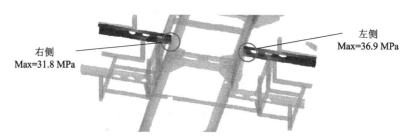

图 4.32　第三牛腿根部应力分布

（a）　　　　　　　　　　　　　（b）

图 4.33　第五纵梁连接板和中段车架纵梁接头应力分布
（a）左侧应力分布图；（b）右侧应力分布图

5）侧围骨架强度分析

本书研究的客车左右侧围结构基本对称，仅研究左侧围骨架结构的强度和右侧车门处的结构（右侧围第二立柱）的应力分布。图 4.34 和图 4.35 分别描述左侧围和右侧围第二立柱主要接头的应力分布情况，最高应力位于第二立柱和侧窗纵梁接头处；图 4.36 描述左侧围顶纵梁和侧窗立柱接头处应力分布情况，第二、第五侧窗立柱和侧围末立柱与侧围顶纵梁接头处应力较高。

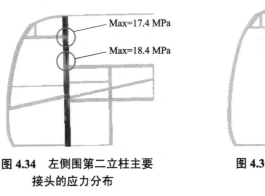

图 4.34　左侧围第二立柱主要接头的应力分布

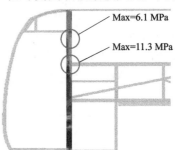

图 4.35　右侧围第二立柱主要接头的应力分布

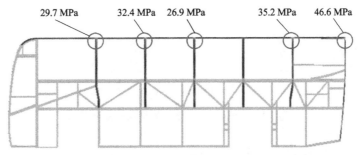

图 4.36　左侧围顶纵梁和侧窗立柱接头处应力分布（见彩插）

6）顶盖骨架强度分析

顶盖骨架的应力分布如图 4.37 所示，顶盖骨架应力分布沿车身纵向平面对称，顶盖应力普遍较小，高应力区主要位于第三、四、五和七顶横梁与顶纵梁接头部位，第三、四横梁和纵梁接头部位的应力值高于其他接头处应力，第三横梁和顶盖纵梁接头处应力最大，为 34.8 MPa。

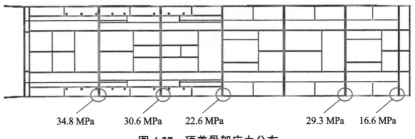

图 4.37　顶盖骨架应力分布

2. 纯扭转工况分析

1) 边界约束条件

扭转刚度是评价整车骨架刚度的重要指标，客车扭转刚度一般用前后轴间车身相对扭转刚度值评价。分析整车扭转刚度时不考虑自重和任何装备质量。

边界条件：约束后轴轴心所有平动和转动自由度；在前左右气囊支座中心施加方向相反、大小为 10 000 N 的力，形成力偶，力臂为 1 270 mm，如图 4.38 所示。分析扭转刚度时选用通过前后轴轴心的铅垂面与中段车架左右纵梁下沿面的相交线内的点作为相对扭转角的计算点；有限元模型中段车架左纵梁选节点 182024、189007，中段车架右纵梁选节点 500343、506466，节点 182024 和 500343 以及节点 189007 和 506466 均关于车身纵向平面对称。

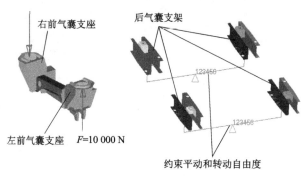

图 4.38 计算扭转刚度的加载和约束示意图

2) 相对扭转刚度的计算与分析

前气囊支座处左右施加点 Y 向距离用 L 表示，可得 $L=1.270$ m；节点 182024 在中段车架左纵梁前端，该节点 Z 向位移用 Z_{f1} 表示；节点 500343 位于中段车架右纵梁前端，该节点 Z 向位移用 Z_{f2} 表示；节点 189007 在中段车架左纵梁后端，该节点 Z 向位移用 Z_{r1} 表示；节点 506466 在中段车架右纵梁后端，该节点 Z 向位移用 Z_{r2} 表示。节点 182024 和 500343 的 Y 向距离用 τ 表示，$\tau=0.829$ m。前轴相对扭转角用 ϕ_f（°）表示，后轴相对扭转角用 ϕ_r（°）表示，轴间相对扭转角用 ϕ_t（°）表示。扭矩用 T 表示，扭转刚度用 K_t（N·mm/(°)）表示。则有

$$\phi_f = \arctan\left(\frac{Z_{f1} - Z_{f2}}{\tau}\right) \cdot \frac{180}{\pi} \quad (4.33)$$

$$\phi_r = \arctan\left(\frac{Z_{r1} - Z_{r2}}{\tau}\right) \cdot \frac{180}{\pi} \quad (4.34)$$

$$T = F \cdot L \quad (4.35)$$

$$\phi_t = \phi_f - \phi_r \quad (4.36)$$

$$K_t = \frac{T}{\phi_t} = \frac{\pi \cdot F \cdot L}{180 \cdot \left[\arctan\left(\dfrac{Z_{f1} - Z_{f2}}{\tau}\right) - \arctan\left(\dfrac{Z_{r1} - Z_{r2}}{\tau}\right)\right]} \quad (4.37)$$

式中，arctan 表示对该数值求反正切。

优化前整车前后轴间相对扭转刚度计算如表 4.21 所示。初始模型纯扭转工况整车变形如图 4.39 所示，左侧最大变形 5.314 mm，右侧最大变形 5.478 mm。表 4.22 描述了纯扭转工况施加载荷节点的垂向位移情况，左侧载荷点位移 3.002 mm，右侧载荷点位移 –3.067 mm。

表 4.21 样车相对扭转刚度

节点编号	Z 向位移/mm	Δz/mm	$\dfrac{\Delta Z}{829}$/mm	绝对扭转角/(°)	相对扭转角/(°)	扭矩/(N·m)	相对扭转刚度/[N·mm·(°)$^{-1}$]
182024	1.596	3.263	0.003 94	0.226	0.217	12 700	58 452.8
500343	−1.667						
189007	0.060	0.119	0.000 14	0.008 2			
506466	−0.059						

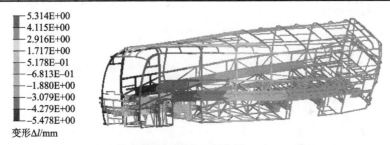

图 4.39 初始模型纯扭转工况整车变形（见彩插）

表 4.22 载荷点位移

	节点号	Z 向位移/mm
左侧施加载荷节点	625816	3.002
右侧施加载荷节点	8700177	−3.067

3）整车骨架强度分析

纯扭转工况整车高应力分布区域如图 4.40 所示，高应力主要分布在接头处，包括左右侧围骨架第二立柱和侧围腰梁连接处，顶盖横梁和纵梁连接处，侧围腰梁和侧窗立柱接头处，侧围顶纵梁和侧窗立柱接头处，中段车架纵梁和斜撑接头处，中段车架纵梁和横梁连接处，行李舱前立柱间的斜撑和前立柱连接处，裙边梁和舱门立柱接头处，第一、第三牛腿和纵梁连接处，第四牛腿和舱门立柱接头处，地板第三横梁和舱门立柱接头处，地板第七横梁和舱门立柱接头处以及下桁架斜撑和纵梁接头处。

图 4.40 纯扭转工况整车高应力分布区域（见彩插）

4）车架强度分析

车架高应力区集中在牛腿和纵梁连接处，中段车架斜撑和纵梁接头处。第三牛腿与车架接头处应力分布如图 4.41 所示，左侧牛腿根部应力极值为 24.2 MPa，右侧牛腿根部应力极值为 22.1 MPa。中段车架以第二横梁和左纵梁连接处应力值较高，如图 4.42 所示，应力极值为 57.9 MPa。

图 4.41 第三牛腿与车架接头处应力分布

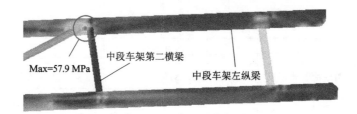

图 4.42 中段车架第二横梁和左纵梁连接处应力分布

5）左右侧围骨架强度分析

左侧围骨架应力分布如图 4.43 所示，整体骨架应力极值为 61.2 MPa，高应力区域主要分布在侧窗立柱和侧围顶纵梁接头处，第二立柱和侧围腰梁、侧窗纵梁接头处，斜撑以及斜撑接头处，舱门立柱和裙边梁接头处。图 4.44 描述左侧围第二立柱应力分布情况和高应力接头处应力分布情况；图 4.45 描述右侧围第二立柱应力分布情况；图 4.46 和图 4.47 分别描述前扭转工况左侧围和右侧围侧窗立柱和顶纵梁接头高应力区域，最大应力为 40.6 MPa。

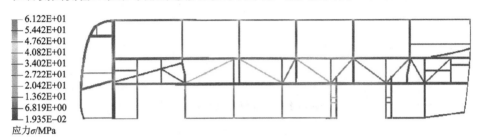

图 4.43 左侧围骨架应力分布（见彩插）

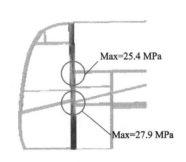

图 4.44 左侧围第二立柱应力分布

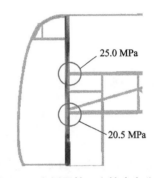

图 4.45 右侧围第二立柱应力分布

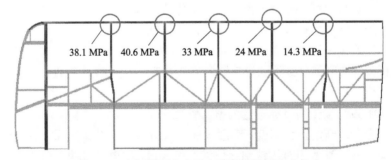

图 4.46 左侧围侧窗立柱和顶纵梁接头应力分布

6）顶盖骨架结构强度分析

顶盖骨架应力分布如图 4.48 所示，前扭工况顶盖高应力区域主要分布在第一、三、四、五、六顶盖横梁和顶盖纵梁接头处，第五和第四横梁应力高于其他的顶盖横梁，第五横梁应力最大为 34.1 MPa。从顶盖应力分布云图可以看出，相对于弯曲工况，顶盖在扭转工况下的应力值普遍上升，顶盖在扭转工况下的承载度变大。

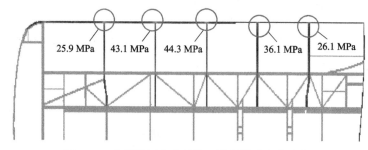

图 4.47　右侧围侧窗立柱和顶纵梁接头应力分布

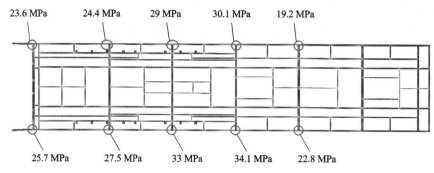

图 4.48　顶盖骨架应力分布

3. 整车骨架结构灵敏度优化

在进行优化时，优化变量的好坏不仅对优化结果有一定的影响，有时甚至会造成优化迭代过程不收敛，搜寻不到最优值，因此，优化前通过灵敏度分析寻求较好的设计变量，可以有效提高结构优化结果的准确性与高效性。由于考虑结构的生产制造工艺和企业固有的型钢类型，不再对所有的结构厚度进行灵敏度分析，只选取部分结构的厚度作为客车骨架轻量化优化的设计变量。建立如下优化模型：

目标函数：优化的目标确定为整车骨架质量最小。

约束变量：确定扭转刚度、满载弯曲工况强度两个约束变量。扭转刚度采用前后轴间整车骨架相对扭转刚度作为约束变量，约束变量的下限定义为初始模型的相对扭转刚度；满载弯曲工况强度约束变量选用中段车架和行李舱立柱、加强板接头处的高应力节点的应力，上限设为初始模型应力极值。

设计变量：鉴于企业生产和制造的工艺、零部件的系列化和通用化，不再对所有的零件进行灵敏度分析，选择大厚度的型材板件进行一次性灵敏度优化。结合企业已有钢材的型号，对优化结果进行圆整，最终优化方案如表 4.23 所示。

表 4.23 优化结果

优化变量	初值/mm	允许最小值/mm	允许最大值/mm	多约束优化结果/mm	最终优化结果/mm
第一纵梁连接板	8	5	10	5.83	6
第二纵梁连接板	8	5	10	8.71	10
第三纵梁连接板	8	5	10	6.37	6
第四纵梁连接板	8	5	10	5.19	5
尾纵梁连接板	8	5	8	5.03	5
车架第二横梁	5	3	6	3.13	3
车架第二横梁连接板	5	3	6	3.22	3
车架第四横梁上下连接板	10	5	10	6.05	6
车架第四横梁中间连接板	10	5	10	7.68	8
车架第五横梁	5	3	6	3.17	3
车架第五横梁连接板	10	5	10	5.15	5
车架第六横梁	5	3	8	3.15	3
车架尾横梁	7	5	8	5	5
下支座加强板	5	2	6	3.11	3
后悬支座斜撑	3	1.5	5	1.76	2
地板骨架第一和第二横梁	3	2	4	2.09	2
地板骨架第八和第九横梁	3	2	4	2	2
油箱支架	3	1.5	3	1.57	1.5
前围大灯上横梁	2	1.5	3	1.5	1.5
保险杠下横梁	2	1.5	3	1.5	1.5

4. 满载弯曲工况优化结果的验证

1）满载弯曲刚度验证

图 4.49 所示为优化方案模型在满载弯曲工况下的整车变形情况，该图在初始变形图基础上放大 100 倍，最大位移为 5.60 mm，位于后排五人座椅处。图 4.50 所示为后段车架左纵梁满载弯曲工况变形情况，在初始变形的基础上放大 100 倍，末端最大变形为 4.92 mm。图 4.51 所示为中段车架纵梁满载弯曲工况变形情况，中段车架中部 Z 向最大变形为 1.092 mm。

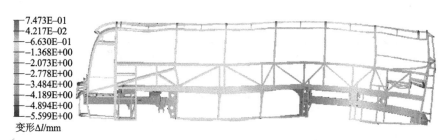

图 4.49　优化模型满载弯曲工况整车变形（见彩插）

图 4.50　优化模型满载弯曲工况后段车架左纵梁变形（见彩插）

图 4.51　优化模型满载弯曲工况中段车架纵梁变形（见彩插）

优化前后模型主要弯曲刚度评价指标的对比关系如表 4.24 所示，地板骨架高地板处横梁截面的优化提升了地板骨架的抗弯能力，整车最大的变形下降 1.7%；满载弯曲工况下后段车架纵梁最大变形有所增加，变化率控制在 5% 之内，可以接受。

表 4.24　优化前后模型垂向变形对比

	加载	初始模型变形/mm	优化模型变形/mm	变化率/%
整车	满载	−5.673	−5.573	−1.7
后车架纵梁	满载	−4.744	−4.917	3.6
中段车架纵梁中部	满载	−1.067	−1.092	2.3

2）满载弯曲强度验证

优化方案模型满载弯曲工况关键部位的应力分布与原始模型应力分布基本一致，仅是数值上的区别。有些结构经过修改的区域应力极值有大幅度的下降,如车架行李厢下桁架结构的调整,大幅度降低该部分的质量,同时下桁架主要接头处的应力极值还有所下降。

3)车架强度对比

客车领域的经验以及顾客反馈回客车厂家的信息表明,车架纵梁是整个车架中最强的结构,极少发生疲劳破坏和断裂现象。主要是牛腿和车架、车身连接处发生断裂和疲劳破坏,同时中段车架和行李舱桁架立柱焊接区域也是容易发生破坏的区域。表 4.25 描述优化前后模型大部分牛腿根部(选用危险区域或应力值较高的牛腿)和其他结构危险部位的应力极值。

表 4.25 车架关键部位优化前后应力对比

名 称	位置	初始模型应力/MPa	优化模型应力/MPa	应力变化量/MPa
行李舱末端与纵梁与加强板连接处	左侧	47	51.1	4.1
	右侧	46	48.7	2.7
第三牛腿根部	左侧	36.9	38.7	1.8
	右侧	31.8	33.7	1.9
第五纵梁连接板和中段车架纵梁连接处	左侧	29.6	32.5	3.1
	右侧	31.1	33.7	2.6

由表 4.25 可知,车架强度分析考察的三个部位的应力极值都有一定程度的提高,牛腿根部的应力极值相对来说较小,应力增值幅度在允许范围内,同时一定程度上说明牛腿结构更多的承担载荷,有利于载荷的合理传递。行李舱末端加强板连接立柱和纵梁处,纵梁端面的应力有一定幅度的提高,但仍然在材料的屈服强度之内,认为应力上升该数值后仍然在安全范围之内。

4)侧围骨架强度分析

图 4.52 标记了侧围骨架结构 9 个关键部位和高应力部位(以原结构应力图作为参考对比图),主要是第二立柱部分接头区域、侧窗立柱和侧围顶纵梁

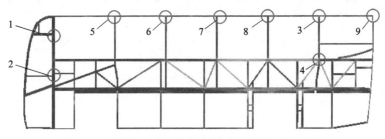

图 4.52 侧围高应力区和关键部位示意图(见彩插)

接头高应力区域。左右侧围大部分结构对称,右侧围仅比较第二立柱接头的应力情况,对比结果如表 4.26 所示,表中序号 3 和 4 是右侧围第二立柱中考察的区域,对应序号 1 和 2 相似的位置。

表 4.26 侧围骨架优化前后应力对比

序号	名　称	初始模型应力/MPa	优化模型应力/MPa	应力变化量/MPa
1	左侧围第二立柱	17.4	15.5	−1.9
2		18.4	18.3	−0.1
3	右侧围第二立柱	6.1	4.7	−1.4
4		11.3	10.7	−0.6
5	侧窗立柱、末立柱和侧围顶纵梁接头	29.7	25.8	−3.9
6		32.4	21.5	−10.9
7		26.9	24.1	−2.8
8		35.2	25.8	−9.4
9		46.6	25.0	−21.6

由表 4.26 可知,左右侧围第二立柱应力集中的区域位于各接头,即图中序号 1、2、3 和 4 处,在这四个接头处,优化方案模型的应力分布优于初始结构的应力分布,接头 1 处优化方案模型应力下降 1.9 MPa;在侧窗立柱、末立柱和侧围顶纵梁接头处,优化方案模型侧围关键部位的应力都小于初始模型侧围骨架关键部位的应力。对侧围骨架和顶盖骨架接头处结构的优化不仅提高了客车的侧翻安全性能,同时改善了侧围关键部位结构的应力分布,提高了侧围结构的使用寿命。

5) 顶盖骨架强度对比

图 4.53 标记了四个顶盖横梁和纵梁连接的接头,这几个接头的应力高于其他横梁和纵梁接头的应力。优化前后对比的结果如表 4.27 所示。由表 4.27 可知,在顶盖横梁和侧围顶纵梁(或顶盖横梁)接头处,优化方案模型的应力

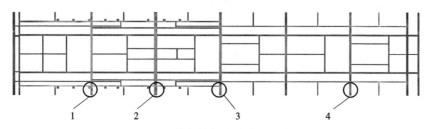

图 4.53 顶盖关键部位接头(见彩插)

小于初始模型的应力,顶盖和侧围骨架结构连接处结构的优化改善了顶盖横梁和侧围骨架侧窗立柱接头处的应力分布。

表4.27 顶盖关键部位优化前后应力对比

序号	名称	初始模型应力/MPa	优化方案应力/MPa	应力变化量/MPa
1	第三横梁接头	34.8	19.3	−15.5
2	第四横梁接头	30.6	18.3	−12.3
3	第五横梁接头	22.6	16.5	−6.1
4	第七横梁接头	29.3	21.9	−7.4

5. 纯扭转工况优化结果的验证

1) 纯扭转工况扭转刚度验证

首先进行纯扭转工况扭转刚度分析,优化后模型纯扭转工况变形如图4.54所示,左侧最大变形5.448 mm,右侧最大变形5.828 mm。表4.28描述了纯扭转工况施加载荷节点的垂向位移情况,左侧载荷点位移 3.154 mm,右侧载荷点位移−3.345 mm。

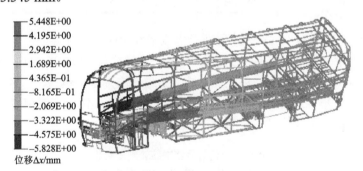

图4.54 纯扭转工况整车变形(见彩插)

表4.28 加载点位移

	节点号	Z向位移/mm
左侧施加载荷节点	834211	3.154
右侧施加载荷节点	8714834	−3.345

优化后模型整车骨架相对扭转刚度如表4.29所示。

然后进行纯扭转工况扭转刚度验证,表4.30比较了优化前后模型在纯扭转工况下,整车骨架左侧和右侧的最大位移、中段车架左右纵梁末端最大位移以及载荷点的位移。

表 4.29　优化模型整车骨架相对扭转刚度

节点编号	Z 向位移/mm	Δz/mm	$\dfrac{\Delta z}{829}$/mm	绝对扭转角/(°)	相对扭转角/(°)	扭矩/(N·m)	相对扭转刚度/[N·m·(°)$^{-1}$]
182024	1.557	3.30	0.003 983	0.228 22	0.218 865 7	10 000×1.27=12 700	58 026.4
500343	−1.745						
189007	0.066 79	0.135	0.000 163	0.009 349 8			
506466	−0.068 5						

表 4.30　扭转工况优化前后模型形态对比

最大位移	初始模型变形/mm	优化方案 2 变形/mm	变形差值/mm
整车左侧	5.314	5.448	0.134
整车右侧	−5.478	−5.828	0.35
左载荷点	3.002	3.154	0.152
右载荷点	−3.067	−3.345	−0.278

由表 4.30 可知，优化方案整车最大变形和中段车架纵梁以及加载点的最大变形要大于初始模型，但基本上维持初始模型抗扭转的能力。由于有限元模型忽略了蒙皮和玻璃等部件的刚度，故分析值比实际情况偏大。

优化前后整车扭转刚度对比情况如表 4.31 所示，优化方案模型整车扭转刚度比初始模型整车扭转刚度略有下降，下降 0.73%。

表 4.31　优化前后整车扭转刚度对比

扭转刚度	初始模型/[N·m·(°)$^{-1}$]	优化模型/[N·m·(°)$^{-1}$]	优化模型相对初始模型变化量/%
	58 452.8	58 026.4	−0.73

2）纯扭转工况扭转强度验证

首先进行车架强度分析，优化前后模型车架在纯扭转工况下应力分布规律一致，高应力区域基本上都分布在中段车架横梁和纵梁接头处、斜撑和纵梁接头处。

优化前后考察的关键部位和高应力部位的应力对比如表 4.32 所示。由表 4.32 可知，优化方案牛腿根部应力比初始模型牛腿根部应力有所上升，左侧牛腿根部应力值基本没什么变化，右侧有一定程度上升，但仍然在材料屈服极限范围内。中段车架第二横梁接头处的应力有一定数值的降低，优化了该处的应力分布。

表 4.32　优化前后纯扭转工况下车架应力对比

位置	名称	初始模型应力/MPa	优化模型应力/MPa	优化前后应力差/MPa
左侧	第三牛腿根部	24.2	24.7	0.5
右侧		22.1	24.1	2.0
—	中段车架第二横梁接头处	57.9	54.5	−3.4

然后进行左侧围骨架结构应力对比，纯扭转工况左侧围高应力区和关键部位如图 4.55 所示（选用原结构作为参考对照图），初始模型和优化模型各部位应力对比情况如表 4.33 所示。

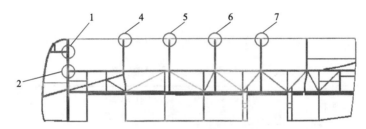

图 4.55　纯扭转工况左侧围高应力区和关键部位（见彩插）

表 4.33　优化前后左侧围应力对比

序号	名称	初始模型应力/MPa	优化模型应力/MPa	优化前后应力差/MPa
1	左侧围第二立柱	13.6	14.0	0.4
2		25.4	26.8	1.4
3		27.9	29.1	1.2
4	侧窗立柱、末立柱和侧围顶纵梁接头	38.1	22.8	−15.3
5		40.6	31.9	−8.7
6		33.0	28.3	−4.7
7		24.0	21.1	−2.9

由表 4.33 可知，左侧围第二立柱接头 2 和接头 3 处的应力较为集中，优化方案接头处应力都有一定的增加，在接受范围内；在侧窗立柱、末立柱和侧

围顶纵梁接头处，优化方案模型接头处应力普遍有较大下降幅度；在侧窗立柱和侧窗纵梁接头处，优化方案模型仅接头 9 处应力略有下降，其余三个接头应力略有上升；在牛腿和第五舱门立柱接头处，优化方案模型接头应力有一定的下降。总的来说，优化方案左侧围骨架关键部位应力总体呈下降趋势，接头应力分布情况都优于初始模型。

再进行右侧围骨架结构应力对比，纯扭转工况右侧围骨架高应力区和关键部位如图 4.56 所示，初始模型和优化方案模型右侧围骨架接头应力对比关系如表 4.34 所示。

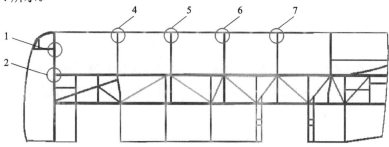

图 4.56 扭转工况右侧围高应力区和关键部位（见彩插）

表 4.34 优化前后右侧围骨架应力对比

序号	名称	初始模型应力/MPa	优化模型应力/MPa	优化前后应力差/MPa
1	右侧围第二立柱	7.1	6.2	−0.9
2		25.0	28.5	3.5
4	侧窗立柱、末立柱和侧围顶纵梁接头	43.1	24.6	−18.5
5		44.3	33.6	−10.7
6		36.1	29.9	−6.2
7		26.1	21.3	−4.8

由表 4.34 可知，优化方案在侧围第二立柱主要接头处应力呈上升的趋势，应力极值 28.5 MPa；优化方案在右侧围侧窗立柱、末立柱和侧围顶纵梁接头处应力都有下降，接头 4 和接头 6 处应力下降幅度基本一致；优化方案在右侧围侧窗立柱和侧窗纵梁接头处的应力有升有降，基本维持初始模型应力水平；在牛腿和第五舱门立柱接头处，优化方案模型应力下降。

3）顶盖骨架结构应力对比

纯扭转工况顶盖骨架高应力区和关键部位（左右基本对称）如图 4.57 所示。由表 4.35 可知，优化方案各顶盖横梁和侧围顶纵梁各接头处应力基本都有降低,而且应力下降的幅度较大,由此可见,顶盖和侧围结构的优化能有效地提升结构的承载能力。

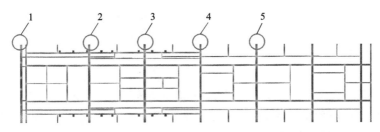

图 4.57 纯扭转工况顶盖骨架高应力区和关键部位(见彩插)

表 4.35 优化前后顶盖高应力区和关键部位应力对比

序号	初始模型应力/MPa	优化方案模型应力/MPa	优化前后应力差/MPa
1	23.6	19.3	−4.3
2	24.4	20.4	−4.0
3	29.0	21.7	−7.3
4	30.1	20.1	−10.0
5	19.2	14.8	−4.4

4.4　车身结构刚度和强度测量

虽然对汽车车身及零部件的结构进行有限元模拟分析已经成为当前的主流,但传统的试验分析方法仍然不可忽视。现在的汽车生产企业对于设计或优化的车身和零部件结构,在批量生产之前都要进行试验测试。通过对进行有限元设计分析或改型优化后的车身结构进行试验测试,可以得到结构优化后的真实性能,从而验证和评价有限元优化设计的车身结构是否与真实情况相符合。车身结构强度和刚度的试验分析方法是对模拟分析方法的验证和补充,这里简要介绍一下车身结构强度和刚度的试验测量。

4.4.1　车身结构的刚度测量

车身刚度是车身结构的基本特性之一,在实际使用过程中,必须保证车身具有一定的刚度,以保证其在工作载荷下的变形量不超过允许的范围。刚度不足时,会导致车身开口部分的变形变大,开闭部分动作失灵,车身和安装部件,部件和部件之间相互干扰,雨水和灰尘易侵入,还会成为产生振动和噪声的重要原因。

车身各构件和连接件的刚度不合适时,会导致应力集中,降低车身耐久性、产生裂纹等。汽车车身刚度的试验分析方法,是在试验台上,针对白车身模拟实车工况,按照实际工况约束边界条件和施加载荷条件,实际测得白车身的变形情况;再根据公式和经验求得试验数据,然后与已知的类似车型相关数据进行比较分析,根据最佳的修改形式对刚度的薄弱环节提出改进方案。由于车身刚度的试验分析方法要求对实车白车身进行试验,因此试验结果相对准确。但同时试验分析的方法对试验的场地等条件的要求较高,试验的周期长,费用高,劳动强度大;由于试验条件和方案选择及试验样车选定的不同,试验结果也具有一定的不确定性,但试验分析一般可以重复修订。

车身刚度试验的种类如表 4.36 所示。

表 4.36　车身刚度试验种类

车身状况	测定种类	试验名称	试验确认的事项
白车身	整体刚度	弯曲刚度试验	车身整体的弯曲特性
		扭转刚度试验	车身整体的扭转特性
		开口部分刚度试验	车身开口部分和车身断面的变形情况
	局部刚度	横向刚度试验	车身上部的变形情况
		车身刚度试验	车身底部的变形情况
		外板刚度试验	车身外板情况
		前壁板刚度试验	前壁板的变形情况
		阶梯板刚度试验	阶梯板的变形情况
实车	整体刚度	实车刚度试验	整车的弯曲特性和扭转特性

图 4.58　弯曲刚度测试装置(见彩插)

1. 弯曲刚度试验

汽车在行驶过程中产生的上下力,会使车身受到弯曲载荷,弯曲刚度试验就是根据车身的位移量来评价部件及车身刚度的试验。

1)测量方法

仪器准备:前后轴固定支架、加载水袋、位移测试系统、门窗对角线测规,如图 4.58 所示。

第4章 面向汽车结构基础特性的轻量化设计方法

试验样车：白车身总成，不带前后罩及车门。

样车固定及安装调整：白车身按实车装配副车架、前后悬架装置；螺旋弹簧和减振器锁死或用刚性件代替；将转向节用夹具与前轴支架的横梁连接，将后桥直接固定在后轴支架上，再对整车进行水平调整。

测量点：测量点分布在车身前后纵梁下方、门槛梁下方、前排座椅处底板下部、前围板下部，间距为 300 mm。在测点处布置位移传感器测量车身弯曲时产生的垂直变形，在前后窗口、左侧门洞口布置对角线测规测量对角线变化。测量点如图 4.59 所示。

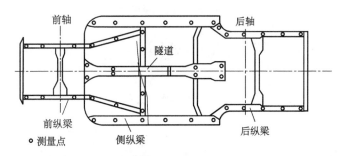

图 4.59　车身测量点

消除安装间隙：试验前对已安装在试验台架上的样车以最大载荷的一半预加载一次，然后卸载，以消除安装间隙。

加载过程：试验时，乘员室载荷均匀分布在前后座椅处，全部载荷按表 4.37 所示步骤进行加载。

表 4.37　弯曲载荷加载步骤

序号	发动机舱	客厢	行李厢
1	F1	—	—
2	F1	2 000 N	—
3	F1	F2~F3	—
4	F1	—	—
5	F1	F2~F3	F3

2）弯曲挠度计算

车身位移主要通过千分表来测定，现在常用电子式千分表，从测量到数据处理均用计算机来操作。弯曲挠度曲线如图 4.60 所示，横坐标为测定位置，纵坐标为挠度。弯曲刚度值 EI（kgf[①]·m²）可由式（4.38）求出，式中的符号说明如图4.61所示。

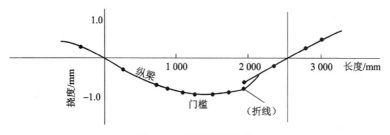

图4.60 弯曲挠度曲线

$$EI = \frac{1}{6l\delta_x}\left\{ l\sum_{i=1}^{k} p_i(x-a_i)^3 - x\sum_{i=1}^{n} p_i b_i^3 - l\sum_{i=1}^{j} p_i a_i^2(3x-a_i) + x\sum_{i=1}^{j} p_i a_i^2(3l-a_i) + (xl^2 - x^3)\sum_{i=1}^{m} p_i b_i \right\} \quad (4.38)$$

式中，δ_x 为测定点的挠度量（m）；x 为前桥中心至测点的距离（m）；l 为轴距（m）；p_i 为各点加载载荷（kgf）；a_i 为前桥中心至加载位置的距离（m）；b_i 为 $L-a_i$（m）；j 为前悬载荷项数；k 为至挠度测定位置的载荷项数；n 为至后桥位置的载荷项数；m 为后悬载荷项数。

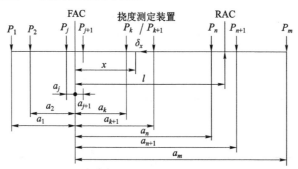

图4.61 刚性值 EI 计算符号说明

从弯曲挠度曲线可知车身变形的情形。例如，如果图4.60中曲线有折线或不连续的部分，则表示该结构件或结合部分的刚度不均匀。另外，通过与其他车的曲线图进行比较，也可以分析出差别。

3）结果表达及评价指标

（1）结果表达

① 底板在车身长度方向上的弯曲变形曲线如图4.62所示。

---

① 1 kgf=9.806 65 N。

② 对角线尺寸及门锁锁扣位置变化如图 4.63 所示。
③ 前排座椅处底板的最大变形。
④ 前围板下部的最大垂直变形。

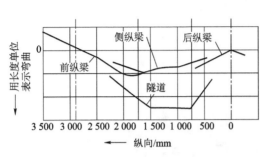

图 4.62　弯曲变形曲线

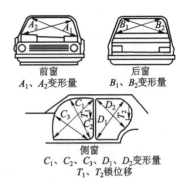

图 4.63　对角线尺寸及门锁锁扣位置变化

（2）评价指标。
① 按图 4.60 所示测得的弯曲变形曲线应连续变化无明显突变。
② 轿车车身各部位弯曲变形量要求如表 4.38 所示。

表 4.38　各部位弯曲变形量要求

门槛纵向弯曲变形	$s<1.0$ mm	前门洞口对角线变化	C_1, C_2, $C_3<2.0$ mm
前排座椅处底板横向弯曲变形	$t<1.0$ mm	后门洞口对角线变化	D_1, $D_2<1.5$ mm
前围板下部横向弯曲变形	$f<1.5$ mm	前后门锁扣位置变化	T_1, $T_2<2.0$ mm

2. 扭转刚度试验

扭转刚度试验是把假设的行驶过程中产生的扭转力作为扭转载荷加在车身上，然后根据车身的位移量来评价部件刚度和车身刚度的试验。试验时把车身全体看成单纯的圆棒，算出其扭转刚性值。

试验用的车身是和弯曲试验条件相同的白车身。将车身后轴固定，对前轴施加静态扭转载荷，测量车身的刚度。

1）测量方法

仪器准备：前轴扭转支架、后轴固定支架、变形测量系统、门窗对角线测规。扭转试验装置如图 4.64 所示。

试验样车：白车身总成，不带前后罩和车门。

样车固定及安装调整：白车身按实车装配副车架、前后悬架装置；螺旋弹簧和减振器应被锁死或用刚性件代替，将前轴转向节用夹具与前轴扭转支架的横梁连接，将后桥固定在后轴支架上，再对整车进行水平调整。

测量点：测量点分布于白车身前后纵梁下部、门槛梁下部、前围板下部，间距为300 mm，参见图4.64。由位移传感器测量各点在车身受扭时的垂直变形，由前后窗口、左侧门洞口布置对角线测规测量对角线变化。

图4.64 扭转试验装置

预扭：测量前对台架上的样车以最大转矩的一半预扭一次，然后卸载，以消除安装间隙。

扭转负荷施加：由扭转支架横梁产生一个扭转负荷，通过前悬架机构作用在车身上，使车身发生扭转。

$$M = 0.5FS \tag{4.39}$$

式中，M为转矩（N·m）；F为前轴许用轴荷（N）；S为前轮距（m）。

2）扭转挠度计算

求扭转变形曲线图方法有以下两种：求出扭角曲线图或求出扭转挠度曲线图。

（1）扭角曲线图。

设横坐标为测量位置，纵坐标为扭角，该扭角是根据式（4.40）计算出来的。

$$\phi = \frac{\delta_R - \delta_L}{B} \times \frac{1}{T} \quad [\text{rad}/(\text{kgf} \cdot \text{m})] \tag{4.40}$$

式中，δ_R为右侧下部车身挠度（mm）；δ_L为左侧下部车身挠度（mm）；B为对称的左右测定点之间的距离（mm）；T为力矩（kgf·m）。

（2）扭转挠度曲线图。

按照与弯曲挠度曲线图相同的思路，设横坐标为测定位置，纵坐标为挠度量，作出曲线图。无论哪种曲线图，都表示测定位置与扭转变形量之间的关系，一般常用的是图4.65所示的扭转曲线图。

扭转刚性值 GJ（kgf·m²/rad）一般可由下式求出：

$$GJ = \frac{TL}{\theta} \tag{4.41}$$

式中，T 为车身转矩（kgf·m）；l 为轴距（m）；θ 为加载位置的扭角（rad）。

对扭角曲线图及扭转刚性值结果的探讨和评价，可按照与弯曲刚度试验时相同的思路进行。图 4.66 所示为扭转刚性值的比较。

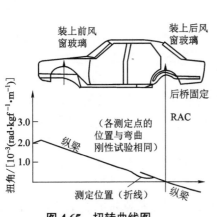

图 4.65　扭转曲线图

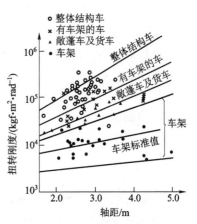

图 4.66　扭转刚性值的比较

3）结果表达及评价指标

（1）结果表达。

① 车身底板一侧在长度方向上的扭转变形曲线如图 6.67 所示。

② 前后轴间扭角。

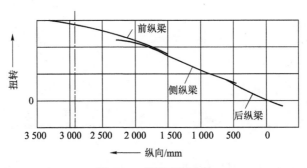

图 4.67　扭转变形曲线

（2）评价指标。

① 按图 4.67 所示测得的变形曲线应连续变化无突变。

② 承载式轿车车身最大变形量的推荐值如表 4.39 所示。

表 4.39　各部位扭转变形量要求

前风窗对角线	A_1，A_2＜5.0 mm	后门洞口对角线	D_1，D_2＜3.0 mm
后风窗对角线	B_1，B_2＜5.0 mm	前门锁扣位置变化	T_1＜4.0 mm
前围板下部变形	f＜1.5 mm	后门锁扣位置变化	T_2＜7.5 mm
前门洞口对角线	C_1，C_2，C_3＜3.0 mm	前后轴间扭角	＜35′

3. 开口部分的刚度试验

该试验的目的是当车身受到弯曲载荷或扭转载荷时，测出车身各开口部分及车身横断面的对角线变形，以探讨开口部分变形引起的不合适或结构件之间的相互关系。局部的刚度测量，如在接头处，是用来作为计算方法的辅助手段。

试验用的车身与弯曲试验用的白车身相同，车身支撑位置、加载方法及载荷条件均与弯曲刚性试验和扭转刚性试验相同。测量位置的选择如下：

车身开口部分：选定的测量位置有装散热器、发动机罩左右车门、行李厢盖或后门等各开口部分的对角线位置，此外还有它们的铰链与锁之间的位置。车身开口部分的测量方法如图 4.68 所示。

车身横断面：前支撑与纵梁之间，前立柱及中央立柱的上下各对角位置。图 4.69 所示为测量的方法，在开口部分的一角装上千分表，与对角之间以钢丝相连。对测量的结果，通常作如下处理：

$$总变形量 = \frac{|\Delta l_1| + |\Delta l_2|}{2}$$

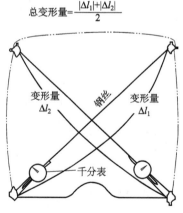

图 4.68　车身开口部分的测量方法

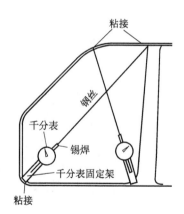

图 4.69　车身横断面的测量方法

① 侧面开口部分的变形，如图 4.70 所示。把变形扩大并表示在车身轮廓缩小比例图上。

② 车身横断面的变形，如图 4.71 所示，把变形量表示在各断面上，这里用的变形量是对角线变形量绝对值的平均值。

第 4 章 面向汽车结构基础特性的轻量化设计方法

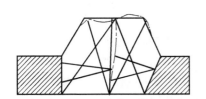

图 4.70 侧面开口部分的变形图（扭转时）

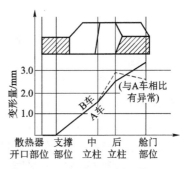

图 4.71 横断面变形图（扭转时）

根据侧面开口部分变形图和横断面变形图的结果，即可知道立柱之间的变形和车身上部结构的变形情况。根据变形图的结果，即可知被试车身的车门、发动机罩等是否会发生干扰，立柱的刚性如何等，与其他车的数据或设计计算值进行比较评价。

作为测量开口刚度的例子，提出了 B 立柱—门槛梁的连接。把该区从整个车身中分割出来，并在切口处支承在试验装置中，这些支承应与在车身中实际连接情况近似，如图 4.72 所示。接头对一定的负荷来说可以是最优的，表 4.40 显示了结构变化时车身刚度的变化。

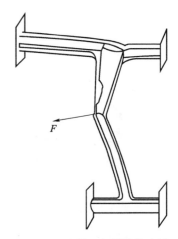

图 4.72 B 立柱—门槛梁的连接测量开口刚度

表 4.40 各种变形时轿车车身上测出的弯曲和扭转刚度（粗糙值）

	最大弯度/%	扭角/%
基准形状	100	100
无 B 立柱	200	122
无 A、B 立柱	650	670
无车顶	—	200
无后围	100	135
装上前风窗玻璃	—	75
装上前后风窗玻璃	—	80

4. 实车刚度试验

这个试验是对实车施加弯曲载荷和扭转载荷,以了解整车的弯曲刚度、扭转刚度。白车身刚度试验就是对车身本身的试验,而实车刚度试验,则是对车身上装了悬架、装饰件之后的整车的综合刚度的评价。

试验是在空车状态、开闭件打开和关闭两种情况下进行的。施加的载荷,一般是单点集中加载的弯曲载荷和在轮胎位置加载的扭转载荷。

测定位置的选定与白车身刚性试验相同。车身下部挂上一个图 4.73 所示的台架,加载后该台架不会影响轮胎、悬架等弹性系统的变形,千分表安装在台架上。图 4.74 所示为固定在实车刚度试验装置上的整车进行测试的一个例子。

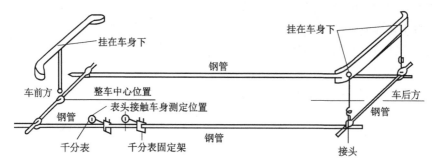

图 4.73 实车刚度试验用台架

图 4.74 用实车刚度试验装置进行测试(见彩插)

按照与白车身刚度试验相同的方法,对实车的弯曲挠度曲线和弯曲刚度值进行整理。首先,按式(4.42)求出力矩 T,然后分别代入式(4.40)、式(4.41),即可求出扭角曲线和扭转刚度值。

$$T = P \times L \quad (\text{kgf} \cdot \text{m}) \tag{4.42}$$

式中,P 为前轮或后轮反作用力的增减值(kgf);L 为轮距(m)。

对于各试验结果的评价,可采用与白车身刚度试验相同的方法。

4.4.2 车身结构的强度测量

车身结构的强度测量包括静强度和动强度（疲劳强度）的测量，一般通过台架试验进行。台架试验方法一般由试验条件（主要是载荷）、夹具的设计、台架的安装、试验数据采集和处理、疲劳寿命估算等过程组成。

台架强度试验的设计原则是能够模拟整车在实际行驶寿命中所受的外力。汽车在实际行驶过程中车身受到的载荷非常复杂，其主要包括由地面不平度引起的垂直方向的载荷、汽车转向或侧向风引起的侧向载荷和由汽车加速、制动引起的纵向载荷。车身强度台架试验的主要目的是考核车身的疲劳寿命，所以要得到的数据是车身的应力，目前工程中通常采用的方法是：通过应变片测得应变，然后再将其转换成应力。应变测试中要特别注意的问题是贴应变片的方向问题。应变片的方向应该是该位置的最大应变的方向，如果应变片的方向不正确，将给测试结果带来非常大的误差。

台架强度试验通常采用等幅循环和道路模拟两种方法。等幅循环试验方法利用理论计算，将车身在行驶过程中所受外力简化、分解为各个方向的交变载荷，即频率恒定、幅值相等的正弦波载荷，然后将车身通过夹具进行约束，在悬架处施加载荷。道路模拟试验指的是在台架上快速实现车身的道路载荷历程，并提供车身当量使用里程作为车身疲劳性能参数，该方法在欧美汽车工业发达国家已经得到应用，并且收到非常好的效果，该方法是国内车身强度台架试验的发展方向。

关于具体的车身强度试验测量过程，已在本章第三节车身结构强度分析的实例中具体阐述，这里简单介绍一种电测量法。

1. 机械量电测技术

在车辆和动力机械的测试中，常采用电测法，以便将各种机械量如位移、速度、加速度、压力、扭矩、应变等转换为电量，进行多参数的同步测量。这样对机械的动态性能、强度、压力等状态具有重要意义。

电测法使用的仪器，通常是由传感器、测量电路和指示仪器（或者数据分析处理器）组成的。传感器是把被测机械量变换成具有函数关系的电量的器件。各种传感器由于作用原理和结构不同，因此具有不同的性能和适用范围。

根据一定的测量目的选择传感器型式时，应注意以下几点：

① 输入机械量数值 x 变成输出的电量数值 y 之间的函数关系，即 $y=f(x)$，其理想情况应是线性关系。

② 可能测量机械量的幅值和频率范围。

③ 传感器灵敏度尽量大。

④ 传感器本身误差尽量小。

⑤ 传感器对造成附加误差的外界条件（如温度、湿度、振动）的敏感性应小。

⑥ 电源、测量电路要求不复杂。

⑦ 传感器尺寸、质量及其在试验件上的安装方法。

2. 电阻应变片的结构和性能

电阻应变片是由敏感元件、基底和引线组成的，如图 4.75 所示。敏感元件由高阻金属丝绕成线栅，用黏合剂粘在纸的基底上，在线栅两端焊有铜丝作为引线。测量应变时，应变片粘贴在试件上，试件受到载荷作用后表面产生微小变形，应变片的线栅也随其发生变形，使线栅电阻发生变化，其电阻变化率与试件的应变成正比，用电测仪器测得电阻的变化就可以得到应变值，进一步可由应力、应变关系算出应力值。

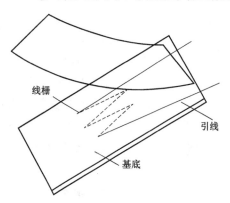

图 4.75 电阻应变片结构

电阻应变片传感器的主要优点：

① 电阻变化率与应变成线性关系。

② 尺寸小、质量小、惯性小，可测高频。

③ 测量精度高，测量误差小于 1%。

④ 测量应变量范围大，从 0 到微应变。

⑤ 通用性好，适用范围广，价格便宜。

3. 应变片技术参数

应变片的主要技术参数有尺寸、电阻值、灵敏系数、绝缘电阻、允许电流、机械滞后、疲劳寿命、应变极限及蠕变等。

① 尺寸：灵敏元件的结合尺寸用基长、基宽来表示。

② 电阻值：指应变片在没有粘贴，不受外力，在室温下的阻值，目前已趋于标准化。

③ 灵敏系数 K：当一维应力时，应变片主轴线方向和主轴应力方向一致。应变片电阻变化率（$\Delta R/R$）与主应力方向的应变（$\Delta L/L$）之比称灵敏系数。

④ 允许电流：受散热条件限制，丝式应变片在静态测量时，为保证精度，一般规定其允许电流为 25 mA；在动态测量时，其允许电流可达到 75～100 mA。应变片按其技术参数的偏差分为 A、B、C、D 四个等级。

4. 测量电桥特性

1）电桥工作原理

应变片的电阻变化和应变变化的关系是通过灵敏系数 K 表示的。常规应变片 K 值很小（$K\approx2$）。机械应变一般在 $10^{-6}\sim10^{-3}$ 内，因此常采用惠斯登电桥（图4.76）来测量这种很小的电阻变化值。如图 4.76 所示，它的四个桥臂是由四个电阻组成的，D、C 对角上加桥压 U，A、B 对角上为电桥的输出端。

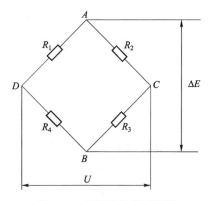

图 4.76 惠斯登电桥示意图

电阻 R_2 和电阻 R_3 上的电压 U_{AC}、U_{BC} 分别为

$$U_{AC}=\frac{R_2}{R_1+R_2}U, \quad U_{BC}=\frac{R_3}{R_3+R_4}U \tag{4.43}$$

电桥输出电压 E 为 U_{AC} 和 U_{BC} 之差值，有

$$E=U_{BC}-U_{AC}=\frac{R_3}{R_3+R_4}U-\frac{R_2}{R_1+R_2}U=\frac{R_1R_3-R_2R_4}{(R_1+R_2)(R_3+R_4)}U \tag{4.44}$$

若桥臂电阻选为 $R_1R_3=R_2R_4$，四个电阻应变片的电阻变化为 0 时，则电桥输出为 0，即所谓的电桥平衡。当 ΔR_1、ΔR_2、ΔR_3、ΔR_4 时，电桥输出电压用下式计算：

$$\Delta E=\frac{R_1R_2}{(R_1+R_2)^2}\left(\frac{\Delta R_1}{R_1}-\frac{\Delta R_2}{R_2}+\frac{\Delta R_3}{R_3}-\frac{\Delta R_4}{R_4}\right)U \tag{4.45}$$

当 $R_1=R_2=R_3=R_4$ 时，即四个应变片都是相同的应变片时，根据 $\frac{\Delta R_1}{R_1}=K\varepsilon_i$，可得 $\Delta E=\frac{KU}{4}(\varepsilon_1-\varepsilon_2+\varepsilon_3-\varepsilon_4)$，式中的应变值，拉应变用正值，压应变用负值代入。

利用电桥特性，可以补偿应变片的温度影响，如 R_1 为工作应变片，R_2 为温度补偿应变片，二者处在相同温度条件下，R_3、R_4 为固定电阻，当温度变化时，工作片和补偿片的电阻变化为 $\frac{\Delta R_1}{R_1}$ 和 $\frac{\Delta R_2}{R_2}$，大小相等，符号相同，而 $\frac{\Delta R_3}{R_3}$ 和 $\frac{\Delta R_4}{R_4}$ 为 0，将各值代入前式，可见 $\Delta E=0$，即温度对电桥输出没有影响，实现了补偿。

2）工作桥臂对输出的影响

① 当一个桥臂参加工作时，R_1 为工作片，R_2 为补偿片，输出电压为

$$\Delta E = \frac{KU}{4}\varepsilon_1 \tag{4.46}$$

电桥输出等于应变片实际输出。定义桥臂系数为 1。

② 当两个桥臂参加工作时，R_1 和 R_2 为工作片，且另设温度补偿片。当 $\varepsilon_1 = -\varepsilon_2$ 时，输出电压为

$$\Delta E = \frac{KU}{4}(\varepsilon_1 - \varepsilon_2) = \frac{KU}{2}\varepsilon_1 \tag{4.47}$$

若 R_1 和 R_3 为工作片，且互为温度补偿片。当 $\varepsilon_1 = \varepsilon_3$ 时，输出电压为

$$\Delta E = \frac{KU}{2}\varepsilon_1 \tag{4.48}$$

电桥输出等于应变片实际输出的 2 倍，桥臂系数为 2。

③ 当四个桥臂（全桥）参加工作时，R_1、R_2、R_3、R_4 均为工作片且互为温度补偿片，当 $\varepsilon_2 = \varepsilon_4 = -\varepsilon_1$，$\varepsilon_1 = \varepsilon_3$，输出电压为

$$\Delta E = KU\varepsilon_1 \tag{4.49}$$

此时桥臂系数为 4，所以提高了输出的灵敏度，常采用全桥式。

用应变片进行电测时，要根据已知的应力分布规律、电桥工作原理、测量目的，合理地确定应变片的布置和桥接方式。通常零件在实际工作中，往往受几种不同性质外力的作用（拉、压、弯、扭等），采用不同方式的布片和桥接，可消除某种外力的影响，而测得一种外力作用下的应变。

第 5 章

面向 NVH 性能的汽车轻量化设计方法

车辆的 NVH 是指在车辆工作条件下乘员感受到的噪声（Noise）、振动（Vibration）和声振粗糙度（Harshness）。NVH 是衡量汽车性能的一个综合性指标，给汽车乘员的感受是最直接和最表面的。其中，声振粗糙度指噪声和振动的品质，是描述人体对振动和噪声的主观感觉，不能直接用客观测量方法来度量（也有学者将 Harshness 称为不平顺性，或者冲击性等）。

噪声、振动和声振粗糙度（NVH）是汽车设计中越来越重要的因素，这也使人们不断完善汽车设计。振动始终是与可靠性和质量相关的重要问题，噪声对汽车使用者和周围环境的影响也越来越重要。声振粗糙度与振动和噪声的瞬态性质密切相关，也与汽车的性能有紧密的关系。

汽车振动与噪声的控制对设计人员提出严峻的挑战，因为与许多机械系统不同，汽车有多处振动和噪声源，并且这些振动和噪声源相互作用，随汽车的行驶速度发生变化。尤其是现在原材料价格不断上升，更加重视汽车的轻量化研究，并且发动机转速更高，以降低油耗和提高发动机的性能，这也同时会增大汽车的噪声和振动，对汽车工程师提出许多新问题。噪声和振动问题的解决有助于缩短新车投放市场的周期。

随着人们对汽车乘坐舒适性要求的提高，各国对汽车噪声的要求越来越严格，改善车辆内部声学环境，降低车内噪声水平，是各国政府和汽车生产厂家共同关心的问题。车内噪声过大将严重影响汽车的乘坐舒适性、会话清晰度以及驾驶员对各种信号的识别能力。轻量化车身设计过程中，随着高强度薄壁钢板的大量使用，一个突出的问题是可能导致局部振动特性和车内噪声水平恶化。因此，有必要对轻量化前后车身结构的 NVH 特性进行评价。

5.1 汽车 NVH 问题概述

5.1.1 汽车的 NVH 性能和 NVH 技术的发展

早期的汽车发动机功率很低，而且只是在城市道路上低速行驶，噪声与振动的问题并不突出。20 世纪 50 年代，一辆中型轿车的发动机功率只有几十马力[①]，后来到了 100 马力。这时，高速公路开始发展，车速不断提高，噪声与振动问题日益凸显出来。到 20 世纪 90 年代，一辆中型轿车的发动机功率可以达到 200 马力，噪声与振动问题就开始成为汽车开发工程中的最主要问题之一。

随着发动机功率不断提高，噪声与振动也随之增加，政府法规对通过噪声的要求也越来越严格。表 5.1 表示不同时期欧盟对通过噪声的限制要求，从 1970 年的 82 dB（A）到 1995 年的 74 dB（A），噪声降低了 8 dB（A）。如果考虑到发动机增大和路面条件好转，那么实际上对通过噪声的要求不止提高了 8 dB（A）。

表 5.1 欧盟不同时期通过噪声标准

年份	1970	1974	1984	1995
噪声/dB（A）	82	80	77	74

多数消费者希望得到安静平稳的驾乘感受，能够充分利用车内语音通信和音响娱乐系统，因此在购买汽车时非常在意汽车的振动与噪声。统计分析表明，汽车的振动与噪声性能与顾客对于汽车的总体印象和评价直接相关。除了追求传统的低噪声和弱振动以外，消费者对于噪声的品质也提出新的要求。例如，对豪华车要求安静、没有振动，而且声音成分中尽可能只含有发动机发火频率部分；对运动型轿车要求驾驶起来有动感，声音中要多含半阶部分。

随着汽车技术的不断推陈出新，各级供应商和主机厂之间的合作日益紧密，不同品牌汽车的使用性能和安全性能之间的差别日益缩小。相比之下，汽车的 NVH 特性就成为区分汽车品牌优劣和档次的重要标准。因此，汽车厂商都非常重视提高 NVH 性能，并用它来展现新车型的特点。例如，福特公司的 F-150 皮卡和通用的别克 Lucerne 轿车都把其良好的NVH 性能作为主要

---

① 1 马力=735.499 瓦。

卖点之一。

在 20 世纪 60 年代以前，汽车噪声与振动的改进基本上是基于试验和简单的计算。例如，在进排气系统中使用的赫姆霍兹消声器就可以用简单计算来设计。20 世纪 60 年代后，计算机逐步应用到汽车领域，首先用于结构分析，有限元被用于计算汽车部件的模态和响应。到 20 世纪 70 年代，随着计算机内存和计算速度的发展，有限元网格可以划分得更细，计算精度可以达到更高的水平。到了 20 世纪 80 年代，随着工作站和服务器的应用，大型计算成为现实，于是出现了整车噪声与振动的计算，其中以模态综合技术为主。

有限元法主要解决低频问题。低频问题是确定性的，而高频时，模态密度非常高，就出现了分析高频问题的统计能量法。统计能量法出现于 20 世纪 60 年代，被用来解决航空器发射过程中受随机宽带激励的噪声与振动响应问题，但这种方法在汽车领域的应用却相当缓慢。直到 20 世纪 80 年代末 90 年代初，这种方法才开始应用于汽车工程领域。在以后的十多年时间里，统计能量法的应用突飞猛进，成为分析汽车高频噪声与振动问题的主要方法。

有限元法解决了低频问题，统计能量法有效地解决了高频振动与噪声。中频问题一直困扰着 NVH 领域的专家和学者们，直到 20 世纪 90 年代，工程师们用各种混合算法才使中频计算达到一定精度。

汽车在高速运行时，车身与空气之间的相互运动产生空气动力噪声。气体在进排气管道中高速流动会产生摩擦噪声。随着计算流体力学（Computation Fluid Dynamics，CFD）的发展，20 世纪 80 年代，人们开发出 CFD 与声学集成的软件，用来计算流动引起的噪声和管道的流场噪声。20 世纪 90 年代，一维和三维计算流体声场的软件逐步成熟。

进入 21 世纪以后，一些公司开始寻找噪声与振动分析软件和其他性能分析软件之间的对接和通用性，建立"虚拟实验室"这样的软件。"虚拟实验室"试图打破计算机与试验之间的界限，打破各种软件之间的界限。

20 世纪 60 年代，就有人从事汽车噪声与振动主动控制方面的研究，但是直到 20 世纪 90 年代，随着控制技术的发展和成本的降低，主动与半主动控制才真正用来降低汽车的噪声与振动。主动振动控制主要用在发动机的隔振上，而噪声控制已经用在进排气系统和车内噪声控制上。以前，主动控制只用在豪华车上，而现在这种方法已经开始用在普通轿车上。

20 年多来，汽车上的吸声和隔声材料用得越来越多，阻尼材料也在广泛应用，吸声和隔声效果越来越好。为了抑制辐射噪声，双层板结构已经用在一些部件上，如排气管和消声器外壳。为了减少某个频率的振动，动力吸振器在汽车很多部件上都有应用。

早期，测试分析设备简单，只能用声级计、加速度传感器来进行简单的噪声和振动测量。随着电子技术和信号处理技术的发展，出现了频谱分析、相干分析等技术并应用于信号分析和噪声振动源识别。之后又出现了声强测量、小波分析、倒频谱法和声全息法等新的测试与分析技术。这些技术大大提高了分析噪声振动谱和识别噪声振动源的准确性。

几十年来，车内噪声与振动大大降低。随着主要噪声振动源的性能改善，原来诸多次要噪声振动源凸显出来，因此降低系统和零部件的噪声与振动变得越来越重要。同时，结构轻量化的要求使得噪声与振动特征发生变化，这给汽车 NVH 技术和轻量化技术都带来了新的挑战。

5.1.2　汽车噪声与振动的特征

人的耳朵是一个非线性结构，对于不同频率噪声的听觉感受是不一样的。人对振动的敏感程度是与频率、坐姿、接触面积和方向等因素有关的。由于噪声与振动会给乘员是否舒适的感受，所以消费者在选购时对此十分关注。因此，在汽车开发过程中，汽车厂商会投入大量资源来改善汽车的 NVH 性能。

在制定一辆汽车的噪声与振动指标时，要考虑 4 方面的因素。第一是政府法规。目前，主要发达国家政府对于噪声和振动的法规是通过噪声标准。在欧洲，通过噪声的标准是不超过 74 dB（A）；在美国，通过噪声标准是小于 78 dB（A）。第二是消费者要求。在汽车开发之前，汽车厂商都会进行市场调查，了解市场上需要什么样的车，噪声与振动水平怎么样。在汽车开发过程中，都是以满足消费者的需求为中心的。第三是竞争对手的车。如果确定了将要开发的车在市场中的定位，就可以与竞争对手的相似车型进行对比测试分析，使得新产品在市场中更具竞争力。第四是公司的技术能力。不同的汽车厂商会根据自己研发实力、设备水平以及自身产品的实际情况制定相应的 NVH 设计目标。

当这 4 方面的要求都满足时，就可以制定整车层次的噪声与振动目标，包括驾驶员和乘员耳朵处的噪声大小、转向盘的振动、地板的振动以及座椅的振动。然后将整车振动目标分解，首先是分解到系统层次，如动力系统、车身系统等；然后继续分解到子系统，如将动力系统目标分解到发动机子系统、进气子系统、排气子系统等；最后将子系统噪声与振动目标分解到零部件，如将排气系统目标分解到消声器的传递损失、挂钩隔振器的传递率等。

汽车的噪声与振动有两个特点：一是与发动机的转速和汽车行驶速度有关；二是不同的噪声振动源有不同的频率范围。图 5.1 所示为汽车噪声振动源与行驶速度的关系。低速时，发动机是主要噪声振动源；中速时，轮胎与路面的摩擦是主要噪声振动源；高速时，车身与空气之间的摩擦变成了最主要的噪声振动源。图 5.2 所示为噪声振动源与频率的关系。低频时,发动机是主要噪声振动源,路面与轮胎摩擦和车身与空气摩擦的贡献随着频率增加而增加;中频时,变速箱和风激励噪声占主导成分;高频时,主要考虑的问题是说话和听话的声音是否清晰,即所谓的声品质问题。

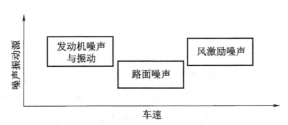

图 5.1　汽车噪声振动源与车速的关系

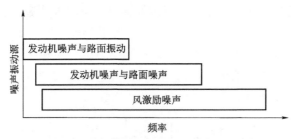

图 5.2　噪声振动源与频率的关系

5.1.3　汽车噪声与振动的主要问题

车内噪声的产生机理如图 5.3 所示。

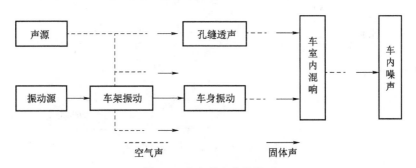

图 5.3　车内噪声产生机理

图 5.3 中的声源包括发动机噪声、底盘噪声及气体流动噪声等。这些声源所辐射的噪声在车身周围形成一个不均匀声场。声场中的噪声向车内传播的途径主要有两个:一是通过车身壁板及门窗上所有的孔、缝直接传入车内(由于

乘员室内布置操纵杆件及各种仪表的需要，乘员室壁上出现孔、缝，几乎不可避免）；二是车外噪声声波作用于车身壁板，激发壁板振动，向车内辐射形成噪声。图 5.3 中的振动源，主要指发动机、传动系统工作所产生的振动以及汽车行驶时由地面激励而产生的振动。这些振源产生的振动，通过汽车的车架等传递到乘员室与车架的连接处，激发乘员室壁板振动并向车内辐射形成噪声。应该指出，由发动机和底盘传给车身的振动与车外声波激发的车身壁板振动实际上是叠加在一起的，一般很难将它们区别开来，但是它们的传播途径不同，频率特性不同，所采取的降噪措施也不同。由于乘员室壁面主要由金属板件和玻璃构成，这些材料都具有很强的声反射性能。在乘员室门窗均关闭的情况下，前述传入车内的空气声以及壁板振动辐射的固体声都要在密闭的空间中进行多次反射，相互叠加，形成混响。各声源和振源的传播途径如图 5.4 所示，其中经由空气传播的噪声主要是发动机表面辐射噪声和气体流动噪声，而固体传播的噪声主要是发动机、轮胎、路面及气流等引起车身振动而向车内辐射的噪声。空气传播和固体传播噪声能量的比例因车型结构和噪声不同、频率成分的变化而有所差别。一般情况下，500 Hz 以上空气传声占主导地位，400 Hz 以下固体传声占主导地位。

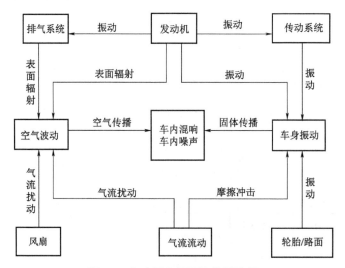

图 5.4　各声源和振源的传播途径

5.1.4　汽车 NVH 设计思路

5.1.4.1　汽车 NVH 设计原则

预防 NVH 问题出现的关键是要有完善的 NVH 设计流程，因为 NVH 问题的确认与改善代价高而且效率低下，经常会出现由于成本高昂而导致有缺陷的

第 5 章　面向NVH性能的汽车轻量化设计方法

汽车体系结构也会持续使用很长一段时间的现象。

为了保持竞争性，在设计开始时确认和控制汽车设计体系结构是非常关键的——建立具有挑战性的 NVH 目标，设计最理想的体系结构，并且一直坚持完善。要做到这些，需要遵循系统工程学方法，运用层叠图表去引导发展目标的设定，将优化对象的汽车水平目标与系统及系统组成部件的目标联系起来。

在设计过程中，遵循以下设计原则：
① 运用 NVH 流程表追踪引导设计。
② 任何时候都首先要对激励源进行准确的定位。
③ 避免与主模态共振。
④ 运用激励源——传递路径——响应器的流程方案。

5.1.4.2　主观评价的重要性

声品质本身反映了人对声音的主观感受。目前，现有的测试仪器和相关方法尚无法测试该指标。不过研究显示，声品质能够用直接测量和计算获得的客观物理参数来描述。这些反映不同声音信号造成主观感受差异的客观物理量，综合考虑了人体心理反应机制和声学感知特性，称为心理声学参数。

国外进行的声品质主观评价方面的研究，其基本思路和流程大体相同。首先，组织评价者对多个不同的有效车辆噪声采样信号进行评分。常用评价方法有两种：等级评分法和成对比较法。前者可以获得声音评价的绝对数值，后者则可以提供多个噪声采样之间的相对排序。然后，以统计学方法对噪声样本进行多重回归分析，确定主观评分等级与客观物理参数之间的相关性。最后，建立用心理声学参数表达的声品质函数公式，并以此作为汽车产品设计和制造的声学参考和评价指标。

汽车产品必须满足的 NVH 目标值，除了车外噪声是国家相关法规强制要求的以外，其他是以乘员的主观评价为基础，并将其转换为相应的物理量。因此，必须将目标值对应的物理量、乘员的感受通过某种方式结合起来。例如，乘员所处驾驶室振动、转向盘的振动、地板的振动等都有不同的幅值，乘员耳边的噪声也有一定的幅值和频率。如何将这些具体的幅值和主观感受对应起来，就需要一定的经验积累和标准支持。又如，对乘坐舒适性的评价，由于乘员主要是感受到上下方向的振动，因此需要重点关注的就是汽车的上下跳动（Bounce）成分和前后俯仰（Pitch）成分。可以对这两个成分分别评价，也可以对其进行加权平均来评价。在评价过程中，主观感受和客观测试数据就会有一一对应关系。

在汽车开发的概念设计阶段，首先需要确定本公司的产品将来在市场上面临的竞争对手，因此最直接的办法就是将市场上正在销售的 NVH 性能比较优秀的同级车采购回来，组织人员对其进行全面的测试，包括主观评价测试和客观评价测试。参与主观评价的人员应该是具有多年专业经验的专业人士和行业专家，有的汽车公司会邀请专业媒体人员参与。NVH 工程师将所有测试结果报告汇总在一起，并转化为对应的性能指标数据，作为本公司新产品的性能指标要求。另外，一些公共媒体上发布的相关 NVH 数据，包括客户的意见以及投诉也常常被拿来参考。

汽车作为商品投放到市场前，汽车公司要组织各部门人员，也包括媒体人员，按照先期制定的标准对新产品进行 NVH 性能评价。对于试验过程中暴露出来的问题，要根据问题的严重性组织人员加以整改。否则，这些问题一旦在市场上暴露出来，势必影响到公司的信誉，造成严重损失。

在市场上销售的产品，用户因为长期使用，所以对于产品的各项性能都有着更为详细切身的感受。用户的意见通常是以投诉的方式反映出来。由于当今社会具有发达的通信方式，单一用户的意见可能在市场上快速扩散开来。如果汽车公司不及时加以处理，势必会影响本公司的市场信誉，从而影响潜在客户对本公司产品的购买意愿。

5.1.4.3 现场感受的重要性

从事 NVH 工作的技术人员，无论是设计、试验还是制造部门，都应该积极出现在问题现场，通过对现场的观察和体验来获取第一手资料。对于 NVH 技术的初学者来说，更容易陷入数据万能的误区，这是由于对 NVH 现象还缺乏必要的理解，完全依赖测试数据，没有认识到发生的问题与测试数据之间的关系。

曾经有这么一个例子，为了降低噪声而使用了隔音板，测试结果显示噪声反而升高了。试验人员就匆匆下结论，认为使用隔音板没有起到降低噪声的作用，反而使问题恶化。但是，通过进一步的检查发现，是由于隔音板的安装方法错误，使隔音板自身成为一个新的噪声源。

当然，经过诸如此类的经验积累之后的熟练技术人员，往往能从测试数据中推测出一些异常现象。对于相对于特定的频率成分单纯的共振噪声，一些具有较宽构成频率的振动噪声，需要根据问题的特征、现象等进行详细的测试和分析，以查明问题发生的根本原因。但是，一般来说，对于具有很强的非线性、不可逆的 NVH 问题，多数是从结果中推导出发生问题的原因，并寻求解决方法，这对于经验丰富的工程师来说也是有难度的。

5.1.4.4 理解发生原理

NVH 问题为什么会发生，是如何发生的？在对汽车 NVH 问题进行研究时，需要掌握多方面的基础知识。例如，首先振动的基础是单自由度振动系统，该系统拥有质量、刚度和阻尼，并以一定的周期进行往复运动。这个振动特性是构造物固有的，在受到强制外力时，形成时间域内的固有振动和强制振动，发生振动现象。其次在该振动作用下，向连接结构传递振动力，并形成连续振动现象。这种形式的振动传递，各自拥有独特的频率和衰减特性，造成输入振动与输出振动之间一定的特性差异。因此，为了理解振动现象，需要从激励源、传递系统和放射系统三个大方面加以辨识，并区别对待。

汽车是由成千上万个零部件构成的。例如，作为汽车主要激励源的发动机，其输出的激励信号会通过多个传递系统传递到乘员位置。解决汽车 NVH 问题的第一步是确定激励源、传递路径和响应点，并在此基础上通过对问题的排查提高评价标准的等级等手段，进一步缩小问题的范围。

将诸如此类的 NVH 解决方案反映到系统或者零部件的设计中，应考虑 NVH 的开发流程。首先从理解各个振动与噪声现象的发生原理入手，确定主要的激励源、传递路径和响应点。其次，挑选出各自相关的系统或零部件，并确定其 NVH 特性。整车的 NVH 性能是由这些分散的部分组合成的。在这个理念指导下，设定相关系统或者零部件希望达到的目标，并反映到设计过程中。

5.1.4.5 CAE 技术的应用

1. 利用 CAE 技术建立整车模型

为了评价并降低在不同工况下的车辆振动和噪声，首先应建立用于研究整车 NVH 问题的 CAE 模型，预测并改善车室声压级和车辆不同位置的振动。为便于研究和系统地作出分析，可先将整车模型的车身结构、车室声学空腔、发动机、变速器、车架或副车架、转向装置、悬架系统和轮胎等分解成子系统，利用专用软件建模分析。

对于车身等弹性元件，通常使用有限元方法（Finite Element Method，FEM）建模。使用大型有限元分析（Finite Element Analysis，FEA）软件将这些子系统的三维计算机辅助设计（Computer Aided Design，CAD）模型读入 FEA 软件并划分有限元网格，然后输入材料密度、弹性模量等参数，就可计算出它们的模态。

对于悬架、转向系统等振动范围较大的底盘机构，通常利用多体系统动力学方法将系统内各部件抽象为刚体或弹性体，研究系统在低频范围内的动力学特性。通过数据传输接口，将这些部件的分析结果输入多体分析软件中，建立刚弹耦合模型，提高分析的准确度。

模型中独立的子系统（部件）可以用它们的部件模态或动力矩阵（刚度、质量和阻尼矩阵）建模，而部件模态可以由有限元分析或试验方法得到。对于自由度数目巨大的结构（如修整过的车身结构），用部件模态替代物理动力矩阵可提高建模的效率。这里通常使用车身结构的实模态，但是当实际结构中有非比例阻尼时，使用复模态可以得到更好的结果，但费用将增加。

车身结构模型由通过有限元分析产生的自由的实标准模态组成。对于低频 NVH 问题的研究，一般计算出 200 Hz 以下的车身模态就足够了。通常假设钢车身结构的阻尼为临界阻尼的 3%，在组装整车模型时，应将它加进模型中。

声学模型由有限元方法产生的声学模态组成。在组装整车模型时，可以将得到的声学模态与车身结构模态耦合，也可以在建立有限元模型时就将空气和车身结构相耦合，再将求出的耦合模态用于整车分析。空腔越长频率越低，一般第一阶频率不为零的声学模态出现在 40~80 Hz，表现为声压沿车室纵向分布的纵向声学模态。为了迅速验证有限元分析的结果，用声速的一半分别除以声模型的长、宽、高，可以粗略地计算出纵向、横向和垂向的首阶声学模态频率。

轮胎模型对于研究车辆 NVH 性能至关重要。因为轮胎直接与地面相接触并且被不平路面所激励，所以要用约束模态建模而不能用自由模态（轮胎是车辆模型中唯一用约束模态建模的部件）。

以上介绍的 CAE 建模方法都是针对低频（200 Hz 以下）NVH 问题。对于更高频率的汽车 NVH 特性的预测，如果采用有限元方法建立模型，将大大增加工作量，且结果的准确度也差。

2. 研究 NVH 特性激励源的模拟方法

行驶车辆的主要激励源包括不平路面、发动机的惯性力载荷和不平衡脉动转矩、车轮不平衡质量、传动系统不平衡转矩等。

发动机的旋转、往复质量和燃烧室中的气体压力波动将产生发动机的激励。试验表明，车室内噪声的峰值频率与发动机的激振频率关系密切。在模拟发动机的激励作用时，可以直接测量发动机的振动信号输入模型，也可建立发动机模型模拟实际工作状况产生激励。

由于制造误差的影响，车轮和轮胎不可能完全平衡，这将引起高速时产生车轮摆振等 NVH 问题。要减轻这些问题带来的影响，必须使汽车 NVH 特性对车轮不平衡的灵敏度非常低。根据不平衡质量的大小和它距轮心的距离可以计算出它产生的力矩，将此力矩施加于模型的车轮中心可以模拟车轮的不平衡激励。后轮驱动汽车的传动轴很长，它的不平衡质量也会引起车辆 NVH 问题。传动轴不平衡所产生的激励可以在模型的万向节接头处施加力来模拟。

不平路面对轮胎的激励会通过悬架传递至车身，然后形成振动和噪声作用于乘员。通常假设轮胎和路面总是接触的，仿真计算时在轮胎与路面接触区域施加一个强迫位移代表路面激励。为了模拟汽车在特定路面上行驶，需要测量这条路面不平度函数并将它转换成功率谱密度（Power Spectral Density，PSD），然后将它与车辆系统传递函数相结合，就可以得到各个位置响应的功率谱密度。

应用整车模型和模拟激励可以计算乘员耳边的声压级和敏感位置的振动（如座椅和转向盘），接下来就需要利用 NVH 诊断技术识别这些振动和噪声响应的原因。

3. 汽车 NVH 特性的诊断技术

通过对仿真模型的计算和分析，可以发现不符合设计目标的 NVH 响应，称为临界响应（Critical Response）。临界响应产生的原理极为复杂，如后座椅处的轰鸣声表面上看是由于车顶板件振动产生的，但实际上很可能是由结合点强度不够所导致。汽车设计人员应分析并识别其产生的本质原因，以消除或降低临界响应。NVH 诊断技术包括受迫响应动画、能量（动能或应变能）分布图、声学结构模态贡献图等。合理的 NVH 诊断研究结合良好的工程经验可以加快判定本质临界响应产生原因的过程。

在某一峰值频率处的受迫响应动画能够直观地识别出该频率下活跃的元件。载荷工况和频率不同，则振动的元件也不相同，为此需要对不同频率下的动画进行研究。

根据相关元件的刚度和质量计算得到的能量图能够识别出含有高应变能或动能的元件，显示振动能量和声能量在元件以及车室中的分布情况，可以分析出临界频率下载荷传递的途径进而确定有问题的机构。利用车身元件的应变能分布图可以分析并识别出薄弱的设计环节。对可以视为串联弹簧的系统，其最薄弱环节处的应变能最大；对于并联弹簧系统而言，应变能最大的元件最坚固。一个元件的应变能密度过低，表明这个零件或者是设计强度过大，或者是不在载荷传递的途径上。

元件模态贡献图能够识别出不同车身结构模态对临界响应的贡献情况。通过观察车身模态的动画，可以深入地探讨临界车身模态产生的原因以及如何移频或改变它的振型。声学模态贡献图可识别出对临界峰值响应有贡献的声学空腔和车身结构的模态，模态使响应增大则贡献因子为正。板件声学贡献（PAC）图则显示出与空腔相邻的车身板件对车内声学响应的贡献情况。将 PAC 图和受迫响应动画相结合，可以描述不同板件的振动幅值及其相位差对车室内声压级的影响。

利用这些诊断技术可以识别临界 NVH 问题的本质原因并最终确定解决方案。

5.1.4.6 汽车 NVH 设计步骤

汽车 NVH 特性的研究既可以贯穿于新车型的研发过程，也可以在现有车型的改进设计中起到重要作用。它可以看作是建立在计算机仿真分析基础之上的、以汽车 NVH 特性为设计目标的一种设计方法。在整车研发过程中，NVH 特性的研究可以分为以下 4 个阶段。

(1) 确定整车设计标准。

根据市场现有同类型汽车的 NVH 性能水平设定新车型的 NVH 标准。

(2) 利用计算机仿真分析整车各相关子系统设计目标。

根据整车 NVH 性能目标的要求确定悬架系统、发动机悬置系统、车身、座椅和转向系统等子系统的性能标准。例如，车轮与路面之间产生的振动通过悬架系统传递到车身并激励车身壁板振动形成车室内部的噪声。在这个过程中，车身结构和空腔以及前、后悬架的动特性与车室内部噪声之间复杂的动态关系可以通过数学模型来描述，即要建立整车的计算机辅助实验（Computer Aided Experiment，CAE）模型并进行仿真研究。利用仿真结果将实际的道路特性与子系统参数（如悬架动刚度等）联系起来，就可以根据整车的 NVH 性能目标确定各个子系统的 NVH 目标（图 5.5）。同时，各子系统目标的确定也要符合试验设计和可靠性设计的要求。

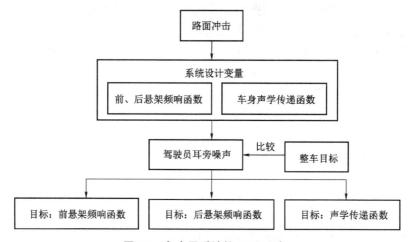

图 5.5　各个子系统的 NVH 目标

(3) 通过元件的结构设计实现子系统和整车的性能目标。

在实现性能目标的设计阶段必须完成以下工作：

① 确定每个元件的详细特征。这些特征可能在以前的建模分析中没有表现出来，如连接孔、工艺孔、焊点位置等。

② 进行各子系统元件的可靠性设计和多目标优化设计，改善汽车 NVH 特性，以确保结构元件的设计方案为最佳。

③ 进行极限工况的校核（如悬架撞击）。

(4) 样车的试验与调整。

生产出样车后，就可以在实验室中或道路上进行试验。一般是用三向加速度传感器测量人与车接触面之间的振动信号，用传声器测量乘员耳旁的噪声信号，以测试产品的性能与设计目标之间的差异，从而进行必要的调整与修改。

5.2 面向 NVH 性能的轻量化设计思路

轻量化过程是现在大部分汽车产品都必须执行的重要工作。然而，随着轻量化技术的普及和深入发展，改进后的汽车产品可能会暴露出一些新的问题。轻量化技术的主要研究对象是车身结构及零部件的结构、材料和工艺。本章从这三个方面入手，着重探讨考虑汽车 NVH 性能的轻量化技术。

5.2.1 基于结构的轻量化-NVH 设计思路

1. 以模态频率为约束的结构优化设计

结构优化设计方法是随着计算机技术的发展而逐渐发展起来的现代设计制造方法，它应用计算机辅助设计技术、计算机辅助分析技术等先进的外部平台，辅以数值方法、数学规划、计算机科学等有效的分析理论，帮助科研工作者设计出符合实际情况的最合理的结构造型。结构优化设计技术在工程中的应用蓬勃发展，其应用领域涵盖了航空航天、船舶、汽车、机械、土木等行业，涉及的问题包含性能优化设计、结构轻量化设计以及可靠性优化设计等诸多方面。其中，汽车的轻量化设计就是结构优化设计技术重要的应用领域。

结构优化技术的主要思想是寻求在设计空间中满足要求的最优材料分布，进而给出最合理的结构造型。它的主要方法是将结构优化问题转化为一个数学优化问题，将实际的结构问题抽象出一个优化数学模型，应用数值算法求解这个数学模型，得到数学优化问题的最优解，再将数学上的最优解转化为结构优化的结果。因此，优化数学模型的构建和求解就是结构优化问题的核心部分。优化数学模型包括 3 部分，即设计变量、优化目标函数和约束条件。设计变量是在优化过程中发生改变的量，通过对设计变量的调节获得最优解。目标函数是优化问题所要达到的目的的数学表达。它是设计变量的函数，优化目标函数是否收敛是检测优化是否完成的标准，也是评价优化结果的依据。约束条件是在优化过程中设计变量应满足的条件。它同样是设计变量的函数，由约束条件确定的设计变量的取值范围叫作优化问题的设计域，它保证了设计变量在合理的区间内寻优。

综上所述，汽车结构轻量化问题实际上是一类特殊的优化问题。它的研究对象是车身结构及其零部件结构，优化目标是质量最小。汽车结构的轻量化问题根据设计变量类型的不同可划分为 3 个层次，即拓扑优化、形状优化和尺寸优化。拓扑优化是一种通过改变结构的拓扑关系，重新定义材料在零件上的分配，使新设计的零件满足某种性能指标的优化设计方法，其主要思想是在确定的拓扑空间内寻求材料的最合理布置方式。形状优化是设计人员对模型有了一定的形状设计思路后所进行的一种细节设计，目的是通过改变模型的某些形状参数,达到改变模型力学性能的目的,以满足实际工况对结构的具体要求。尺寸优化设计是在给定结构类型、材料和拓扑布局的情况下通过具体的优化方法,确定结构详细参数的优化过程。尺寸优化的设计变量包括板壳类结构的厚度、杆梁结构的截面参数、弹簧的刚度,等等。

模态分析可定义为对结构动态特性的解析分析和试验分析。其结构动态特性用模态参数来表征。在数学上,模态参数是力学系统运动微分方程的特征值和特征矢量;在试验方面则是试验测得的系统的极点(固有频率和阻尼)和振型(模态向量)。然而,随着模态分析专题研究范围的不断扩展,从系统识别到结构灵敏度分析以及动力修改等,模态分析技术已被广义地理解为包括力学系统动态特性的确定以及与其应用有关的大部分领域。

对于 NVH 性能而言,汽车结构的模态是非常重要的指标,它关系到结构动态特性、敏感频率、传递特性等诸多重要问题。在汽车 NVH 设计中,通常通过计算或测量来描绘汽车整车或零部件的固有频率图,以了解其固有特性,避免汽车在使用过程中产生共振而影响其 NVH 性能。图 5.6 所示为典型的汽车整车固有频率分布。

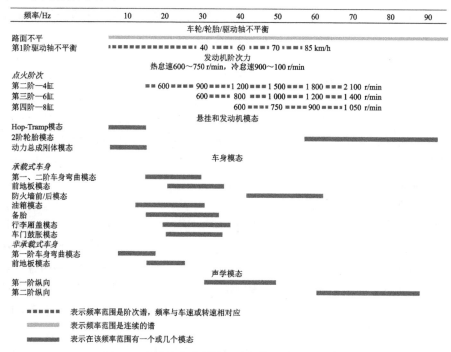

图 5.6 典型的汽车整车固有频率分布(见彩插)

汽车结构经过复杂的优化过程后,结构的形状发生变化,结构的材料使用量被降到最低,相应的结构质量也大幅度减小。这些变化会对结构的模态频率和振型产生明显的影响。表 5.2 中的数据是某 SUV 车架进行传统轻量化设计前后的模态频率。可以发现,优化后的车架前两阶模态频率和车身模态出现了一定程度的耦合,这不满足 NVH 设计时模态分布规划的要求,势必会导致整车 NVH 性能的下降。因此,为了保证轻量化之后的 NVH 性能,在轻量化设计时必须考虑轻量化对结构模态的影响,如表 5.2 所示。

表 5.2 车架轻量化对 NVH 性能的影响(见彩插)

阶次	车架频率/Hz		车架振型	车身振型	车身频率/Hz
	优化前	优化后			
1	20.6	24.1			25.9
2	25.8	29.0			29.1

2. 面向声固耦合现象的车身结构优化设计

汽车内部是由车身壁板围成的一个封闭空间,充满空气,与任何结构系统一样,它拥有模态频率和模态振型,即声腔模态,图 5.7 所示为声腔有限元模型。声腔模态不同于结构模态以位移分布为特征,它是以压力分布来衡量的。声腔模态频率是声学共鸣频率,在该频率处车内空腔产生声学共鸣,压力被放大。声波在某一声学模态频率下,在车内空腔传播时,入射波与空腔边界形成的反射波相互叠加或者相互抵消,从而在不同位置产生不同的声压。

图 5.7 声腔有限元模型

汽车内部声腔模态因尺寸、空间和容积等而不同。轿车的第一阶声腔模态一般为 40～80 Hz，而 MPV 车、微型车和 SUV 车则要低一些。同时，声腔模态与频率的立方成正比，模态密度随着频率的增加而急剧增加，而我们重点关注的声腔模态一般是在 200 Hz 以内的。

在上述声腔模态分析中，声腔壁被假设为刚性，即没有考虑车身结构板的振动。但事实上，在低阶声腔模态频率范围内，声腔模态和车身结构振动模态也有很强的耦合，此时不但声场响应的计算需要考虑车身结构的振动，车身结构振动的计算也必须考虑声腔模态。图 5.8 所示为某 SUV 车身结构进行传统轻量化设计后声腔模态的变化。可以看出，轻量化后的声腔模态分布在驾驶员双耳区域的声压较优化前有明显升高，驾驶员感受到的噪声也会随之增大。因此，在对车身板结构进行轻量化设计时，应将车身结构振动和声腔模态作为耦合系统综合考虑轻量化之后的 NVH 性能。

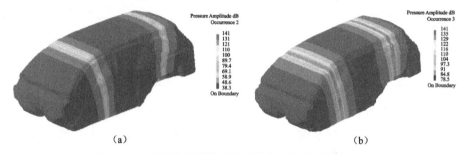

图 5.8　车身结构轻量化对声腔模态的影响（见彩插）
（a）优化前；（b）优化后

3. 面向声辐射特性的板结构优化设计

声腔和车身结构振动模态的强耦合随着频率的增加而减弱，随着频率的增加，每一块板结构的振动与相邻板的振动联系逐渐降低，高频时基本上是单独作用。振动与声腔声场的耦合通常使用板的声辐射系数来评价。

板类结构的声辐射是经典的声学问题。声辐射物理现象可以通过波动的概念来表述。均匀平板结构受到垂向激励振动，在结构中产生弯曲弹性波向四周扩散传播。弯曲弹性波的波速与结构的材料、形状和激励频率都有关系。因此，在进行薄板件的轻量化设计时，应合理控制截面形状和尺寸，控制板件的辐射噪声。

5.2.2　基于材料的轻量化-NVH 设计思路

1. 附加阻尼材料的喷涂和黏结法则

为了降低板结构的声辐射功率，需要增加声固耦合确定的高效率声辐射板块的阻尼。比较有效的方法就是在这些板块上喷涂或黏结阻尼材料，这势必会增加整车的质量。因此，合理地规划阻尼材料的使用位置和用量就显得尤为重要。

2. 吸声材料和隔声材料的使用法则

处理高频噪声的主要方法就是声学包装，也就是在车身结构内布置吸声材料和隔声材料。针对汽车中不同的噪声源，需要采取有针对性的降噪措施，合理地布置吸声和隔声材料，尽量把附加材料给整车轻量化带来的影响降到最低。

5.3 基于结构的轻量化–NVH 设计思路

5.3.1 以模态频率为约束的结构优化设计

前面已经提到，在进行结构轻量化设计时，需要把模态频率作为一个约束条件，本节具体讨论基于有限元方法的包含模态频率的结构轻量化设计数学模型。

5.3.1.1 加权余量法求解微分方程

加权余量法是有限元法求解微分方程的一种思路，它是以有限元法为基础的轻量化设计方法的基础。该方法区别于传统的微分方程数值解法，它不是根据原始条件直接求解，而是先推导给定微分方程的等效积分形式，再求解。根据权函数确定方法的不同，加权余量法可以分为配点法、最小二乘法和伽辽金法等。因此，使用加权余量法求解微分方程，就必须先了解微分方程的等效积分形式及其"弱"形式。

1. 微分方程等效积分形式

假设对某一问题可以进行如下描述：对待求函数 u 在域 Ω 内可以建立方程 $A(u)=0$，在边界 Γ 上满足边界条件 $B(u)=0$，则该工程问题可以被这样一个微分方程描述：

$$\begin{cases} A(u)=0 & u\in \Omega \\ B(u)=0 & u\in \Gamma \end{cases} \tag{5.1}$$

式中，A 和 B 为微分算子；场函数 u 可以是标量场，也可以是向量场，所以式（5.1）采用了矩阵形式。

在式（5.1）第一个方程中，要求 $A(u)$ 在域 Ω 中的每一点都必须为 0，则有

$$\int_{\Omega} v^{\mathrm{T}} A(u) \mathrm{d}\Omega = 0 \tag{5.2}$$

式中，v 为任意函数列向量，它的维度和微分方程的个数相等。

若微分方程在域内某些点内不成立，则必然有这些点对式（5.2）也不成立；反过来说，若式（5.2）对于域内任何一点都成立，则式（5.1）第一个方程必然成立，所以式（5.1）第一个方程和式（5.2）等价。同理，式（5.1）第二个方程与式（5.3）等价：

$$\int_\Gamma \bar{v}^T B(u) d\Gamma = 0 \tag{5.3}$$

式（5.2）+式（5.3）得

$$\int_\Omega v^T A(u) d\Omega + \int_\Gamma \bar{v}^T B(u) d\Gamma = 0 \tag{5.4}$$

则式（5.4）是与式（5.1）等价的微分方程的等效积分形式。

2. 等效积分形式的"弱"形式

对式（5.4）进行分部积分可以得到如下形式：

$$\int_\Omega C(v^T) D(u) d\Omega + \int_\Gamma E(\bar{v}^T) F(u) d\Gamma = 0 \tag{5.5}$$

式中，C、D、E、F 为微分算子，其中 D 和 F 较 A 和 B 的导数阶次更低，这样对于场函数只要求低阶连续即可。在场函数阶次降低的同时，权函数 v 和 $\bar{v}$ 的连续阶次要相应地升高，但做到这一点并不困难，因为它们是已知的函数。这种在等效积分形式中适当提高权函数的连续性要求，并相应地降低场函数连续性要求的形式，称为等效积分形式的"弱"形式，它在有限元实际计算中具有十分重要的意义。

3. 加权余量法

在微分方程数值求解中，找到一个函数精确解使之严格满足微分方程和边界条件的要求是十分困难的，因此需要设法找到满足一定精度要求的近似解。假设用一组带有待定系数的已知函数作为解的近似函数，并采用如下形式：

$$u \approx \sum_{i=1}^n N_i a_i = Na \tag{5.6}$$

式中，a_i 为待定系数；N_i 为试探函数，它取自完全函数序列。

当 n 取有限项时，近似解不能严格满足微分方程和边界条件的要求，将会产生残余误差 R 和 $\bar{R}$，也称作余量：

$$R = A(Na)，\quad \bar{R} = B(Na)$$

将近似解代入等效积分形式：

$$\int_\Omega W_j^T A(Na) d\Omega + \int_\Gamma \overline{W}_j^T B(Na) d\Gamma = 0 \tag{5.7}$$

式（5.7）的意义在于，通过强迫余量的加权积分为0，得到一关于待定系数的方程组，用以求解待定系数 a_i，由 a_i 可以构建微分方程的近似解。这种微分方程近似解法叫作加权余量法。W_j^T 和 $\overline{W}_j^T$ 称为权函数，根据权函数的选择方法，就得到了加权余量的不同计算方法。常用的权函数选择方法有配点法、最小二乘法和伽辽金法等。

5.3.1.2 弹性力学基本方程及其张量表达

弹性力学普遍原理是许多物理问题、工程问题的基础，有限单元法经常要用到弹性力学基本方程及其变分原理，下面将对弹性力学基本方程进行简要阐述。

1. 弹性力学基本方程的矩阵形式

1) 平衡方程

$$\begin{bmatrix} \dfrac{\partial}{\partial x} & 0 & 0 & \dfrac{\partial}{\partial y} & 0 & \dfrac{\partial}{\partial z} \\ 0 & \dfrac{\partial}{\partial y} & 0 & \dfrac{\partial}{\partial x} & \dfrac{\partial}{\partial z} & 0 \\ 0 & 0 & \dfrac{\partial}{\partial z} & 0 & \dfrac{\partial}{\partial y} & \dfrac{\partial}{\partial x} \end{bmatrix} \begin{bmatrix} \sigma_x \\ \sigma_y \\ \sigma_z \\ \tau_{xy} \\ \tau_{yz} \\ \tau_{xz} \end{bmatrix} + \begin{bmatrix} f_x \\ f_y \\ f_z \end{bmatrix} = \mathbf{0} \quad (5.8)$$

即

$$A\sigma + \overline{f} = \mathbf{0} \quad (5.9)$$

式中，A 为微分算子矩阵；σ 为应力向量；$\overline{f}$ 为体积力向量。

2) 几何方程

$$\begin{bmatrix} \dfrac{\partial}{\partial x} & 0 & 0 \\ 0 & \dfrac{\partial}{\partial y} & 0 \\ 0 & 0 & \dfrac{\partial}{\partial z} \\ \dfrac{\partial}{\partial y} & \dfrac{\partial}{\partial x} & 0 \\ 0 & \dfrac{\partial}{\partial z} & \dfrac{\partial}{\partial y} \\ \dfrac{\partial}{\partial z} & 0 & \dfrac{\partial}{\partial x} \end{bmatrix} \begin{bmatrix} u \\ v \\ w \end{bmatrix} = \begin{bmatrix} \varepsilon_x \\ \varepsilon_y \\ \varepsilon_z \\ \gamma_{xy} \\ \gamma_{yz} \\ \gamma_{xz} \end{bmatrix} \quad (5.10)$$

即

$$Lu = \varepsilon \quad (5.11)$$

式中，L 为微分算子矩阵；u 为位移向量；ε 为应变向量。

3）物理方程

$$\begin{bmatrix} \sigma_x \\ \sigma_y \\ \sigma_z \\ \tau_{xy} \\ \tau_{yz} \\ \tau_{xz} \end{bmatrix} = \frac{E(1-v)}{(1+v)(1-2v)} \begin{bmatrix} 1 & \frac{v}{1-v} & \frac{v}{1-v} & 0 & 0 & 0 \\ \frac{v}{1-v} & 1 & \frac{v}{1-v} & 0 & 0 & 0 \\ \frac{v}{1-v} & \frac{v}{1-v} & 1 & 0 & 0 & 0 \\ 0 & 0 & 0 & \frac{1-2v}{2(1-v)} & 0 & 0 \\ 0 & 0 & 0 & 0 & \frac{1-2v}{2(1-v)} & 0 \\ 0 & 0 & 0 & 0 & 0 & \frac{1-2v}{2(1-v)} \end{bmatrix} \begin{bmatrix} \varepsilon_x \\ \varepsilon_y \\ \varepsilon_z \\ \gamma_{xy} \\ \gamma_{yz} \\ \gamma_{zx} \end{bmatrix}$$

(5.12)

即 $\qquad \sigma = D\varepsilon \qquad$ (5.13)

式中，D 为弹性矩阵，它只与材料的弹性模量和泊松比有关。

4）力的边界条件

$$\begin{bmatrix} \overline{T}_x \\ \overline{T}_y \\ \overline{T}_z \end{bmatrix} = \begin{bmatrix} n_x & 0 & 0 & n_y & 0 & n_z \\ 0 & n_y & 0 & n_x & n_z & 0 \\ 0 & 0 & n_z & 0 & n_y & n_x \end{bmatrix} \begin{bmatrix} \sigma_x \\ \sigma_y \\ \sigma_z \\ \tau_{xy} \\ \tau_{yz} \\ \tau_{xz} \end{bmatrix} \qquad (5.14)$$

即 $\qquad \overline{T} = n\sigma \qquad$ (5.15)

式中，$\overline{T}$ 为在弹性体边界上单位面积的作用力；n 为边界外法线的方向余弦。

5）位移边界条件

$$u = \overline{u} \qquad (5.16)$$

式中，u 为在边界处弹性体的位移；$\overline{u}$ 为弹性体在边界上的位移。

6）应变能和余能

单位体积的应变能：

$$U(\varepsilon) = \frac{1}{2}\varepsilon^T D\varepsilon \qquad (5.17)$$

单位体积的余能：

$$V(\sigma) = \frac{1}{2}\sigma^T D\sigma \qquad (5.18)$$

弹性体的应变能和余能互余，在线弹性问题中二者相等。

2. 弹性力学基本方程的张量表达

弹性力学基本方程可以使用笛卡儿张量语言来描述，通过使用附标求和的约定，可以使表达方式更加简练。在笛卡儿坐标系中，应力张量和应变张量都是对称的二阶张量，分别用 σ_{ij} 和 ε_{ij} 表示；位移张量、体积力张量、面积力张量都是一阶张量，用 u_i、$\bar{f}_i$、$\bar{T}_i$ 表示；弹性张量和柔度张量都是四阶张量，用 D_{ijkl} 和 C_{ijkl} 表示。由弹性力学基本方程的矩阵形式，可以得出弹性力学基本方程的张量表达。

1）平衡方程

$$\sigma_{ij,j} + \bar{f}_i = 0 \qquad (i=1,2,3) \tag{5.19}$$

2）几何方程

$$\varepsilon_{ij} = \frac{1}{2}(u_{i,j} + u_{j,i}) \qquad (i,j=1,2,3) \tag{5.20}$$

3）物理方程

$$\sigma_{ij} = D_{ijkl}\varepsilon_{kl} \qquad (i,j,k,l=1,2,3) \tag{5.21}$$

式中，D_{ijkl} 为弹性张量，它包含两个应力维度和两个应变维度，当材料为线弹性且各向同性时：

$$D_{ijkl} = \frac{E}{1+\nu}\delta_{ik}\delta_{jl} + \frac{E\nu}{(1+\nu)(1-2\nu)}\delta_{ij}\delta_{kl} \tag{5.22}$$

令 $G = \dfrac{E}{2(1+\nu)}$，$\lambda = \dfrac{E\nu}{(1+\nu)(1-2\nu)}$，则

$$D_{ijkl} = 2G\delta_{ik}\delta_{jl} + \lambda\delta_{ij}\delta_{kl} \tag{5.23}$$

式中，δ 可以理解为二阶单位张量。

因此，线弹性各向同性材料的物理方程为

$$\sigma_{ij} = 2G\varepsilon_{ij} + \lambda\delta_{ij}\varepsilon_{kk} \tag{5.24}$$

4）力的边界条件

$$\bar{T}_i = \sigma_{ij}n_j \qquad (i=1,2,3) \tag{5.25}$$

5）位移边界条件

$$u_i = \bar{u}_i \qquad (i=1,2,3) \tag{5.26}$$

6）应变能和余能

单位体积应变能：

$$U(\varepsilon_{mn}) = \frac{1}{2}D_{ijkl}\varepsilon_{ij}\varepsilon_{kl} \tag{5.27}$$

单位体积余能：

$$V(\boldsymbol{\sigma}_{mn}) = \frac{1}{2} C_{ijkl} \sigma_{ij} \sigma_{kl} \tag{5.28}$$

5.3.1.3 虚功原理及其变分原理

虚功原理用来建立与弹性力学基本方程等价的有限元基本方程的等量关系。这是有限元法必须遵循的条件，也是轻量化问题的约束条件。它可以表述为：弹性体中任意平衡力系在任意满足变形协调方程的条件下所做的虚功为零，即系统外力的虚功与内力的虚功之和为零。虚功原理包含虚位移原理和虚应力原理。虚位移原理可以用平衡方程和力的边界条件所组成微分方程的等效积分形式的"弱"形式来表达；虚应力原理可以用几何方程和位移边界条件所组成的微分方程的等效积分"弱"形式来表达。本书采用虚位移原理及其变分原理建立有限元基本方程，先推导虚位移原理，再讨论其变分原理。为了使公式表达更简练，推导过程全部采用张量语言表达。

1. 虚位移原理

若有微分方程

$$\begin{cases} A(u) = 0 & u \in \Omega \\ B(u) = 0 & u \in \Gamma \end{cases} \tag{5.29}$$

那么它的等效积分形式为

$$\int_{\Omega} W_j^{\mathrm{T}} A(u) \mathrm{d}\Omega + \int_{\Gamma} \overline{W}_j^{\mathrm{T}} B(u) \mathrm{d}\Gamma = 0 \tag{5.30}$$

考虑用平衡方程（5.19）和力的边界条件（5.25）建立微分方程：

$$\begin{cases} \sigma_{ij,j} + \overline{f}_i = 0 & \text{（在弹性体 } V \text{ 内）} \quad (i=1,2,3) \\ \sigma_{ij} n_j - \overline{T}_i = 0 & \text{（在边界 } S_\sigma \text{ 上）} \quad (i=1,2,3) \end{cases}$$

并写出它的等效积分形式：

$$\int_V \delta u_i (\sigma_{ij,j} + \overline{f}_i) \mathrm{d}V - \int_{S_\sigma} \delta u_i (\sigma_{ij} n_j - \overline{T}_i) \mathrm{d}S = 0 \tag{5.31}$$

由伽辽金法，等效积分形式的权函数取真实位移的变分 δu_i，在边界上取 $-\delta u_i$。

又，在边界上真实位移的变分为 0，则

$$\int_V \delta u_i \sigma_{ij,j} \mathrm{d}V + \int_V \delta u_i \overline{f}_i \mathrm{d}V = 0 \tag{5.32}$$

对式（5.31）第一项进行分部积分：

$$\int_V \delta u_i \sigma_{ij,j} \mathrm{d}V = \delta u_i \cdot \sigma_{ij} - \int_V \delta u_{i,j} \sigma_{ij} \mathrm{d}V \tag{5.33}$$

由应变张量的对称性，式（5.33）可以写为

$$\int_V \delta u_i \sigma_{ij,j} \mathrm{d}V = \int_V (\delta u_i \cdot \sigma_{ij})_{,j} \mathrm{d}V - \frac{1}{2}\int_V (\delta u_{i,j} + \delta u_{j,i}) \sigma_{ij} \mathrm{d}V \qquad (5.34)$$

使用高斯公式将式（5.34）等号右边第一项转化为边界上的曲面积分：

$$\int_V (\delta u_i \cdot \sigma_{ij})_{,j} \mathrm{d}V = \int_{S_\sigma} \delta u_i \sigma_{ij} \begin{bmatrix} \cos\alpha \\ \cos\beta \\ \cos\gamma \end{bmatrix} \mathrm{d}S \qquad (5.35)$$

用坐标转换矩阵的张量表达式 n_j 替换式（5.35）中的方向余弦：

$$\int_V (\delta u_i \cdot \sigma_{ij})_{,j} \mathrm{d}V = \int_{S_\sigma} \delta u_i \sigma_{ij} n_j \mathrm{d}S \qquad (5.36)$$

将式（5.36）代入式（5.34）：

$$\int_V \delta u_i \sigma_{ij,j} \mathrm{d}V = \int_{S_\sigma} \delta u_i \sigma_{ij} n_j \mathrm{d}S - \frac{1}{2}\int_V (\delta u_{i,j} + \delta u_{j,i}) \sigma_{ij} \mathrm{d}V \qquad (5.37)$$

由几何方程（5.20），将式（5.37）中等号右边第二项用应变张量的变分表达：

$$\int_V \delta u_i \sigma_{ij,j} \mathrm{d}V = \int_{S_\sigma} \delta u_i \sigma_{ij} n_j \mathrm{d}S - \int_V \delta \varepsilon_{ij} \sigma_{ij} \mathrm{d}V \qquad (5.38)$$

将式（5.38）代入式（5.32）：

$$\int_{S_\sigma} \delta u_i \sigma_{ij} n_j \mathrm{d}S + \int_V (-\delta \varepsilon_{ij} \sigma_{ij} + \delta u_i \overline{f}_i) \mathrm{d}V = 0 \qquad (5.39)$$

式（5.39）为虚位移原理的张量表达式，写成矩阵形式：

$$\int_V (\delta \boldsymbol{\varepsilon}^\mathrm{T} \boldsymbol{\sigma} - \delta \boldsymbol{u} \overline{\boldsymbol{f}}) \mathrm{d}V - \int_{S_\sigma} \delta \boldsymbol{u}^\mathrm{T} \overline{\boldsymbol{T}} \mathrm{d}S = 0 \qquad (5.40)$$

将虚位移原理写成式（5.39）的意义在于等效积分形式的场函数 $\sigma_{ij,j}$ 项转化为 σ_{ij}，降低了对场函数连续性的要求。虚位移原理的物理意义：如果力系满足平衡方程和力的边界条件，则该力系在虚位移和虚应变上所做的功总和为零。

2. 变分原理

由虚位移原理式（5.39）和物理方程（5.21），可将式（5.39）第二项表达为

$$\int_V (-\delta \varepsilon_{ij} \sigma_{ij} + \delta u_i \overline{f}_i) \mathrm{d}V = \int_V (-\delta \varepsilon_{ij} D_{ijkl} \varepsilon_{kl} + \delta u_i \overline{f}_i) \mathrm{d}V \qquad (5.41)$$

由弹性张量的对称性：

$$\int_V (-\delta \varepsilon_{ij} \sigma_{ij} + \delta u_i \overline{f}_i) \mathrm{d}V = \int_V \left[-\frac{1}{2}\delta(\varepsilon_{ij} D_{ijkl} \varepsilon_{kl}) + \delta u_i \overline{f}_i \right] \mathrm{d}V \qquad (5.42)$$

将应变能密度的张量表达式（5.26）代入式（5.42），可得

$$\int_V (-\delta \varepsilon_{ij} \sigma_{ij} + \delta u_i \overline{f}_i) \mathrm{d}V = \int_V \left[-\delta U(\varepsilon_{mn}) + \delta u_i \overline{f}_i \right] \mathrm{d}V \qquad (5.43)$$

将式（5.43）代入式（5.39）：

$$\int_{S_\sigma} \delta u_i \sigma_{ij} n_j \mathrm{d}S + \int_V \left[-\delta U(\varepsilon_{mn}) + \delta u_i \bar{f}_i \right] \mathrm{d}V = 0 \tag{5.44}$$

又，位势函数

$$\begin{cases} \delta\varphi(u_i) = -\bar{f}_i \delta u_i \\ \delta\psi(u_i) = -\bar{T}_i \delta u_i \end{cases} \tag{5.45}$$

将式（5.45）代入式（5.44）：

$$\int_{S_\sigma} \delta\psi(u_i) \mathrm{d}S + \int_V \left[\delta U(\varepsilon_{mn}) + \delta\varphi(u_i) \right] \mathrm{d}V = 0 \tag{5.46}$$

即

$$\delta \Pi_p = 0 \tag{5.47}$$

其中，$\Pi_p = \int_{S_\sigma} \psi(u_i) \mathrm{d}S + \int_V \left[U(\varepsilon_{mn}) + \varphi(u_i) \right] \mathrm{d}V$。

Π_p 为系统总位能泛函，式（5.47）为虚位移原理的变分原理。它的物理意义在于，在弹性体区域内，满足几何方程和位移边界条件的所有可能的位移中，真实位移使系统总位能最小。虚位移原理及其变分原理用来建立满足模态频率要求的轻量化数学模型有限元基本方程约束条件。

5.3.1.4　车架结构的有限元基本方程约束

有限元基本方程约束是所有基于有限元方法的优化计算方法必须满足的约束条件。由于有限元基本方程约束是优化数学模型的一个约束条件，那么它一定是设计变量的函数。这里以对车架结构进行拓扑优化为例，在理论上推导建立包含设计变量的有限元基本方程约束的过程。

通过前述章节的叙述，我们已经知道，基于有限元法的结构拓扑优化设计的设计变量是单元当量密度，这个密度是作用于材料的弹性模量的。当当量密度取 1 时，对应的单元就被保留下来；当量密度取 0 时，对应的单元就被删除。SIMP 优化数学模型还对当量密度增加了一个惩罚项，使当量密度的取值尽可能地收敛于 0 或 1。通过计算满足所有约束条件的单元的当量密度，删除当量密度较小的单元，就可以在保证结构性能的情况下实现结构的轻量化。

由于车架结构是由不同截面属性的杆梁结构搭建成的，所以在对车架结构进行轻量化时，采用杆梁单元对结构进行离散化。空间杆梁结构包含拉压、扭转和弯曲 3 种受力方式，因此需要将这 3 类问题综合起来考虑。建立空间杆梁结构有限元基本方程的思路是：

① 分别写出拉压杆单元、扭转杆单元以及弯曲梁单元的弹性力学基本方程，其中梁单元采用经典弯曲理论。

② 由弹性力学基本方程建立上述 3 类单元的虚功方程，并将虚功方程的

一边写成系统总位能或系统总余能的形式,然后对系统总位能泛函或总余能泛函取位移的变分,由最小位能(余能)原理建立有限元基本方程。

③ 将上述 3 类问题的有限元基本方程在矩阵意义上叠加扩充,使方程中所有的场变量都包含拉压、扭转、弯曲的信息,扩充问题规模,得到杆梁问题的有限元基本方程。

下面推导空间杆梁问题的有限元基本方程。

1. 轴力杆单元

1)轴力杆单元的位移插值函数

轴力杆单元采用两点拉格朗日插值格式:

$$N_1 = \frac{1}{2}(1-\xi), \quad N_2 = \frac{1}{2}(1+\xi) \tag{5.48}$$

式中,$\xi = \frac{2}{l}(x - x_c)$,$x_c = \frac{x_1 + x_2}{2}$。

2)轴力杆单元的弹性力学基本方程

几何方程: $$\varepsilon_x = \frac{\mathrm{d}u}{\mathrm{d}x} \tag{5.49}$$

物理方程: $$\sigma_x = E\frac{\mathrm{d}u}{\mathrm{d}x} \tag{5.50}$$

平衡方程: $$f(x) = \frac{\mathrm{d}}{\mathrm{d}x}(A\sigma_x) \tag{5.51}$$

位移边界: $$u = \bar{u} \tag{5.52}$$

力的边界: $$P = A\sigma_x \tag{5.53}$$

3)轴力杆单元的最小位能原理

由式(5.46)和弹性力学基本方程,得出

位能的泛函: $$\Pi_p(u) = \int_0^l \frac{EA}{2}\left(\frac{\mathrm{d}u}{\mathrm{d}x}\right)^2 \mathrm{d}x - \int_0^l f(x)u\mathrm{d}x \tag{5.54}$$

变分原理: $$\delta\Pi_p(u) = 0 \tag{5.55}$$

2. 扭转杆单元

1)扭转杆单元的位移插值函数

扭转杆单元的形函数与轴力杆单元相同,同样采用一维拉格朗日单元的形函数。

2)扭转杆单元的弹性力学基本方程

几何方程: $$\alpha = \frac{\mathrm{d}\theta_x}{\mathrm{d}x} \tag{5.56}$$

物理方程: $$M = GJ\alpha \qquad (5.57)$$

平衡方程: $$m(x) = GJ \frac{d^2\theta_x}{dx^2} \qquad (5.58)$$

位移边界: $$\theta_x = \overline{\theta}_x \qquad (5.59)$$

力的边界: $$M = \overline{M} \qquad (5.60)$$

3）扭转杆单元的最小位能原理

由式（5.46）和弹性力学基本方程，得出

位能的泛函: $$\Pi_p(\theta_x) = \int_0^l \frac{GJ}{2}\left(\frac{d\theta_x}{dx}\right)^2 dx - \int_0^l m(x)\theta_x dx \qquad (5.61)$$

变分原理: $$\delta \Pi_p(\theta_x) = 0 \qquad (5.62)$$

3. 弯曲梁单元

1）弯曲梁单元的位移插值函数

由于弯曲问题的微分方程不仅包含场函数的节点值，还包括场函数一阶导数的节点值，所以梁单元采用两点三次 Hermite 插值作为单元的插值格式。

$$\omega(\xi) = \sum_{i=1}^4 N_i(\xi) a_i \qquad (5.63)$$

矩阵形式: $$\omega(\xi) = \boldsymbol{N}\boldsymbol{a}^e \qquad (5.64)$$

式中 $\boldsymbol{N} = [N_1 \quad N_2 \quad N_3 \quad N_4]$, $\boldsymbol{a}^e = [\omega_1 \quad \theta_1 \quad \omega_2 \quad \theta_2]$

$$N_1(\xi) = 1 - 3\xi^2 + 2\xi^3, \quad N_2(\xi) = (\xi - 2\xi^2 + \xi^3)l$$

$$N_3(\xi) = 3\xi^2 - 2\xi^3, \quad N_4(\xi) = (\xi^3 - \xi^2)l$$

2）弯曲梁单元的弹性力学基本方程

几何方程: $$\kappa = -\frac{d^2\omega}{dx^2} \qquad (5.65)$$

物理方程: $$M = EI\kappa \qquad (5.66)$$

平衡方程: $$q(x) = -\frac{d^2M}{dx^2} \qquad (5.67)$$

位移边界: $$\omega = \overline{\omega} \qquad (5.68)$$

力的边界: $$M = \overline{M} \qquad (5.69)$$

3）弯曲梁单元的最小位能原理

由式（5.46）和弹性力学基本方程，得出

位能的泛函:

$$\Pi_p(\omega) = \int_0^l \frac{1}{2} EI_y \left(\frac{\mathrm{d}^2 \omega_y}{\mathrm{d}x^2}\right)^2 \mathrm{d}x + \int_0^l \frac{1}{2} EI_z \left(\frac{\mathrm{d}^2 \omega_z}{\mathrm{d}x^2}\right)^2 \mathrm{d}x - \int_0^l q_y(x) \omega_y \mathrm{d}x - \\ \int_0^l q_z(x) \omega_z \mathrm{d}x + M_y \left(\frac{\mathrm{d}\omega_y}{\mathrm{d}x}\right) + M_z \left(\frac{\mathrm{d}\omega_z}{\mathrm{d}x}\right) \quad (5.70)$$

变分原理: $\quad\quad\quad\quad \delta \Pi_p(\omega) = 0 \quad\quad\quad (5.71)$

4) 将3类问题的位能泛函叠加到一个方程中

由以上叙述可知,轴力杆单元包含1个自由度信息,扭转杆单元包含1个自由度信息,弯曲梁单元包含4个自由度信息,将它们叠加起来组成一个方程,就包含了三维空间中一个节点的全部6个自由度信息。

式(5.54)+式(5.61)+式(5.70)并代入各自的形函数,系统的总位能为

$$\Pi_p = \Pi_p(u) + \Pi_p(\theta_x) + \Pi_p(\omega) \quad (5.72)$$

$$\Pi_p = \boldsymbol{a}_1^{e\mathrm{T}} \int_{-1}^1 \frac{EA}{l} \left(\frac{\mathrm{d}\boldsymbol{N}_1}{\mathrm{d}\xi}\right)^\mathrm{T} \left(\frac{\mathrm{d}\boldsymbol{N}_1}{\mathrm{d}\xi}\right) \mathrm{d}\xi \boldsymbol{a}_1^e - \boldsymbol{a}_1^{e\mathrm{T}} \int_{-1}^1 \boldsymbol{N}_1^\mathrm{T} f(\xi) \frac{l}{2} \mathrm{d}\xi + \boldsymbol{a}_2^{e\mathrm{T}} \int_{-1}^1 \frac{GJ}{l} \left(\frac{\mathrm{d}\boldsymbol{N}_2}{\mathrm{d}\xi}\right)^\mathrm{T} \cdot \\ \left(\frac{\mathrm{d}\boldsymbol{N}_2}{\mathrm{d}\xi}\right) \mathrm{d}\xi \boldsymbol{a}_2^e - \boldsymbol{a}_2^{e\mathrm{T}} \int_{-1}^1 \boldsymbol{N}_2^\mathrm{T} m(\xi) \frac{l}{2} \mathrm{d}\xi + \boldsymbol{a}_{31}^{e\mathrm{T}} \int_0^1 \frac{EI_y}{l^3} \left(\frac{\mathrm{d}^2 \boldsymbol{N}_3}{\mathrm{d}\xi^2}\right)^\mathrm{T} \left(\frac{\mathrm{d}^2 \boldsymbol{N}_3}{\mathrm{d}\xi^2}\right) \mathrm{d}\xi \boldsymbol{a}_{31}^e + \\ \boldsymbol{a}_{32}^{e\mathrm{T}} \int_0^1 \frac{EI_z}{l^3} \left(\frac{\mathrm{d}^2 \boldsymbol{N}_3}{\mathrm{d}\xi^2}\right)^\mathrm{T} \left(\frac{\mathrm{d}^2 \boldsymbol{N}_3}{\mathrm{d}\xi^2}\right) \mathrm{d}\xi \boldsymbol{a}_{32}^e - \boldsymbol{a}_{31}^{e\mathrm{T}} \int_0^1 \boldsymbol{N}_3^\mathrm{T} q_y(\xi) l \mathrm{d}\xi - \boldsymbol{a}_{32}^{e\mathrm{T}} \cdot \\ \int_0^1 \boldsymbol{N}_3^\mathrm{T} q_z(\xi) l \mathrm{d}\xi + \boldsymbol{a}_{31}^{e\mathrm{T}} \frac{\mathrm{d}\boldsymbol{N}_3}{\mathrm{d}\xi} \frac{M_y}{l} + \boldsymbol{a}_{32}^{e\mathrm{T}} \frac{\mathrm{d}\boldsymbol{N}_3}{\mathrm{d}\xi} \frac{M_z}{l}$$

$$(5.73)$$

式中 $\boldsymbol{a}_1^e = \begin{bmatrix} x_1 & x_2 \end{bmatrix}^\mathrm{T}$, $\boldsymbol{a}_2^e = \begin{bmatrix} \theta_{x_1} & \theta_{x_2} \end{bmatrix}^\mathrm{T}$

$\boldsymbol{a}_{31}^e = \begin{bmatrix} y_1 & \theta_{y_1} & y_2 & \theta_{y_2} \end{bmatrix}^\mathrm{T}$, $\boldsymbol{a}_{32}^e = \begin{bmatrix} z_1 & \theta_{z_1} & z_2 & \theta_{z_2} \end{bmatrix}^\mathrm{T}$

由于式(5.73)中包含3类杆梁问题的自由度信息,所以式(5.73)中所有的"+"不是简单的加和,而是矩阵的扩充,如将式(5.73)中所有的位移信息叠加到一个位移矩阵中:

$$\boldsymbol{a}^e = \begin{bmatrix} x_1 & y_1 & z_1 & \theta_{x_1} & \theta_{y_1} & \theta_{z_1} & x_2 & y_2 & z_2 & \theta_{x_2} & \theta_{y_2} & \theta_{z_2} \end{bmatrix}^\mathrm{T} \quad (5.74)$$

同理,将所有载荷信息叠加到一个载荷矩阵中:

$$\boldsymbol{F}^e = \left[\int_{-1}^1 \boldsymbol{N}_1^\mathrm{T} f(\xi) \frac{l}{2} \mathrm{d}\xi \quad \int_0^1 \boldsymbol{N}_3^\mathrm{T} q_y(\xi) l \mathrm{d}\xi \quad \int_0^1 \boldsymbol{N}_3^\mathrm{T} q_z(\xi) l \mathrm{d}\xi \right. \\ \left. \int_{-1}^1 \boldsymbol{N}_2^\mathrm{T} m(\xi) \frac{l}{2} \mathrm{d}\xi \quad -\frac{\mathrm{d}\boldsymbol{N}_3}{\mathrm{d}\xi} \frac{M_y}{l} \quad \frac{\mathrm{d}\boldsymbol{N}_3}{\mathrm{d}\xi} \frac{M_z}{l} \right]$$

$$(5.75)$$

将（5.73）中的边界项进行叠加，并将式（5.74）、式（5.75）代入式（5.73）中：

$$\Pi_p = \boldsymbol{a}^{eT}\left[\int_{-1}^{1}\frac{EA}{l}\left(\frac{\mathrm{d}\boldsymbol{N_1}}{\mathrm{d}\xi}\right)^{\mathrm{T}}\left(\frac{\mathrm{d}\boldsymbol{N_1}}{\mathrm{d}\xi}\right)\mathrm{d}\xi + \int_{-1}^{1}\frac{GJ}{l}\left(\frac{\mathrm{d}\boldsymbol{N_2}}{\mathrm{d}\xi}\right)^{\mathrm{T}}\left(\frac{\mathrm{d}\boldsymbol{N_2}}{\mathrm{d}\xi}\right)\mathrm{d}\xi + \int_{0}^{1}\frac{EI_y}{l^3}\left(\frac{\mathrm{d}^2\boldsymbol{N_3}}{\mathrm{d}\xi^2}\right)^{\mathrm{T}}\left(\frac{\mathrm{d}^2\boldsymbol{N_3}}{\mathrm{d}\xi^2}\right)\mathrm{d}\xi + \int_{0}^{1}\frac{EI_z}{l^3}\left(\frac{\mathrm{d}^2\boldsymbol{N_3}}{\mathrm{d}\xi^2}\right)^{\mathrm{T}}\left(\frac{\mathrm{d}^2\boldsymbol{N_3}}{\mathrm{d}\xi^2}\right)\mathrm{d}\xi\right]\boldsymbol{a}^e - \boldsymbol{a}^e\boldsymbol{F}$$

(5.76)

对式（5.76）求位移的变分，并令其等于 0，则有

$$\left[\int_{-1}^{1}\frac{2EA}{l}\left(\frac{\mathrm{d}\boldsymbol{N_1}}{\mathrm{d}\xi}\right)^{\mathrm{T}}\left(\frac{\mathrm{d}\boldsymbol{N_1}}{\mathrm{d}\xi}\right)\mathrm{d}\xi + \int_{-1}^{1}\frac{2GJ}{l}\left(\frac{\mathrm{d}\boldsymbol{N_2}}{\mathrm{d}\xi}\right)^{\mathrm{T}}\left(\frac{\mathrm{d}\boldsymbol{N_2}}{\mathrm{d}\xi}\right)\mathrm{d}\xi + \int_{0}^{1}\frac{2EI_y}{l^3}\left(\frac{\mathrm{d}^2\boldsymbol{N_3}}{\mathrm{d}\xi^2}\right)^{\mathrm{T}}\left(\frac{\mathrm{d}^2\boldsymbol{N_3}}{\mathrm{d}\xi^2}\right)\mathrm{d}\xi + \int_{0}^{1}\frac{2EI_z}{l^3}\left(\frac{\mathrm{d}^2\boldsymbol{N_3}}{\mathrm{d}\xi^2}\right)^{\mathrm{T}}\left(\frac{\mathrm{d}^2\boldsymbol{N_3}}{\mathrm{d}\xi^2}\right)\mathrm{d}\xi\right]\boldsymbol{a}^e - \boldsymbol{F} = 0$$

(5.77)

拓扑优化中的材料当量密度是作用于材料特性的，考虑引入设计变量后的材料弹性模量和切变模量：

$$E' = (x^e)^p E \tag{5.78}$$

$$G' = \frac{(x^e)^p E}{2(1+v)} = (x^e)^p G \tag{5.79}$$

式中，x^e 为第 e 个单元的当量密度。

用 E' 和 G' 替换式（5.77）中的 E 和 G，相应地，新的位移和载荷用 $\boldsymbol{a}^{e'}$ 和 $\boldsymbol{F}^{e'}$ 表示：

$$\left[\int_{-1}^{1}\frac{2(x^e)^p EA}{l}\left(\frac{\mathrm{d}\boldsymbol{N_1}}{\mathrm{d}\xi}\right)^{\mathrm{T}}\left(\frac{\mathrm{d}\boldsymbol{N_1}}{\mathrm{d}\xi}\right)\mathrm{d}\xi + \int_{-1}^{1}\frac{2(x^e)^p GJ}{l}\left(\frac{\mathrm{d}\boldsymbol{N_2}}{\mathrm{d}\xi}\right)^{\mathrm{T}}\left(\frac{\mathrm{d}\boldsymbol{N_2}}{\mathrm{d}\xi}\right)\mathrm{d}\xi + \int_{0}^{1}\frac{2(x^e)^p EI_y}{l^3}\left(\frac{\mathrm{d}^2\boldsymbol{N_3}}{\mathrm{d}\xi^2}\right)^{\mathrm{T}}\left(\frac{\mathrm{d}^2\boldsymbol{N_3}}{\mathrm{d}\xi^2}\right)\mathrm{d}\xi + \int_{0}^{1}\frac{2(x^e)^p EI_z}{l^3}\left(\frac{\mathrm{d}^2\boldsymbol{N_3}}{\mathrm{d}\xi^2}\right)^{\mathrm{T}}\left(\frac{\mathrm{d}^2\boldsymbol{N_3}}{\mathrm{d}\xi^2}\right)\mathrm{d}\xi\right].$$
$$\boldsymbol{a}^{e'} - \boldsymbol{F}^{e'} = 0$$

(5.80)

将式（5.80）中的能量项写成矩阵形式：

令

$$\boldsymbol{K}^{e'} = \int_{-1}^{1}\frac{2(x^e)^p EA}{l}\left(\frac{\mathrm{d}\boldsymbol{N_1}}{\mathrm{d}\xi}\right)^{\mathrm{T}}\left(\frac{\mathrm{d}\boldsymbol{N_1}}{\mathrm{d}\xi}\right)\mathrm{d}\xi + \int_{-1}^{1}\frac{2(x^e)^p GJ}{l}\left(\frac{\mathrm{d}\boldsymbol{N_2}}{\mathrm{d}\xi}\right)^{\mathrm{T}}\left(\frac{\mathrm{d}\boldsymbol{N_2}}{\mathrm{d}\xi}\right)\mathrm{d}\xi + \int_{0}^{1}\frac{2(x^e)^p EI_y}{l^3}\left(\frac{\mathrm{d}^2\boldsymbol{N_3}}{\mathrm{d}\xi^2}\right)^{\mathrm{T}}\left(\frac{\mathrm{d}^2\boldsymbol{N_3}}{\mathrm{d}\xi^2}\right)\mathrm{d}\xi + \int_{0}^{1}\frac{2(x^e)^p EI_z}{l^3}\left(\frac{\mathrm{d}^2\boldsymbol{N_3}}{\mathrm{d}\xi^2}\right)^{\mathrm{T}}\left(\frac{\mathrm{d}^2\boldsymbol{N_3}}{\mathrm{d}\xi^2}\right)\mathrm{d}\xi$$

(5.81)

则

$$K^{e'} = \begin{bmatrix} \frac{E'A}{l} & 0 & 0 & 0 & 0 & 0 & \frac{E'A}{l} & 0 & 0 & 0 & 0 & 0 \\ 0 & \frac{12E'I_z}{l^3} & 0 & 0 & 0 & \frac{6E'I_z}{l^2} & 0 & \frac{12E'I_z}{l^3} & 0 & 0 & 0 & \frac{6E'I_z}{l^2} \\ 0 & 0 & \frac{12E'I_y}{l^3} & 0 & \frac{6E'I_y}{l^2} & 0 & 0 & 0 & \frac{12E'I_y}{l^3} & 0 & \frac{6E'I_y}{l^2} & 0 \\ 0 & 0 & 0 & \frac{GJ}{l} & 0 & 0 & 0 & 0 & 0 & \frac{GJ}{l} & 0 & 0 \\ 0 & 0 & \frac{6E'I_y}{l^2} & 0 & \frac{4E'I_y}{l} & 0 & 0 & 0 & \frac{6E'I_y}{l^2} & 0 & \frac{2E'I_y}{l} & 0 \\ 0 & \frac{6E'I_z}{l^2} & 0 & 0 & 0 & \frac{4E'I_z}{l} & 0 & \frac{6E'I_z}{l^2} & 0 & 0 & 0 & \frac{2E'I_z}{l} \\ \frac{E'A}{l} & 0 & 0 & 0 & 0 & 0 & \frac{E'A}{l} & 0 & 0 & 0 & 0 & 0 \\ 0 & \frac{12E'I_z}{l^3} & 0 & 0 & 0 & \frac{6E'I_z}{l^2} & 0 & \frac{12E'I_z}{l^3} & 0 & 0 & 0 & \frac{6E'I_z}{l^2} \\ 0 & 0 & \frac{12E'I_y}{l^3} & 0 & \frac{6E'I_y}{l^2} & 0 & 0 & 0 & \frac{12E'I_y}{l^3} & 0 & \frac{6E'I_y}{l^2} & 0 \\ 0 & 0 & 0 & \frac{GJ}{l} & 0 & 0 & 0 & 0 & 0 & \frac{GJ}{l} & 0 & 0 \\ 0 & 0 & \frac{6E'I_y}{l^2} & 0 & \frac{2E'I_y}{l} & 0 & 0 & 0 & \frac{6E'I_y}{l^2} & 0 & \frac{4E'I_y}{l} & 0 \\ 0 & \frac{6E'I_z}{l^2} & 0 & 0 & 0 & \frac{2E'I_z}{l} & 0 & \frac{6E'I_z}{l^2} & 0 & 0 & 0 & \frac{4E'I_z}{l} \end{bmatrix} \quad (5.82)$$

由式（5.81）和式（5.80）可得：

$$K^{e'}a^{e'} - F^{e'} = 0 \tag{5.83}$$

式（5.83）为考虑模态频率的车架结构优化模型的有限元基本方程约束条件。

5.3.1.5 车架结构的运动方程约束

三维弹性动力学基本方程：

平衡方程： $\sigma_{i,j} + f_i - \rho u_{i,tt} - \mu u_{i,t} = 0$ （在 V 域内） (5.84)

式中，ρ 为质量密度；μ 为阻尼系数；$u_{i,tt}$ 和 $u_{i,t}$ 分别为 u_i 对 t 的二次导数和一次导数，即分别表示方向的加速度和速度；$-\rho u_{i,tt}$ 和 $-\mu u_{i,t}$ 分别为惯性力和阻尼力，它们作为体积力的一部分出现在平衡方程中，是弹性动力学和静力学相区别的基本特点之一。

几何方程： $\varepsilon_{ij} = \frac{1}{2}(u_{i,j} + u_{j,i})$ （在 V 域内） (5.85)

物理方程： $\sigma_{ij} = D_{ijkl}\varepsilon_{kl}$ （在 V 域内） (5.86)

边界条件： $u_i = \bar{u}_i$ （在 S_u 边界上） (5.87)

$\bar{T}_i = \sigma_{ij}n_j$ （在 S_σ 边界上） (5.88)

初始条件：
$$u_i(x,y,z,0) = u_i(x,y,z) \quad (5.89)$$
$$u_{i,t}(x,y,z,0) = u_{i,t}(x,y,z) \quad (5.90)$$

以上各式中各个符号的意义和前述弹性力学方程中的符号意义相同，只是在动态情况下，载荷是时间的函数，因此位移、应变和应力都是时间的函数。也正因为如此，弹性动力学问题的定解条件还包括式（5.89）和式（5.90）中的初始条件。

代表车架的杆梁结构有限元求解步骤如下：

（1）连续区域的离散化。

在动力分析中，由于引入了时间坐标，数学模型在四维时空(x,y,z,t)中建立。在有限元分析中一般采用分部离散的方法，即只对空间域进行离散，这样一来，此步骤和静力分析时相同。

（2）构造插值函数。

相比于弹性静力学，弹性动力学有限元法中的车架结构单元类型并没有发生变化，单元插值函数依然采用前面提到的静力学问题中的插值函数。

（3）形成系统求解方程。

平衡方程（5.84）及力的边界条件（5.88）的等效积分形式的伽辽金法可表示如下：

$$\int_V \delta u_i(\sigma_{ij,j} + f_i - \rho u_{i,tt} - \mu u_{i,t})\mathrm{d}V - \int_{S_\sigma} \delta u_i(\sigma_{i,j}n_j - \overline{T}_i)\mathrm{d}S = 0 \quad (5.91)$$

对上式第一项进行分部积分（与静力学部分方法相同），并代入物理方程，有

$$\int_V (\delta\varepsilon_{ij}D_{ijkl}\varepsilon_{kl} + \delta u_i\rho u_{i,tt} + \delta u_i\mu u_{i,t})\mathrm{d}V = \int_V \delta u_i f_i \mathrm{d}V + \int_{S_\sigma} \delta u_i T_i \mathrm{d}S \quad (5.92)$$

将单元离散后的位移表达式$u = Na^e$代入式（5.92），得到系统的求解方程：

$$M\ddot{a}(t) + C\dot{a}(t) + Ka(t) = Q(t) \quad (5.93)$$

式中，$\ddot{a}(t)$和$\dot{a}(t)$分别为系统的节点加速度向量和节点速度向量；M、C、K和Q分别为系统质量矩阵、阻尼矩阵、刚度矩阵和节点载荷矩阵，并分别由各自的单元矩阵和向量集成，即

$$M = \sum_e M^e, \quad C = \sum_e C^e, \quad K = \sum_e K^e, \quad Q = \sum_e Q^e \quad (5.94)$$

式中

$$M^e = \int_{V_e} \rho N^\mathrm{T} N \mathrm{d}V, \quad C^e = \int_{V_e} \mu N^\mathrm{T} N \mathrm{d}V$$

$$K^e = \int_{V_e} B^\mathrm{T} B \mathrm{d}V, \quad Q^e = \int_{V_e} N^\mathrm{T} f \mathrm{d}V + \int_{S_\sigma^e} N^\mathrm{T} T \mathrm{d}s \quad (5.95)$$

M^e、C^e、K^e和Q^e分别为单元的质量矩阵、阻尼矩阵、刚度矩阵和载荷矩阵。

5.3.1.6 考虑模态频率的车架结构轻量化数学模型

优化数学模型包括设计变量、优化目标函数和约束条件三部分。基于拓扑优化技术的轻量化问题的设计变量是单元的当量密度 x^e，优化目标是整体结构质量小，约束条件除了 5.3.1.4 和 5.3.1.5 两个小节推导的有限元基本方程和运动方程，还包括结构的强度、刚度等以及设计变量的取值范围，得到优化数学模型：

$$\begin{cases} \min f(X) = \dfrac{\sum_{e=1}^{n}(x^e)^p l^e}{\sum_{e=1}^{n} l^e}, \quad X=[x^1, x^2, x^3, \cdots, x^n] \\ \text{s.t.} \quad K^e a^e - F^e = 0, \quad e=1,2,3,\cdots,n \\ M^e \ddot{a}(t) + C^e \dot{a}(t) + K^e a(t) = Q^e(t), \quad e=1,2,3,\cdots,n \\ \qquad U' \leqslant [U] \\ \qquad 0 < x^e \leqslant 1 \quad e=1,2,3,\cdots,n \end{cases}$$

该模型除了设计变量 x^e，还包括如下信息：
① 每一个单元的长度 l^e。
② 惩罚项 p。
③ 包含设计变量 x^e 的整体规模下的单元刚度矩阵 $K^{e'}$。
④ 包含设计变量 x^e 的整体规模下的单元阻尼矩阵 $C^{e'}$。
⑤ 包含设计变量 x^e 的节点位移矩阵 $a^{e'}$。
⑥ 包含设计变量 x^e 的节点静载荷矩阵 $F^{e'}$。
⑦ 包含设计变量 x^e 的节点动载荷矩阵 $Q^{e'}$。
⑧ 包含设计变量 x^e 单元质量矩阵 $M^{e'}$。
⑨ 包含设计变量 x^e 的系统总应变能 U'。

5.3.2 面向声固耦合现象的车身结构优化设计

空腔中的空气对车身结构在低频部分的强耦合来源于空腔的密闭性。密闭空腔内的空气，如果受到压缩，就会产生纯体积变化，展现出很高的阻抗，与车身结构振动产生强烈的耦合作用。

图 5.9 表示车身结构顶棚和后面地板振型的反相变化，是一种纯体积变化，因而与密闭空腔内的空气紧密耦合。这个耦合系统的模态频率可能出现在第一阶声腔模态频率附近，也可能会出现在明显低于第一阶声腔模态频率的地方。汽车这种低频耦合模态在激励下响应如果过高，会在车内产生很高的压力脉动，引起人耳不适，甚至头晕、恶心。这种现象常被称为轰鸣。

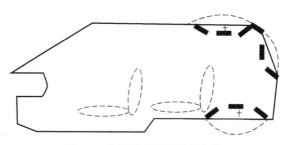

图 5.9　车身结构振型反相变化

经验表明,把车窗摇下会明显减轻轰鸣声。这是因为摇下车窗后车内声腔赖以存在的密闭性被破坏,减小了空气阻抗,削弱了车身结构振动和声腔模态的耦合,但这不能作为解决问题的方法。在汽车设计中,解决轰鸣声问题的重点应放在找到激励源并减小激励力。轰鸣声可能出现在发动机怠速状态和加速状态,因此减小发动机、传动系统和排气系统对车身的激励力就很重要。汽车行驶在粗糙的路面和受到路面不平度的终极激励时,也会产生轰鸣声。

人们也常常试图通过改变车身结构来降低轰鸣声,如在车后部顶棚附加质量,改变顶棚和其他内饰板,改变座椅形状,在车后部顶棚和地板附加阻尼贴层,改变 SUV 后门锁栓结构和后窗密封条的刚度等。但这些方法的实际效果有限,主要是因为这些改变或者是局部改变,或者是结构强度不足,明显破坏了声腔模态和车身结构振动模态的耦合。相比之下,在顶棚合适的地方附加加强筋对于降低轰鸣声的效果不错。通过改变结构来解决轰鸣声一般要以计算和分析做指导,否则可能引起相反的效果,使已有的轰鸣问题加剧,或带来其他的 NVH 问题。预测车身振动和车内低频噪声使用的主要手段是有限元分析,车身结构轻量化设计的主要技术手段也是有限元分析,因此在轻量化设计时,应加入避免低频噪声的设计元素,合理规划材料分布。

5.3.3　面向声辐射特性的板结构优化设计

弯曲弹性波的波速与结构的材料、结构形状和激励频率都有关系,表达式如下:

$$c_b = \sqrt{\omega \rho \kappa c_1} \qquad (5.96)$$

式中,ρ 为材料密度,对于钢材,约为 $7.8 \times 10^3 \text{ kg/m}^3$;$c_1$ 为压缩弹性波的波速,对于钢材,约为 $5.1 \times 10^3 \text{ m/s}$;$\kappa^2$ 为转动惯量与板截面面积之比,只与板厚有关,表达式为

$$\kappa^2 = \frac{h^2}{12} \qquad (5.97)$$

图 5.10 所示为汽车 0.8 mm 厚钢板弯曲弹性波的波速曲线。振动频率增加

两个倍频程，弯曲弹性波的波速增加 1 倍。图中还绘制出空气中声波的波速，它是一条水平线。在几千赫兹以内，板中弯曲波的波速远小于空气中声波的波速。然而板中弯曲波的波速随着频率的增加而增加，在高频某个临界点超过声波波速。这个临界频率点被称为吻合频率。超过吻合频率，板中弯曲波的波速开始大于平面声波波速，成为快波，而与声波紧密耦合，平板振动的声辐射系数大大提高。

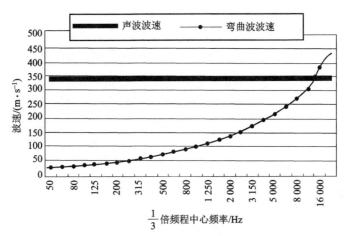

图 5.10　汽车 0.8mm 厚钢板弯曲弹性波的波速曲线

平板振动的声辐射系数 σ 表示振动能量转换成辐射声的能力，其定义如下：

$$\sigma = \frac{\int_A I \mathrm{d}A}{\rho c A \langle v^2 \rangle} \tag{5.98}$$

式中，分子是声强 I 的面积积分，表示辐射声能；分母中 $\langle v^2 \rangle$ 表示平板振动速度多点平均，ρc 是空气的声特性阻抗。

在吻合频率以下，无限大平板的声辐射系数与频率的平方成正比；在吻合频率以上，无限大平板的声辐射系数达到 1。平板的声辐射能力实际上达到了同样面积和振动速度的刚性活塞的声辐射能力。但在吻合频率附近，无限大平板的声辐射系数没有稳定的理论解，声辐射系数甚至可以超过 1。图 5.11 中实线表示无限大平板的声辐射系数，吻合频率附近声辐射系数由虚线表示。

均匀平板的吻合频率可由下式估算：

$$f_c = \frac{12\,500}{h} \tag{5.99}$$

从式中可以看出，吻合频率只与板厚有关。这个公式适用于多数金属材料，甚至玻璃。例如，4 mm 厚的车窗玻璃的吻合频率接近 3 150 Hz。

另外，这个近似公式只适用于均匀平板结构。为了加强结构刚度，车身结构板（如前围板和地板）常常冲压成各种瓦楞状和其他几何曲面，或在基础板上附加结构加强筋和加强板等。复杂结构板无法使用上述估算公式，因为其吻合频率本身的物理意义已经有些模糊。由于结构复杂，一般只能借助试验或者数值计算方法来直接描述结构板的声辐射特性。结构加强后的声辐射效率一般会较加强前提高，这意味着在同样振动水平下，冲压瓦楞板结构的声辐射能力会高于冲压前的薄平板结构。结构加强后平板的声辐射效率一般不会在 f_c 出现图中那样明显的尖峰，但会在低频某处幅值明显提高，如图 5.12 所示。

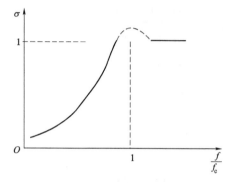

图 5.11　无限大平板的声辐射系数　　图 5.12　结构加强后平板的声辐射系数

因此，通过对汽车板件结构进行优化设计以达到轻量化设计时，需要考虑优化后的声辐射特性，尤其是通过降低厚度来实现轻量化的情况，需要重点考察优化后可能的吻合频率和声辐射效率，合理地提出优化方案。

5.4　吸声、隔声结构和阻尼的应用

控制车内噪声一直是车辆设计、制造工程师努力的方向。汽车内部噪声不但增加驾乘人员的疲劳，而且影响车辆行驶安全。车内噪声水平的高低在很大程度上反映了车辆制造厂家的设计和工艺水平。近年来，车内低噪声已成为确定车辆品质的重要因素，车内低噪声设计已成为产品开发中的重要任务之一。

隔绝振动、噪声的传播途径是控制车内噪声的重要方法。通常可以利用具有弹性和阻尼的材料来对车身进行隔振，以改善振源和车身之间的振动传递关系。同时，利用吸声隔声、阻尼粘料等材料来改善车身壁板的吸隔声性能，如图 5.13 和图 5.14 所示。

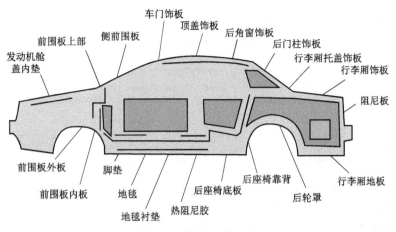

图 5.13 整车声学包装

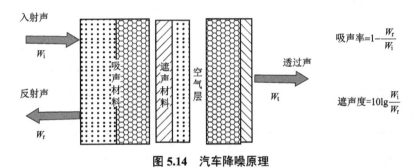

图 5.14 汽车降噪原理

5.4.1 吸声处理

吸声处理包括使用吸声材料或吸声结构来吸收声能,从而降低噪声强度。有限空间内的噪声包括直达声和反射声两部分。在空间布置吸声材料,降低声的反射量,就能达到降噪的目的。为了评价材料和结构的吸声性能,采用吸声系数来表示。

采用吸声方法进行汽车噪声控制,是指在控制某部件或总成噪声时采用一些吸声材料或吸声结构,以降低噪声。下面讨论常用的吸声材料和吸声结构的吸声性能及吸声机理。

1. 吸声材料

吸声材料之所以能吸声,是因为这些材料表面富有细孔,孔之间相互连通并深入材料内层。声波进入材料孔隙时,引起孔隙中的空气和材料的细小纤维波动,由于摩擦和黏滞阻尼作用,将声能转变为热能而耗散掉。常用的吸声材料有矿渣棉、石棉、玻璃棉、毛毡、木丝板等。吸声材料的吸声性能与材料性质、入射声波频率和入射角度等因素密切相关。通常采用的材料吸声系数是指中心频率在 125 Hz、250 Hz、500 Hz、1 000 Hz、2 000 Hz 和 4 000 Hz 6 个倍频带下的吸声系数的算术平均值。表 5.3 所示为部分材料的吸声系数。

表 5.3 一些材料的吸声系数

材料名称	厚度/cm	密度/($kg \cdot m^{-3}$)	频率/Hz					
			125	250	500	1 000	2 000	4 000
石棉	2.5	0.21	0.06	0.06	0.50	0.46	0.52	0.65
工业毛毡	2	0.37	0.07	0.26	0.42	0.40	0.55	0.56
沥青矿棉毡	3	0.2	0.08	0.18	0.50	0.68	0.81	0.89
聚胺甲酸酯泡沫塑料	2	0.04	0.11	0.13	0.27	0.69	0.98	0.79
聚氯乙烯塑料	0.41	0.29	0.03	0.02	0.06	0.29	0.13	0.13
甘蔗板	1.3	0.2	0.12	0.19	0.28	0.50	0.59	0.70
泡沫型穿孔轻质纤维板	1.4	0.22~0.40	0.03	0.11	0.18	0.44	0.55	0.52
硬聚氯乙烯泡沫塑料板	2.5	0.01	0.04	0.04	0.17	0.56	0.28	0.58

影响材料吸声效果的因素包括材料孔隙率、材料的厚度、密度、使用条件。

（1）材料孔隙率。

材料孔隙率的定义为

$$P = 100\% \cdot V_a / V_M \tag{5.100}$$

式中，V_a 为材料中与大气相通的空气体积（m^3）；V_M 为材料的体积，（m^3）。

孔隙率直接决定该材料的吸声性能。一般情况下，$P > 70\%$，多数在 90% 左右。

（2）材料的厚度。

材料的厚度增加，其低频吸声效果得到较大的改善，而对高频吸声效果则作用不大，因此如果只要吸收高频成分的噪声，只需要很薄的材料。

（3）密度。

适当增加密度，可以提高材料中低频吸声效果，但其效果比不上增加材料厚度明显。

（4）使用条件。

使用条件，如温度、湿度、空气清洁度等也影响材料的吸声效果。

吸声系数通常采用试验测定，常用的方法有驻波管法和混响室法。驻波管法用于测定声波垂直入射材料表面时的吸声系数；混响室法用于测定声波无规则入射时材料表面的吸声系数。

2. 吸声结构

吸声材料可以有效吸收中、高频噪声，但也存在低频性能差的缺点。通常将吸声材料与吸声结构配合使用，或将吸声材料做成一定形状的吸声结构，从而达到控制宽频带噪声的目的。

1）薄板共振吸声结构

薄板在声波的交变压力激发下产生振动而导致弯曲变形，板的内部摩擦损耗将机械能转变为热能。当声波频率为板的共振频率时，薄板产生强烈共振，此时消耗声能最大。这种结构适宜于低频噪声的吸收。影响薄板吸收的因素包括材料物理常数、吸声结构组成形式和尺寸、吸声结构安装形式等。

2）穿孔板式共振吸声结构

在吸声板上钻穿许多小孔，然后与板后面的织物、空气层和刚性壁面构成穿孔板式共振吸声结构，如图 5.15（a）所示。这种吸声结构相当于许多单腔共振吸声器的组合，空气层相当于振动系统的弹簧，板相当于振动系统的质量块。当入射声波频率和系统固有频率一致时，孔的空气柱振动速度最大，因摩擦损失而吸收较多的声能。穿孔板的吸声性能有明显选择性，即在共振频率附近吸声性能很好，其他频率处吸声性能下降很快，如图 5.15（b）所示。穿孔板的共振频率取决于板厚、孔径、穿孔率、板后空气层厚度。

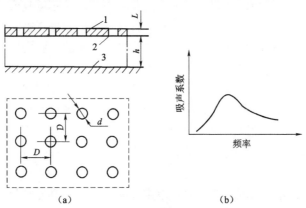

图 5.15　穿孔板式共振吸声结构及其吸声特性

(a) 吸声结构；(b) 吸声特征

1—穿孔板；2—板背面的织物；3—刚性壁面

在汽车乘员舱的壁板上使用能减少声反射的吸声材料，可有效降低乘员舱的混响作用，从而达到控制车内噪声的目的。吸声材料的布置应靠近目标声源。现代汽车的内饰材料一般考虑了吸声要求。乘员舱的吸声处理重点在顶棚。此外,地板和侧壁也需要做吸声处理。

3. 车身顶棚内饰件、座椅和发动机舱的吸声处理

车身顶棚内饰件、座椅和发动机舱吸声毯的声学处理相似,都是以吸声为主。安装车身顶棚内饰要考虑很多因素,如装饰、承载顶棚上各种电装和机构元件的安装,汽车碰撞时人头部的保护等,吸声性能是其中的重要因素之一。从吸声性能角度看,内饰件结构及声学处理示意图如图 5.16 所示。

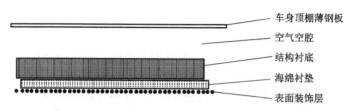

图 5.16　车身顶棚内饰件结构及声学处理示意图

顶棚内饰的表面装饰层很薄,空气流阻很小。装饰层后面的海绵衬垫一般在 2～4 mm,对高频吸声有帮助。但是,真正影响车身顶棚内饰件结构吸声性能的是结构衬底和其后面的空腔。现代汽车设计顶棚衬底趋向于起结构支撑作用,承载着顶棚内饰系统和附加在其上的越来越多的各种电装设备和元件。结构衬底本身的吸声性能和其空气流阻对顶棚内饰系统吸声性能影响很大。结构衬底如果设计得当,可以和其后面的空气空腔一起产生良好的吸声作用。玻璃纤维复合结构衬底的声学效果好,而热塑表层和苯乙烯芯层复合结构衬底的声学效果则很差。两者对车内噪声分贝值的影响最高可相差 3 dB。如果结构衬底本身吸声性能一般,但空气流阻小,在结构衬底后面的空腔内附加吸声材料可以在一定程度上改善顶棚内饰件的吸声性能。

与其他区域的声学处理一样,车身顶棚内饰系统并不是处处均匀分布,如顶棚中心的空气空腔层的厚度就大于顶棚的边缘。顶棚有时会开一个超大顶棚天窗,还要附加多个碰撞保护气囊和电装等,所以顶棚吸声性能分析要考虑到这些不利因素。在设计中则需要考虑到噪声的影响,尽量保留一定的顶棚吸声性能。

座椅设计要考虑的因素非常多,吸声性能常常并不在重要因素之列。但座椅大量使用海绵材料,如果表面又是织布材料,那么其吸声性能就非常好。座椅的面积很大,所以布面座椅的总吸声量非常可观,可占轿车内总吸声量的 50% 甚至更高。但是,皮面座椅的情况就不一样,真皮座椅虽然比布面座椅显得豪华,但如果不作特殊处理,如在表面开许多微孔,其吸声性能会明显低于布面座椅。

发动机舱吸声处理首先采用在发动机舱盖后面附加声毯,如图 5.17 所示。

发动机舱因其温度较高，声毯多由耐高温的玻璃纤维材料制成。声毯厚度在15～35 mm。为安装和搬运方便，以及避免玻璃纤维流失，声毯表面有一层保护层。同理，声毯外边缘和开口处内边缘局部会被压平，但边缘压平对吸声不利，所以应尽量减少边缘压平的面积。

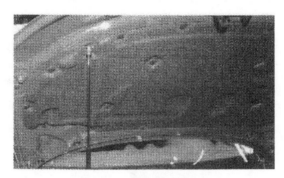

图 5.17　发动机舱附加声毯

发动机舱吸声处理的另一区域是在发动机后边和前围板上附加声毯，其设计与发动机舱盖声毯相近。

5.4.2　隔声处理

隔声方法就是用某种隔声装置将声源与周围环境隔离，使其辐射的噪声不能直接传播到周围区域，从而达到控制噪声的目的。隔声的实质是尽量衰减从声源辐射出的空气声。常用的有隔声材料和隔声结构。隔声材料或隔声结构的隔声性能采用传声系数或传声损失表示。

这里定义传声系数是透射声能与入射声能之比：

$$\tau = E_1 / E_2 \tag{5.101}$$

式中，τ 为传声系数；E_1 为透射声能；E_2 为入射声能。

τ 由于数值较小，而且变化范围很大（10^{-6}～1），使用不方便，故一般采用入射声能 E_2 与透射声能 E_1 之比的对数来表示隔声装置的隔声能力，实际上这是入射声能与透射声能之间的分贝差，因此将其定义为传声损失 TL，也称为隔声量。

$$TL = 10\lg(E_2 / E_1) \tag{5.102}$$

对于隔声结构，前面已有介绍。现就汽车上常见的几种结构的隔声性能进行讨论。

1. 单层隔板的传声损失

隔板是汽车上常见的结构形式，虽然主要用于构成车厢、驾驶室、行李舱等,但在汽车的噪声控制中,隔板的隔声性能却不容忽视。图 5.18 所示为单层隔板的隔声频率特性曲线。从图 5.18 中可以看出,在低频段,单层隔板的隔声量受板的固有频率的影响,特别是在各阶固有频率附近,由于板的共振,板的隔声量较低,这段区域称为刚度控制区;在中频段,频率每增加 1 个倍频程,单层隔板的隔声量 TL 提高 6 dB,同时隔板的隔声性能遵循质量定律,故称质量控制区。

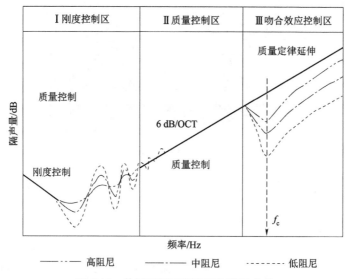

图 5.18 单层隔板的隔声频率特性曲线

传声损失(隔声量)对垂直入射用第 2 章式(2.11)估算,而对随机入射(入射角为 0°~80°),其值为

$$TL = 20\lg \rho_A f - 47.5 \quad (5.103)$$

式中,ρ_A 为隔板面密度(kg/m²);f 为声波频率(Hz)。

从式(5.103)可以看出,对于一定频率的噪声,隔板的隔声量 TL 只与隔板的面密度 ρ_A 有关,即对于一块面积不变的隔板,质量越大,其隔声量就越大。这就是单层隔板隔声量的质量定律。

在高频段(吻合效应控制区),板的隔声量受 5.3.3 节所述板吻合频率的影响。由于吻合效应存在,隔声量出现下降的低谷,即当噪声声波达到吻合频率时,由声波激起的板的弯曲振动的波长正好与空气中声波的波长吻合。这时板声辐射增加,隔声量下降。

2. 双层隔板的隔声量

汽车采用双层隔板的地方较多,如车身、地板等,它们由外围板和内饰板组成。如果有效利用这些双层隔板,可以起到很好的隔声作用。双层隔板的隔声作用原理如图 5.19 所示。入射声 P_i 作用在第一层隔板 A 上，引起隔板 A 振动，并向空气夹层辐射噪声 P_1。空气夹层中的声波在两隔板之间来回反射，激励第二层隔板 B，隔板 B 向另一边辐射噪声 P_t。显然，透射声 P_t 比入射声 P_i 要小得多。

考虑了在双层壁的中间层填入适量的吸声材料的双层隔板隔声量 TL（dB）的经验公式如下：

$$TL = 20\lg(\rho_{A1} + \rho_{A2})f - 42.5 + \Delta TL \qquad (5.104)$$

式中，ρ_{A1} 和 ρ_{A2} 分别为双层隔板各自的面密度（kg/m²）；f 为声波频率（Hz）；ΔTL 为双层隔板中间空气层的附加隔声量，如图 5.20 所示。

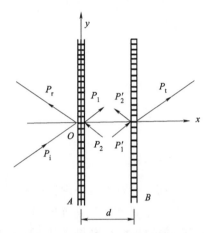
图 5.19　双层隔板的隔声作用原理

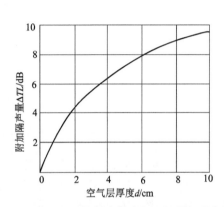
图 5.20　双层隔板中间空气层的附加隔声量

图 5.20 表明，虽然空气层的附加隔声量随空气层厚度的增加而增加，但当空气层厚度大于 10 cm 后，附加隔声量增加有限。当在双层隔板中间填满吸声材料时，中间层的附加隔声量会大大增加。当双层隔板中间为刚性连接时，空气层附加隔声量会下降 2 dB 以上。当双层隔板共振时，隔声量会大大下降。

对于中间层材料和面材料构成的汽车车身，可以考虑增加中间材料厚度和增加面材质量等方法来提高隔声量。汽车上提高隔声材料厚度的隔声效果实例如图 5.21 所示。

隔声处理的具体方法还包括采用隔声罩和隔声屏等。隔声罩是指将噪声源密闭在一特定空间内的隔声构件，分为全封闭、局部封闭和消声箱式隔声罩。

罩壁由罩板、阻尼涂料和吸声层构成，其隔声性能总体上仍然遵循质量控制规律，但在应用上要更多地考虑通风、散热、耐蚀、耐热、设备维修等问题。

隔声屏是用隔声结构做成的，并在朝向声源一侧做了吸声处理的屏障。隔声屏用于阻挡噪声向接受点的声传播，它的隔声性能直接与声波的频率有关。对于高频噪声，其波长较短，声波的绕射能力差，从而使隔声效果显著。对于低频噪声，由于其声波波长较长，声波的绕射能力强，大大限制了隔声屏的隔声效果。

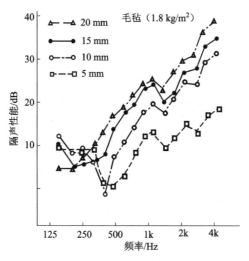

图 5.21　汽车隔声材料厚度的隔声性能

发动机作为影响车内噪声的主要声源，一方面可以对其本身进行屏蔽，另一方面可以在乘员舱内进行隔声处理。乘员舱隔声的重点一般是前壁和前围。当然，乘员舱隔声处理还能有效阻止轮胎噪声、传动系统噪声和高速风噪声的传入。由于壁板的隔声性能受质量定律的支配，所以对高频噪声较为有效，对低频噪声效果较差，尤其是 30～50 Hz 的噪声。为了保证低频噪声效果，应选用面密度和阻尼均较大的隔声材料，同时还应考虑采用什么样的隔声结构。隔声结构的选择应同时考虑所隔声的特性、隔声材料与结构性能和成本。实际使用时，一般采用双层壁结构，并在两层壁之间填充吸声材料以进一步提高隔声性能。对于高档汽车，可以采用多到 4 层的隔声结构。设计乘员舱隔声时，应重点研究发动机辐射噪声的频谱特性。汽油机的频率集中在 200～4 000 Hz，柴油机的频率集中在 1 000～4 000 Hz。

车身壁板的缝隙与孔道为噪声的传入提供了直接通道，这将大大降低车身壁板的隔声能力。因此，必须提高乘员舱的气密性，堵塞所有不必要的孔缝隙。对于必须保留的孔缝，也必须作隔声处理，可通过压力试验选择泄漏最小的孔道结构和隔声方案。对于无相对运动的孔缝，可用高黏度密封胶加以密封。常用密封胶有乙烯基塑料、聚氨酯、聚硫橡胶等。试验表明，对各操纵机构、仪表与车身的孔缝处理后，噪声比无处理状态降低 10 dB 左右。

3. 车身前围板和地板的隔声处理

车身前围板和地板的声学处理相似,都是以隔声为主,吸声不计或者起辅助作用。声学主要结构如图 5.22 所示。

图 5.22 的第一层是车身钢板,通常厚 0.8 mm。车身钢板本身的声传递损失初步估算可以使用前面的公式,但前围板和地板几何形状复杂,有加强筋。其实际声传递损失在中高频往往低于平板理论估算值,平板和复杂壁板声传递损失如图 5.23 所示。车身钢板本身不是吸声元件。

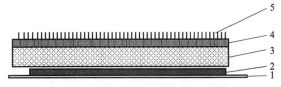

图 5.22 车身前围板和地板的声学处理
1—车身钢板;2—车身附加阻尼;3—多孔衬垫;
4—质量隔层;5—(地板)地毯植绒

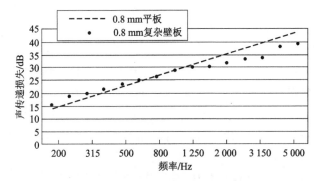

图 5.23 平板和复杂壁板声传递损失

图 5.22 的第二层是车身附加阻尼,通常是 2~4 mm 厚的自由阻尼材料,具有黏弹阻尼性能,密度通常在 1.5×10^3 kg/m^3 左右。车身附加阻尼对结构噪声的主要贡献是附加阻尼,通过减小车身结构振动来减小结构噪声;车身附加阻尼对空气传播噪声的主要贡献首先是附加质量。5 mm 厚附加阻尼层与车身钢板面密度相当,理论上可使声传递损失在车身钢板的基础上再提高 6 dB。但下面两种因素的影响可使车身钢板实际增加的声传递损失分贝值大于或者小于 6 dB。一个因素是前围板和地板多为复杂几何形状和加强筋,其实际声传递损失在中频或高频往往明显低于平板理论估算,但是如果附加阻尼层产生的阻尼足够大,附加阻尼层与复杂前围板和地板的复合声传递损失却可能非常接近平板理论估算值。这就是说,附加阻尼层对空气传播噪声的贡献除了附加质量之外,阻尼的作用也不能忽视。另一个因素是为减小车身质量,车身附加阻尼不是覆盖前围板和地板,而是有选择地在"关键"区域附加阻尼,而其他区域则无车身附加阻尼。其结果是前围板和地板的复合声传递损失将会随不同区域而变

化。相应的分析也必须考虑不同区域的特异性。

图 5.22 的第三层是多孔衬垫。多孔衬垫厚度随区域不同变化很大，通常在 8~25 mm。从声学角度看，多孔衬垫能有效地保持车身钢板与第四层柔性质量隔层构成的双层板隔声结构的相互距离并同时起隔振和吸声作用。理论设计时，多孔衬垫要达到一定厚度。但实际汽车内饰设计时内部空间尺寸受多种因素控制，很难保证多孔衬垫最佳厚度处处一样。好的设计应该避免衬垫厚度局部减少过多和避免衬垫局部受压变薄，同时还要最大限度地减小受影响区域的面积。如果其他条件不变，衬垫厚度减少一半，双层隔板声传递损失减少 5~6 dB。如果衬垫厚度减少的区域刚好是车外噪声传入车内的关键区域，则其对车内噪声的影响就会很明显。为抵消上例中声传递损失减少 6 dB 的影响，只好在车身附加质量，或增加质量隔层面密度。

多孔衬垫设计的另外一个要点是尽量充满可以利用的空间，不留空腔，尤其是连通空腔。模塑的多孔衬垫可以与车身结构几何形状吻合，有效避免空腔。相比之下，由标准平材衬垫裁剪拼成的衬垫，材料成本低，但连通的空腔多，隔声效果有时受影响。与衬垫厚度和充填性相比，衬垫材料本身的吸声特性也很重要，但并不总是第一位的。衬垫材料的弹性刚度对低频隔声影响很大，弹性刚度较低的衬垫材料有利于降低双质量层之间的共振频率，减小双质量层之间振动的耦合。

多孔衬垫可作为独立附件单独设计、加工和进入汽车总装，但更多情况下多孔衬垫常常与质量隔层结合在一起，进入汽车总装。

汽车工业常见的多孔衬垫有几种：一种是由服装加工废料（布头）回收利用制成的。其中一些通过树脂黏结在一起，可以模塑成形，制成复杂形状；一些是通过缝纫方法做成板材成品。一般来说，缝纫方法做成的布头衬垫吸声性能优于树脂黏结的布头衬垫，但缝纫方法做成布头衬垫只能冲切成形，不能模塑成复杂形状。聚亚胺酯（PU）海绵垫或模塑海绵应用也非常广泛。另一种多孔衬垫是合成纤维。合成纤维的纤维直径小，吸声性能好，在纤维中添加热塑性材料还能使合成纤维具有热塑性能，可以模塑成复杂形状。

图 5.22 的第四层是质量隔层。前围板和地板的质量隔层常采用高分子材料配以高密度的充填剂，如碳酸钙和碳酸钡。高分子材料一般是聚乙烯（EVA）和热塑石蜡（TPO）等，沙胶和石油沥青材料的应用也非常广泛。从声学角度讲，质量隔层应该是柔性的；但另一方面，质量隔层刚度也不能太低，以便于搬运、装配和保持几何形状，同时要不易磨损。地板上质量隔层的强度要求一般高于前围板的质量隔层。

图 5.24 所示为前围板穿通元件的声学设计。前围板的质量隔层设计中要考虑"穿通"元件。"穿通"元件是指前围板上多个需要与发动机连通的元件，

第5章 面向NVH性能的汽车轻量化设计方法

如转向轴、油门控制线、制动控制线、电装导线束及空调冷却通风管道等。这些穿通元件与车身钢板的密封设计对阻隔发动机噪声至关重要，但仅仅保证穿通元件与车身钢板密封是不够的。图 5.24（a）表示一种穿通元件与车身结构的密封设计。为使穿通元件和密封橡胶套在装配时简单省事，前围板多孔衬垫和质量隔层在穿通元件和其密封橡胶套附近的材料被剪裁掉。这种情况下，发动机噪声通过4种途径传递到驾驶室：

① 噪声由密封橡胶套与穿通元件的接触面直接传递到驾驶室。
② 噪声由密封橡胶套阻隔后直接传递到驾驶室。
③ 噪声由密封橡胶套与车身钢板的接触面直接传递到驾驶室。
④ 噪声由车身薄钢板阻隔后直接传递到驾驶室。

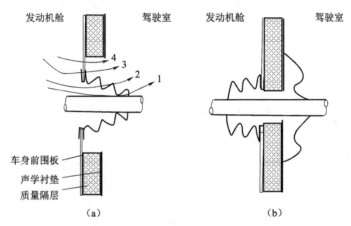

图 5.24 前围板穿通元件的声学设计
（a）改进前普通设计；（b）改进设计

图 5.24（a）所示为普通设计，发动机舱噪声由4种途径直接传入车内（图中 1、2、3、4）。图 5.24（b）表示一种改进了的穿通元件密封设计，发动机舱噪声仍有4种途径传播，但不是直接传入车内，隔声效果提高。首先，避免在穿通元件和其密封橡胶圈附近挖掉过多的多孔衬垫和质量隔层，使多孔衬垫和质量隔层移近穿通元件。其次，在驾驶室一侧附加一个密封橡胶套，并增加其与穿通元件轴接触面积。附加的密封橡胶套有宽边，与质量隔层在周边封合。原来的密封橡胶套被移动到发动机舱一侧。这样改进设计后，原来的4种传递途径虽然还在，但无法直接传递到驾驶室，各种噪声传递途径的隔声效果明显提高。同理，前围板上的其他穿通元件都需要有效的声学设计和处理。

图 5.25 所示为典型前围板在车内的声学处理，表 5.4 列出图 5.25 中 4 个区域声学处理的参数。除了穿通元件外，质量隔层衬垫的厚度各处也都不一样。

假设各区域传递损失的分贝值是 STL_i,面积是 S_i,则整个前围板的复合声传递损失可以用下式计算:

$$STL = -10\lg\left[\frac{\sum 10^{(-STL_i/10)} \cdot S_i}{\sum S_i}\right] \quad (5.105)$$

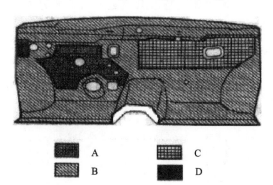

图 5.25 典型前围板在车内的声学处理

表 5.4 图 5.25 中 4 个区域声学处理的参数

区域	质量隔层面密度/(kg·m^{-2})	衬垫厚度/mm
A	2.5	20
B	3.5	16
C	3.5	8
D	2.5	12

穿通元件区域的声传递损失一般需要试验测量,可以采用上一节介绍的隔声和吸声测量方法测量声传递损失。

其他区域声学处理的声传递损失可以计算得到,如用统计能量分析方法。在分析中,车身钢板的隔声既要考虑到受质量控制的非共振成分,也要考虑到受阻尼控制的共振成分。对车身平板,如只考虑空气传播噪声的频率范围,车身钢板的声传递损失主要由非共振成分决定,即质量控制。同理,车身附加阻尼层的影响也可以一同考虑,通常只考虑阻尼层的附加质量作用。多孔衬垫的声学模型则多种多样。最简单的,同时应用比较广泛的模型是"流体"模型,即只考虑多孔衬垫的空气流阻。"流体"模型适用于密度低、非常柔软的多孔材料,如纤维棉等。但对很多其他类型的多孔材料,材料结构的微观构造直接影响空气在其中的运动方式。材料的声学模型也就变得复杂,模型所需要输入的参数也数目繁多，如孔隙率（一般达 90%）、结构因数（主要在中高频起作用）和密度等。有了这些参数后，双层隔板隔声量可以由商业软件模型计算得到。

图 5.26 所示为计算得到的图 5.25 中的 4 个区域的声传递损失。4 个区域的复合声传递损失也同时在图中列出。

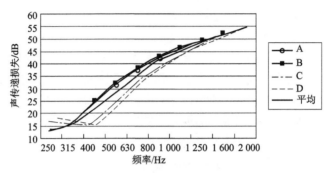

图 5.26　声传递损失计算值

地板上虽然一般没有前围板那种穿通元件，但地板声学处理层在多处都有局部开口，如座椅的四脚结构固定点。如果变速操纵台布置在地板中央，地板声学处理层也会有很大的局部开口。这些局部区域需要特殊的密封和声学设计，使其隔声效果不亚于地板其他区域的声学处理。地板其他区域的声学处理与前围板的情况相近。

地板声学处理的另外一个特点是地毯，即图 5.22 中的第四、五层。其中第四层的质量隔层是地毯的衬底，第五层的植绒是地毯的表面。地毯植绒厚度一般在 6~8 mm，有一定的吸声能力。图 5.27 所示为地毯植绒的吸声系数。虽然地毯植绒的吸声系数低于许多吸声材料，但由于地毯的面积大，其吸声总量仍然可观。

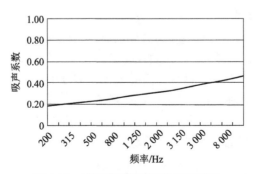

图 5.27　地毯植绒吸声系数波动范围

5.4.3 表面阻尼应用

在车身上使用阻尼材料是控制 100～500 Hz 频率范围内噪声的最有效措施，它可以降低此频率范围内的车声声学敏感度，特别是在共振处。阻尼材料还可以与其他吸声处理方式联合起来，起降噪的作用，例如，约束层防火墙可以降低发动机噪声 3～4 dB；增加地板阻尼可以减少 100～300 Hz 频率范围内的路面噪声；车门上运用层压钢板可以降低车门关闭噪声。

车身阻尼处理包括附加自由阻尼处理和约束阻尼处理两种，如图 5.28 所示。自由阻尼结构中车身结构板是基础，其弯曲振动引起阻尼层的拉伸和压缩应变，在每个振动周期中靠阻尼层的黏滞特性损耗振动能量，把基础板的一部分振动能量转化为热能。约束阻尼处理又称为阻尼夹层结构。约束阻尼结构中，车身结构板是基础，但阻尼处理有两层，第一层是黏弹阻尼层，第二层是约束层。约束阻尼结构中，车身结构弯曲振动同样会引起阻尼层整体上的拉伸和压缩应变，因此，约束阻尼结构靠黏弹阻尼层剪切应变在每个振动周期把基础板的一部分振动能量转化为热能。

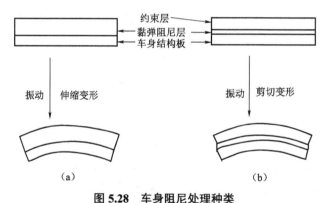

图 5.28　车身阻尼处理种类
(a) 自由阻尼结构；(b) 约束阻尼结构

1. 附加自由阻尼

附加自由阻尼通常为有填充材料的沥青板，如添加云母的沥青板。填充材料用来提高阻尼率，其密度一般为 $1.3\times10^3 \sim 1.7\times10^3$ kg/m^3，约为钢的 1/5。沥青板的阻尼性能对温度极为敏感，因此设计时需要根据温度恰当选取。典型沥青板的温度敏感性：在 40 ℃时阻尼性能最佳，低于 0 ℃和高于 80 ℃时几乎没有阻尼作用。

拉伸型阻尼材料的有效损耗因子 η_{eff} 和材料损耗因子 η 之间有如下关系：

$$\eta_{\text{eff}} = \eta \frac{EHA}{1+EHA} \tag{5.106}$$

式中，$E = \dfrac{E_d}{E_a}$，$H = \dfrac{H_d}{H_a}$，$A = 3 + 6H + 4H^2$，E_d 为阻尼材料的弹性模量，E_a 为钢板材料的弹性模量，H_d 为阻尼材料厚度，H_a 为钢板材料厚度。

如果 EHA 值很小，则有效阻尼 η_{eff} 与 H 成正比。对于典型树脂材料，50 Hz 时，阻尼材料弹性模量 $E_d = 5 \times 10^8$ Pa；5 000 Hz 时，阻尼材料弹性模量 $E_d = 2 \times 10^9$ Pa。阻尼材料的损耗因子对频率不敏感，$\eta = 0.25$，钢的弹性模量 $E_a = 2 \times 10^{11}$ Pa。因此，50 Hz 时，$E = 3 \times 10^{-3}$ Pa；5 000 Hz 时，$E = 1 \times 10^{-2}$ Pa。图 5.29 所示为 η_{eff}/η 与 H 之间的关系曲线。从图 5.29 中可以看出，如果要获得的有效损耗因子为 0.5，响应的 H 值应该在 4~5。钢板厚度一般低于 1.0 mm，则伸展型阻尼材料的厚度应该在 4~5 mm，树脂伸展型阻尼材料密度一般为 1.5×10^3 kg/m³，为钢密度的 0.20~0.25，阻尼材料的质量几乎与处理区域的钢板一样。

2. 钢–树脂–钢约束层阻尼材料

该材料通常由两块等厚度的钢板（0.8 mm 左右）中间夹一层较厚的沥青基树脂形成，如图 5.30 所示，两层钢板和外围通过电焊连接。这种约束层处理方式与伸展型阻尼材料相比，温度敏感性较低，其阻尼性能与材料的阻尼系数有关，适用于温度波动幅度较大的区域，如防火墙。

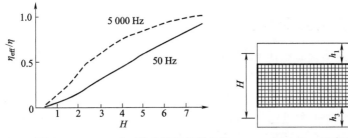

图 5.29　η_{eff}/η 与 H 之间的关系曲线　　图 5.30　约束层阻尼材料结构

假定上下层钢板的密度 ρ 为 7.8×10^3 kg/m³，中间黏弹性层的密度为钢密度的 e 倍，这里 $e = 0.2$，则单位面积约束层阻尼材料的总质量为

$$m = \rho(h_1 + h_3 + eh_2) \quad (5.107)$$

剪切参数集中反映了板件的几何细节，如曲率、加强筋等，通常由试验来确定。该材料的剪切阻尼损耗因子 β 与材料损耗因子 η 之间有如下关系：

$$\dfrac{\eta}{\beta} = \dfrac{XY}{1 + (2+Y)X + (1+\beta^2)X^2} \quad (5.108)$$

$$\frac{1}{Y} = \frac{E_1 h_1^3 + E_3 h_3^3}{12 H^2} \left(\frac{1}{E_1 h_1} + \frac{1}{E_3 h_3} \right) \quad (5.109)$$

$$X = \frac{G}{\rho^2 h_2} \left(\frac{1}{E_1 h_1} + \frac{1}{E_3 h_3} \right) \quad (5.110)$$

式中，Y 为刚度参数；X 为剪切参数。

这里假设 $E_2 h_2$ 相对于 $E_1 h_1$、$E_3 h_3$ 可以忽略不计。

3. 层压钢板

该材料通常由两块等厚度的钢板（0.4 mm 左右）中间夹一层极薄的黏弹性树脂形成，中间树脂层刚度较低，在整个阻尼材料中树脂层刚度是一个不重要的参数。为了提高上下两层钢板的焊接性能，在黏弹性树脂层中加入了传导材料。与钢–树脂–钢约束层阻尼材料一样，这种约束层处理方式与伸展型阻尼材料相比，温度敏感性较低，其阻尼性能仅与材料的阻尼系数有关，适用于温度波动幅度大的区域，如防火墙。层压钢板的阻尼耗散系数一般为 0.02～0.10。加入树脂材料后，会相对提高阻尼系数并降低温度敏感性。

4. 其他剪切型阻尼材料

常用的其他剪切型阻尼材料有：热固型树脂–树脂–钢，这里热固型树脂充当约束层；热固型树脂–黏弹性材料–树脂–钢，增加黏弹性材料层的作用是降低温度敏感性。

5.4.4 考虑轻量化的声学包

车身结构上很多部分都进行了附加声学处理，如密封、吸声、隔声和阻尼处理。这些处理有些附加在车身结构壁板上，有些附加在内饰件上，还有些直接和车身结构壁板或内饰件集成在一起，成为车身壁板或内饰件设计不可分割的一部分。这些声学处理和设计大大降低了车内噪声。

随着汽车的发展，人们对燃油经济性的要求越来越高，促使整车和零部件企业不断发展节能技术，改进设计，包括降低整车和零部件质量，即使汽车越来越轻。轻量化是声学处理发展的重要趋势之一。图 5.31 所示为传统车车内吸声、隔声和阻尼处理的质量比例，阻尼和质量双层隔声量占声学处理总质量的绝大部分。新的趋势是改变这种质量比例分配，在不影响（甚至提高）声学效果的前提下，降低声学材料的总质量。

此前，对于内饰材料或声学包轻量化，较少引起汽车业界的关注，其研究与应用较少。汽车内饰声学包轻量化技术主要包括以下几个：

① 轻质基材的应用技术，如低密度、高倍率发泡、多孔吸声纤维材料等。

② 新型复合型声学材料结构的应用，如微穿孔复合型、多层棉毡或发泡

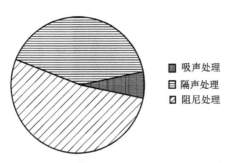

图 5.31 传统车车内吸声、隔声和阻尼处理的质量比例

层组合替代传统的"软硬"双层组合的声学结构。

③ 基于多属性优化设计的轻量化应用技术,如合理地分配内饰声学材料、阻尼材料的设计布局以及对其形状、厚度、高密度隔声层材料等进行分布。

④ 基于制造或安装工艺的轻量化应用技术,如采用粘接替代以凸焊螺柱卡接的内饰件安装方式等。

汽车声学包轻量化工程开发的关键是在整车轻量化开发控制下,基于噪声传递路径与声源对车内贡献量分析的前提下,将汽车内饰材料的传声损失和吸声性能同时作为 NVH 性能设计优化的两个关键参数,以替代仅仅关注传声损失性能的传统式开发。内饰材料轻量化的开发应结合测试与仿真分析等多种手段,以 NVH 性能和轻量化为目标,逐级设定与分解内饰材料的技术指标以及"V 型"开发模式,逐级验证和优化各开发目标。

1. "耗散型"声学系统

声学包轻量化的其中一种思路是增加吸声处理,同时适当地减少隔声处理。因为吸声材料质量小,增加吸声材料质量有限,而隔声材料质量大,适当减少隔声材料可以大幅度地降低质量。

在声学效果上,这种重新平衡吸声和隔声的可行性可以通过图 5.32 来表示。图 5.32 中实线表示传统地板双层隔声处理的声透射损失量(STL)和吸声系数(α)。设计时尽可能希望声透射损失和吸声系数都大,但这在实际中很难同时达到。传统地板双层隔声处理的声透射损失比较高,但其吸声系数很低。"耗散型"设计是把地毯后面的质量层去掉,同时优化地毯和地板间衬垫的声学特性,使地板声学系统的吸声系数大幅提高,同时声透射损失的下降能够控制在一定范围内。图 5.32 中的虚线为"耗散型"结构的声透射损失和吸声系数。这种"耗散型"声学系统已经在北美多种车型上得到应用,其质量甚至只有原系统的一半。不管是客观测试还是主观评价,这种新型结构的声学处理效果都非常好。随着对"耗散型"声学系统的研究和实践的进一步深入,其应用会越来越广泛,其成本也越来越接近传统的质量双层隔声处理。

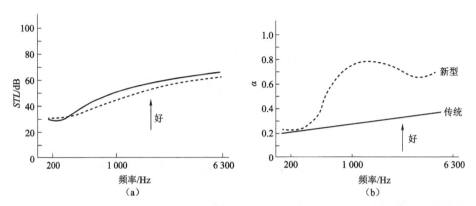

图 5.32　传统地板双层"隔声"处理的声透射损失（STL）和吸声系数（α）示意图
(a) 声透射损失；(b) 吸声系数

2. 前壁板隔声垫的轻量化开发

在汽车上广泛应用的前壁板隔声垫采用双层结构（图 5.33（a）），常用的"重层"材料包括 EVA、EPDM 或 PVC 等，"软层"材料包括棉毡、发泡材料或热塑纤维等。重层的主要作用是隔声，即阻隔和反射噪声；软层则主要是吸收前壁板件直接的辐射声能以及吸收重层的反射声能。由于传统的重层材料的质量较大，基于降低汽车声学包装质量趋势的要求，可以采用一种新型的轻量化隔声垫设计方案（图 5.33（b）），利用高密度的"软层"材料替代传统的"重层"。相对于传统的前壁板隔声垫，新型轻量化方案解决了中高频吸声性能差的问题，并且可以降低质量 30%~60%。

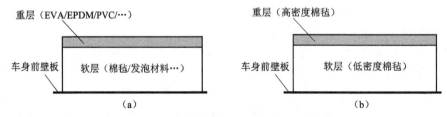

图 5.33　前壁板隔声垫的双层声学材料结构
(a) 传统隔声垫；(b) 新型隔声垫

对于轻量化前壁板隔声垫 NVH 性能的分析，可通过建立前车体的 SEA 模型，以隔声垫的传递损失特性和吸声系数为主要设计因素，并以噪声衰减量级 NR（Noise Reduction）指标评估其声学性能水平。仿真分析表明，在前壁板无泄漏问题情况下，轻量化的隔声垫与传统隔声垫都能够取得相近的 NVH 性能（图 5.34（a）），且初步计算结果显示可降低质量约 43%。考虑前壁板存在 1%

的泄漏问题，由于轻量化隔声垫具有较高的表面吸声性能，相比传统隔声垫，其噪声衰减性能对于泄漏效应的敏感度较低，因此，在中高频率范围依然能够获得较好的 NVH 性能（图 5.34（b））。

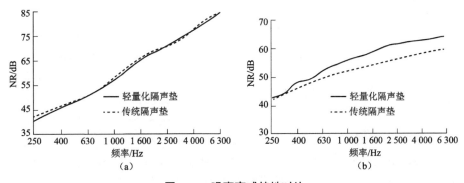

图 5.34 噪声衰减特性对比

（a）噪声衰减特性对比（前壁板无泄漏）； （b）噪声衰减特性对比（前壁板有 1% 泄漏）

对于轻量化前壁板隔声垫对整车 NVH 性能的影响，主要分析其对动力总成噪声和底盘噪声的衰减特性。选择二挡全油门加速行驶工况，分别测试和对比车内噪声情况。二挡加速工况时，轻量化的双层棉毡隔声垫并没有导致车内噪声声压级的增大，并在发动机转速 3 800～5 000 r/min 范围降低了约 2.3 dB（A），车内语言清晰度指标明显提升约 7%（图 5.35）。主观评价也能感受到车内声音的中高频成分比例降低。

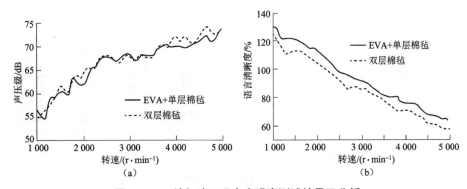

图 5.35 二挡加速工况车内噪声测试结果及分析

（a）声压级测试对比； （b）语言清晰度测试对比

3. 双组分吸声棉的应用

双组分吸声棉属于纤维状多孔吸声材料，由高融值 PP 和中空螺旋超细 PET 纤维组成。它具有立体网状连续多孔结构，纤维平均细度可达 2 μm 以下。

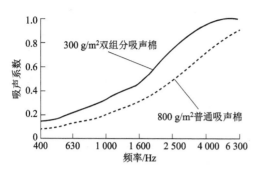

图 5.36 双组分吸声棉与普通吸声棉吸声系数对比

双组分吸声棉纤维直径明显小于普通吸声棉，单位内纤维数更多，其材料内部互相贯通的微孔和间隙更多，且这些孔隙更小。如此结构使声音在吸声棉内的运动产生更多阻碍，使得双组分吸声棉吸声能力更好。选择面密度为 300 g/m² 的双组分吸声棉和面密度为 800 g/m² 的普通吸声棉两种吸声材料，使用双传声器阻抗管法，进行正入射吸声系数对比测试。测试结果如图 5.36 所示。300 g/m² 双组分吸声棉的吸声系数明显优于 800 g/m² 普通吸声棉。对比普通吸声棉，双组分吸声棉具有吸声系数高、质量小的优点。目前，双组分吸声棉已经在汽车上得到广泛应用，并取代了部分普通吸声棉。以双组分吸声棉在车门内饰板的应用为例，分析双组分吸声棉对控制车内高频噪声的效果。车门附加吸声棉对整车 NVH 性能的改善，主要分析其对风噪的衰减特性。选择 100 km/h 匀速行驶工况，测试并对比车内噪声情况，分析结果如图 5.37 所示。车门内增加双组分吸声棉后，其声压级在 1 000 Hz 以上明显降低，前排位置的语言清晰度提高约 4%，明显改善了车内噪声水平。

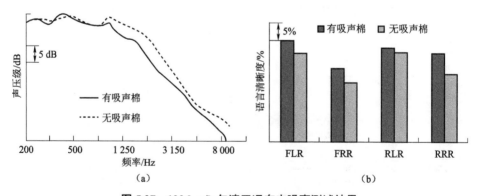

图 5.37　100 km/h 匀速工况车内噪声测试结果
(a) 车内声压级测试对比；(b) 车内语言清晰度测试对比

4. 阻尼优化

阻尼层的布置位置、厚度等都会影响其降噪性能，通过优化手段可以在不降低（甚至提高）阻尼层降噪性能的同时，减小阻尼层的总质量，提高阻尼材料的利用率。

阻尼优化流程如图 5.38 所示。声固耦合模型及计算值与试验值对比如图 5.39 所示。通过试验测量被试轿车以 50 km/h 匀速行驶时的动力总成悬置激励和路面不平度通过悬架对车身的激励。将试验测得的各点对车身的激励施加在模型中的相应位置并进行频率响应分析，完成频率响应分析后得到驾驶员耳旁声压级的频率为 20~200 Hz。

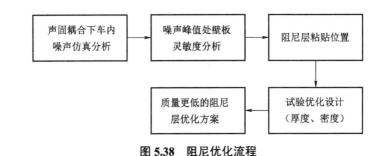

图 5.38　阻尼优化流程

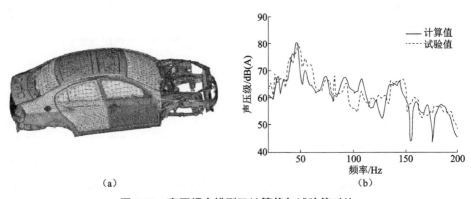

图 5.39　声固耦合模型及计算值与试验值对比
（a）模型（隐去车窗）；（b）计算值与试验值对比

车身阻尼层多为采用沥青材料的自由阻尼层，其密度和厚度对车内噪声有较大影响。根据灵敏度分析结果，由于防火墙与行李厢地板对声压级有较大影响，所以分别选取防火墙和行李厢地板阻尼层的密度及厚度为试验优化设计的 4 个因素，试验因素 A、B、C、D 分别为行李厢地板阻尼层的厚度、密度及防火墙阻尼层的厚度、密度。每个因素选取 3 个水平。应用 $L_9(3^4)$ 正交表安排试验，设置 9 次试验方案，计算后得到试验结果。利用极差分析法对试验结果进行计算，试验方案、结果及结果分析如表 5.5 所示。

表 5.5 试验方案及试验结果计算

试验方案		行李厢地板阻尼层		防火墙地板阻尼层		峰值/dB（A）	质量/kg
		A 厚度/mm	B 密度/(kg·m^{-3})	C 厚度/mm	D 密度/(kg·m^{-3})		
	1	1	1 500	1	1 500	80.371	1.354
	2	1	2 500	2	2 500	80.352	2.320
	3	1	3 500	3	3 500	80.420	3.338
	4	2	1 500	2	3 500	80.400	2.810
	5	2	2 500	3	1 500	80.478	4.501
	6	2	3 500	1	2 500	80.580	6.203
	7	3	1 500	3	2 500	80.456	4.139
	8	3	2 500	1	3 500	80.604	6.668
	9	3	3 500	2	1 500	80.752	9.286
峰值/dB（A）	Y1	80.381	80.409	80.518	8.534	—	—
	Y2	80.482	80.478	80.501	80.562	—	—
	Y3	80.604	80.584	80.451	80.501	—	—
	R	0.233	0.175	0.067	0.061	—	—
质量/kg	Y1	2.337	2.767	4.742	4.742	—	—
	Y2	4.505	4.496	4.805	4.805	—	—
	Y3	6.698	6.276	5.708	3.993	—	—
	R	4.360	3.508	0.967	0.719	—	—

优化中有两个目标，属于多目标优化。多目标优化方法有综合评分法和综合平衡法。综合评分法通过对各目标的评分将多目标转化为单目标。综合平衡法将各目标的最优条件综合平衡，找出使每个目标都尽可能好的条件。

运用综合平衡法针对两个目标进行综合优化，绘出各因素水平的趋势图（图 5.40），找出最优方案。从表 5.5 可以看出，4 个因素对两个目标的影响由主到次的关系为：峰值：A—B—C—D；质量：A—B—C—D。综合考虑两个目标，要求两个目标最小。从趋势图及因素主次可以看出，随着因素 A、B 3 个水平的增大，两个目标都增大；因素 D 选取 D_2 时两个目标同时取得最大值，取 D_3 时两个目标同时取得最小值。因此，因素 A 选择 A_1，因素 B 选择 B_1，因素 D 选择 D_3。因素 C 对两个目标有不同的影响，C_1 到 C_3 峰值响应减小，而质量增加。从峰值最小考虑，C_3 最好；从质量角度考虑，C_1 最好。针对两

第 5 章 面向NVH性能的汽车轻量化设计方法

个指标的因素水平趋势图中 C_1 与 C_2 相当接近，C_2 与 C_3 差别较大，如果选择 C_3 将导致质量大幅增加，因此选择 C_2 是合理的。阻尼层的优化方案为 $A_1B_1C_2D_3$，即车底后部地板采用密度为 $1.5×10^3$ kg/m³，厚度为 1 mm 的阻尼层，防火墙采用密度为 $3.5×10^3$ kg/m³，厚度为 2 mm 的阻尼层。

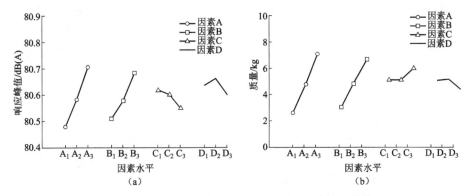

图 5.40　响应峰值-因素水平趋势与质量-因素水平趋势图
（a）响应峰值-因素水平趋势图；（b）质量-因素水平趋势图

优化阻尼层后，相对于未添加阻尼层的情况，响应峰值降低了 1.13 dB（A），总声压级从 61.28 dB（A）降至 60.66 dB（A），涂贴的阻尼层质量从 3.338 kg 降为 1.403 kg，降低了 1.935 kg。可见，采用优化阻尼层后各个频率处的响应均有所改善。

5.5　NVH 相关试验综述

汽车 NVH 试验研究主要以性能指标测试、故障诊断、道路模拟试验等为研究内容。任何一款新车型，在开发过程中都要对整车各项性能指标进行检验验证，同样对于整车的 NVH 性能指标，在开发过程中各个环节都要对其进行试验验证，如车内振动目标值试验验证、车外噪声目标值试验验证、发动机悬置性能试验验证等。对于现有车型存在的 NVH 问题，可以通过试验手段进行测试分析，查找产生问题的原因，提出可行性的工程治理方案，最后通过试验验证治理结果。由此可以看出试验手段在汽车 NVH 特性研究中的重要性。NVH 试验内容主要有以下几个方面：

① 振动试验：白车身、整车及零部件模态试验；振动响应测量；异响识别；隔振器刚度、隔振率测量等。

② 噪声测试：声腔模态、车内噪声、通过噪声、进排气系统噪声、动力总成辐射噪声、壳体辐射噪声等。

③ 灵敏度测量：声学灵敏度测量、振动灵敏度测量、声传递损失测量等。其中，部分试验的方法和流程简述如下。

1. 白车身模态试验

首先要确定激振方法，如单点激振多点拾振的自由模态试验方法或多点激振多点拾振的方法。单点激振多点拾振是指选择一个激振点对结构施加激励，同时在结构上布置多个测点，测得频响信息。试验前需要准备的仪器有动态信号采集仪、激振器、加速度传感器、力传感器及电荷适调器等。为保证传感器、输入通道及测点的方向一致对应，应预先规定好车辆坐标系。制定的模态试验分析方法步骤如图 5.41 所示。

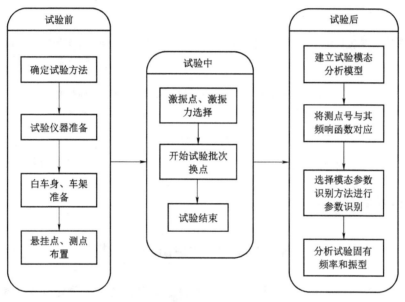

图 5.41　模态试验分析方法步骤

在测点布置方面需要注意，首先要保证所有的测点连接起来之后可以描绘出车身或者车架的轮廓形状，尽量反映出各阶振型的变化形态；其次在布置测点时要注意传感器的布置方向应与预先规定的方向一致，对于不易布置的点，可以选择邻近的平面去布置，保证数据在方向上的准确性；最后通过计算模态分析可以观察到刚度弱的部件，在这些部件处应多布置一些测点以反映局部振动情况。

激振点应尽量选择各阶振型位移较大的地方，白车身一般选择驾驶或副驾驶侧靠门槛的地板处。悬挂点应该选择低阶振型节点处，车身与橡皮绳形成的质量橡皮绳系统的频率要远小于车身的一阶频率，通过激励系统施加垂直方向的激励给车身或车架结构，通过传感器测得预先布置的各测点对激振点处的频率响应函数信息，建立的测试结构连接如图 5.42 所示。车身模态试验悬挂点布置与激励点布置分别如图 5.43 和图 5.44 所示。

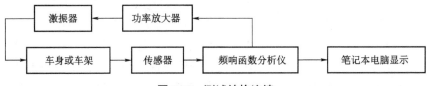

图 5.42　测试结构连接

（a）　　　　　　　　　　　　　　　　（b）

图 5.43　车身模态试验悬挂点布置

（a）前悬挂布置；（b）后悬挂布置

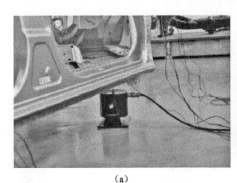
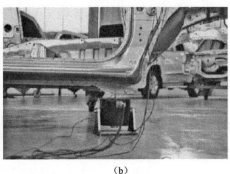

（a）　　　　　　　　　　　　　　　　（b）

图 5.44　车身模态试验激励点布置

（a）激振点选择布置；（b）激振点 X 向布置

试验结束后，利用有限元模型找出车身车架各测点的坐标位置，将数据导入模态分析处理软件系统中，连线建立车身车架结构的框架模型，然后将测得的数据导入，并与模型中相应的测点号对应，选用软件提供的算法，如峰值拾取法，分析得到模态参数。此外，在导入数据后，需要对一些振动异常点做出剔除，这些点一般是由于采集信号时传感器工作不稳定等偶然因素造成的，会影响到试验模态的计算结果。

在对白车身进行模态测试试验时，所用的试验方法、测量仪器以及坐标系的规定等均与车架测试时相同，本次试验共选择了137个测点。在选择激振点位置时，通过观察有限元仿真结果选择在车身副驾驶下方的地板处进行激振，利用激振器对车身进行+Z向激振，激振信号选择能量平均分布在较宽频带内的随机信号，并通过功率放大器调节激励的大小，悬挂点选择在挡风玻璃和后侧窗处，共选择了4个悬挂点，由于捆绑处的板件比较薄，在车身的重力下有可能隔断橡皮绳，所以在各个悬挂点处加多了几层垫布。试验测点的布置如图5.45所示，图中红线框圈起的是已放置传感器的测点位置。车身模态试验扭转振型如图5.46所示。

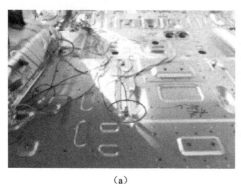
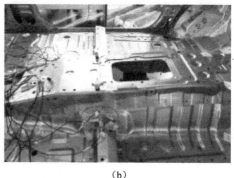

(a) (b)

图 5.45 车身模态测点布置（见彩插）
(a) 地板后方测点布置； (b) 地板前方测点布置

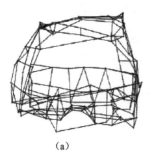
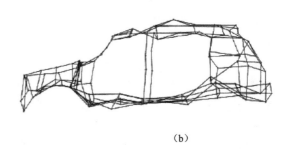

(a) (b)

图 5.46 车身模态试验扭转振型
(a) 扭转振型前视图； (b) 扭转振型侧视图

2. 车内噪声值测试

车内噪声标杆值测试的目的主要是获取竞争车型或设计新车型的车内噪声量值，为新车型车内噪声目标值设定提供参考依据；同时验证开发的车型车内噪声值是否达到设计要求。标杆值测试是NVH性能基础性数据测试，不论是新车型开发还是现有车型性能测试都需要做这项试验。因此，要保证试验重复性、可靠性、可比性,就需要对试验对象、测试环境、测点位置、测试工况等设计定义。

由于汽车车内噪声级明显与测量位置有关,应该选取能够代表驾驶员和乘员耳旁的车内噪声分布的测点。以 M1 类汽车测试为例,一般选取驾驶员右耳和右后座乘员左耳的位置为测量点,传声器具体的安装位置如图 5.47 所示。

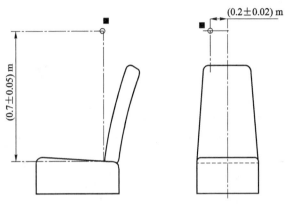

图 5.47　车内噪声测点布置

用户所关心的车内噪声,主要表现在以下几种工况的车内噪声:怠速工况下噪声级高低、全负荷工况下噪声级高低、高速工况下车内语音清晰度指数、高速工况下车内噪声级高低等。因此,对车内噪声测试的试验工况分为定置工况和路试工况。其中,定置工况下主要测试发动机在怠速和不同转速下的车内噪声量值;路试工况主要测试匀速行驶、加速行驶、减速行驶、3 挡急加速工况下的车内噪声量值。路面对于车内噪声的影响是不同的,因此进行车内噪声目标值测试的过程中,一般还要选择几种典型的路面进行测试,主要包括粗糙路面、光滑路面和冲击路面。

车内噪声的评价主要是噪声量值大小和声品质。由于车内噪声直接作用于人耳,所以噪声量值的大小用 dB(A) 来表示,对于其频率特性,采用声功率密度函数来分析,频率分辨率要求达到 1 Hz。

声品质是指声给人的特有的听觉感受,声品质好是指人们察觉不到噪声的存在或者声音并不让人烦恼,而声品质坏是指噪声使人不舒服并让人有烦恼的感受。对于声品质的评价,主要包括响度、音色、音调、尖锐度、粗糙度、抖晃度、语音清晰度等指标。

3. 异响识别试验

汽车出现 NVH 问题,主要包括整车或零部件出现各种不明的、异常的噪声振动,系统或零部件的 NVH 目标值没有达到设计要求,产生这些问题的根源就是要诊断的故障目标。NVH 故障诊断的主要途径从查找噪声振动源、分析噪声振动传递路径入手，找出问题的原因，提出解决方案。噪声源识别试验分析分为以下几个步骤来进行：

① 主观评价；
② 试验设计；
③ 数据采集；
④ 数据分析；
⑤ 得出结论。

制定获取异响噪声的试验工况，分为路试工况和定置工况，如表 5.6 和表 5.7 所示。

表 5.6 路试工况

工况	挡位	工况类型	备 注
1	1 挡	发动机转速上升和下降超过 2 000 r/min	试验路面选择沥青路面，至少采集 10 s 试验数据；在同一挡位分为重踩油门和轻踩油门两种工况
2	2 挡	发动机转速上升和下降超过 2 000 r/min	
3	3 挡	发动机转速上升和下降超过 2 000 r/min	
4	4 挡	发动机转速上升和下降超过 2 000 r/min	
5	5 挡	发动机转速上升和下降超过 2 000 r/min	
6	3 挡	急加速	

表 5.7 定置工况

工况	工况类型	备 注
1	怠速	扫描工况是发动机转速从怠速增加到最高转速
2	1 500 r/min	
3	2 000 r/min	
4	2 500 r/min	
5	扫描	

测点选取遵循近场测量的原则，再结合信号处理的方法对异响进行测量分析。如果认定该异响噪声与发动机、变速箱密切相关，就在发动机、变速箱近场布置传声器和加速度传感器，同时在驾驶室内布置相应的输出传声器，主要位置包括驾驶员左耳、副驾驶左右耳、后排座右乘员左右耳、后备厢，具体测点位置如图 5.48 所示。

第 5 章 面向NVH性能的汽车轻量化设计方法

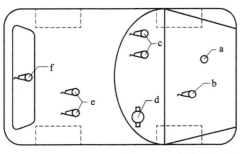

传感器布点位置：
a. 发动机及变速箱附近

传声器布点位置：
b. 发动机及变速箱附近
c. 驾驶员左右耳
d. 副驾驶（左右耳）
e. 后排座右乘员左右耳
f. 后备厢

图 5.48　噪声传感器布置

异响噪声的特征分析，即频率特性分析。首先选取驾驶员右耳处传声器采集的信号作为分析对象，主要采取时频分析（FFT-rpm）、滤波分析，利用测试软件的回放功能，对滤波前和滤波后的驾驶员右耳采集的信号进行回放监听（图 5.49 和图 5.50），可以明显听到滤波后的信号中没有异响噪声，由此得出在人耳处听到的异响噪声的频段。由于初步主观评价异响噪声来源于变速箱，对变速箱位置处传声器采集的信号进行分析，通过监听滤波前后的信号，可以分析出异响位置的频率范围。

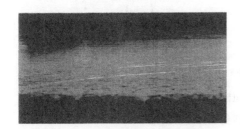

图 5.49　滤波前驾驶员右耳信号时频分析

图 5.50　滤波后驾驶员右耳信号时频分析

4. 动力总成辐射噪声测试

测试动力总成辐射噪声通常是在发动机运转时，在距离发动机 1 m 处用声功率计测试。动力总成可以安装在台架上，在发动机消声室内测试，也可以在车载状态下测试。两种测试方法的结果当然会有一定的差别，要根据实际情况来选择。测试的位置一般包括发动机上方、进气侧、排气侧和底部。图 5.51 所示为动力总成辐射噪声消声室测试，图 5.52 所示为测试结果。

5. 进气噪声测试

进气噪声测试是在发动机舱盖开启的状态下，在进气口的轴线上距离进气口 100 mm，与中心线垂直的角度放置一个传声器来测量的。如果测试的位置有障碍物，应尽可能拆除。试验时，发动机、驱动系统等按正规式样，冷却系统保持关闭状态。测试应该在带底盘驱动电机的消声室内进行，如图 5.53 所示。图 5.54 所示为测试结果，主要关注 WOT 工况下总的声压级以及发动机点火阶次声压级。

图 5.51 动力总成辐射噪声消声室测试

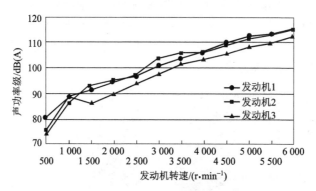

图 5.52 动力总成辐射噪声测试结果

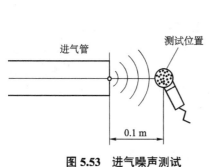

图 5.53 进气噪声测试

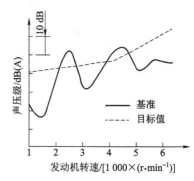

图 5.54 进气噪声测试结果

6. 排气噪声测试

排气噪声测试是在排气管 500 mm 处以 45° 入射角进行测试的，需要关注的是总的声压级和发动机点火阶次声压级。排气噪声可以在试验台架上进行，也可以在实车上进行。图 5.55 所示为排气噪声台架测试。实车测试时，应该采取必要的措施以排除进气噪声、路面噪声的影响。

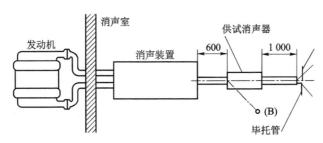

图 5.55　排气噪声台架测试

7. 路面噪声测试

路面噪声主要是指轮胎噪声。影响路面噪声的因素包括路面、轮胎类型、车速等。汽车在高速行驶时，路面噪声占车内噪声的主导地位。对路面噪声的测试包括台架轮胎单体试验和实车滑行试验。台架试验主要是考核轮胎类型对噪声的影响，而实车滑行试验则可同时测试轮胎与路面摩擦时所发出的噪声，以及路面噪声对车内噪声的影响。

8. 风噪声测试

为了消除轮胎和发动机噪声的影响，风噪声测试一般需要在声学风洞试验室内进行，汽车静止不动，由风洞产生不同速度的气流，模拟风噪声对汽车的影响。测试结果主要关注车外流场分布、车外特定点的空气压力和速度、车体振动和车内噪声。

9. 通过噪声测试

通过噪声测试大多数是在露天试验场测试，如图 5.56 所示。试验场包括一个长 20 m、宽 20 m 的主体部分，10 m 长的驶入道路和 10 m 长的驶出道路，这两条道路的宽度至少为 3 m。在驶入和驶出的道路两边还要有与之连接的道路，以便汽车开进和离开试验场地。通过噪声的试验场必须满足下面的条件和测量要求：

① 声场条件：在 50 m 半径范围内，不能有明显的障碍物，如建筑物、墙壁、桥梁和岩石等；在传声器附近，不能有任何影响声场的物体；人不能站在声源和传声器之间。

② 背景噪声：一般要求背景噪声比汽车通过时的噪声低 15 dB，绝对不能低于 10 dB。

③ 路面条件：路面要非常平，其误差不能超过 ±0.05 m，路面的材料不能吸声。

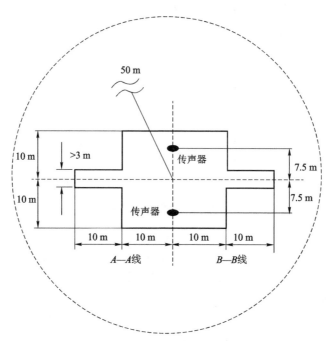

图 5.56　通过噪声露天试验场示意图

④ 天气条件：大气的温度在 0 ℃～40 ℃。在传声器高度处的风速不能超过 5 m/s，下雨的时候不能进行测试。

⑤ 传声器的位置：如图 5.56 所示，两个传声器放在试验场的南北中轴线上，离水平中轴线的距离为（7.5±0.05）m，传声器离地面的高度为（1.2±0.02）m。

⑥ 测量次数：每边最少测量 4 次，4 次测量中，每两次测量的最大噪声的差值不能超过 2 dB，否则要增加测量次数。

⑦ 汽车的速度：不同的汽车（如轿车和卡车等）和不同的变速器（如自动变速器和手动变速器），到达 A—A 线时的速度和离开 B—B 线时的速度是不一样的，SAE J1470 和其标准中都有详细规定，读者可以参阅有关标准。一般情况下，到达 A—A 线时的速度应该为 50 km/h。汽车应该沿着水平中心线行驶，当接近 A—A 线时，尽快将油门踩到底，发动机全负荷工作。一直保持这种状态，直到汽车的尾部离开 B—B 线，这时迅速放开油门。

露天测试通过噪声，对试验场的要求不高，测试起来非常方便，成本低，但却受到自然因素的限制，在风大和下雨的天气下不能测试。对于位于北方的试验场，整个冬天都不能进行试验。于是，有的公司就建了室内通过噪声试验室。这样的试验室是一个巨大的半消声室，汽车放在试验台架上，汽车带动试验台架上的轮子运动。在汽车两边各放一排传声器，如图 5.57 所示，这样就可以模拟汽车运动状况。

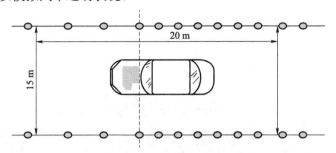

图 5.57 室内通过噪声测试与传声器示意图
（○表示传声器）

第 6 章

面向碰撞安全性的汽车轻量化设计方法

随着社会的不断进步和发展以及近年来汽车行业在国内的蓬勃发展，汽车已不再是一种奢侈品，它开始逐渐走进人们的生活，为人们的生活提供便利服务，同时也带来了交通事故的频繁发生，给人类社会带来了巨大的伤害，造成了人们的生命财产损失。汽车的碰撞安全性问题是当今世界汽车工业急需解决的一大难题。碰撞事故不仅给人类社会带来了巨大的经济损失，更夺去了许多无辜乘员的生命。据世界卫生组织估计，目前在导致死亡的各种因素中，车祸排在三大疾病之后成为第四大诱发因素，道路交通事故每年给全世界经济造成约 5 180 亿美元的损失，占全球生产总值的 1%～2%。世界卫生组织还提出，到 2020 年，每天全球交通事故伤残和死亡人数将增加 60%以上，交通事故损伤将成为全球疾病和损伤负担的主要原因。道路交通事故在发展中国家尤为严重，尽管这些国家汽车保有量只占全球的 2%，但道路交通事故约 90%发生在中、低收入国家。专家指出，到 2020 年，若不及时采取措施，发展中国家的道路交通事故死亡人数将剧增 80%。如何保证设计出具有良好碰撞性能的汽车成为首要的问题，而提高汽车碰撞性能的最基本途径是提高汽车碰撞安全性设计并改进技术。

6.1 汽车碰撞安全性的分析与评价方法

6.1.1 碰撞安全性与轻量化的关系

随着世界汽车产量和保有量的不断攀升，产生了交通堵塞、环境恶化和交

第6章 面向碰撞安全性的汽车轻量化设计方法

通安全等一系列的问题,交通事故的发生次数和伤亡人数也大幅上升。1978年发生道路交通事故 10 万多起,死亡人数不到 2 万人,到 2005 年则达到 45 万起,死亡人数接近 10 万人。我国道路交通事故死亡人数自 1986 年超过美国后一直位居世界首位,近年来我国的交通事故数据如表 6.1 所示。2006 年 11 月初,国家统计局组织进行了第六次全国群众安全感抽样调查,在影响群众安全感受的问题中,选择交通事故的占 33.2%,与 2005 年相比上升了 5.1%。人们已经认识到,由于驾驶员本身、道路环境、气候和汽车技术状态等因素的作用,交通事故不可能完全避免。因此,如何最大限度地保证碰撞时人员的安全并减少事故造成的损失,具有重要的现实意义。安全已经和节能、环保一起成为汽车发展的三大主题。

表 6.1 我国近年来交通事故数据

年份	事故数/起	死亡人数/人	万车死亡率/人
2000	616 971	93 853	14.7
2001	757 919	105 930	13.5
2002	773 139	109 381	11.9
2003	667 507	104 372	10.8
2004	517 889	107 077	9.9
2005	450 254	98 738	7.6
2006	378 781	89 455	6.2
2007	327 209	81 649	5.1
2008	265 204	73 484	4.3
2009	238 351	67 759	3.6
2010	219 521	65 225	3.2

碰撞安全性是轻量化之后面临的主要问题之一。从概念上来说,汽车安全性分为两个部分:

① 主动安全技术。其主要作用是防止汽车发生事故,特点是提高汽车的行驶稳定性、操纵性和制动性,以此来防止车祸发生,如 ABS(制动防抱死系统)、EBD(电子制动力分配系统)、EBA(紧急刹车辅助系统)、AFS(灯光随动转向系统)等。

② 被动安全技术。其作用是事故发生后对乘员进行保护。汽车被动安全系统可以分为安全车身结构和乘员保护系统。其中，安全车身结构的作用是减少一次碰撞带来的危害，而乘员保护系统是为了减少二次碰撞造成的乘员损伤或避免二次碰撞。安全车身必须具备以下功能：车辆发生碰撞时，其碰撞能量必须能被车身结构的指定部位吸收，从而保证碰撞后车身座舱的生存空间，减少碰撞造成的乘员伤害，防止由于碰撞作用导致的乘员与室内部件的撞击；此外，必须充分利用车身结构的变形来吸收碰撞能量，从而尽可能缓和和吸收车辆及乘员的运动能量。

汽车并不是越重越安全。对于汽车被动安全而言，如果车辆太重，车辆的刚性大，在发生碰撞时外部行人的安全性就不能得到保障。因此，轻量化并不需要以牺牲汽车的安全性为代价。即使汽车上使用很轻的材料，如果采用高强度材料和工艺，也能达到质轻但刚性非常好的效果，从而达到使车辆具有良好安全性能的效果。对于主动安全而言，汽车车体重，在制动过程中会加大制动距离，增大了汽车的不安全因素，这也充分说明了汽车整车安全性是把汽车作为一个整体结构来考虑并充分优化的过程。工程师们设计车身结构的主要原则就是不降低车身刚度和强度的情况下尽可能减重，如采用吸能性能好的轻质材料或高强度钢板来对汽车的结构进行优化设计，不仅能够提高汽车的安全性，而且能够达到降低成本，使汽车轻量化及节约能源的目的。

车身轻量化不能盲目减重，应在保证汽车整体质量和性能不受影响的前提下最大限度地降低各零部件的质量，通过对车辆碰撞时的减速度、车身伸缩变形长度和状态、碰撞力、吸能状况等重要指标的分析、对比，评价轻量化方案的可行性。评价车身轻量化的技术标准，还包括空气动力学性能、减振降噪、舒适性、可制造性以及零件的合理布局等方面的指标。

基于碰撞安全性的车身轻量化设计，主要有两种途径：一是改进车身结构，使零部件薄壁化、中空化，并通过先进的优化设计方法使材料在不同部位进行合理分配，其中心思想是"合适的材料应用于合适的部位"，使材料性能得以充分发挥，从而在其他指标不恶化的情况下实现车身轻量化；二是采用轻量化的金属和非金属材料，主要包括铝合金、镁合金、高强度钢板、塑料、复合材料以及陶瓷等。因此，汽车轻量化和安全性两者间并不矛盾，某种意义上甚至是相辅相成的。从全社会的角度来看，提高汽车安全性，同时减轻车重、降低油耗、减少排放是整个汽车企业发展的必然要求和趋势。

6.1.2 碰撞安全性研究的背景

汽车安全事故可以上溯到 1769 年法国一辆蒸汽机驱动车意外撞到兵营墙壁上。为应对蒸汽汽车数量增长带来的交通事故隐患，1858 年在英国诞生了

第 6 章 面向碰撞安全性的汽车轻量化设计方法

最早的道路交通法。然而,汽车安全性问题真正进入人们的视野还是在汽车普及之后。

值得注意的是,第二次世界大战初期,尽管汽车的销售及保有量有大幅度的提高,美国的道路死伤率却由于道路情况的改善和汽车性能的提高未出现大幅度攀升。但好景不长,从 1962 年起,情况发生了逆转,到 1965 年美国因交通事故死亡 49 000 人,伤 180 万人,这些是由 2 100 万辆车所引起的 1 800 万起事故造成的。交通事故造成的死亡人数占总死亡人数的 1/10,经济损失达 85 亿美元,占美国国民经济生产总值的 1.2%。据统计,从 1792 年蒸汽汽车出现在美国至 1965 年,因汽车造成的事故死亡共 150 万人,超过了美国建国以来历次战争阵亡人员的总和。汽车从那时起也常被冠以"行驶的棺材"。血的事实使这个被称为"架在车轮上的国度"不得不正视汽车的安全性问题,这种关注很快在美国成长为一种政治力量。1966 年 3 月 16 日,美国第八十九届国会上关于约翰逊总统提出的"交通安全法"的辩论成为汽车安全性问题的一个历史转折点。此后,世界各国对汽车安全性包括汽车被动安全性都制定了法规强制推行,在很大程度上推动了改善汽车安全性的研究。今天我们欣慰地看到,尽管汽车保有量在不断增加,但汽车事故死亡人数和事故发生率却从整体上保持下降的趋势,汽车安全研究及其成果的推广无疑为此做出了巨大贡献。

事实上,被动安全的起步可以追溯到 20 世纪 50 年代的美国。在 20 世纪 50 年代,美国空军上校 J. P. Stapp 注意到,如果落地时有物体(如草垛、车顶等)作缓冲,人从高空坠落并不一定引起严重伤害,据此他考虑能否把此规律应用于车辆碰撞时的乘员保护。因为那时美军交通事故引起的伤亡超过了战争所带来的伤亡,为消除人们的疑虑,他大胆地"以身试法",志愿做了高速滑车冲击试验。虽然他被牢牢地固定在滑车上,但还是由于滑车在碰撞时的适当变形受到了一定的振动,而这位勇敢者却得以安然无恙。从现代角度来看,这个并不算复杂的试验具有历史意义。因为那时的车身刚度都很大,碰撞时车身不能产生一定的变形,未被吸收的能量使车厢内的人员在事故中与车身内饰件产生剧烈的碰撞,这就是我们通常说的二次碰撞。之前人们普遍有个错误的认识,即发生事故的车辆损伤越小乘员就越安全。在这点上正体现了汽车的主动安全和被动安全的迥异思路,按照事故发生的前后分,汽车的安全可以分为主动安全和被动安全。由于人员的保护是主要的,所以适量的车身变形是必要的,即着眼点应在保护乘员而不是车辆。另外,由于汽车被动安全性的研究需要众多领域的联合参与(如生理学、材料学、力学等),所以在汽车被动安全中真正引入生物力学标准并使法规从面向设计转向面向对乘员的最终保护效果其间经历了 40 年,当然这期间法规和相关技术也在不断发展和进步。

6.1.3 汽车碰撞事故的分类

汽车发生碰撞时，碰撞形式多种多样，归纳起来大体可以分为以下几种形式。

1. 正面碰撞

图 6.1 所示为汽车发生各种类型碰撞事故概率的分布，正面碰撞约占所有碰撞事故的 40%。正面碰撞的试验方法可分为全宽碰撞、斜角碰撞和偏置碰撞 3 种碰撞试验形式，其中正面重叠率 100% 的碰撞约占正面碰撞的 44%。对正面碰撞不同重叠率的乘员伤亡统计如图 6.2 所示，在重叠率为 30%~40% 和 90%~100% 这两个区域具有较高的乘员伤亡率，正面碰撞事故中死亡率最高的为碰撞重叠率为 90%~100% 的区域，而在重叠率为 30%~40% 的碰撞事故中导致车内乘员严重受伤的概率相对较高。因此，必须将正面抗撞性作为整车性能的其中一个主要性能要求。

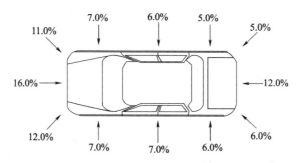

图 6.1 包含所有伤害类型的碰撞事故的概率分布（美国）

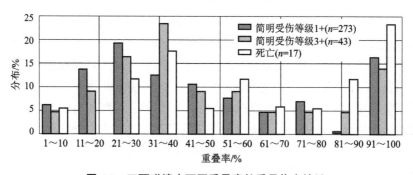

图 6.2 正面碰撞中不同重叠率的乘员伤亡统计

2. 侧面碰撞

在多种形式的碰撞事故中，汽车正面碰撞事故概率最大，其次是汽车侧面碰撞事故，发生的概率大约为 30%，而在碰撞事故导致乘员重伤与死亡的总次数中，侧面碰撞大概占 35%。城市道路特点对碰撞事故形式有一定的影响。由于我国的平面交叉形式为主的城市道路特点，造成侧面碰撞事故频频发生，伤亡率居高不下。在造成乘员死亡的交通事故中，所占比例较大的依次是正面碰撞与侧面碰撞，而侧面碰撞的致伤率更是位居第一位。因此，侧碰安全性成为汽车被动安全研究的其中一个重大内容，汽车侧面耐撞性也因此受到更多国家和汽车厂家以及消费者的关注。正面碰撞中汽车有较多的吸能件，如吸能盒、前纵梁等，且乘员在撞击方向有一定的生存空间，而侧面碰撞的吸能部件较少且撞击方向上的生存空间很小，因此在乘员安全性方面侧面碰撞相对于正面碰撞更值得关注。车身侧面结构对侧面耐撞性有决定性的作用，B柱、顶盖横梁、门槛梁等的吸能抗撞特性直接影响乘员的安全，因此在车身开发的前期有必要进行车身结构的侧碰安全性考虑。侧面碰撞主要由于侧面结构入侵导致乘员的伤亡，在车身框架开发过程中引入B柱入侵量和关键点的加速度作为乘员损伤的间接指标，通过梁空间形状与位置、梁截面的形状和厚度等的优化组合，得出满足侧碰安全性最优的结果。

3. 后面碰撞

车辆发生正面碰撞与侧面碰撞是导致交通事故中乘员死亡的主要事故形式，而后面碰撞事故只占2.5%左右，但在导致乘员受伤的事故中却占到43.5%，比例相当高。在后碰事故中，乘员损伤部位通常是颈部，据美国高速公路安全管理局统计，美国每年发生的导致乘员颈部损伤的事故占所有致伤事故总数的26%，而低速后碰撞是导致乘员颈部损伤的主要形式，占后面碰撞事故总数的90%左右。燃油系统的安全性通过乘用车后面碰撞标准得到检验与保证，避免车辆发生后面碰撞后由于燃油箱或者燃油系统管路泄漏导致自燃的发生。在车身设计中，既要充分利用后纵梁的变形吸能特性，也要保证燃油箱和管路周围结构的完整性，避免燃油箱和燃油管路出现塑性变形和被周边尖锐件刺扎。车身框架不是详细的整车结构，没有燃油箱及管路等详细模型，因此在设计前期主要考虑后纵梁的变形吸能特性以及侵入量，用以保证乘员安全和燃油系统的安全性。

4. 一定位移压迫下的抗撞性要求

除了用以上3种碰撞形式来评价汽车的抗撞性外，还可以进行一定位移压迫下的抗撞性分析。在交通事故中，侧滚翻事故的死亡率也是非常高的。据统计，约40%的美国致命交通事故与车辆侧翻有关。为了防止车辆在侧面碰撞事故或者车体发生翻滚过程中因车身变形而侵入乘员生存空间，从而对车内乘员造成损伤，美国联邦法规就对车门静压强度及车顶静压强度提出了要求，我国也相应地制定了关于车顶抗压强度的法规。如图6.3所示，对白车身进行了在一定方向下的静压抗撞性试验。针对车身框架结构进行一定位移压迫下的抗撞性能评价，参考白车身的试验条件，在不同方向上对车身框架结构施加一定的位移，以缓慢的速度去压迫车身框架的方式实现。通过上述方法可以得到车身框架的变形模式，通过调整结构与截面形状改变车身框架的刚度以及吸能缓冲区、变形过渡区与乘员舱3个区域变形的比例大小。

图 6.3　一定位移压迫下车身抗撞性试验

车身框架作为车身结构的核心结构，其结构对碰撞被动安全性能有着关键的作用。从保护乘员安全的角度考虑，应尽可能提高车身的耐撞性能。传统车身的开发过程中，碰撞安全性的分析放在开发周期的最后，只作结构碰撞性的检测，通过修改局部结构——试验的反复进行以使车身结构满足耐撞性能，而且设计后期可改进的空间也相对小。通过应用隐式参数化建模方法，可以避免传统设计方法流程的不当。在新车型开发的前期阶段，引入碰撞性能作为设计目标之一，对所设计的新车进行基于图 6.4 所示的 6 种分析工况性能驱动结构设计。

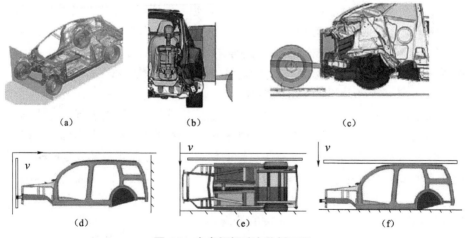

图 6.4　车身框架动态分析工况

(a) 正面 100%碰撞；(b) 侧面碰撞；(c) 后面碰撞；(d) X 轴方向施加位移压迫；
(e) Y 轴方向施加位移压迫；(f) Z 轴方向施加位移压迫

6.1.4 碰撞安全法规与评价指标

人们通常将十分复杂的汽车安全问题分解为三大因素，即人、车和环境。在汽车被动安全发展史上，我们看到社会的关注和政府的干预是举足轻重的。因此，在实际中往往要考虑第四个因素，即法规。前三个因素是从技术和工程的角度综合考虑整体工程，而法规则是在上述三个直接因素以外不得不面对的。由于交通系统是人类社会的一个子系统，人的因素始终贯穿其中，法规在规范人的行动、协调上述三者之间的关系上具有十分重要的作用。

由于汽车使用的广泛性和普遍性，汽车安全成为保证乘员生命财产安全最重要、最直接的手段之一，也是世界汽车技术发展的永恒主题。目前，科技的发展使得汽车的速度越来越快，但速度更快、效率更高的同时也不可避免地加大了事故发生的概率，而随着社会的不断发展和进步，人们也更加意识到人身安全的重要性，但目前层出不穷的汽车事故报道也让人们对汽车的安全心存疑虑。鉴于这些情况，世界各国的汽车厂商开始将生产汽车的安全性当作重要卖点。事实上，早在20世纪50年代，欧美等很多发达国家和地区已经开始深入研究汽车安全性问题，并在汽车产品相关性能方面从设计到生产的各个方面进行立法，对汽车的各项技术性能制定了完善的控制指标，这些措施有效缓解了汽车行驶可能造成的危害。

目前从世界范围来看，从最早的单纯汽车驾驶时被动安全与主动安全的融合，到注重事故发生时减少人员伤亡、保证驾乘人员的安全等，安全法规的制定是一个不断发展的过程。近年来，由于车辆事故发生时，行人处于相对脆弱的安全保护条件，因此欧美各国在保护驾乘人员安全的基础上，制定了旨在保护道路行人的各项技术法规，以有效降低车祸中行人所受碰撞造成的伤害。在不断融合各国汽车安全主题的背景下，各国单独制定的汽车碰撞安全法规也开始国际化、标准化。在此趋势下，欧、美、日等工业强国和地区也在积极研制多种先进的车身结构工艺，以减少交通事故所带来的危害。事实上，受限于车辆自身固有结构，其驾驶安全性并不能无限提升，在此条件下，若能充分发挥车辆在碰撞发生时自身吸收碰撞能量的能力，即通过车辆碰撞产生变形，从而缓解驾乘人员与被碰撞方所受冲力，显然是一种行之有效的手段，也是汽车安全技术发展的重要趋势。

我国的汽车安全法规发展较晚，鉴于不断增多的汽车交通事故，从20世纪90年代开始，根据国外相关的先进经验开始实施一系列的汽车安全法规。早期开展的主要是主动安全标准，到目前为止已批准发布的各项法规标准共计84项，其中属于主动安全标准的有68项，绝大部分与欧洲的ECE标准等效，应该说已基本形成了完整的安全标准，对我国汽车产业的发展起到了重要推动作用。但是,近年来随着我国汽车存量规模的不断扩大,车祸死亡人数不断攀升,一度每年因交通事故而死亡的人数达到9万人,严峻的形势为汽车安全法规的制定提出了新的要求。为了进一步降低交通事故率,国务院发展研究中心提出了"6E工程",汽车安全法规也在多年的研究过渡中进入被动安全法规的制定。我国已发布的汽车被动安全标准有20多项,关于碰撞安全现行的常用标准有乘用车正面碰撞的乘员保护(GB 11551—2014)及汽车侧面碰撞的乘员保护(GB 20071—2006)等。目前来看,当前的主要任务是提高已有标准的技术要求以适应技术的发展和社会发展的需求以及不断增加新标准,完善现有标准体系。

根据大量的汽车碰撞试验数据分析可知,当汽车碰撞速度较高(如30 km/h以上)时,其碰撞恢复系数几乎为零,即碰撞后的汽车速度约为零,也就是说在汽车碰撞的瞬间汽车碰撞动能转变为其他能量形式。考虑到汽车碰撞时间极短,而路面摩擦力及汽车与固定障壁间的摩擦力与汽车碰撞力相比要小很多,摩擦力所消耗的汽车动能很小,因此可认为汽车碰撞前的总能量E几乎全部被车身的变形所吸收。因此有

$$E = \frac{1}{2}mv_0^2 = \int_0^S F \mathrm{d}s = m\int_0^T a(t)v(t)\mathrm{d}t \qquad (6.1)$$

式中,m为汽车质量;v_0为汽车碰撞前的速度;F为汽车碰撞过程中所受的载荷;s为在F力作用下车身的变形,可近似看作车身质心相对于固定障壁的位移;S为车身质心的最大位移;T为从开始接触到碰撞结束的碰撞时间;$a(t)$为车身的减速度;$v(t)$为碰撞过程中车身质心的速度。

由式(6.1)可知,汽车碰撞能量与汽车质心的加速度、速度有关,而质心的速度变化与加速度有关。因此,汽车碰撞能量E与汽车质心加速度$a(t)$密切相关,与汽车的碰撞时间T密切相关。

根据以上分析可知,碰撞加速度是评价碰撞安全性的重要指标之一,直接影响乘员在碰撞过程中所承受冲击力的大小。汽车车身在碰撞过程中的最大加速度$a_{\max}$是表征汽车在碰撞时所受的最大载荷的一个重要指标。最大加速度$a_{\max}$越大,汽车所受的最大载荷越大,碰撞安全性越差。

各碰撞工况下的评价指标如表6.2所示。同时,由于人车碰撞事故中,行人处于相对弱势的地位,其发生死亡的比例占到了事故总死亡率的26%,高于各类交通事故中的人员死亡率。我国作为发展中国家,基础设施相对薄弱,众多人口以及混合交通为主的路面交通情况更加导致了人车碰撞交通事故中极高的行人伤亡比例。解决汽车交通事故的难题,或者缓解这一难题,虽然可以选择的解决方法有限,但提高汽车碰撞安全性是其中一项重要的有效手段。

第6章 面向碰撞安全性的汽车轻量化设计方法

表 6.2 各碰撞工况下的评价指标

工况	评价指标
正面 100%重叠碰撞	中央通道后端点的 X 方向加速度峰值、碰撞 X 方向侵入量等
侧面碰撞	B 柱下端点 Y 方向的加速度峰值、B 柱中间点 Y 方向的侵入量
后面碰撞	中央通道后端点的 X 方向加速度峰值、碰撞 X 方向侵入量等
一定速度下的位移压迫	各方向主要受挤压部件的压缩量

6.2 基于碰撞安全性的车身结构轻量化设计

6.2.1 车身结构与碰撞安全性的关系

车身结构轻量化设计涉及多个性能指标，如模态、刚度、碰撞安全和 NVH 性能等，而在车身结构设计中，每项性能又涉及多个相互矛盾的考察指标。在基于碰撞安全性的车身结构轻量化优化设计中，不仅要实现结构的轻量化，还要保证结构的有效总吸能和比吸能尽可能大，以减小碰撞过程中的乘员伤害；同时，平均压溃载荷和最大压溃载荷应尽可能小，因为过高的压溃载荷必然导致过大的减速度，从而带来乘员的伤害。汽车车身结构正面碰撞时，既要求车身结构，尤其是保险杠横梁、前纵梁等发生预期的变形以吸收尽可能多的碰撞动能，又要求传至乘员舱的碰撞力和加速度波形处于理想的范围之内，以保持乘员舱的完整性，减少乘员的伤害风险；同时又要求结构设计轻量化，制造成本较低。因此，车身结构轻量化性能分析和优化是一个多目标优化问题。

白车身结构的各个部分对于不同碰撞形式的响应情况是不同的。在正碰时，溃缩吸能区域主要发生在前纵梁、副车架、上边梁、保险杠、翼子板以及轮胎和连接杆等构件。在碰撞过程中，它们主要起到能量的吸收与力的传导作用。过渡区域主要涉及第一横梁、前侧围、换挡装置、白车身前部铰链支柱及通风道等，这部分结构在正面碰撞发生时负责能量分配和碰撞力疏散的作用。车身后部的刚性区域吸收的能量设计目标值为不超过 8%，主要由中通道、A 柱、顶梁、第二横梁、前围板横梁、地板、门槛、地板中梁、前围板及车门等，起到结构基础的作用。

侧面碰撞发生时，由于乘员舱允许的压缩空间有限，白车身结构侧面抗撞性设计应以提高乘员舱刚度，减小乘员舱变形为目标。侧面碰撞白车身主要以 B 柱、白车身结构（第二横梁、第三横梁、第四横梁等）、仪表台横梁、座椅、白车身内饰等为主要力传递与吸能构件。基于侧面碰撞安全性设计目标，应该特别加强的主要结构设计问题有：加强门槛梁，优化 B 柱刚度分布，加强顶梁，车门防撞杆采用超高强度钢加强，加强门锁和门铰链，优化车门内饰板的形状与刚度。侧面碰撞从碰撞壁障台开始，沿着车门结构分为两部分：白车身结构与内饰约束吸能区。这里涉及的白车身结构主要指B柱、仪表台横梁、座椅下横梁、第二横梁、第三横梁、座椅下梁、第四横梁、顶盖拱架等，而内饰约束则包括侧气囊、车门内饰、B柱内饰、座椅等。这些部位需要采用高强度钢板，以保证乘员舱在碰撞中的强度和刚度要求。

因此，要针对不同形式的碰撞对车身结构的关键部位进行具体的优化设计。车身结构是由形状复杂的薄板件通过焊接、螺栓连接以及其他方式连接在一起形成的空间结构，梁的特性、梁的空间位置以及车身接头特性决定着车身结构的静动态性能，而梁截面的属性主要由截面和厚度两个因素决定。传统的车身开发中关键梁截面形状的设计往往是根据设计经验和试验分析逐步修改形状，达到可行的形状结构。以上的设计方法可理解为寻找可行解的过程，可能并不是形状结构的最优解，而且该设计方法容易导致设计开发前期出现缺陷而后期修改空间不足的情况，大大影响了产品开发周期和成本。本章运用隐式参数化建模技术以及自动优化循环平台进行梁截面形状的正向开发研究，在可行域内搜索最优解。

6.2.2 车身关键梁及截面的优化设计

车身结构的优化设计主要包括截面的形状、结构形态以及预变形的优化设计，除此之外还包括加强筋、肋板以及减重孔的优化设计。

1. 截面形状

车身关键截面是车身性能的一个决定性因素，关键截面的改变会影响截面特性，如截面的面积、截面主惯性矩、扭转刚度，从而对车身性能、整车轻量化程度以及生产成本有着关键性的影响。同时，作为车身结构的关键组成部分，不同梁之间的性能综合影响着整个车身结构的性能。车身形状结构和关键截面形状是车身框架几何结构设计的两大内容。由于截面的形状受车身形状结构的约束，因此在车身形状结构优化设计后才进行关键截面形状的设计。

截面形状对梁结构的碰撞吸能特性有很大影响，对图6.5所示的几种典型截面形状的薄壁梁进行了对比研究，结果如表6.3所示。

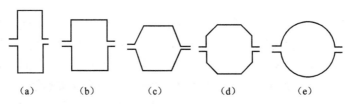

图6.5 薄壁梁的不同截面形状

表 6.3　图 6.5 中各截面梁的碰撞力（相对于截面（b））

截面形式	（a）	（b）	（c）	（d）	（e）
碰撞力值	69%	100%	107%	115%	114%

由表 6.3 中数据可知，不同截面形式的薄壁梁承受碰撞的能力各不相同，并且当截面形状棱角越多、越趋于圆形时，结构的抗撞能力越强。分别对一系列截面形状不同，而板厚、截面周长相同的薄壁梁进行仿真研究，仿真结果如表 6.4 所示。

表 6.4　不同截面形状薄壁梁的碰撞力对比

截面形状	最大碰撞力/kN	平均碰撞力/kN	吸能量/J
长方形	83.99	40.200	7 449.5
正方形	89.95	43.160	7 579.4
六边形	88.95	49.629	7 615.0
圆形	86.51	48.649	7 639.9

由表 6.4 中仿真数据可知，各截面形式的薄壁梁碰撞时所吸收的能量各不相同，其规律可总结为：截面形状越趋向于圆形，结构的吸能量和峰值碰撞力越大。综合看来，正六边形、圆形在碰撞力增加不大的情况下，吸能量有较大的提高，对前纵梁而言，不失为一种很好的截面形式，但考虑到制造和装配，前纵梁的截面形状大多数还是矩形。

2. 结构形态

传统的吸能结构通常为等截面、单胞、直梁形式。对不同形式的锥形管和方管进行了对比研究，吸能结果如图 6.6 所示。

从图 6.6 中可以看出，方直管构型在比吸能方面表现最差，而方锥管和圆锥管构型表现最佳。对多胞结构中的蜂窝形式和方管组合形式进行仿真研究，多胞结构如图 6.7 所示，结果表明，与单胞结构相比，多胞结构在碰撞过程中

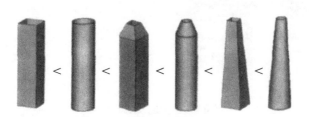

图 6.6　各结构比吸能对比

更加平稳，吸能量更大，碰撞力峰值也不高。综上所述，变截面、多胞等新型结构可以在很大程度上改善结构的吸能性能，因此在车身关键梁的设计过程中可有针对性地加以应用。

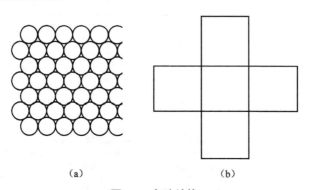

图 6.7　多胞结构

（a）蜂窝形式；（b）方管组合形式

3. 预变形

薄壁梁结构在轴向碰撞载荷的作用下，其破坏模式主要有渐进叠缩变形、欧拉变形和混合变形，其中渐进叠缩变形是前纵梁等薄壁结构在碰撞过程中的理想变形模式。预变形技术是指在零件的制造过程中，对结构某些部位预先弱化，在薄壁梁结构中合理使用，可以很好地引导吸能结构发生理想的渐进叠缩变形，并有效降低峰值碰撞力。当然，对其采取预变形技术时，一个基本前提就是不能影响其承载和支撑作用的正常发挥。常用的预变形技术有开诱导槽、开面内孔和开棱上孔等，如图 6.8 所示。

通过对诱导槽位置、形状和大小对前纵梁等薄壁梁吸能特性影响的系统研究，综合其结果，可得出以下重要结论：

① 诱导槽的位置对薄壁梁的吸能特性有很大影响，其最佳位置为吸能区域刚度最大的部位。在该部位设置诱导槽的目的在于削弱该处拉压刚度，以减小最大碰撞力，并引导薄壁梁自前向后发生理想的渐进叠缩变形。

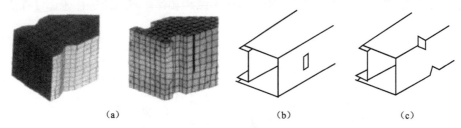

图 6.8　主要的预变形技术

（a）开诱导槽；（b）开面内孔；（c）开棱上孔

② 诱导槽的尺寸对其诱导性能的发挥影响较大，偏小时效果不明显，偏大则会导致诱导槽后端吸能区域出现大的碰撞力峰值。

③ 诱导槽的形状对吸能特性影响不大。与诱导槽相比，面内孔和棱上孔对薄壁梁的变形诱导作用不大，但可对局部刚度大的地方进行弱化，因此在薄壁梁的设计中也经常采用。薄壁梁在碰撞压溃过程中，碰撞力会出现脉冲状的波动，这与薄壁梁变形时产生的塑性铰是一一对应的。

4. 截面的约束条件

在车身结构中关键截面要受到一定的约束条件，包括形状约束条件和几何约束条件，前者是关于制造可行性的约束，后者则是关于总布置、车身造型以及车身内部空间的约束。截面的约束条件决定了设计变量、取值范围以及变量之间的约束。

此外，由于车身的薄壁件大多数通过钣金冲压而成，通过焊接、螺栓连接构造成封闭截面的梁部件，因此在进行车身关键截面开发时要满足一定的制造工艺约束。对于定向冲压的板件，设计中不能缺拔模角以及出现负冲压角的情况，由两件以上板件组成的梁截面不能出现板件相交的情况。图6.9所示为部分不满足截面形状约束条件的梁截面。

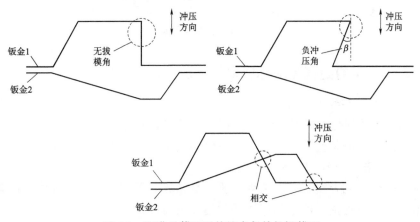

图 6.9 不满足截面形状约束条件的梁截面

截面的尺寸约束决定了不可变化的形状节点以及部分可变控制点的取值边界，主要受车身布置、造型要求以及车身内部空间所影响。以图 6.10 某车型门槛梁截面为例，门框边界和最小离地间隙约束决定了门槛梁截面上下翻边的节点属于形状固定点；地板与门槛连接的地方是截面的内部空间约束，确定了内板与地板连接处的节点属于形状固定点；门密封面和侧门包边确定了外板与侧门位置相互影响的节点属于形状固定点；车身外造型设计制约门槛梁外板的外廓形状，使其成为形状固定点。另外，内部空间约束和外部造型约束使得非形状固定点具有取值范围的边界，内板的可控制点 y 值要小于内部空间固定

点的 y 值，外板的可控制点 y 值不能小于外部造型固定点的 y 值。

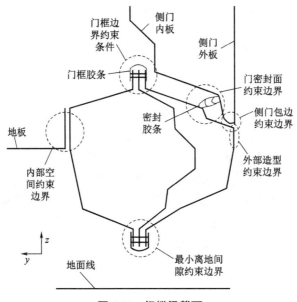

图 6.10　门槛梁截面

6.2.3　车身结构多目标优化的方法

1. 抗撞性拓扑优化法

结构拓扑优化设计是指在给定材料品质和设计域内，通过优化设计方法得到既满足约束条件又使目标函数最优的结构布局形式及构件尺寸的优化设计。结构拓扑优化比尺寸和形状优化节省材料更明显，可以广泛应用于建筑、机械、航空、航天器、海洋工程及船舶等领域。虽然结构拓扑优化的概念已提出多年，但是直到近十几年才得到迅速发展，很多学者提出了不少拓扑优化的方法，目前拓扑优化的方法研究趋于成熟。然而，这些研究的对象大多是静力作用下的结构，对于碰撞问题中结构的拓扑优化研究却非常少，这主要是因为碰撞问题的不稳定性和不确定性，所以抗撞性拓扑优化是个极具挑战性的新课题。

均质化方法应用于连续体结构拓扑优化之后，连续体结构和离散桁架结构拓扑优化的研究得到迅速发展。目前拓扑优化的研究范围已经涉及多工况平面问题、三维连续体问题、振动问题、热弹性问题、屈曲问题、三维壳体问题、薄壳结构问题和复合材料拓扑优化等方面的问题。

然而，结构抗撞性拓扑优化问题还有待深入地研究，由于难度要比尺寸优化和形状优化大得多,所以得到的关注相对较少。这类问题的主要难点来自两个方面:一方面,非线性敏感性分析和计算的耗费使其成为拓扑优化设计领域中颇具挑战性的问题;另一方面,动力学的多模态特性和非凸域的设计空间使经典的梯度理论难以很好地用于该领域的优化问题之中。目前,对于结构抗撞性拓扑优化的研究报道非常少。一些研究人员运用准静态非线性有限单元法和隐式后退欧拉算法,对桁架结构进行了抗撞性拓扑优化,然而这种拓扑优化比较理想化,是建立在3个假设上的,即忽略惯性项、不考虑应变率效应和不考虑接触问题。

2. 近似模型法

由于碰撞分析的不稳定性和不确定性等因素,碰撞结构的优化设计是一个非常困难的问题。有限元分析结果仅仅指出给定设计是否满足设计目标,而并不指导如何去改进设计。在实际汽车设计中,零部件、车身或车架等总成件的设计往往存在多个可供选择的设计方案,优化设计就是一种寻找确定最优设计方案的技术。所谓"最优设计",指的是一种方案可以满足所有的设计要求,而且所需的支出(如质量、面积、体积、应力、费用等)最小。也就是说,最优设计方案就是一个最有效的方案。汽车结构优化时的影响因素可以是多方面的,如尺寸(厚度)、形状(过渡圆角)、支承位置、自然频率及材料特性等。为了获得具有最佳碰撞安全性的轻量化车身,需要对其影响因素进行优化,而优化前需要车身结构的近似模型。设计试验采取样本点,构造关于参数的近似模型,进而对车辆的碰撞安全性进行多目标优化。

结构碰撞问题是一类十分复杂的物理问题,其中包含的材料非线性、几何大变形、接触等高度非线性特征使传统的基于灵敏度的优化方法在灵敏度求解上遇到很大困难。尽管研究人员在碰撞问题的非线性灵敏度分析方面做了大量的研究,但到目前为止还没有获得成功。此外,对于碰撞问题,进行一次有限元分析需要耗费大量的计算时间,因此优化分析中也不允许有过多的分析次数,这些困难都迫使研究人员采用近似模型的方法。建立近似模型不仅可以预测车辆的碰撞安全性,对碰撞安全性作出相应的参数化调整,而且可以用于最优化分析,以获得最优的机械性能。

在基于碰撞安全性的车身结构轻量化研究中,可以根据具体的优化设计情况和问题的需要,选择质量(Mass)、总吸能(IntEn)、比吸能(SEA)、平均撞击载荷(MeanL)和最大撞击载荷(MaxPL)等参数中的一个或多个作为设计方案中的优化目标或约束条件。为了满足轻量化的设计要求,在优化问题的目标或约束条件的定义中,还需要考虑结构的总质量。表6.5列出了抗撞性优化设计的各主要评价指标名称、符号及含义。

表 6.5　结构抗撞性优化的评价指标

指标名称	符号	含　义
总吸能	IntEn	变形过程中的总吸能，即内能
比吸能	SEA	SEA=结构总吸能/结构总质量
平均撞击载荷	MeanL	MeanL=IntEn/δ_t（δ_t 为有效变形量）
最大撞击载荷	MaxPL	变形过程中的最大峰值载荷
质量	Mass	结构的质量

在设计时，影响碰撞安全性的因素非常多，如果将所有影响因素汇总成设计变量，则可能因为设计变量过多而导致难以拟合。再者，每个影响因素发挥的作用也不尽相同，应选取影响性较大的因素作为分析对象，并将其作为设计变量，能使构建的近似模型具有较高的精确性，也使后续优化方案的实施具有便利性。以上影响因素均可选取不同的水平，因而可以将碰撞安全性问题看作一个多因素多水平的数学建模问题。

6.2.4　基于碰撞安全性的车门轻量化

1. 车门刚度分析

车门的刚度是车门设计中的一项重要性能，车门刚度不足会引起变形量较大，造成车门密封不严、振动较大等问题。车门作为整车侧面的主要承载件，其耐撞性对于整车碰撞性能具有重要影响。为保证车辆行驶过程中的舒适性及安全性，车门轻量化中应保证车门刚度及耐撞性满足设计要求。

参照相关标准和规范，对车门刚度的有限元分析包括 4 种工况，分别为车门垂直刚度分析、窗框侧向刚度分析、内板腰线刚度分析及外板腰线刚度分析。车门的垂直刚度用于评价车门受到自身重力及乘员施加的垂直向下载荷作用时能够保持的抗变形能力。其意义在于保证车门在较大垂直载荷的作用下，不会产生较大的变形而导致车门无法开启或关闭，此外，车门垂直刚度不足引起变形量较大时，对与其相连接的车身其他零部件的疲劳寿命也会产生一定的影响。车门窗框上角处抵抗 Y 向变形的能力通常用车门窗框侧向刚度来表示。车门窗框侧向刚度主要用以模拟车门在关闭状态下，受到人力等挤压载荷作用时窗框的变形情况。车门内板腰线位置即窗沿区域，腰线位置刚度的强弱将直接影响玻璃的升降平顺性以及客户对车门的整体感官认识。

实例中车门各项刚度计算结果及许用值大小如表 6.6 所示。由该表可知，车门的各项刚度性能均满足设计要求，其中窗框侧向刚度接近最小要求刚度值，在后期的优化设计中可以进行改进。

表 6.6 车门刚度分析结果

工况 \ 数值	变形量/mm	许用变形量/mm	计算刚度/(N·mm^{-1})	最小要求刚度/(N·mm^{-1})
垂直刚度	3.225	10	310.08	100
窗框侧向刚度	5.217	6	38.34	33.33
内板腰线刚度	0.539	1.2	185.53	83.33
外板腰线刚度	0.366	1.2	273.22	83.33

2. 车门耐撞性分析

在整车侧面碰撞中，车门是主要承载件及吸能件。由于车门的耐撞性对整车侧面碰撞性能有重要影响，因而分析研究车门耐撞性对保证乘员的安全性具有重要意义。

1）车门柱碰有限元模型的建立

在汽车整车碰撞有限元模型中，由于单元数量较多，计算一次整车碰撞的时间相对较长，尤其进行优化设计的多种组合分析时，更是占用较多的时间。通过建立车门柱碰有限元模型分析其耐撞性能，能够节约计算时间，提高工作效率。

车门的柱碰仿真是用于模拟圆柱体以一定速度碰撞车门的过程，通过车门柱碰过程中的变形侵入量来评价其耐撞性能。建立车门柱碰有限元分析模型时参照 GB 15743—1995、美国 FMVSS 216 法规及国内外相关研究文献的说明，模型中所用的圆柱体直径为 305 mm，且圆柱上端面高出窗口下边缘线 13 mm。在碰撞分析过程中，圆柱体不能碰到窗口下边缘之上的其他构件，圆柱体下端面相对车门外板最低点高出 127 mm。圆柱轴线为 Z 方向，圆柱中心轴线的 X 方向坐标与高于车门外板最低下边缘 127 mm 处外板水平线的中点 X 向坐标相同，刚性圆柱体的底部与该水平线处于同一平面，最终建立的车门柱碰有限元模型如图 6.11 所示。

实例分析将车门独立出来，只考虑车门在碰撞过程中的变形情况，模拟车门在整车碰撞时其侧围受到的约束情况。车门关闭状态时，上下两个铰链处、门锁处以及整个车门边框处受到约束。因此，在有限元模型中约束车门上下两个铰链处除绕 Z 轴转动之外的其余 5 个自由度；约束门

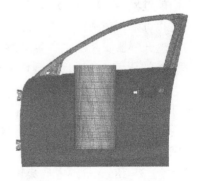

图 6.11 车门柱碰有限元模型

锁处沿 Y、Z 方向的两个平移自由度；由于车门在受到外物撞击的瞬间车门边框的 Y 向位移极小，可以将其忽略不计，因此约束车门整个边框处 Y 向的平移自由度。

参考 Euro-NCAP 标准，碰撞初始速度设为 50 km/h，即在碰撞仿真过程中圆柱体以 50 km/h 的初始速度沿 Y 方向撞击车门外板。根据以往的研究，整车侧面碰撞中车门内侧变形至与车内乘员相接触的时间通常在 25 ms 以内，同时考虑计算的效率，碰撞终止时间设为 25 ms。

2）车门柱碰结果分析

模型的沙漏能如果控制在总能量的 10% 以下即为合理，如果控制在 5% 以下，模型将是非常成功的。如图 6.12 所示，车门柱碰时间设置足够长时模型的沙漏能一直很小，说明模型是非常合理的。

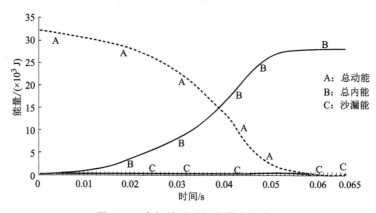

图 6.12　车门柱碰过程能量变化曲线

取碰撞时间分别为 0、5 ms、10 ms、15 ms、20 ms、25 ms 时，车门柱碰过程中的变形如图 6.13 所示。从车门柱碰变形图中可以看出，在圆柱体碰撞车门的过程中，车门变形集中在主要接触区域以及车门外板中部。分析整个柱碰过程可知，在圆柱碰撞车门 7 ms 左右时车门防撞梁与车门内板接触，内板与玻璃升降器安装板也产生接触，此时内板相对变形较小；15 ms 时车门内部空腔被压缩，内板已出现明显变形，此时防撞梁中部与内板接触区域变形最大；20 ms 时车门与碰撞柱的接触区域产生严重的内凹，由于车门边框的 Y 向自由度已被约束，此时车门下部在圆柱的碰撞挤压作用下出现了与圆柱底面平行的平台，并在底面周围产生了明显的褶皱；25 ms 时车门内外板完全凹进变形，防撞梁及车门窗框也产生了严重的变形。最终车门的最大变形量达到 351.85 mm，主要集中在外板的接触区域；内板的最大变形量达到 271.66 mm，内板 Y 向最大变形量为 270.12 mm，最大变形区主要集中在内板的中上部。

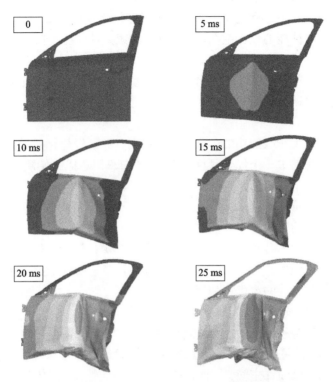

图 6.13　车门柱碰变形图（见彩图）

取不同时间车门内板 Y 向最大变形量值得到图 6.14 车门内板 Y 向最大变形量曲线，内板在碰撞 5 ms 左右时开始产生变形，最大变形量为 270.12 mm，内板的 Y 向最大变形量直接关系到车门碰撞侵入量，对车内乘员的安全具有重要影响，为提高整车的碰撞安全性，内板 Y 向最大侵入量应尽可能小。

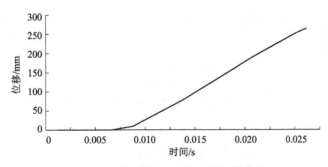

图 6.14　车门内板 Y 向最大变形量曲线

3. 车门多目标优化问题的建立

考虑车门质量与性能的问题，是一个既要使约束性能满足要求，也追求多个设计目标最优的多目标优化问题。在车门轻量化及提高某一项性能的同时，可能会牺牲一些性能的设计空间，但设置的约束条件使得车门各项性能仍能满足设计要求，对车门的优化设计也是各项目标折中的过程。结合车门初始性能的分析研究，建立车门多目标优化的数学模型，将车门质量及各项性能综合考虑在一起进行协调优化。

1）优化目标

车门总成作为车身结构的一部分，为得到满意的轻量化效果，设置白车门总成质量最小为其中一个优化目标，所研究的白车门总成初始质量为 18.29 kg。车门一阶模态频率若偏低，将会引起结构共振及声响，影响整车的 NVH 特性。所研究的车门一阶模态频率为 33.2 Hz，满足最低频率要求，但仍希望有所提高，因此将车门的一阶模态频率作为另一个优化目标。

综合考虑车门的各项实际性能值，设定两个优化目标，分别为车门质量最小化和一阶模态频率最大化，定义优化目标后，在车门满足各项性能要求的前提下，寻求优化目标的最优协调值。

2）优化约束条件

因为车门的各项刚度性能均满足设计要求，除车门窗框侧向刚度接近设计临界值外，车门垂直刚度及内外板腰线刚度均满足设计要求，且在车门的轻量化中有较大的富余设计空间。因此，选取车门各项刚度性能作为其中的一个约束条件，并按照相关设计标准设置各项刚度最小值，考虑到保证车门的各项刚度性能应具有一定的安全设计空间，制定车门刚度设置约束值为各项刚度最小要求值的 1.2 倍。表 6.7 列出了车门各项刚度性能的最小要求值和设置约束值。

表 6.7　车门刚度性能最小要求值和设置约束值

工况	垂直刚度 Stiff1/ (N·mm^{-1})	窗框侧向刚度 Stiff2/ (N·mm^{-1})	内板腰线刚度 Stiff3/ (N·mm^{-1})	外板腰线刚度 Stiff4/ (N·mm^{-1})
最小要求值	100	33.33	83.33	83.33
设置约束值	N1=120	N2=40	N3=100	N4=100

刚度约束条件可以表示为：

Stiff1>N1，Stiff2>N2，Stiff3>N3，Stiff4>N4

其中，Stiff1、Stiff2、Stiff3 及 Stiff4 分别代表车门垂直刚度、窗框侧向刚度、内板腰线刚度及外板腰线刚度的实际值，N1、N2、N3 及 N4 分别代表车门垂直刚度、窗框侧向刚度、内板腰线刚度及外板腰线刚度的设置约束值。

由前期车门的耐撞性分析可知，车门内板 Y 向最大变形量为 270.12 mm，内板 Y 向最大变形量对车门碰撞中的内板侵入量具有直接的参考意义，鉴于侧面碰撞对乘员造成的危险性，在车门轻量化设计中应保证车门内板 Y 向最大变形量不超过初始分析值，以保证车门的耐撞性能。

3）优化变量

由车门质量和一阶模态频率灵敏度分析，选取车门外板厚度 T2、车门内板 1 厚度 T3、车门内板 2 厚度 T4、车门外板腰线加强板厚度 T5、防撞梁板厚 T7 和内板腰线加强板及内板侧边加强板厚度 T9 共 6 个设计变量，结合工程实际，每个设计变量的取值范围定为 0.6~2.5 mm。采用均匀拉丁超立方试验设计采样，考虑到后期近似模型拟合的精度和误差分析，共采集 80 组输入数据。相应的输出响应值为车门质量 Mass、车门一阶模态频率 Freq1、车门垂直刚度 Stiff1、车门窗框侧向刚度 Stiff2、车门内板腰线刚度 Stiff3、车门外板腰线刚度 Stiff4 及车门柱碰内板 Y 向最大变形量 D。

目前对于碰撞这种高度非线性问题，在近似模型的选择上具有很大的随意性和不确定性。然而，近似建模的准确性直接决定着优化求解结果的合理性和正确性，以往的研究大多采用克里格模型和径向基函数模型。在对车门内板 Y 向最大变形量进行拟合时，对克里格模型和径向基函数模型的拟合精度进行了对比研究，从中选取拟合精度较高的近似模型。同样类似于车门一阶模态频率的拟合精度测试方法，采用均匀拉丁超立方试验设计方法抽取了 10 组非拟合测试样本点，计算得到两种方法的拟合精度如表 6.8 所示。

表 6.8 车门内板 Y 向最大变形量拟合精度

拟合类型	Average/%	Max/%	RG2
克里格模型	8.92	21.29	0.903
径向基函数模型	15.31	28.63	0.819

由表 6.8 可知，对柱碰车门内板 Y 向最大变形量进行拟合时，克里格模型的拟合精度相对径向基函数模型要高，因此采用克里格模型对车门柱碰内板 Y 向最大变形量进行拟合。

图 6.15 所示为车门内板 Y 向最大变形量关于板厚 T2、T3 的克里格模型示意图。车门柱碰内板 Y 向最大变形量克里格模型拟合精度相对车门其他性能偏低，但仍在可接受范围内，可以用于后续的优化求解。考虑到优化设

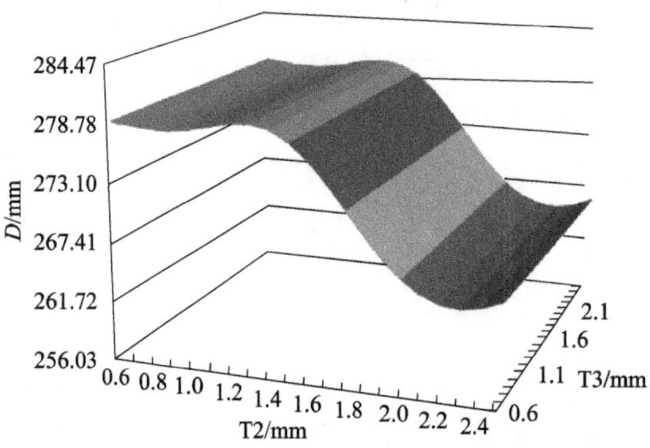

图 6.15 车门柱碰内板 Y 向最大变形量克里格模型

计模型的复杂性，采用非支配解排序遗传算法 NSGA-Ⅱ对车门优化近似模型进行求解。

在求出多目标优化问题的最优解集后，应从最优解集中选出一种最接近工程实际需求的结果。由于市场上流通的钢板厚度变化间隔一般为 0.1 mm，因此对车门零部件的板厚优化求解时可以将板厚设为离散变量，且变化间隔为 0.1 mm，最后选取的部分 Pareto 最优解如表 6.9 所示。

表 6.9 车门多目标优化部分 Pareto 最优解

最优解设计变量取值						
编号	T2/mm	T3/mm	T4/mm	T5/mm	T7/mm	T9/mm
1	0.6	1.1	1	0.6	1.5	1.6
2	0.6	1.1	1	0.6	1.5	1.8
3	0.6	1.1	1	0.6	1.3	2.1
4	0.6	1.2	1	0.6	1.3	2.5
5	0.6	2	0.8	0.6	2.3	1.6
最优解响应预测值						
编号	Mass/kg	Freq1/Hz	Stiff1/(N·mm^{-1})	Stiff2/(N·mm^{-1})	Stiff3/(N·mm^{-1})	Stiff4/(N·mm^{-1})	D/mm
1	17.79	34.20	237.95	43.52	229.97	213.41	269.57
2	18.10	35.20	251.92	46.18	251.87	299.25	268.22
3	18.22	35.60	257.10	47.51	259.10	304.83	265.65
4	19.13	37.90	305.85	54.29	289.03	330.18	265.65
5	19.20	38.20	383.04	52.17	250.36	423.35	270.06
约束值	—	—	>120	>40	>100	<100	<270.12

结合轻量化设计的效果，选取第一组优化解为最终优化方案，在此基础上进行优化方案的有限元仿真计算验证，表 6.10 所示为优化方案的验证结果。由优化求解值与仿真计算值的对比可知，各目标响应值的相对绝对值误差最大为 14.53%，其他都在 10%以内，说明优化结果具有很强的可信性。外板腰线刚度虽然误差为 14.53%，但仿真求解值仍满足要求。最终车门质量降低到 17.79 kg，相比原车门质量，减重比例为 2.73%，车门的一阶模态频率达到 34.3 Hz；尽管车门的垂直刚度及外板腰线刚度相比原车门均有所降低，尤其车门垂直刚度降低较多，但两项刚度性能仍满足设计要求，而且车门窗框侧向刚度与内板腰线刚度相比原车门均有所提高，尤其是车门窗框侧向刚度提高了 9.5%，使其满足设计要求；车门内板 Y 向最大变形量优化后变化不大，说明车门的耐撞性得到保持。综合各项性能的有限元验证结果，说明选取方案是合理可行的。

表 6.10 优化方案有限元仿真求解验证

输出响应	初始值	要求值	优化求解值 A	仿真验证值 B	相对误差 $(A-B)/B$
质量/kg	18.29	—	17.79	17.79	0
一阶模态频率/Hz	33.20	>30	34.20	34.30	−0.29%
垂直刚度/(N·mm^{-1})	310.08	>120	237.95	242.72	−1.97%
窗框侧向刚度/(N·mm^{-1})	38.34	>40	43.52	41.98	3.67%
内板腰线刚度/(N·mm^{-1})	185.53	>100	229.97	232.56	1.11%
外板腰线刚度/(N·mm^{-1})	273.22	>100	219.41	191.57	14.53%
内板 Y 向最大位移/mm	270.12	<270.12	269.57	270.08	−0.19%

6.3 轻质吸能材料的应用

6.3.1 新型轻质材料

车身结构的吸能是以金属薄壁结构的轴向压溃和横向弯曲为主要破坏模式的能量耗散过程。因此，在提高车身结构耐撞性能的过程中，研究金属薄壁结构的吸能性能就显得十分必要。结构的吸能性能与结构的材料属性紧密相连，因此结构的材料选择已经成为车身安全性和轻量化设计的重要环节。应用新型轻质材料是目前轻量化和提高车辆碰撞安全性常用的方法。目前所使用的轻质材料主要有高强度钢、铝合金、镁合金、泡沫铝以及碳纤维等复合材料。

1. 铝合金

铝合金在轴向载荷作用下会产生渐进叠缩稳态变形，比吸能远高于低碳钢结构。作为缓冲吸能元件，在碰撞安全性方面有明显的优势，而且应用于车身时，由于质量降低，碰撞时产生的动能减小，因此在汽车上的应用呈现持续增长的趋势。

图 6.16　奥迪 A8 铝合金车身骨架结构（见彩插）

奥迪是全铝车身技术最成功的车型。从 1995 年开始，奥迪就将这一技术应用在旗舰车型 A8 上。这种设计不仅具有轻量化、节油减排的优点，还极大提高了整车的安全性能，充分发挥了铝优良的吸能性，碰撞后能够保障驾驶室的完整性，最大限度地保护乘员。奥迪 A8 铝合金车身骨架结构如图 6.16 所示。

2. 镁合金

镁合金的弹性模量比钢低，在同样的受力条件下，产生的变形较大，吸收的能量较多，并且可以承受较大的冲击载荷。但是镁合金的强度和刚度较弱，需要增加镁合金的厚度或修改截面尺寸来满足车身上的使用要求，而且常温下镁合金材料的塑性比较差。目前在汽车制造业中，镁合金已经有部分应用，如变速器和发动机的某些部件、转向盘以及镁合金轮圈等，但还没有使用镁合金薄板制造车身板件并投产进入市场的实例。

汽车用镁合金大多为压铸件，在降低汽车的质量，提高汽车的安全性和燃油经济性以及保护环境和增强竞争力方面效果显著，因而在汽车行业的应用具有很大的潜力。但是，镁合金因为应力腐蚀强度不足、价格昂贵、不易回收等缺陷，其在汽车行业的应用也受到了很大的限制。

3. 多孔材料

人类受到大自然的启发，制造了一系列用于能量吸收的轻质多孔材料，如泡沫材料、蜂窝材料等，如图 6.17 所示。蜂窝材料用作吸能材料具有明显的方向性，用于各种夹芯板和薄壁填充管具有更大的优势。泡沫材料包括开孔泡沫材料和闭孔泡沫材料，而一般闭孔泡沫材料的吸能效果要好于开孔泡沫材料。泡沫材料从材质上又分为非金属泡沫材料（如聚氨酯泡沫塑料）和金属泡沫材料（如泡沫铝）。非金属泡沫材料多用作汽车内部装置，作为装饰材料和承重架之间的缓冲材料；金属泡沫材料，特别是泡沫铝，具有密度小、变形能力大、较高的比吸能和均匀稳定的能量吸收特性曲线（单轴压缩应力-应变曲线有一个明显的应力平台，几乎保持常数，直到名义应变的 70%～80%），是理想的能量吸收材料。但是，由于泡沫铝富含空隙和强度较低，在受到拉、压、扭转时容易发生断裂破坏，并且破坏后往往不能保持完整性，因此一般将泡沫铝作为薄壁管的填充材料。

第 6 章 面向碰撞安全性的汽车轻量化设计方法

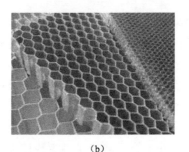

(a) (b)

图 6.17 多孔材料

(a) 闭孔泡沫铝；(b) 铝蜂窝

泡沫铝可用作吸能结构材料。在低速碰撞（≤10 km/h）时，通过弹性变形可以吸能；中等速度（10～20 km/h）时，能量被易于更换、成本低的吸能盒等结构吸收；当速度较大（≥20 km/h）时，结构发生不可逆破坏，与其他吸能材料相比，泡沫铝在这个阶段更能有效吸收能量，减少损失。保险杠能在汽车低速行驶时保护前端灯具和行人，较简单的保险杠系统由外盖板、内衬、横杠、托架等部分组成，内衬、横杠和托架均可作为吸能元件。传统的保险杠吸能结构主要由聚丙烯树脂制造，但并不能有效地吸收碰撞能量。目前，奔驰、宝马、丰田、现代等汽车公司都在开发泡沫铝轿车保险杠，我国也已经研发出装备有泡沫铝吸能结构的新型汽车保险杠。

法国雷奥（Valeo）公司将泡沫铝用于汽车前保险杠，开发出一种新型吸能保险杠，随后又将泡沫铝应用于其他缓冲吸能装置。韩国现代（Hyundai）集团也提出了一种填充泡沫铝的保险杠结构，并对这种吸能型保险杠的加工制造方法申请了专利。泡沫铝吸能防撞器也可以用于轨道车辆，如有轨电车，由于安装空间有限，因此有必要将具有较强吸能能力的泡沫铝应用到防撞器中，德国电车制造商西门子（Siemens）、防撞器制造商 Hubner 和泡沫铝制造商 Schunk 3 家企业联合开发了一款吸能防撞器，如图 6.18 所示，这款防撞器目前已经批量生产并应用于电车中。德国 Stralsund 理工大学将泡沫铝吸能块安装在方程式赛车底盘前端，如图 6.19 所示，这种结构能够使一辆重达 300 kg 的赛车在 7 m/s 的碰撞速度下得到小于 $20g$ 的减速度。

图 6.18 电车吸能防撞器　　图 6.19 赛车前端吸能结构

以色列 Plasan Sasa 公司在泡沫铝应用于装甲车领域的探索较多。该公司在军车座椅内部填充泡沫铝吸能装置，用来缓冲路面爆炸产生的冲击加速度，减少对乘员的损害。Plasan Sasa 公司之后又将泡沫铝吸能装置安装于装甲车腹部，在底盘位置安装有多套吸能模块，在爆炸冲击期间能够有效地分配负荷，减少爆炸冲击对车身结构的损伤，起到保护车辆和乘员的作用。韩国 Saehan 集团将泡沫铝填充到吸能柱中，用吸能柱代替原车身门槛梁加强板结构，在侧面碰撞中，冲击能量被传递到吸能柱，通过吸能柱中泡沫铝的压缩吸收能量，可提高车辆的侧面碰撞安全性，其结构如图 6.20 所示。韩国汽车零部件厂商星宇（Sung Woo Hitech）提出了另一种形式的泡沫铝填充门槛梁吸能结构，保留了门槛梁中间的加强板，同时在加强板两侧填充泡沫铝板，起到增加刚度、降噪、吸收侧面碰撞冲击力的作用，其结构如图 6.21 所示。当受到侧向撞击时，导向销通过定位板上的通孔插入吸能装置中，之后加强板两侧的泡沫吸能装置受到压缩，从而吸收冲击能量。

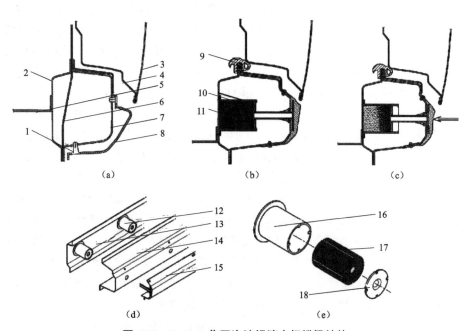

图 6.20　Saehan 集团泡沫铝填充门槛梁结构
（a）原门槛梁横断面；（b）泡沫铝填充的门槛梁横断面；（c）门槛梁受力压缩；
（d）吸能型门槛梁结构；（e）吸能柱结构

1—钩销；2, 13—内板；3—车门外板；4—车门内板；5—地板；6, 14—加强板；7, 15—外板；
8—侧面装饰板；9—密封带；10, 12—吸能柱；11, 17—泡沫铝；16—吸能柱壳体；18—端盖

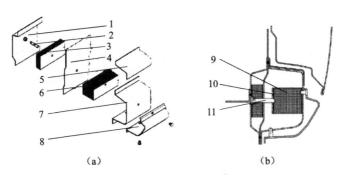

图 6.21 星宇集团泡沫铝填充门槛梁结构
(a) 泡沫铝填充门槛梁装配图；(b) 泡沫铝填充门槛梁横断面
1—内板；2，11—导向销；3，6，9—泡沫铝；4—加强板；5—侧板；7—外板；8—侧面装饰板；10—定位板

将泡沫铝填充到吸能盒中，这种填充后的吸能盒能够吸收掉车辆以 15 km/h 速度撞击的所有能量，从而保护车身其他组件以及行人。由于相互作用效应，这种填充后的吸能盒吸收的能量大于原吸能盒和泡沫铝芯单独吸收的能量和。另外，菲亚特（Fiat）和挪威科技大学的研究表明，泡沫铝填充的吸能盒还有一个优点，就是由于泡沫铝的各向同性，在偏置碰撞中也能很好地吸收能量。韩国星宇集团将泡沫铝填充到汽车吸能盒中，设计出两种新型吸能盒，如图 6.22 和图 6.23 所示。图 6.22 所示这种吸能盒的外壳为褶皱的薄壁圆筒，其内填充有泡沫铝，当受到外力冲击时，薄壁圆筒首先发生褶皱吸能，当变形持续从而接触到泡沫铝时，二者同时吸能。图 6.12 所示这种结构的方形吸能盒不仅能够吸收冲击能量，提高碰撞安全性，而且由于其独特的结构，还能够起到抑制噪声的作用。

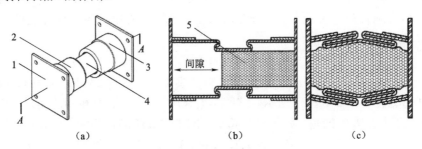

图 6.22 泡沫铝吸能盒结构一
(a) 外观轴测图；(b) A—A 断面截面图；(c) 冲击变形图
1—底座；2—外圈；3—导向单元；4—内圈；5—泡沫铝

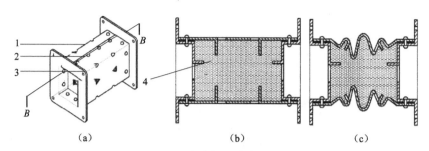

图 6.23 泡沫铝吸能盒结构二
(a) 外观轴测图; (b) B—B 断面截面图; (c) 冲击变形图
1—壳体; 2—凹痕; 3, 4—泡沫铝

4. 复合材料

复合材料通常有两大类,即热固性复合材料和热塑性复合材料。随着复合材料原材料以及工艺制造和装备的不断进步,复合材料在汽车中的应用越来越广泛,热固性和热塑性两大类复合材料发挥各自的特性优势,在汽车轻量化中扮演着越来越重要的角色,双双呈现出持续增长的态势。目前,在汽车企业应用较广的是碳纤维复合材料。

碳纤维(Carbon Fiber,CF)是一种含碳量在 95% 以上的高强度、高模量纤维的新型纤维材料。它是由片状石墨微晶等有机纤维沿纤维轴向方向堆砌而成,经碳化及石墨化处理而得到的微晶石墨材料。它不仅具有碳材料的固有本质特性,又兼备纺织纤维的柔软可加工性,是新一代增强纤维。

碳纤维具有许多优良性能。碳纤维的轴向强度和模量高、密度低,比性能高且耐冲击,吸能效果好,无蠕变,非氧化环境下耐超高温、耐疲劳性好,比热及导电性介于非金属和金属之间,热膨胀系数小且具有各向异性,耐腐蚀性好,X 射线透过性好,此外还具有良好的导电导热性能、电磁屏蔽性等。

全新 XL1 车身的大截面均采用碳纤维强化材料(CFRP)打造而成,全车仅重 795 kg,其中主要由碳纤维强化材料制成的车身仅有 230 kg,兼具质量小、强度高的优点,如图 6.24 所示。这款车型采用了与 F1 赛车相同的高强度单体车架,但与之有别的是,为了安全起见,XL1 驾驶舱的顶部为封闭设计。根据碰撞类型的不同,传力路线可能通过 A 柱、B 柱、车顶侧梁和车门踏板,而这些组件都会吸收冲击能量。此外,车身前后附加的侧梁和横梁也完善了 XL1 的主动安全性。具体来说,单体壳、略微偏置的驾驶员和乘员座椅以及整个外部车身零部件均由碳纤维强化材料制成。各层碳纤维皆与作用力方向平行,并采用 aRTM 工艺中的环氧树脂系统模塑成零部件,这种材料组合能够形成一种极为耐久、质量极小的复合材料。

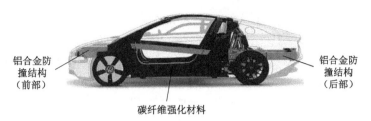

图 6.24 全新 XL1 车身

6.3.2 混合材料车身

复杂的能量吸收系统，通常是由具有吸能性能的结构元件组成的，因此要提高车身结构的耐撞性能，先决条件就是设计出轻质、高效的吸能结构。分析车身结构的主要吸能构件，如图 6.25 所示。在低速碰撞时，泡沫缓冲梁和吸能盒是主要的吸能构件；在中高速正面碰撞和偏置碰撞时，保险杠加强梁，上、下前纵梁和副车架是主要的吸能构件；在侧面碰撞时，下门槛、B 柱以及车门防撞梁是主要的吸能构件；在倾翻时，车顶边梁、A 柱和 C 柱是主要的吸能构件。在正面碰撞过程中，前纵梁的吸能占总能量的 50%～70%；在偏置碰撞中，前纵梁的吸能占总能量的 30%～50%。根据车辆在不同碰撞方式下的受力情况，对车身结构的主要吸能构件选用适当的材料，以同时实现轻量化并提高碰撞安全性。汽车结构所用的材料中，目前钢铁材料所占比例仍然是最高的，但是铝合金、镁合金、高强度钢、复合材料、多孔材料所占的比例不断攀升。围绕汽车的轻量化和安全性，轻质吸能材料的应用是目前汽车发展的趋势。

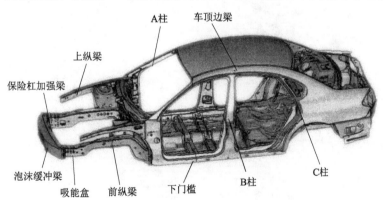

图 6.25 车身结构

多种材料混合车身能最大限度地在满足性能要求的条件下降低车身质量，代表了今后车身结构发展的方向，而其中钢铝混合车身最为典型，目前这方面的研究也非常广泛，技术最为成熟，此外还有碳纤维与铝的混合车身。钢铝混合车身结构的应用方面，目前国内外已有多家公司在自己的产品中应用了这种结构，并且铝合金的使用量逐年增加。

宝马汽车公司在进入 21 世纪后，将轻量化技术的核心转移到了钢铝混合车身结构开发上，宝马新 5 系便是世界上首款采用钢铝混合车身结构的汽车。该车前部发动机舱周围框架使用了大量的铝合金材料，发动机罩和前侧面板也使用了铝合金，其他部分则主要使用钢质材料。这样处理的钢铝混合车身整车质量比前代车型降低了 75 kg，轻量化效果明显。由于宝马新 5 系车身前部采用吸能较好的铝合金，其碰撞安全性得到显著的提高，其车身骨架结构如图 6.26 所示。

图 6.26　宝马新 5 系车身骨架结构

此外，宝马还在 5 系 Grand Turismo、7 系以及 X5 四驱 SUV 等车型上使用了钢铝混合车身结构，进一步扩大了铝合金的使用，技术日趋成熟。其中，宝马 5 系 Grand Turismo 车型白车身结构中的材料分布如图 6.27 所示。

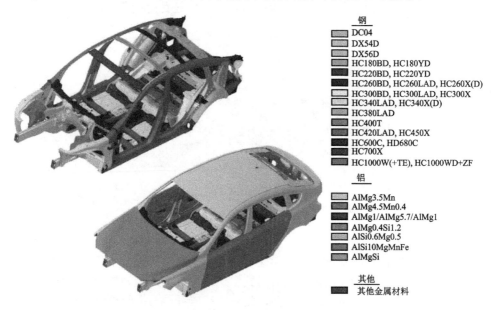

图 6.27　宝马 5 系 Grand Turismo 车型白车身结构材料分布（见彩插）

由图 6.27 可以看出，宝马 5 系 Grand Turismo 车型的白车身是典型的多种材料的混合车身，综合运用了高强度钢、铝合金以及镁合金等材料，其中铝合金在结构件和覆盖件中均得到了应用。该白车身采取的材料布置方案使得整车质量进一步降低，轻量化系数达到 3.0，无天窗版甚至达到 2.6，同时其扭转刚度也比上一代车型有所提高。

6.3.3 泡沫铝的应用

泡沫铝在汽车吸能结构中的应用主要体现在车身骨架中的薄壁梁结构上，如吸能式保险杠、吸能盒、前纵梁、副车架、A 柱等。这些吸能结构对于汽车的碰撞安全性起着至关重要的作用，研究薄壁梁结构的吸能特性对于汽车的碰撞安全性设计有着重要的现实意义。在碰撞事故中，车身是以一定的方式、路径破坏的。图 6.28 所示为车身前部碰撞中理想的破坏特性阶梯式曲线，将碰撞事故中车身结构的变形分为 5 个区域。

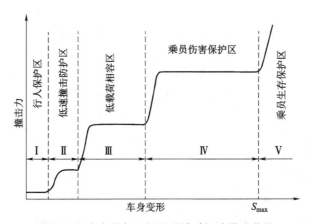

图 6.28　车身前部理想的碰撞破坏阶梯曲线

汽车在发生正面碰撞时，首先发生变形的是前端保险杠结构，在低速碰撞（≤10 km/h）中通过弹性变形可逆吸能，同时保护行人腿部区域；在中等速度（10～20 km/h）下，能量被易于更换、成本低的吸能盒等结构吸收；当速度较大（≥20 km/h）时，结构发生不可逆破坏，前纵梁发生轴向变形。同时，前纵梁等吸能结构还要具有变形截止机构，限制前端结构变形侵入驾乘空间，保证驾驶室不能发生较大变形以威胁乘员生存空间。

在碰撞的初始阶段，吸能盒被期望以渐进压溃的形式发生塑性破坏，为了保证吸能盒先于前纵梁发生破坏，吸能盒不能具有太大的强度，因此不适宜将泡沫铝填充至吸能盒结构中。在持续碰撞阶段，吸能盒被完全压溃后，前纵梁作为主要的吸能构件，开始屈曲吸能，而这个时候尽量多吸收一些碰撞能量对于保护乘员具有至关重要的作用。同时，为了降低结构总重，不能将泡沫铝填充满整根前纵梁，因此，准备将泡沫铝选择性地填充至前纵梁最重要的区域。

前纵梁的安装过程中，为了避免与发动机、传动系统和油箱等结构发生干涉，它们经常被加工成曲面形状，又称为 S 形纵梁。前纵梁的设计思路是使其尽可能沿轴向变形，控制弯曲变形量，从而获得满意的吸能效果。但是 S 形纵梁在剧烈冲撞中，由于结构的特殊性，极易发生折弯失稳，而不是以渐进压溃的屈曲，相关研究表明，弯曲失效能使前纵梁的吸能能力下降 40% 以上。因此，改善 S 形纵梁的撞击屈服行为，对提高汽车碰撞安全性具有非常重要的意义。

1. 碰撞模型的建立

正面碰撞按照碰撞时车和壁障接触的宽度，分为正面偏置碰撞和正面全宽碰撞。正面 40% 偏置碰撞，车身前端结构变形较大，侧重于分析车体结构的破坏程度；正面 100% 全宽碰撞，碰撞加速度较大，侧重于分析乘员保护系统的有效性。由于本节目的是研究填充泡沫铝后前纵梁的耐撞性，因此进行正面 40% 偏置碰撞试验。

为研究填充泡沫铝对汽车前端结构碰撞安全性的影响，实例选用某 SUV 进行碰撞模拟仿真。由于乘用车在正面 40% 偏置碰撞中，车身 A 柱中段以后的部分变形很小，乘员舱基本保持完整，而关注的重点内容为前纵梁的变形，为了缩减计算成本、提高计算效率，对车身前端结构建立详细模型，删除 A 柱中段之后的单元，以集中质量代替，通过计算得到被截断部分质量的质心，作为集中质量的安放位置，保证简化模型的质心与原车一致。简化的车身前端结构如图 6.29 所示。

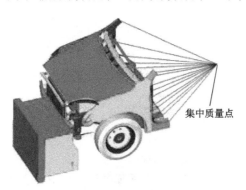

图 6.29　车身前端结构 40% 偏置碰撞简化模型（见彩插）

对碰撞系统进行能量分析，可评判仿真模型结果的合理性，主要考虑总能量、动能、内能、沙漏能和滑移界面能，如图 6.30 所示。整个过程中，沙漏能和滑移界面能均很小，分别为 10.7 kJ 和 12.4 kJ，占总能量的 3.86% 和 4.47%，均小于 5%，说明所建立的简化模型是有效和可靠的，计算精度可以得到保证。

转化为系统内能的能量共 218.3 kJ，其中可变形壁障在碰撞结束时吸收了 99.8 kJ 的能量，118.5 kJ 的内能被车身结构的塑性变形吸收，占总内能的 54.3%。提取前端结构中主要的 10 个吸能结构，对其吸能量进行统计分析，各部件吸收的内能及其所占比例如表 6.11 所示。

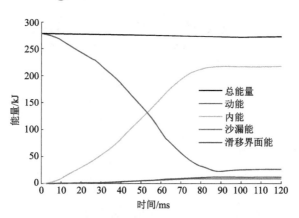

图 6.30 碰撞过程中的能量变化（见彩插）

表 6.11 车身前端结构主要零部件内能吸收情况

编号	零部件名称	吸能量/kJ	内能所占比例/%	前 10 组所占比例/%
1	前纵梁	16.88	14.2	35.0
2	吸能盒	5.37	4.5	11.2
3	副车架横梁	4.96	4.2	10.3
4	保险杠	4.40	3.7	9.1
5	前围板	3.58	3.0	7.4
6	副车架纵梁	3.23	2.7	6.7
7	塔形支座	2.87	2.4	6.0
8	前直梁	2.55	2.2	5.3
9	翼子板	2.16	1.8	4.5
10	散热器下横梁	2.15	1.8	4.5

由表 6.11 可见，提取的车身前端 10 个吸能部件所吸收的内能占整车吸收内能的 40.6%，其中前纵梁吸收了 14.2%的能量，占前 10 组零件吸能量的 35%，由此可见前纵梁在正面 40%偏置碰撞安全性中占据重要地位，若想提高车体结构的碰撞安全性，应首先考虑前纵梁等主要吸能结构件。

2. 泡沫铝填充的前纵梁结构

由以上分析可知，前纵梁是汽车前端结构中最主要的吸能构件。前纵梁在车身结构中的位置如图 6.31 所示，由于整体布置空间有限，直梁部分具有凹陷、折弯等不规则形状，如图 6.32 所示，正是由于这种不规则形状的影响，极易导致前纵梁直梁在碰撞过程中发生折弯变形。前纵梁的后端被设计成 S 形向下弯曲的形状，这里是极易变形又不能发生严重变形的区域，主要是为了避免因变形过大导致乘员的生存空间受到威胁，因此此处应设计变形截止结构。

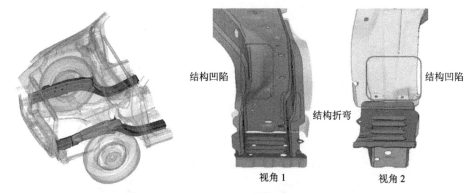

图 6.31　S 形前纵梁在原车中的位置（见彩插）

图 6.32　前纵梁直梁的不规则形状（见彩插）

原始模型在正面 40%偏置碰撞中，前纵梁的变形情况如图 6.33 所示，其中前端直梁区域发生欧拉折弯变形。欧拉失稳使前纵梁的吸能能力大大降低，为了改善其吸能能力，在折弯区域填充泡沫铝以尽量避免欧拉失稳模式，填充后的前纵梁模型如图 6.34 所示。

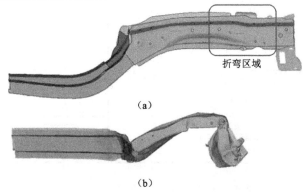

图 6.33　前纵梁撞击折弯变形（见彩插）
（a）未变形模式；（b）最大变形模式

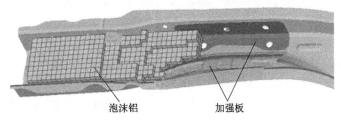

图 6.34　泡沫铝填充的前纵梁模型（见彩插）

3. 填充泡沫铝的车身结构与原始结构碰撞安全性的对比

填充泡沫铝后,前纵梁直梁部分在正面40%偏置碰撞中的变形模式发生了显著变化。图 6.35 所示为原始前纵梁直梁与填充泡沫铝后的前纵梁直梁的变形模式对比。原结构主要发生折弯变形,轴向压溃的部分很少,因此吸收能量也较少。填充泡沫铝后,直梁段主要发生轴向压溃变形,但由于直梁具有结构不规则性,在轴向压溃一定距离后,也不可避免地产生了折弯的趋势。

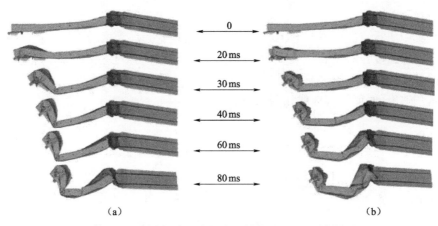

图 6.35 两种前纵梁直梁变形模式对比(见彩插)
(a)原始前纵梁;(b)泡沫铝填充前纵梁

对两种前纵梁组件在碰撞过程中吸收的内能进行分析,如图 6.36 所示,可以发现,填充泡沫铝后的前纵梁能够显著改善有效吸能量。

两种前纵梁的结构参数如表 6.12 所示,原始结构总质量为 13.45 kg,而填充结构总质量为 12.32 kg,其中泡沫铝的总质量仅为 0.71 kg,而总质量比原始结构减少了 8.4%。原始结构吸收的内能为 16.88 kJ,填充结构吸收的内能为 19.47 kJ,其中泡沫铝吸收了 2.43 kJ 的内能,总吸能量比原始结构增加了 15.3%,比吸能也从 1.26 J/g

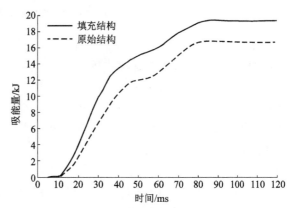

图 6.36 两种前纵梁吸能能力对比

提高至 1.58 J/g,提高了 25.4%。可见,将泡沫铝填充至前纵梁结构中,不仅能提高前纵梁的吸能能力,还能起到轻量化的作用。

表 6.12 两种前纵梁结构吸能情况

前纵梁结构	壁厚/mm	泡沫铝密度/(g·cm^{-3})	结构总质量/kg	有效吸能量/kJ	比吸能/(J·g^{-1})
原始结构	2.0	—	13.45	16.88	1.26
填充结构	1.8	0.64	12.32	19.47	1.58

1）碰撞加速度

集中质量点的位置变形相对较小，运动过程受其他因素的干扰也较小，因此，将加速度传感器装在集中质量点处，用以记录碰撞过程中的整车加速度。原始数据振荡幅度较大，采用 SAE J211 标准中的 60 Hz 等级对其进行滤波，获得加速度–时间历程曲线如图 6.37 所示。

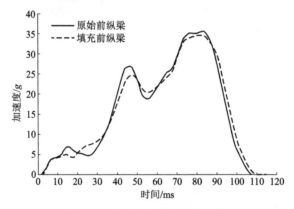

图 6.37 加速度–时间历程曲线

由图 6.37 可知，原始车型的碰撞加速度峰值为 35.6g，出现在 80 ms 附近，结合图 6.35 可知峰值加速度出现在前纵梁直梁部分被完全压溃而后端开始出现变形的时刻。填充泡沫铝后的前纵梁峰值加速度有所降低，降为 34.7g，与原始结构相比减小了 2.5%。碰撞前期，加速度增长缓慢，并未出现较大的波动，峰值较低，说明前端结构在正面 40%偏置碰撞过程中起到了良好的吸能缓冲作用。

2）侵入量分析

正面 40%偏置碰撞安全性的评判指标为假人的响应，而假人的响应很大程度上取决于车身结构变形。因此，从车身结构变形的角度对碰撞安全性进行评价。

选取前挡板侵入量、转向柱中心后移量和上移量、刹车踏板侵入量作为安全性评价指标进行分析，相应的测点位置分布如图 6.38 所示。测量侵入量时，为了结果的准确性，常选取碰撞过程中变形较小的地方作为参考点，本章选取门槛梁中变形较小的位置作为参考点。通过后处理软件测量测点与参考点之间的相对位置随时间的变化，即可获得各测点的侵入量–时间历程曲线，如图 6.39 所示。

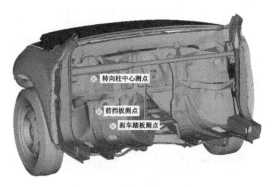

图 6.38　侵入量测量点

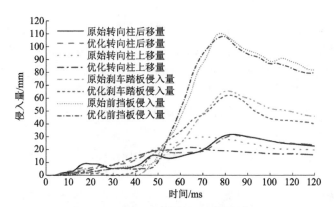

图 6.39　各测点侵入量–时间历程曲线

表 6.13 所示为替换前后各测点侵入量数据汇总，前纵梁结构中填充泡沫铝后，各测点的侵入量均较小，并且满足设计要求，特别是填充泡沫铝后能够减小转向柱上移量 37.4%，大大降低了乘员受伤的可能性，能够有效地保证乘员生存空间。

表 6.13　替换前后各测点侵入量对比分析

项　　目		优化前侵入量/mm	优化后侵入量/mm	变化量/%
转向柱后移量	峰值	32.1	31.4	−2.2
	稳定值	22.8	23.4	2.6

续表

项　目		优化前侵入量/mm	优化后侵入量/mm	变化量/%
转向柱上移量	峰值	30.1	21.9	−37.4
	稳定值	19.8	16.0	−19.2
刹车踏板侵入量	峰值	66.0	62.3	−5.6
	稳定值	46.1	40.0	−13.2
前挡板侵入量	峰值	111.3	108.2	−2.8
	稳定值	82.2	80.6	−1.9

6.4　先进制造工艺和成形技术的应用

6.4.1　先进制造工艺及成形技术

在大量采用高强度钢、铝镁合金、塑料和复合材料等轻量化材料和结构来实现汽车轻量化的同时，传统制造工艺往往很难实现满足要求的设计，于是就出现了与之匹配的先进制造工艺及成形技术，如用于高强度钢板冲压件的热冲压成形工艺、变截面薄板技术以及用于车身结构连接的一些新型连接工艺等，而新型制造工艺又会扩大结构设计和轻质材料的使用范围。

1. 变截面薄板技术

变截面薄板正是一种基于改变钢板结构而开发的新型轻量化板材。目前较为常见的变截面薄板主要有两种：一种是激光拼焊板（Tailor Welded Blank，TWB）；另一种是基于柔性轧制生产工艺得到的连续变截面薄板（Tailor Rolled Blank，TRB）。由于其截面形状连续变化，相比同材料的拼焊板具有更好的性能。近年来，变截面薄板技术在汽车工业中已经得到了广泛的应用。

变截面薄板经加工后制成的汽车零部件将具备更好的承载能力，而且能够明显降低质量。TRB 的应用前景已经得到了承认，在现代汽车工业中也有许多成功的应用实例。图 6.40 和图 6.41 分别为应用 TRB 技术的奔驰 C 级轿车前保险杠横梁和前地板上纵梁。采用 TRB 设计的前保险杠横梁质量降低约 2 kg，同时也增强了抗撞性。同样，采用 TRB 设计的前地板上纵梁不同部位的厚度在 0.8～1.6 mm 变化，质量降低大约 4 kg，同时也使 NVH 性能和碰撞性能得到了提升。图 6.42 所示为德国本特勒汽车零部件公司基于 TRB 开发设计的 B 柱和保险杠。

第 6 章　面向碰撞安全性的汽车轻量化设计方法

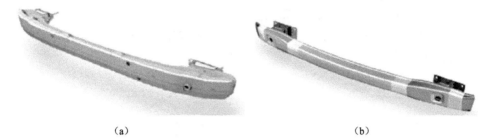

图 6.40　奔驰 C 级轿车前保险杠横梁
（a）原保险杠横梁；（b）采用 TRB 的保险杠横梁

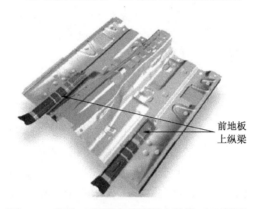

图 6.41　奔驰 C 级轿车前地板上纵梁（见彩插）

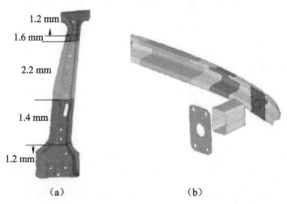

图 6.42　本特勒汽车零部件公司基于 TRB 开发的零部件（见彩插）
（a）B 柱；（b）保险杠

2. 液压成形技术

液压成形技术是一种利用液体传力介质替代传统的凹模或凸模从而进行零件加工的塑性加工技术。它是一种典型的轻量化技术。液压成形技术在确保零件刚度、强度和均匀性的前提下，还能够提高产品质量和成形极限，在汽车工业中得到了广泛应用。液压成形在汽车零部件生产中逐步成为定型技术,并得到了大量的应用,如图 6.43 所示。目前,已有超过 50%的汽车底盘装配有液压成形产品。

图 6.43　液压成形部件在车身上的主要应用部位(见彩插)

3. 热成形技术

车身的结构以及车身采用的板材决定了车身的强度,而车身上有些关键部位往往需要较高的强度。热成形技术就是一种较好的解决方案。热成形钢板的屈服强度能够达到 1 000 MPa 以上。如果在车身上使用热成形钢板,可以在质量保持不变的基础上使承受力提高 30%。

热成形钢板的抗拉强度为普通钢材的 3 倍左右,又有很高的硬度,并兼有钢材的韧性。因此,热成形技术应用在车身上能够大幅度提高其安全性能,碰撞过程中能够给予乘员良好的保护。使用热成形技术制造的零件所具有的极高的材料强度使其能够在满足强度需求的同时减少零件的数目和零件的大小,使整体质量得以降低,从而减少油耗,起到降低使用成本的作用。

6.4.2　新型连接技术

随着汽车轻量化趋势越来越明显,汽车的车身材料正在从全部是低碳钢向多种材料的混合使用转变。传统车身制造过程中主要采用传统的焊接技术进行连接,而一些新型轻质材料在采用传统的焊接技术时,可能会产生热应力,易出现气孔,且变形及裂纹的倾向变大,同时接头处的强度变低等一系列问题。因此,要根据不同的轻质材料采用不同的连接方式。

汽车钣金件的连接一般为焊接、粘接和机械连接(包括铆接)。根据焊接形式的不同,焊接又可分为点焊、激光焊和电弧焊等。粘接是一种面面接触式的连接方式,由于具有减振、降噪、密封等优点,粘接技术在汽车中的应用日益广泛。根据剪切强度和剥离强度的不同,粘接又可分为不同的等级,其中

330和9514粘接剂的剪切强度分别为15～30 MPa和52～53 MPa，其剥离强度分别为12～22 MPa和9～11 MPa。机械连接是汽车连接技术中最为常见的连接方式，与点焊相比，具有成本低、强度高、质量可靠等优点。为了研究连接方式对薄壁直梁吸能特性的影响，对采用不同连接技术的正方形、单帽型和双帽型试样进行了对比试验研究，结果如图6.44所示。

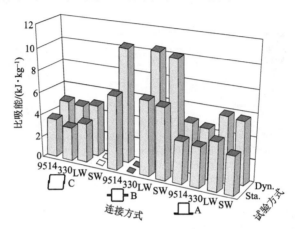

图6.44 连接方式对结构吸能特性的影响

其中，图6.44中SW表示点焊（Spot Welds），LW表示激光焊（Laser Welds），330和9514分别表示采用330和9514粘接剂的粘接方式，Dyn.表示动态落锤试验，Sta.表示准静态压溃试验。由图6.44可知，从比吸能的角度考虑，在动态和准静态试验中，无论是正方形试样，还是双帽型或单帽型试样，焊接方式都优于粘接的表现。这主要是因为在受到轴向碰撞等猛烈冲击下，采用粘接方式的薄壁直梁往往会发生连接部位开裂（图6.45），从而导致结构吸能量下降。与点焊相比，激光焊无论是在总吸能量还是在吸能稳定性方面的表现都更加优良，因此在前纵梁的实际制造过程中，可以用激光焊来取代传统的点焊连接方式。

轻质材料的连接所面临的迫切问题，促使工程技术人员开发各种新的连接技术，如搅拌摩擦焊、爆炸焊、粘接、压力连接、铆钉自穿孔铆接等新型连接方式。

图6.45 开裂

1. 激光焊

激光焊接加速了采用冲压零件代替锻造零件的进程，它可以焊接不同厚度和不同表面涂镀层的金属板，再经过冲压，能达到变形最合理的金属组合，省去了二次加工，同时降低了废品率，改进了产品设计投产周期，并简化车身结构件，降低了车身质量。据资料介绍，采用激光拼焊板可使零件质量降低 24%，生产时间缩短 21%。采用激光焊接工艺还可以显著改善车身的抗冲击性、防腐性、白车身强度以及安全性。目前，奇瑞 A3 前纵梁采用激光拼焊技术，通过合理的材料应用和优化的结构设计，使纵梁的压溃形式达到较为理想的状态。激光拼焊门内板如图 6.46 所示。

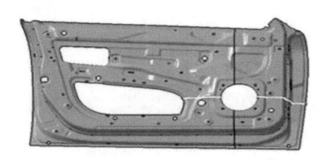

图 6.46　激光拼焊门内板

2. 自冲铆接

自冲铆接是一种不需要热量转换，通过铆钉变形连接多种金属与非金属之间的高速机械紧固，且不需要预冲孔的连接工艺。自冲铆接相对焊接消耗能量低，也不向车体传导热量，噪声小，对环境污染少，能够获得较高的抗静拉力和疲劳性能。该技术不但可以用于铝、镁和钢部件的连接，还可以适应预加工、预涂层、粘接和密封件等各种表面状态的要求。自冲铆接可以和粘接技术结合到一起成为复合连接技术而广泛用于要求高强度和高刚度的部件连接。铆钉的种类很多，但目前真正适用于混合材料车身的主要是半空心铆钉和无铆钉的形式。

半空心铆钉自冲铆接是一种快速的冷冲压金属成形问题。半空心铆钉自冲铆接在汽车工业中越来越受到青睐，可以连接薄铝板、有色金属与黑色金属、金属与非金属之间等零部件，也可达到预加工、预涂层、表面状态要求密封的连接。

无铆钉自冲铆接又称为压力连接，是一种不需要铆钉连接件的机械压力连接工艺。这种铆接工艺可铆接多层金属材料，铆接的疲劳极限比传统的电阻点焊要高很多。但是它仅适于表面质量要求不高，被铆材料硬度在一定范围内能进行塑性变形的金属材料之间的连接。其中，压力连接以其经济、安全、环保等方面特有的优势，在航空航天、建筑、电器、汽车等行业获得了广泛的应用。

目前，对于该方法的研究和应用主要集中在同种材料之间的连接，如钢板、铝板等。异种材料冲压连接时，板料放置顺序，即钢板靠近冲头侧或铝板靠近冲头侧两种情形下所得到的接头可能会有所不同，故冲压试验时应该对两种板料上下放置顺序的不同加以区别以确定最优的板料放置顺序。以钢板和铝板的连接为例，钢板在上和铝板在上两种情形分别用"S-A"和"A-S"表示，在其他试验条件相同的情况下，得到的 S-A 和 A-S 试验结果分别如图 6.47 和图 6.48 所示。

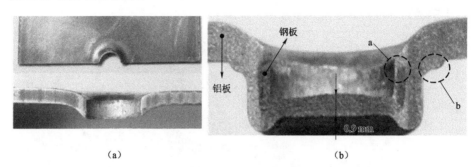

图 6.47　S-A 方式下压接结果及剖面形状（见彩插）
（a）压接结果；（b）剖面形状

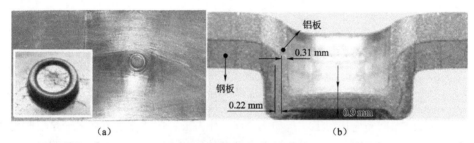

图 6.48　A-S 方式下压接结果及剖面形状（见彩插）
（a）压接结果；（b）剖面形状

由图 6.47 可以看出，以 S-A 方式冲压，下部铝合金材料会过早地充满凹模沟槽，使得上部钢板材料无法向凹模沟槽流动而形成自锁；之后铝板材料继续受挤压而向上逆流，材料的向上运动造成了两种结果，分别如图 6.47 中（a）、(b) 所示。在图 6.47（a）中，钢板被铝合金材料挤压而发生剪切，阻碍了此处颈厚值的形成，并最终造成该处因颈厚值过小而断裂；在图 6.47（b）中，铝合金材料向上逆流而顶起压边圈，并在凹模圆角处发生堆积。图 6.47（a）、(b) 两处联合作用的结果使得整个接头冲压连接失败。在同样的试验条件下，A-S 方式冲压的铝合金和高强度钢板，在接头处形成了明显的自锁值和颈厚值，保证了连接点的质量。由试验结果和分析得知，S-A 方式易使高强度钢板发生接头颈部处断裂而使连接失效，所以冲压时应该注意将硬度高或者厚度大的金属置于下层，以提高连接质量。

以某 SUV 车身结构侧围结构中 A 柱、B 柱及门槛梁为例，若将其内板以铝合金材料代替，则侧围的部分结构由铝质内板和钢质外板混合材料搭接而成，其典型的主断面搭接形式如图 6.49 所示。对于这种新型组合形式，传统的电阻点焊连接面临着钢铝异种材料熔点相差大以及铝合金较高的导热性和表面易形成氧化层等难以逾越的困难，而无铆钉自冲铆以其特殊的连接机理有解决钢铝异种材料薄壁梁间搭接连接问题的可能性。

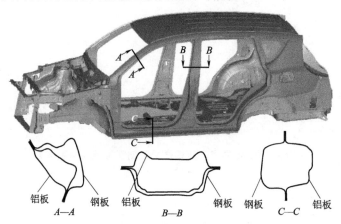

图 6.49　车身结构若干典型主断面搭接形式示意图

3. 胶接

胶接是通过黏结剂把被粘物利用化学反应或物理作用连接在一起的技术。目前，胶接技术向高速化、工业自动化及连续化发展，主要发展方向之一是研制出工艺简便，能快速固化，可以连接表面带有油污和锈蚀的金属材料的高强度黏结剂。黏结剂的形态也发生了很大变化，由原有的有机溶剂型转变为水溶剂型，从溶剂型转变为无溶剂型，由双组分型转变为单一组分型。同时，为了胶接结构承载能力的提高，在工艺上应用了胶接和其他连接技术，如胶–爆连接、胶–铆连接、胶–螺连接等复合连接工艺。同其他连接相比，胶接具有以下优点：

① 胶接能有效提高接头的使用寿命。因胶接时在胶接面上黏结剂均匀分布，界面不产生螺纹和焊接缺陷，胶接层面不会形成局部的应力集中，而且胶接结构中，若产生疲劳裂纹，其扩展速度较慢，从而可提高接头的疲劳寿命，使胶接技术在汽车制造中获得了广泛的应用。

② 胶接构件有效地降低了质量。由于不使用铆钉、螺栓而降低了接头的质量；胶接件受力均匀，可采用薄壁结构，极大地降低了接头的质量，这对于车身轻量化方面是极为有利的。

③ 胶接接头所用的材料范围广。胶接可以在金属材料和金属材料之间、非金属材料和非金属之间使用，也可用于金属材料与非金属材料之间的连接。这对于现今的汽车生产是一大优势，特别是在许多新型材料在汽车上的应用日益广泛的背景下。

④ 胶接结构的耐环境能力强。黏结剂本身对材料不存在化学腐蚀；胶接面良好的密封性能隔绝水、空气及其他介质对接头的腐蚀，接头的耐环境应力增强。

胶接连接也存在某些不足。例如，黏结剂的主要材料一般是高分子材料，因此胶接强度低，远不如金属材料；使用温度也较低，一般在-150 ℃～-50 ℃，只有耐高温黏结剂才能长期工作在 250 ℃，或者短期工作在 350 ℃～400 ℃；胶接接头性能的重复性差；使用寿命有限。以上缺陷，在一定程度上限制了胶接连接的应用范围。

4. 胶焊

黏结剂应用于汽车行业已有很久的历史。除骨胶等天然材料外，有机合成黏结剂的使用始于 1940 年，最初用于连接部位的防锈和密封，对强度等性能并无特殊要求，后来出现了将机械连接部位改为粘接连接，通过使用黏结剂改善其力学性能，黏结剂的使用范围也随之扩大。以后又提出了胶焊（粘接和焊接同时使用的结构）的设想，所谓结构黏结剂的设想就是针对胶焊这一技术提出的。

胶焊工艺是将点焊与胶接两种工艺复合应用成为新的连接工艺。根据涂胶、点焊工序的不同分为以下 3 种：透胶胶焊（先涂胶后点焊）、毛细作用胶焊（先点焊后浇注）、胶膜胶焊。

胶焊与焊接、铆接以及螺纹连接相比有以下特点：

① 胶焊技术可以连接不同种类的材料，如金属与金属、金属与非金属等。

② 胶焊接头中由于有焊点存在，弥补了胶接接头中高温性能差、持久强度低、胶层老化、性能分散性大等不足。

③ 胶焊技术可以提高疲劳寿命。这是由于胶焊接头中有黏结剂，而黏结剂在承受载荷时应力分布比较均匀，减小了焊点附近的应力和应变集中，提高了接头强度，并且疲劳性能得到了很大改善。

5. 压-胶复合连接

压-胶复合连接是将压力连接和胶接相结合的复合连接技术，能结合二者的优点，避免胶接因环境温度过高造成的接头失效，提高了连接的安全性，同时具有能够增强接头的强度并且改善碰撞吸能效果等优点。由于压-胶复合连接综合了压力连接和胶接两种连接工艺，因此对材料的选型需综合考虑这两种连接工艺对材料的要求。胶接的优点是对材料的选择要求较低，既可以连接金属与金属、非金属与非金属，也能连接金属与非金属。但是，如果被连接材料的线膨胀系数相差过大，会使胶层产生内部应力，从而影响胶接的寿命。因此，在选材时也需要考虑所连接材料的线膨胀系数（单位温度变化下材料沿长度方向的增加量与原长度的比值），使二者尽可能接近。

6.4.3 应用 TRB 的 B 柱优化设计

B 柱在冲击载荷下的抗弯特性对汽车侧面碰撞安全性有重要影响，优化 B

柱对提高汽车的侧面碰撞安全性具有重要意义。为减少计算量，可利用车身B柱的简化模型进行优化研究。选取包括部分侧围、B柱内板、外板、加强板以及门槛等零部件在内的局部结构建立简化模型，如图 6.50 所示。在侧面碰撞中，这些部件是最主要的承载部件。

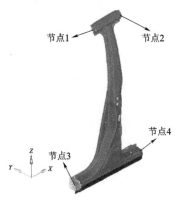

图 6.50　B 柱简化模型（见彩插）

在车身中，B 柱的各个零部件之间存在复杂的连接关系。为了使简化模型与其在整车中的承载情况一致，必须在简化模型中的某些部位施加合适的约束条件。B柱上下两端分别搭接在车顶和门槛上，为了在简化模型中模拟B柱接头处的约束，在B柱上下两端的截面中心设置4个节点，如图 6.50 所示。B 柱 4 个接头中心位置的 Y 方向位移–时间曲线如图 6.51 所示。在简化模型中，将这些位移曲线分别定义为图 6.50 中 4 个节点处的 Y 方向位移边界条件，约束 4 个节点的 X、Z 方向以及旋转自由度，如图 6.52 所示。

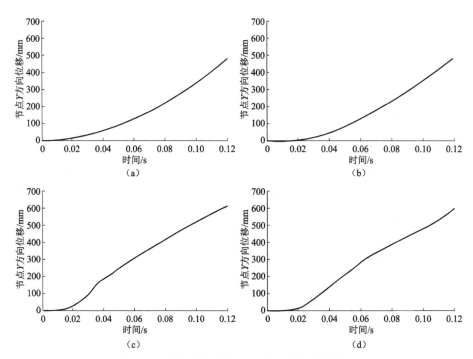

图 6.51　整车侧面碰撞中的节点位移–时间曲线

（a）节点 1 位移曲线；（b）节点 2 位移曲线；（c）节点 3 位移曲线；（d）节点 4 位移曲线

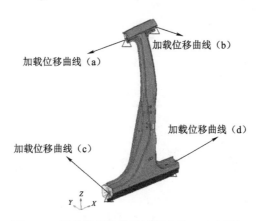

图 6.52 简化模型的位移边界条件（见彩插）

最终所建立的简化碰撞模型如图 6.53 所示，图中的移动变形壁障（Moving Deformable Barrier，MDB）为整车侧面碰撞所用的 MDB，其所处位置、质量、初始速度等参数均与整车侧面碰撞中相同。该简化模型中 B 柱（不含 MDB）的质量为 18.48 kg。

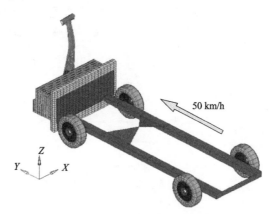

图 6.53 简化的侧碰模型（见彩插）

利用该简化模型进行仿真分析，所需时间大约为 3.5 h，只有整车碰撞仿真的 1/10，大大提高了分析效率。由于模型被简化，因此其仿真结果可能与整车中的情况不符。为验证该简化模型的准确程度，下面对简化模型的仿真结果与整车进行对比分析。图 6.54 所示分别为整车侧碰仿真中的 B 柱变形和简化 B 柱变形。

从图 6.54 中可以看出，两种模型中 B 柱的变形模式比较接近，均是中下部向内凹陷，而上端变形较小。由于简化模型中，B 柱承受了来自 MDB 的全部载荷，而在整车碰撞中，车门还会分担一部分载荷，因此简化模型中的 B 柱

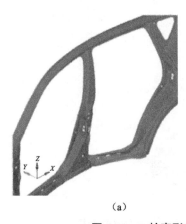

(a)　　　　　　　　　　　　　(b)

图 6.54　B 柱变形对比（见彩插）

(a) 整车侧碰 B 柱变形；(b) 简化 B 柱变形

变形量相对较大。为了更加清楚地显示 B 柱在碰撞中的变形情况，在 B 柱上从上（$Z=1\,200$ mm）至下（$Z=0$）每间隔 100 mm 选择一个节点，一共选取了 13 个等间距节点，如图 6.55 所示。读取这些节点的 Y 方向侵入量，如表 6.14 所示。以节点编号为横坐标，侵入量为纵坐标，连接 13 个数据点绘制出 B 柱的变形曲线，如图 6.56 所示，图中编号 1 对应 B 柱最上端，编号 13 对应 B 柱最下端。

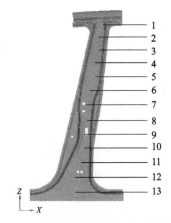

图 6.55　B 柱相对位移测量点（见彩插）

表 6.14　B 柱节点 Y 方向侵入量

节点 Z 坐标	编号	简化模型/mm	整车模型/mm
1 200	1	10.74	11.46
1 100	2	38.86	40.38
1 000	3	72.52	70.45

续表

节点 Z 坐标	编号	简化模型/mm	整车模型/mm
900	4	103.93	97.55
800	5	136.73	125.28
700	6	168.51	148.91
600	7	193.89	170.28
500	8	204.97	189.28
400	9	221.31	208.46
300	10	238.41	226.57
200	11	249.36	241.39
100	12	244.92	260.51
0	13	234.31	256.24

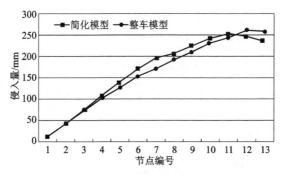

图 6.56 B 柱变形曲线

通过对比表 6.14 和图 6.56 的数据，可以发现简化模型上端的侵入量与整车模型中的基本一致，中部的侵入量比整车模型稍大，底部的侵入量比整车模型小。总体来看，变形模式基本一致。通过对比分析，该简化模型可以较好地反映 B 柱的抗弯特性，分析结果与整车中的情况也比较接近，可以用于 B 柱抗弯特性的优化研究。

原车身 B 柱外板是由一块等厚钢板冲压而成的，如图 6.57 所示，厚度为 2.0 mm。现将 TRB 应用于 B 柱外板，可以根据承载需要对其不同位置分配不同的厚度。将该 B 柱外板从上至下分为 4 个不等厚的片区，从上至下分别记为 1、2、3、4 区，有限元模型如图 6.58 所示，通过在 HyperMesh 软件中对壳单元 4 个节点设置不同的厚度来模拟过渡区的变厚度壳单元。

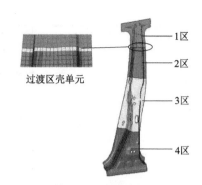

图 6.57　原 B 柱（见彩插）　　图 6.58　应用 TRB 的 B 柱设计方案（见彩插）

由于 B 柱外板 4 个片区的厚度和各片区边界的高度（Z 坐标）对 B 柱的抗撞性均会产生影响，为确定这 7 个因素的最佳搭配，本书将利用响应面法来寻找最优方案。选取这 7 个因素作为设计变量，它们的取值范围如表 6.15 所示。为建立精确的响应面模型，首先需要选择合适的试验设计方法来抽取一定数量的试验点。本书通过拉丁方抽样获取了 23 个试验设计点，然后根据每个样本点所列出的参数来修改仿真模型，并分别进行仿真分析。

表 6.15　设计变量　　　　　　　　　　单位：mm

变量	1区板厚	2区板厚	3区板厚	4区板厚	1/2 区分界线	2/3 区分界线	3/4 区分界线
	t_1	t_2	t_3	t_4	t_5	t_6	t_7
上限	1.0	1.5	1.5	1.2	960	770	230
下限	2.0	2.5	2.5	2.2	1 060	870	330

在侧面碰撞中，如果 B 柱对乘员舱的侵入量过大，就会对乘员造成伤害。此外，胸腔内部器官对碰撞速度十分敏感，即使在变形很小的情况下，如果侵入速度很大也很可能对心脏、肺等器官造成巨大伤害。因此，在侧面碰撞仿真分析中，可以将 B 柱的侵入量和侵入速度作为 B 柱抗撞性的评价指标，同时由于轻量化的要求，结构质量也应该作为一个评价指标。本书选取图 6.50 所示简化模型的 B 柱 Z 坐标为 600 mm（该位置高度与驾驶员胸部平齐）的一个测量点 P，以点 P 的侵入量峰值（Disp）、侵入速度峰值（Vel）和简化模型的总质量（Mass）为响应，对 B 柱外板进行优化设计。简化模型的总质量为 18.480 kg，其中优化前的 B 柱外板质量为 5.856 kg，P 点侵入量峰值为 205.11 mm，侵入速度峰值为 6.18 m/s。

1. 车身B柱的优化设计方案及碰撞仿真结构分析

优化方案一以减重为目的,同时必须保证B柱抗撞性相比原结构不下降。该方案以总质量最小为优化目标,参照之前对原简化模型的分析结果设置约束条件。方案一的数学模型描述如下:

优化目标:Min(y_3)。

约束条件:y_1<205 mm;y_2<6.18 m/s;$-1 \leqslant x_i \leqslant 1$($i$=1, 2, …, 7)。

相应变量的取值如表6.16所示。

表6.16 优化方案一的变量取值

t_1	t_2	t_3	t_4	t_5	t_6	t_7
−1.000 000 0	0.550 411 9	0.006 384 0	−0.999 876 3	−0.940 104 7	0.253 508 2	−1.000 000 0

优化方案二以提高性能为目标,要在B柱质量不增加的前提下尽可能提高B柱的抗撞性。虽然本书选取的性能评价指标为B柱上测量点P(Z=600 mm)的侵入量峰值和侵入速度峰值,但是通过表中的数据可以看出,在变量发生变化时,侵入量峰值的变化幅度较大,而侵入速度峰值的变化幅度却非常小,这说明变量对侵入速度的影响不大。本书在方案二中以点P的侵入量峰值为优化目标,并将P点侵入速度峰值和总质量设置为约束条件。方案二的数学模型描述如下:

优化目标:Min(y_1)。

约束条件:y_2<6.18 m/s;y_3<18.48 kg;$-1 \leqslant x_i \leqslant 1$($i$=1, 2, …, 7)。

相应变量的取值如表6.17所示。

表6.17 优化方案二的变量取值

t_1	t_2	t_3	t_4	t_5	t_6	t_7
0.384 428 0	0.201 008 0	0.674 840 0	−0.169 876 3	−0.920 104 7	−0.293 508 2	−0.626 945 0

首先将表6.16和表6.17中的变量取值根据式(6.1)反算成有限元模型中的参数取值,如表6.18所示,然后根据优化后的参数取值重新建立B柱外板模型。

表6.18 根据优化变量的编码值换算出模型参数

模型参数	t_1	t_2	t_3	t_4	t_5	t_6	t_7
方案一	1.0	2.3	2.0	1.2	963	833	230
方案二	1.7	2.1	2.4	1.6	964	835	249

1) B 柱变形分析

按照方案一和方案二修改后的简化模型总质量分别为 17.394 kg 和 18.383 kg，其中外板的质量分别为 4.770 kg 和 5.759 kg。优化前后的整车碰撞仿真分析中，B 柱外板的变形情况如图 6.59 和图 6.60 所示，优化后的材料厚度分布更加合理，材料的性能得到了充分发挥。

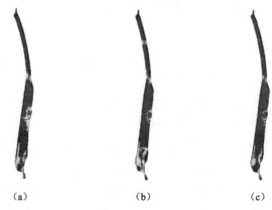

(a)　　　　　　(b)　　　　　　(c)

图 6.59 B 柱塑性应变云图（等轴视图）（见彩插）

(a) 原模型；(b) 方案一；(c) 方案二

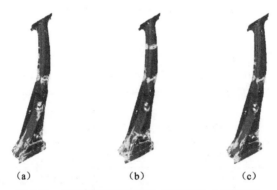

(a)　　　　　　(b)　　　　　　(c)

图 6.60 B 柱塑性应变云图（侧视图）（见彩插）

(a) 原模型；(b) 方案一；(c) 方案二

从 B 柱变形图可以看出，优化方案一的 B 柱上端和下端变形稍大，而中部变形较原始设计要小。这主要是由于方案一以轻量化为目标，在优化过程中减掉了上下两端的厚度，加强了中部。B 柱的变形曲线如图 6.61 所示，对比方案二和原始设计，方案二的 B 柱性能提升明显，B 柱整体变形较原始设计明显减小。由于方案二是以提升性能为优化目标，通过优化对 B 柱外板的材料进行了最优化分配，使其性能明显优于原始设计和方案一，但其质量大于方案一，与原 B 柱的质量相当。

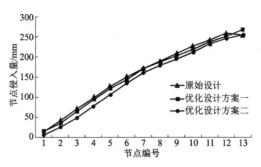

图 6.61 B 柱变形曲线

2）侵入量曲线分析

选取 B 柱中部 Z 坐标分别为 500 mm、600 mm、700 mm 3 个节点处的侵入量作为研究对象，这三个位置与乘员胸部处于同样高度，原始设计与优化设计方案的侵入量–时间历程曲线分别如图 6.62、图 6.63 和图 6.64 所示。通过比较这三个重要位置的侵入量曲线看出，优化设计方案一虽然减重较多，但是其侵入量与原始设计相比略有减少，而优化设计方案二的侵入量有较大幅度的减少。

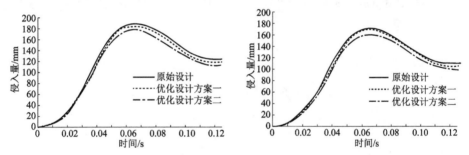

图 6.62　B 柱 Z=500 mm 处侵入量–时间历程曲线　　图 6.63　B 柱 Z=600 mm 处侵入量–时间历程曲线

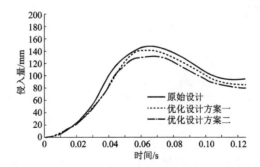

图 6.64　B 柱 Z=700 mm 处侵入量–时间历程曲线

3）侵入速度曲线分析

仍然选取 B 柱中部 Z 坐标分别为 500 mm、600 mm、700 mm 3 个节点作为考察对象，优化后的侵入速度与原始设计相比都略有减小。图 6.65 所示为 $Z=500$ mm 处的侵入速度曲线，原模型的侵入速度峰值为 5.54 m/s；两个优化设计方案的侵入速度峰值均稍有下降，为 5.09 m/s。图 6.66 所示为 $Z=600$ mm 处的侵入量曲线，原模型的侵入量峰值为 5.03 m/s；两个优化设计方案在该点的侵入速度与原模型相比均有所下降，分别为 4.91 m/s 和 4.71 m/s。图 6.67 所示为 $Z=700$ mm 处的侵入速度曲线，原模型的侵入速度峰值为 4.48 m/s；优化设计方案一减小为 4.25 m/s；优化设计方案二减小为 4.11 m/s。

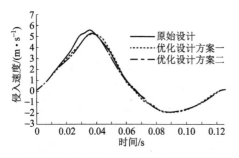

图 6.65　$Z=500$ mm 处侵入速度曲线　　图 6.66　$Z=600$ mm 处侵入速度曲线

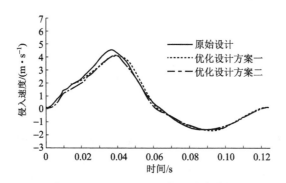

图 6.67　$Z=700$ mm 处侵入速度曲线

2. 总体评价

选择侧碰模型中与乘员胸部平齐的 3 个节点（$Z=500$ mm，600 mm，700 mm），读取这三个位置的侵入量峰值和侵入速度峰值，优化前后整车侧碰仿真分析数据汇总如表 6.19 所示。通过对比，方案一的侵入量峰值和侵入速度峰值都比原始设计略有减小，这表明方案一的抗撞性较原始设计没有下降。而通过优化方案一所得的外板质量为 4.77 kg，比原始设计的 5.856 kg 下降了 18.545%，轻量化效果明显，方案一基本实现了在确保侧面抗撞性不下降的前提下进行轻量化设计的目标。

方案二的优化目标是性能最优，优化后的外板质量比原始设计减轻

0.097 kg。从侵入量峰值和侵入速度峰值的数据来看，3 个测量点的侵入量峰值比原始设计和方案一明显减小，侵入速度峰值较原始设计也有所下降。优化方案二没有增加结构质量，但性能提升比较明显，实现了最初的优化目的。

表 6.19 整车侧碰仿真分析数据汇总

评价指标	测量位置	原始设计	方案一（质量最小）	方案二（性能最优）
侵入量峰值/mm	$Z=500$	189.28	185.82	178.08
	$Z=600$	170.28	169.27	160.05
	$Z=700$	148.91	143.27	134.25
侵入速度峰值/$(m \cdot s^{-1})$	$Z=500$	5.54	5.09	5.09
	$Z=600$	5.03	4.91	4.71
	$Z=700$	4.48	4.25	4.11
外板质量/kg		5.856	4.77	5.759

6.4.4 压−胶复合连接应用于车身前纵梁的吸能特性分析

1. 前纵梁的简化

对一般轿车车身而言，前纵梁一般位于发动机舱内部，前部连接碰撞吸能盒，后接中纵梁，起承载作用和安全保护作用。其由帽型钢和平板钢材通过电焊连接而成。截取前纵梁中形状较为规则的一段进行材料替换，其在车身的位置如图 6.68 所示。

应用中将帽型板件替换成铝合金 5052 材料，而平板则采用 Q235 钢板，替换材料后铝合金与钢板采取压−胶复合连接，组成单帽型钢铝混合前纵梁。建模时采用实体单元，才能将精确的仿真结果运用到车身连接上，以便进行下一步的仿真分析。由于压力连接过程涉及材料和网格的大变形问题，在网格划分中对局部区域进行细化，最后模型整体的网格数量十分庞大，从而导致仿真需要消耗大量的计算时间。前纵梁的结构一般比较复杂，在具体应用研究时，为提高计算效率、降低时间成本，有必要对前纵梁进行简化。截取前纵梁长度为 265 mm 的一段作为研究对象，其简化模型如图 6.69 所示。

钢铝混合型前纵梁采用压−胶复合连接，其板材及连接的相关尺寸如图 6.70 所示。图中小圆圈为压力连接点的位置，连接点之间的间距为 25 mm，而与边缘的距离为 20 mm；前纵梁为对称结构，左右两边各 10 个连接点。由于压力连接中模具需要一定的作业空间，被连接件的法兰位置需预留足够的宽度，设计时将帽型板两边预留 28 mm。

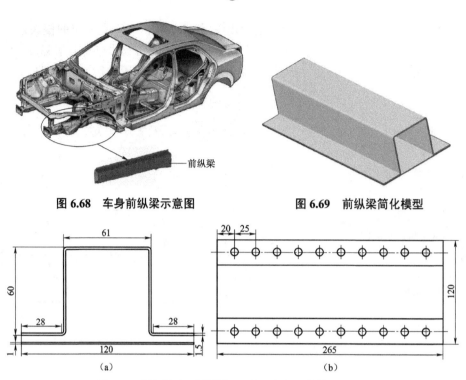

图 6.68 车身前纵梁示意图

图 6.69 前纵梁简化模型

图 6.70 钢铝混合型前纵梁尺寸示意图（单位：mm）

（a）截面图；（b）俯视图

2. 有限元模型建立

由于简化后前纵梁的形状具有左右对称性，为减少计算成本，选用其二分之一的模型进行有限元建模和计算。为了做准静态压缩的对比分析，同时建立钢铝混合帽型前纵梁模型和钢质帽型前纵梁的有限元模型，如图 6.71 所示。

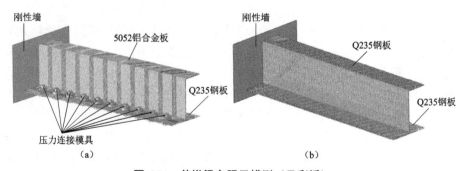

图 6.71 前纵梁有限元模型（见彩插）

（a）钢铝混合前纵梁；（b）钢制前纵梁

其中，图 6.71（a）所示为钢铝材料混合帽型前纵梁接头，帽型铝合金板和平面钢板通过压-胶复合连接而形成具有承载能力的结构。由于涉及压力连接，在接头区域对网格进行细化，采用三维实体单元 C3D8R，整个模型单元数量和节点数量分别为 432 148 和 532 257；胶层已在建模时创建，位于两板接触面间，根据之前的优化结果将其厚度设为 0.15 mm；整个仿真分为 4 个分析步，第一至第三步分别为压力连接的冲压成形、移除凸模、移除凹模和压边圈；第四步则为碰撞仿真模拟，设置为前纵梁末端施加固定约束，刚性墙匀速沿 x 轴方向压缩前纵梁。

图 6.71（b）所示为钢制车身前纵梁的仿真模型，为便于比较，其尺寸与钢铝混合前纵梁基本相同，不同的是帽型板采用 1 mm 厚的 Q235 钢材，两板间的焊点用刚性连接进行模拟；模型单元数和节点数分别为 42 480 和 65 148；仿真中只有一个碰撞的分析步，即刚性墙匀速压前纵梁。两种前纵梁模型的压缩距离均为 135 mm。

3. 前纵梁吸能性准静态仿真分析

钢铝混合前纵梁的压溃过程仿真如图 6.72 所示，其中上为正视图，下为侧视图。为便于观察，将计算结果作镜像对称处理，还原完整的模型。随着刚性墙挤压前纵梁，靠近接触部位的材料率先发生变形。结合主视图和侧视图可以看出，整个压缩过程中帽型铝板和平面钢板均为叠缩变形，两板未脱离分开，表明该结构能很好地吸收外力做功的能量；压溃过程中前纵梁的应力集中现象不是很明显，应力峰值仅在极少部位出现。从侧视图还可以看出，压缩过程中压力连接接头基本没有发生失效，能很好地连接钢铝板，使两板在压缩过程中一起沿轴线叠缩变形。

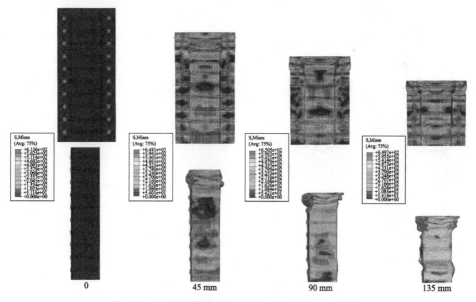

图 6.72　钢铝混合前纵梁压溃过程仿真（见彩插）

压溃过程中胶层不断发生失效，胶层失效随压缩距离的变化关系如图 6.73 所示。可以看出，随着刚性墙对前纵梁的压缩，胶层单元迅速发生破坏失效，当压缩距离为 56 mm 时，胶层已经几乎完全失效。这意味着黏结剂已不再发挥连接作用，而之后起连接作用的是压力连接的接头。从这方面也可以看出，压–胶复合连接比起单独的胶接或压力连接具有更高的安全性。

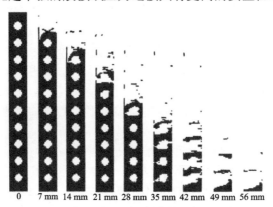

图 6.73　钢铝混合前纵梁的胶层失效过程（见彩插）

钢制前纵梁准静态压溃过程仿真如图 6.74 所示。压溃过程中，前纵梁在靠近刚性墙的位置率先发生变形，由于是刚性连接进行模拟，连接部位未发生失效现象；整个压缩过程钢板材料均能很好地沿轴向进行叠缩变形，吸收外力做功的能量；压溃过程中，板材大变形区域应力较大，会加速前纵梁的破坏。

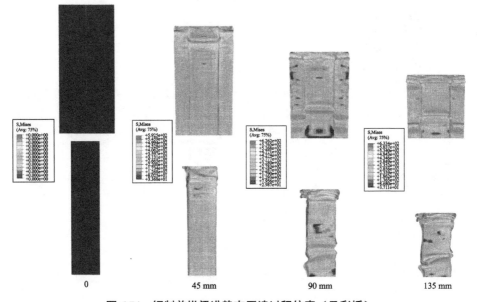

图 6.74　钢制前纵梁准静态压溃过程仿真（见彩插）

两种不同结构的前纵梁压溃过程的位移–载荷曲线对比如图 6.75 所示。从曲线图可以看出,钢铝混合型前纵梁在压溃过程中峰值载荷要比钢制前纵梁小,并且载荷的波动更小。

两种不同结构的前纵梁的吸能量对比如图 6.76 所示。钢制前纵梁由于在压溃刚开始时载荷值较高,因此吸能量也较大;随着压缩过程的推进,两种前纵梁的吸能量均稳步逐渐上升,最终钢铝混合型前纵梁的吸收能量略微超过了钢制前纵梁。

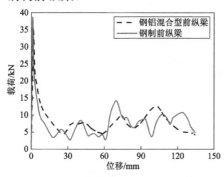
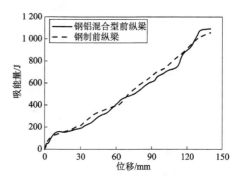

图 6.75　两种前纵梁结构压溃位移–载荷曲线　　图 6.76　两种前纵梁结构压溃过程的吸能量

两种不同形式的前纵梁结构在准静态压溃中表现出各自的特点,二者的对比如表 6.20 所示。其中,采用压–胶复合连接的钢铝混合型前纵梁具有独特的吸能性表现,该结构质量较钢制前纵梁减小了 31.6%,而在压缩 135 mm 过程中吸能量却提升了 3.36%,比吸能提高了 51.07%;同时,钢铝混合型前纵梁的峰值载荷较小,而平均载荷则较高,说明其载荷效果更好。可见钢铝混合型前纵梁在吸能方面具有明显的优势。

表 6.20　两种前纵梁压溃过程吸能特性对比

类型	质量/kg	峰值载荷 F_{max}/kN	平均载荷 F_{mean}/kN	吸能量 E/J	比吸能 E_s/(J·kg^{-1})
钢铝混合型前纵梁	0.494	35.62	8.08	1 091.10	2 208.70
钢制前纵梁	0.722	38.77	7.82	1 055.61	1 462.06

4. 不同连接方式钢铝混合型前纵梁的压溃过程比较

前面的分析已经得知钢铝混合型前纵梁在压溃过程中具有良好的吸能性,而其连接方式在其中也起到了重要作用。为了解压–胶复合连接相比于单独压力连接和胶接的连接效果,分别建立同等条件下单独采用压力连接和胶接的钢铝混合型前纵梁。同时,建立钢铝的理想连接模型,即用刚性连接来模拟钢铝板之间的连接，通过比较得出实际采用的连接方式与理想连接方式之间的差距。采用各种连接方式的压溃过程仿真方法与上一节相同，压溃距离均为 135 mm。不同连接方式的钢铝混合型前纵梁压溃过程分别如图 6.77 所示。

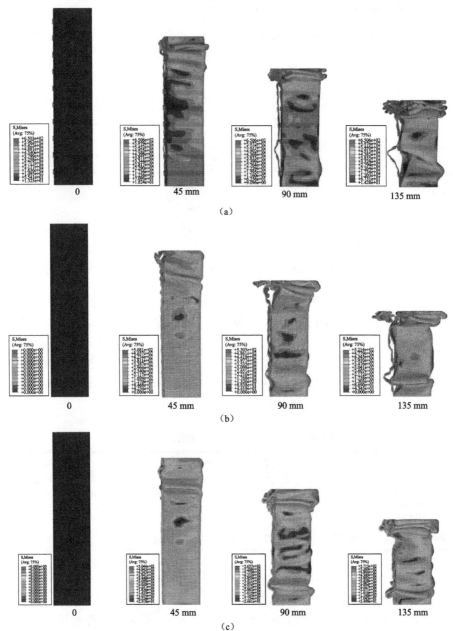

图 6.77　不同连接方式钢铝混合型前纵梁压溃过程（见彩插）
（a）压力连接方式；（b）胶接方式；（c）理想（刚性）连接方式

如图 6.77（a）所示，钢铝混合型前纵梁单独采用压力连接时，压溃过程中接头比较容易失效。当压缩至 90 mm 时，大部分接头均已失效，而压缩至 135 mm 时，钢铝板在底部区域已经明显脱离。整个压溃过程只有帽型铝合金板保持较好的叠缩变形，钢板的变形情况并不理想。

图 6.77（b）所示为采取胶接方式的钢铝混合型前纵梁。压溃过程中，由于胶层较早失效，钢铝板在压缩至 45 mm 之前已经发生脱离，而后这种趋势不断变大。最终钢铝板均未能很好地发生叠缩变形，达不到理想的吸能效果。

图 6.77（c）所示为理想连接方式，钢铝在连接区域始终相连，连接不会失效。在压溃过程中，钢铝板能较好地发生叠缩变形，整体应力分布较为均匀。由于实际中并不存在这样一种理想的方式，因此仅作为对比参照。

采用不同连接方式的钢铝混合型前纵梁在压溃过程中的位移–载荷曲线对比如图 6.78 所示。采用不同连接方式的钢铝混合型前纵梁在压溃过程中的载荷波动趋势基本一致，而采用压–胶复合连接的模型其载荷波动情况则与理想连接模型最为接近。单独采用胶接方案的前纵梁由于压溃过程中钢铝板较早发生脱离，后续压溃过程钢板的叠缩变形不明显，因此载荷明显低于其他连接方式。

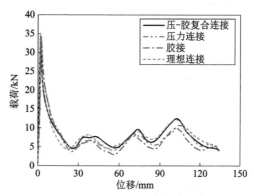

图 6.78　不同连接方式的钢铝混合型前纵梁压溃位移–载荷曲线

不同连接方式的钢铝混合型前纵梁压溃过程的吸能量对比如图 6.79 所示。压溃过程的初始阶段，各种连接方式的吸能效果均相当，而在压缩距离超过 40 mm 后逐渐产生差异；单独采用胶接的情况，由于钢板过早脱离使得其变形情况不理想，降低了结构件的吸能效果，而压力连接则稍微好些。总体而言，压–胶复合连接方式的吸能特性与理想连接最为接近，吸能效果最佳。

不同连接方式的钢铝混合型前纵梁压溃吸能特性对比如

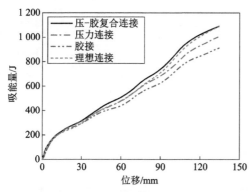

图 6.79　不同连接方式的钢铝混合型前纵梁的吸能量

表 6.21 所示。由于各种连接方式均采用相同的材料和结构，因此结构质量差距微小。在前纵梁的压溃过程中，综合峰值载荷、平均载荷、吸能量以及比吸能的情况，压−胶复合连接与理想连接的情况最为接近，且总吸能量最大。因此，相比于单独的压力连接和胶接，采取压−胶复合连接方式的前纵梁具有更好的吸能特性。

表 6.21　不同连接方式的钢铝混合型前纵梁压溃吸能特性对比

连接类型	质量/kg	峰值载荷 F_{max}/kN	平均载荷 F_{mean}/kN	吸能量 E/J	比吸能 E_s/(J·kg^{-1})
压−胶复合连接	0.494	35.62	8.08	1 091.10	2 208.70
压力连接	0.490	34.76	7.45	1 005.50	2 052.04
胶接	0.494	34.64	6.74	910.54	1 843.20
理想连接	0.490	35.28	8.06	1 088.14	2 220.69

第 7 章

面向零部件可靠性的汽车轻量化设计方法

7.1 汽车零部件可靠性优化设计的重要性

20世纪80年代以来,在机械设计领域出现了不少现代设计方法及相应的科学,目前计算机辅助设计、优化设计以及可靠性设计无论是在理论上还是方法上都达到了一定的水平,并在应用中取得了一定的经济效益。这些设计理论及设计方法的出现,对整个机械设计领域产生了很大影响,使过去许多难以解决的设计课题获得了重大突破,掀起了一场机械设计理论与方法的重大变革,引起业内研究人员的广泛重视。但是无论是单方面的可靠性设计还是优化设计,都不能发挥可靠性设计与优化设计的巨大潜力。一方面是因为结构优化设计并不一定包含可靠性设计。例如,一些零部件的耐撞性优化设计,优化设计后的零件一定满足耐撞性能,但不一定满足它的可靠性,即并不能保证它在规定的条件下和规定的时间内完成规定的功能,有些甚至发生故障和事故,造成严重后果和损失。另一方面是因为机械可靠性设计有时并不等于优化设计。例如,一个零部件在经过可靠性设计后,并不能保证它的工作性能或参数就一定具有最佳状态。因此,要想设计的汽车零部件既具有足够的可靠度,又具有最佳的工作性能和参数,就必须将零部件可靠性设计和优化设计集合起来,研究满足零部件可靠性的结构设计方法,即机械可靠性优化设计。

从20世纪60年代开始,优化技术与可靠性技术逐渐向机械工程渗透,最初只是应用在航空航天领域的大型成套设备以及关键零部件的研制中。目前,优化和可靠性技术在机械工程中的应用已深入结构设计、强度与寿命分析、选材与工艺和失效分析等各个领域中。如果在零部件工程设计阶段应用可靠性与最优化设计技术，并规定明确的技术经济性与可靠性指标，即可获得产品的最佳可靠性设计。显然，产品的最佳可靠性问题会直接影响到国家资源与能源的合理利用。因为最佳可靠性优化设计可以得到体积小、质量小、节省材料和加工时间并具有合理可靠度的产品，所以零部件的可靠性优化设计对整个国家的经济发展具有重要意义。

7.2　汽车零部件可靠性基本概念

7.2.1　可靠性的概念

评价机械产品的质量好坏，可以从技术性能、经济指标和可靠性三方面来考虑。机械产品的技术性能，包括产品的功能、制造和运行状况等性能，例如，汽车的载重量和耗油量，动力电池的容量、续航里程和循环使用次数等。经济指标是指机械产品在科研、设计、制造及运行中的费用，如研制投资费用、使用维修费用等。可靠性是指产品在规定的条件下和规定的时间内完成规定功能的能力。这里的产品，可以是一个汽车零件，也可以是由许多零件装配而成的总成。产品的可靠性，就是研究产品在各种因素作用下的安全问题，是衡量产品质量的一个重要指标。它的内容包括产品的安全性、适用性、耐久性、可维修性及其组合。在实际应用中，为了定量地进行分析计算，给出可靠性的数量指标，引入了可靠度的概念，即产品在规定条件下和规定时间内，完成规定功能的概率。有时，为了计算方便，把可靠度定义为在某个寿命跨度上，产品实际上将留存的概率。根据这一定义，可靠性包含以下 4 个基本要素。

1. 规定的条件

规定的条件是指产品所处的外部环境条件，诸如运输条件、储存条件和使用时的环境条件，如载荷、温度、压力、湿度、烟雾、辐射、振动、冲击、噪声、磨损、腐蚀、周围介质，等等。此外，使用方法、维修方法、操作人员的技术水平等对设备或系统的可靠性也有很大影响。同一种机械产品，在不同的外部环境条件下，其可靠性可能全然不同。例如，汽车动力电池总成，在常温常湿等正常条件下，可靠性会很高，但在极端气候条件下，由于尘烟及温度、湿度的影响，其可靠性要比正常条件下的可靠性低。

2. 规定的时间

机械产品的可靠性明显与时间有关，可靠度是时间性的质量指标。时间随所研究的对象而有所不同，有的在几分钟或几秒钟之内，如导弹弹体产品系统；

有的是几年、几十年或者更长的时间，如一些工业及民用建筑产品。这种时间称为产品的有效时间或使用时间，一般在设计时就予以确定，超出了这个时间，产品的可靠性会降低到规定的标准以下，不宜继续使用，或者再谈论产品的可靠性问题就没有意义了。也就是说，产品只能在一定的时间范围内达到目标可靠度，不可能永远保持目标可靠度而不降低。例如，汽车动力电池，若动力电池的设计寿命是 5 年，那么就没有必要去关心 5 年以后电池的可靠性问题。因此，对时间的规定一定要明确。这里的时间是广义的，根据产品的不同，定义中的时间概念可以用周期、应力循环次数、转数或里程数等相当于时间的量，或其他相当于时间的单位来代替。

3. 规定的功能

在设计或制造任何一种产品时，都赋予它一定的功能。例如，桥梁的功能是保证车辆、行人安全通行；机床的功能是进行机械加工；导弹弹体的功能是将导弹各部分有机地联系在一起，承受运输、发射和飞行中的各种载荷。有些产品，可能会有多种功能。产品可靠性所研究的正是这些规定功能的实现情况。在可靠度的计算中，用概率将这种功能的实现情况定量地表示出来，这就隐含着所规定的产品功能可能会实现，也可能不会实现。也就是说，允许失效或者故障发生。可靠和失效是一个统一体内存在着的事物的两个方面，在估算产品的可靠性时，必须对产品失效有充分的了解。失效（故障）的概念是"产品丧失规定的功能，对可修复产品通常也称为故障"。由于规定的功能与失效密切相关，那么为了正确判断产品是否失效，合理地确定失效判据是非常重要的。功能有主次之分，故障也有主次之分，次要的故障不影响主要功能，因而也不影响可靠性。例如，在一个复杂的设备中，如有一个对全局无大影响的零件损坏了，设备勉强可以运行，这样就设备而言，就可以不算是故障。但是，有时动作不稳或性能下降也构成故障，如大型设备的保护装置，如果响应缓慢就会引起主体设备的损坏，因而是不允许的。

4. 概率

概率是故障和失效可能性的定量度量，其值为 0～1，如可靠度为 99.9%或 99.99%等。作为可靠性量度的概率（即可靠度）是条件概率，而且是在一定的置信度下的条件概率。所谓置信度，是指所求得的可靠度在多大程度上是可信的。进行产品可靠性分析的目的，就是将产品可靠性或失效可能性的大小用概率定量地表示出来，以保证产品具有足够的安全水平。由于把抽象的可靠性用概率形式表示后，在技术上有了衡量可靠性程度的统一明确的尺度，使产品的可靠程度的测量、比较、选择、保证和管理等有了基础。

7.2.2 可靠性的尺度

可靠性在工程上应用时，需要用数字来表示。衡量可靠性的尺度有多种，如可靠度、失效率、平均寿命、维修度、有效度、重要度、可靠寿命和经济指标，等等。可靠度可以用来量度产品的可靠性，但并不是在任何情况下都采用可靠度作为可靠性尺度。实际上，还有一些其他的可靠性尺度，在不同的场合，应当根据不同的目的，采用不同的可靠性尺度。常用的可靠性尺度即可靠度。可靠度是度量产品可靠性最重要的定量指标。可靠度是产品在规定的条件下和规定的时间内完成规定功能的概率，一般用符号 R 表示。由于可靠度常是时间的函数，所以表示为 $R(t)$。又因可靠度用概率表示，故其取值范围为 $0<R(t)<1$。

如果用随机变量 T 表示产品从开始工作到发生失效或故障的时间，其概率密度为 $f(t)$，又用 t 表示某一指定时刻，则产品在该时刻的可靠度为

$$R(t) = p(T>t) = \int_t^\infty f(\zeta)\,\mathrm{d}\zeta \qquad (7.1)$$

与可靠度 $R(t)$ 对立的事件是不可靠度或失效率 $F(t)$，可以表示为

$$F(t) = p(T<t) = \int_0^t f(\zeta)\,\mathrm{d}\zeta \qquad (7.2)$$

应该指出，上面定义的可靠度是指产品在没有任何干预的条件下，连续保持其工作能力的概率。换言之，在评价产品的可靠度时，所研究的是产品的规定功能是否终止这一事件，而并未考虑为恢复产品丧失的工作能力所需要的时间及相应的措施，即不考虑修理或更换零件。这里所指的产品包括系统、机器和零部件。对于汽车零部件，可靠度就是可靠性的定量指标，并且认为零件发生故障后就失效报废，换上的是新零件；如果发生故障后经过修理又具有原有的功能，则从可靠性的观点来看，修复的零件相当于一个新零件，它又可以概率 R 工作到规定的时间 $t=T$。但是，对于复杂产品，诸如汽车以及变速器等机器设备和部件，不会因出现故障就立即报废，而是经过修复可继续使用，并且认为如果不采取维修手段来恢复使用过程中丧失了的工作能力，产品是不可能长期工作的。因此，对于机器及复杂部件的可靠性，除了用可靠度来衡量产品在规定时间内（如在一个修理周期内）的无故障工作概率外，还应考虑通过维修方法来恢复和保持产品工作能力这一特点。因此，在讨论机器在整个使用期内的可靠性时，还应考虑到维修性。

7.2.3 可靠性的分类

由于可靠性学科的迅速发展，各类可靠性术语大量涌现。现分类说明如下：根据产品失效方式对可靠性进行命名，有设计可靠性、制造可靠性、使用可靠

性、人的"可靠性"和人-机系统可靠性、参数可靠性等。

在产品设计阶段,根据可靠性的基本计算公式,由分析计算预测出的产品可靠性称为设计可靠性,有时亦称为固有可靠性。在进行这种可靠性的分析计算时,既要考虑到产品未来工作的实际情况,也要考虑到它的生产制造和使用维修等条件。但在分析计算时所考虑的只是客观真实现象的一种简化模式,真实情况要比设想的复杂得多。用数学公式表达的这种简化模式,必然会使分析计算带来误差。

在设计阶段,分析计算中所用的一部分数据是根据过去类似产品所确定的。这种数据与设计中的产品的真实数据会有差别,不可避免地会导致计算误差。因此,设计可靠性只是用来实现产品可靠性的一种近似表达。

制造可靠性与设计可靠性的区别在于,实际加工和装配过程产生的可靠性与计划中拟定的可靠性的差别,产品规格的实际概率特征与设计时分析计算所用的概率特征的差别,实际产品尺寸与图面上标定尺寸的差别等。在估计产品制造可靠性时,应充分考虑这些差别。如果设计中拟定的产品在制造时得到了完全的实现,则制造可靠性与设计可靠性相同。使用可靠性既不同于设计可靠性,又不同于制造可靠性。因为设计时总是考虑最严重的情况,所以产品实际使用条件不可能与设计时分析计算可靠性所设想的条件完全一致;制造过程中,产品材料要受到加工作用,加工出产品的材料特性与原始材料的特性会有差别,制造出的产品储存日期也不一定与设计时预想的日期相符等。一般来说,只有在设计出的产品投入使用时,才可能获得产品可靠性更准确的数据。

人的"可靠性"是在人-机系统中,系统成功地执行功能的概率。实践表明,产品的许多失效都与产品在使用前的准备阶段和使用过程中人的错误有关。在计算人-机系统可靠性时,不但要考虑产品本身的可靠性,而且必须考虑在准备阶段和使用阶段导致产品失效的人为错误。所出现的错误量与产品的复杂程度,使用人员所处的环境条件,人员的技术水平、熟练程度、精神状态等因素有关。关于人的错误,在设计阶段进行可靠性分析计算时,可根据过去产品的使用情况,用几个统计参数表示出来。当然,更准确的数据,只有在考察大批投入使用的产品后才能得到。与诸如加速度、速度、角度、变形、应力等这样一些参数的实现水平有关的可靠性称为参数可靠性。根据产品出现的某种极限状态对可靠性进行命名,有强度可靠性、刚度可靠性、稳定性可靠性、疲劳强度可靠性、耐久强度可靠性、蠕变可靠性、声强度可靠性、密封性可靠性等。这些可靠性的概念比较容易理解,例如密封性可靠性可以描述为对一些密封性要求特别高的产品(诸如航天飞机和潜艇等),密封性遭到破坏会影响到整个产品的安全性。

各种产品的使用寿命都是有限的,其在使用中会不断磨损、产生裂纹或老化,以致发生故障。发生故障的产品有两种情形:一种是产品发生故障后就报废;另一种是发生故障后还可以修复,继续使用。前者称为不可修复品,后者称为可修复品。一般将不可修复品的可靠性称为狭义可靠性,将可修复品的可靠性称为广义可靠性。

7.2.4 可靠度和失效率的计算

1. 可靠度

可靠度函数表示为式(7.1),失效率的类及分布函数 $F(t)$ 是 $R(t)$ 的补集,即

$$F(t) + R(t) = 1 \tag{7.3}$$

式(7.3)可改写成

$$R(t) = 1 - F(t) = 1 - \int_0^t f(\zeta) \mathrm{d}\zeta \tag{7.4}$$

将式(7.4)对 t 求导,得到

$$\frac{\mathrm{d}R(t)}{\mathrm{d}t} = -f(t) \tag{7.5}$$

如果失效前时间的分布是参数为 λ 的指数分布,那么

$$f(t) = \lambda \mathrm{e}^{-\lambda t} \tag{7.6}$$

那么其可靠度函数是

$$R(t) = 1 - \int_0^t \lambda \mathrm{e}^{-\lambda \zeta} \mathrm{d}\zeta = \mathrm{e}^{-\lambda t} \tag{7.7}$$

由式(7.7),可以用一个组件的可靠度函数表示其在时间段 $[t_1, t_2]$ 内出现失效的概率,即

$$\int_{t_1}^{t_2} f(t) \mathrm{d}t = R(t_1) - R(t_2) \tag{7.8}$$

在 $[t_1, t_2]$ 区间内定义失效率,表示在此区间内发生失效的概率,并且在 t_1 之前失效没有发生。失效率可以表示为

$$\frac{R(t_1) - R(t_2)}{(t_2 - t_1)R(t_1)} \tag{7.9}$$

如果用 t 代替 t_1,用 $t + \Delta t$ 代替 t_2,那么式(7.9)可以重写为

$$\frac{R(t) - R(t + \Delta t)}{\Delta t R(t)} \tag{7.10}$$

失效率函数定义为当 Δt 趋近于 0 时失效率的极限,可表示为

$$h(t) = \lim_{\Delta t \to 0} \frac{R(t) - R(t + \Delta t)}{\Delta t R(t)} = \frac{1}{R(t)} \left[-\frac{\mathrm{d}R(t)}{\mathrm{d}t} \right] \tag{7.11}$$

或者

$$h(t) = \frac{f(t)}{R(t)}$$

由式（7.5）和式（7.11）可以得出

$$F(t) = \exp\left[-\int_0^t h(\zeta)\mathrm{d}\zeta\right] \tag{7.12}$$

$$R(t) = 1 - \int_0^t f(\zeta)\mathrm{d}\zeta \tag{7.13}$$

$$h(t) = \frac{f(t)}{R(t)} \tag{7.14}$$

式（7.5）、式（7.12）、式（7.13）、式（7.14）是关于 $f(t)$、$F(t)$、$R(t)$ 和 $h(t)$ 的重要公式。

2. 失效率函数

失效率是一个关于时间的函数，下面描述几种常见的失效时间分布。

1）恒定失效率

许多电子器件，如晶体管、电阻器、集成电路和电容器，在使用期间都会表现出恒定失效率。恒定失效率函数 $h(t)$ 的表达式为

$$h(t) = \lambda \tag{7.15}$$

式中，λ 为常数。

概率密度函数 $f(t)$ 可以由式（7.14）得到：

$$f(t) = h(t)\exp\left[-\int_0^t h(\zeta)\mathrm{d}\zeta\right] \tag{7.16}$$

$$f(t) = \lambda \mathrm{e}^{-\lambda t} \tag{7.17}$$

$$F(t) = \int_0^t \lambda \mathrm{e}^{-\lambda \zeta}\mathrm{d}\zeta = 1 - \mathrm{e}^{-\lambda t} \tag{7.18}$$

可靠度函数 $R(t)$ 为

$$R(t) = 1 - \int_0^t \lambda \mathrm{e}^{-\lambda \zeta}\mathrm{d}\zeta = \mathrm{e}^{-\lambda t} \tag{7.19}$$

2）线性增长失效率

一个器件处于耗损阶段或处于退化条件下，失效率会呈现增长趋势。大多数机械部件，如转轴等会因为磨损使失效率线性增长；橡胶支架等部件会由于性能退化呈现线性增长的失效率。当失效率呈线性增长时，失效率函数表达式为

$$h(t) = \lambda t \tag{7.20}$$

式中，λ 为常数。

概率密度函数 $f(t)$ 是一个瑞利分布，表达式为

$$f(t) = \lambda t e^{-\lambda \frac{t^2}{2}} \tag{7.21}$$

于是

$$F(t) = 1 - e^{-\lambda \frac{t^2}{2}} \tag{7.22}$$

可靠度函数是

$$R(t) = e^{-\lambda \frac{t^2}{2}} \tag{7.23}$$

3）威布尔分布模型

威布尔分布模型是一种非线性模型，常用于失效率函数不随时间呈线性变化的情况，这种条件下的一种典型失效率函数表达式为

$$h(t) = \frac{\gamma}{\theta} \left(\frac{t}{\theta}\right)^{\gamma-1} \tag{7.24}$$

威布尔分布模型的概率密度函数 $f(t)$ 为

$$f(t) = \frac{\gamma}{\theta} \left(\frac{t}{\theta}\right)^{\gamma-1} e^{-\left(\frac{t}{\theta}\right)^{\gamma}} \tag{7.25}$$

式中，θ 和 γ 为正数，分别称为特征寿命和分布形状参数。

当 $\gamma=1$ 时，$f(t)$ 变为指数密度函数；当 $\gamma=2$ 时，$f(t)$ 变为瑞利分布。如果 γ 选择合适的取值，威布尔分布模型的概率密度函数和正态分布非常接近。

于是

$$F(t) = 1 - e^{-\left(\frac{t}{\theta}\right)^{\gamma}} \tag{7.26}$$

可靠度函数是

$$R(t) = e^{-\left(\frac{t}{\theta}\right)^{\gamma}} \tag{7.27}$$

威布尔分布广泛用于可靠度的建模，而其他的方法如指数分布、瑞利分布和正态分布都是威布尔分布的特殊形式。

4）指数分布模型

指数分布和威布尔分布紧密相关，它适用于失效率函数初始是常数然后随时间迅速上升的情况。指数分布用于描述器件在正常使用条件下正常工作，但在遇到极端条件时由次要因素（如过热）引起的失效。其失效率函数、失效时间密度函数和可靠度函数分别为

$$h(t) = be^{\alpha t} \tag{7.28}$$

$$f(t) = be^{\alpha t} e^{-\frac{b}{\alpha}(e^{\alpha t}-1)} \tag{7.29}$$

$$R(t) = e^{-\frac{b}{\alpha}(e^{\alpha t}-1)} \tag{7.30}$$

式中，b 为常数，e^{α} 表示单位时间内失效率的增长。

5）正态分布模型

实践中，很多零件的失效时间服从正态分布。例如，大多数机械零件承受周期循环载荷时，如疲劳试验，会呈现出正态分布的失效率。和其他连续的概率分布不同，正态分布的可靠度函数和失效率函数都没有封闭的表达式。零件的累积分布函数为

$$F(t) = P[T \leqslant t] = \int_{-\infty}^{t} \frac{1}{\sigma\sqrt{2\pi}} \exp\left[-\frac{1}{2}\left(\frac{\tau-\mu}{\sigma}\right)^2\right] d\tau \tag{7.31}$$

$$R(t) = 1 - F(t) \tag{7.32}$$

式中，μ 和 σ 为分布的均值和标准偏差。

正态分布的概率密度函数是

$$f(t) = \frac{1}{\sigma\sqrt{2\pi}} e^{-\frac{(t-\mu)^2}{2\sigma^2}} \quad (-\infty < t < \infty) \tag{7.33}$$

3. 离散概率分布

前面讨论的可靠度是关于时间的连续函数，但是有一些系统或元件并不是一直使用的，而是按需使用，如导弹平时都存放起来，有任务需要才会使用。同样，还有一些系统循环运转，这里关心的是失效前的循环数。在这种情况下，可靠度和系统行为通常用离散可靠度分布来描述。下面将简要介绍相关的可靠度建模分布。

1）几何分布

几何分布体现了指数分布的无记忆性，系统每个事件的失效率都相互独立且等于 p。换言之，失效率是常数或 $P(K>i+k|k>i) = P(K>k)$。失效率、可靠度和失效函数分别为

$$p(k) = p(1-p)^{k-1} \tag{7.34}$$

$$R(k) = (1-p)^k \tag{7.35}$$

$$h(k) = \frac{p}{1-p} \tag{7.36}$$

离散可靠度还用于为系统可靠度建模，如对于一个四发动机的飞机，其可靠度定义为至少两个发动机正常工作。

2）二项式分布

以下系统的可靠度定义为在其 n 个组件中有至少 k 个组件正常工作的概率，如某线束中线的根数，这种情况可以用二项式分布来描述。令 p 为一个组件正常工作的概率，n 为组件总数，k 为系统正常工作所需的最少正常工作组件数，则 k 个组件正常工作的概率为

$$f(k) = \frac{n!}{k!(n-k)!} p^k q^{n-k} \quad (k=0,1,\cdots,n;\ q=1-p) \tag{7.37}$$

$$R = \sum_{i=k}^{n} \frac{n!}{i!(n-i)!} p^i q^{n-i} \tag{7.38}$$

分布的期望为

$$E(k) = \sum_{k=1}^{n} \left[\frac{kn!}{k(k-1)!(n-k)!} p^k q^{n-k} \right] = np \tag{7.39}$$

方差为

$$V(k) = E(k^2) - [E(k)]^2 = n^2 p^2 + np(1-p) - (np)^2 = np(1-p) \tag{7.40}$$

3）泊松分布

泊松分布描述了一个事件在时刻 t 发生的概率。这个事件可能表示生产过程中的缺陷数，也可能表示多个元件组成的系统的失效数。泊松分布是基于二项分布推导的，令 $p = \dfrac{\lambda}{n}$，当 $n \to \infty$ 时，取二项分布的极限。将 $p = \dfrac{\lambda}{n}$ 代入二项式分布

$$P(k) = \frac{n!}{k!(n-k)!} p^k q^{n-k} = \frac{n!}{k!(n-k)!} \left(\frac{\lambda}{n}\right)^k \left(1 - \frac{\lambda}{n}\right)^{n-k} \tag{7.41}$$

令 $n \to \infty$，取极限，化简得

$$\lim_{n \to \infty} P(k) = \frac{\lambda^k}{k!} \lim_{n \to \infty} \left(1 - \frac{\lambda}{n}\right)^n = \frac{e^{-\lambda} \lambda^k}{k!} \quad (k=0,1,2\cdots) \tag{7.42}$$

则泊松分布的概率函数为

$$f(k) = \frac{e^{-\lambda} \lambda^k}{k!} \quad (k=0,1,2\cdots) \tag{7.43}$$

期望为

$$E(k) = \sum_{k=0}^{\infty} k \left(\frac{e^{-\lambda} \lambda^k}{k!} \right) = \lambda \tag{7.44}$$

方差为

$$V(k) = \lambda \tag{7.45}$$

7.2.5 平均首次故障时间

衡量系统可靠度的一个标准是平均首次故障时间（Mean Time To Failure，MTTF）。要避免把平均首次故障时间和平均故障间隔时间（Mean Time Between Failure，MTBF）混淆。当系统不可修复时，把两次连续故障发生的时间间隔称为 MTTF；若系统可修复，则两次连续故障发生的时间间隔称为 MTBF。

$$\mathrm{MTTF} = \int_0^\infty R(t)\mathrm{d}t \tag{7.46}$$

对于恒定失效率模型

$$\mathrm{MTTF} = \int_0^\infty R(t)\mathrm{d}t = \frac{1}{\lambda} \tag{7.47}$$

对于线性增长失效率模型

$$\mathrm{MTTF} = \int_0^\infty R(t)\mathrm{d}t = \sqrt{\frac{\pi}{2\lambda}} \tag{7.48}$$

同理，对于威布尔分布模型

$$\mathrm{MTTF} = \int_0^\infty R(t)\mathrm{d}t = \theta \Gamma\left(1 + \frac{1}{\gamma}\right) \tag{7.49}$$

7.2.6 平均剩余寿命

衡量零部件或系统可靠度的一个特征是平均剩余寿命（Mean Residual Life，MRL），其定义为

$$L(t) = E[T - t | T \geqslant t] \quad (t \geqslant 0) \tag{7.50}$$

换言之，平均剩余寿命是零部件或系统正常工作至时间 t 时，所期望的剩余寿命 $T-t$，因此推导得

$$L(t) = \frac{1}{R(t)} \int_0^\infty \tau f(\tau)\mathrm{d}\tau - t \tag{7.51}$$

7.3 满足零部件可靠性的结构优化设计

满足零部件可靠性的结构优化设计是在满足零部件可靠性的基础上进行零部件的结构优化设计，即把机械零部件的可靠度要求与优化问题中的约束条件或者目标函数相结合，应用优化方法得出零部件参数的最优解，以便更好地达到预先确定的目标，进而保证产品的经济效益和工作时的安全可靠。

目前，关于汽车零部件的可靠性优化设计主要集中在两个方面：一是基于可靠性相关原理，把可靠性目标作为约束条件，把产品质量作为优化目标的设计方法，这种方法可信度高、效果好，但对于复杂零部件往往很难确定其优化数学模型；二是利用目前较成熟的有限元结构优化设计方法，结合零部件的工程设计经验，先进行零部件的轻量化设计，然后对优化后的结果进行可靠性验证。这种方法设计周期长，优化效果并不一定是最优的，但是对一些比较复杂的零部件往往能达到较好的优化效果。下面结合一些实例，简单阐述这两种可靠性优化设计方法。

7.3.1 基于"约束法"的可靠性优化设计

1."约束法"可靠性优化设计内容

在基于"约束法"的机械零部件可靠性优化问题中，一般包含3个方面的内容，即质量（重量）、成本和可靠度，并以此来确定优化的目标函数和约束条件。对于可靠性最优的机械零部件，就是在给定机械零部件布局和机械零部件可靠度的情况下，机械零部件有最小质量或最小成本。这时以机械零部件成本或机械零部件质量作为目标函数，以机械零部件可靠度或失效概率作为约束条件。其也等价于这样的问题：在可靠性意义上最优的机械零部件是在给定的机械零部件质量或成本之下，机械零部件有最大可靠度或最小失效概率。更具体地说，可以这样来确定机械零部件可靠性优化任务：根据已知的作用在机械零部件上的外载荷，确定机械零部件的设计参数和机械零部件的可靠度，或者确定机械零部件的布局。这意味着在外载荷作用下，机械零部件有最合理的布局或者最合理的外形尺寸，而根据这种布局或外形尺寸，机械零部件的质量或成本应当最小。

给出目标函数和约束条件之后，能够用不同的方法实现机械零部件可靠性优化。现行的优化方法分为两类，即准则法和数学规划法。准则法是从所设计的问题中找出一种具有物理意义的最优性准则的方法，例如对机械零部件进行尺寸优化时，优化准则代表对任一元件满足此准则时需各元件增加单位质量引起的机械零部件可靠度增量为常数，而此时分析确定的机械零部件可靠度应近似等于设计要求该机械零部件应有的可靠度，即此时再进一步调整元件间尺寸不会带来好处。这种方法的好处是能够处理很大数量的设计变量，收敛也快。有时对于许多机械零部件可靠性优化的具体问题，往往找不到调优的物理准则，这时就可以采用数学规划法。现行机械零部件可靠性优化的方法多为数学规划法。根据机械零部件可靠性优化的3项标准，即可靠度R或失效概率P、机械零部件成本C和机械零部件质量M，可归纳出以下4方面的机械零部件可靠性优化问题：$R=\max$，$C\leqslant\text{const}$；$R=\max$，$M\leqslant\text{const}$；$C=\min$，

$R \geqslant $ const；$M = \min, R \geqslant $ const。其余两种可能组合为 $C = \min, M \leqslant $ const；$M = \min, C \leqslant $ const。因目标函数和约束条件中均不包含可靠度，故不构成机械零部件可靠性优化问题，不属于本章所讨论的范围。

为了便于说明问题，这里仅以零部件的可靠性与费用之间的关系为例说明零部件可靠度与最优化设计之间的关系。例如，给定零部件可靠度 R_0，即可求得零部件的最佳成本 C；同理，若给定零部件的成本 C_0，即可求得零部件的最大可靠度 $R_{\max}$。故把上述机械零部件的可靠性优化问题分为两大类。

1）给定零部件费用（或体积、质量、性能等）

使零部件的可靠度最大，即约束条件为零部件费用，而目标函数为零部件的可靠度，其数学模型可表达为

$$\left.\begin{array}{l} \max \quad R(\boldsymbol{X}) \\ \text{s.t.} \quad f(\boldsymbol{X}) \leqslant C_0 \\ \quad\quad g_i(\boldsymbol{X}) \leqslant 0 \quad (i = 1, 2, \cdots, m) \end{array}\right\} \quad (7.52)$$

2）给定零部件可靠度

使零部件费用（或体积、质量等）最小或性能最好，即约束条件为可靠度，而目标函数为零部件费用等，其数学模型可表达为

$$\left.\begin{array}{l} \max \quad f(\boldsymbol{X}) \\ \text{s.t.} \quad R(\boldsymbol{X}) \leqslant R_0 \\ \quad\quad g_i(\boldsymbol{X}) \geqslant 0 \quad (i = 1, 2, \cdots, m) \end{array}\right\} \quad (7.53)$$

式中，$R(\boldsymbol{X})$ 为零部件的实际可靠度；R_0 为零部件的预定可靠度；$f(\boldsymbol{X})$ 为零部件费用函数或其他性能、参数等的函数；C_0 为零部件的预定成本。

机械零部件可靠性优化设计的基本思想是：要求结构或零部件在满足一定性能的条件下，其可靠度达到最大；或者结构或零部件达到最佳性能指标时，要求它的工作可靠度不低于某一规定水平。一般来说，后一种方法更为实用。

在工程上称上述方法为"机械零部件的狭义可靠性优化设计方法"。如果在建立可靠性优化数学模型时，将所有约束条件中的可靠性或概率值均加以考虑，就需要建立概率优化设计模型，可称此种方法为"机械零部件的广义可靠性优化设计方法"。这里将上述两种方法简称为"机械零部件的可靠性优化设计"。显然，在工程中引入概率优化设计，在许多情况下更具有重要意义，而狭义可靠性优化设计只是广义可靠性优化设计的一个特例。

2. 建立概率优化设计模型的方法

在工程设计问题中，许多参数都具有不确定性。因此，优化设计数学模型中的某些设计变量和参数会具有随机性质，这一点可以用随机模拟方法来得到验证。显然，这种情况下就要求设计点以某种概率水平来得到满足，即

$$P\{g(X,w) \geq 0\} \geq \alpha \tag{7.54}$$

式中，$g(X,w)$ 为约束随机函数；X 为随机设计变量（或标准差为零的确定型变量）；w 为随机参数，如材料的力学性能参数（硬度、强度极限、弹性模量、摩擦系数及外载荷等）；与零部件失效无关时，α 为事件发生的概率，而与零部件失效有关时，α 为零部件的可靠度（强度、刚度、稳定性等），统称为所要求的概率水平。

式（7.54）所表示的不等式约束条件（包括等式约束），就称为概率约束。设随机约束函数的概率密度函数为 $f_g(X,w)$，如果为标准正态分布，则根据概率论，并参考公式，式（7.54）又可表示为

$$P\{g(X,w) \geq 0\} \int_{-\varphi^{-1}(\alpha)}^{\infty} f_g(X,w) \mathrm{d}X = \int_{-\infty}^{\varphi^{-1}(\alpha)} f_g(X,w) \mathrm{d}X \geq \alpha$$

在工程设计问题中，当优化设计模型中的设计变量和参数具有随机性，约束中含有概率约束时，则称此种模型为概率优化设计模型。由于对具体问题的要求不同，概率模型可有如下几种表示形式：

① 均值模型，即求设计变量 X，使

$$\left. \begin{aligned} &\min E\{f(X,w)\} \\ &\text{s.t. } P\{g_i(X,w) \geq 0\} \geq \alpha_i \quad (i=1,2,\cdots,n_p) \\ &g_i(X,w) \geq 0 \quad (i=n_p+1,\cdots,m) \\ &X,w \in [\Omega,T,P] \end{aligned} \right\} \tag{7.55}$$

② 方差模型，即求设计变量 X，使

$$\left. \begin{aligned} &\min Var\{f(X,w)\} \\ &\text{s.t. } P\{g_i(X,w) \geq 0\} \geq \alpha_i \quad (i=1,2,\cdots,n_p) \\ &g_i(X,w) \geq 0 \quad (i=n_p+1,\cdots,m) \\ &X,w \in [\Omega,T,P] \end{aligned} \right\} \tag{7.56}$$

③ 概率模型，即求设计变量 X，使

$$\left. \begin{aligned} &\min P\{f(X,w)\} \\ &\text{s.t. } E\{g_i(X,w) \geq 0\} \geq \alpha_i \quad (i=1,2,\cdots,n_p) \\ &g_i(X,w) \geq 0 \quad (i=n_p+1,\cdots,m) \\ &X,w \in [\Omega,T,P] \end{aligned} \right\} \tag{7.57}$$

④ 混合模型，即求设计变量 X，使

$$\left.\begin{array}{l}\min\{w_1 E\{f(X,w)\} + w_2 Var\{f(X,w)\}\}\\ \text{s.t.} \ P\{g_i(X,w) \geqslant 0\} \geqslant \alpha_i \quad (i=1,2,\cdots,n_p)\\ g_i(X,w) \geqslant 0 \quad\quad\quad\quad (i=n_p+1,\cdots,m)\\ X,w \in [\Omega,T,P]\end{array}\right\} \quad (7.58)$$

式中，$[\Omega,T,P]$ 表示概率空间，Ω 称为基本事件空间，T 称为事件的全体，P 称为事件的概率；$g_i(X) \geqslant 0$ 中的 X 为确定型变量，即标准差为零的随机变量。

在上述几种模型中，最有代表性的且最常用的是均值模型，这时的目标函数可以是质量、成本或某项性能指标。这里仅介绍这类模型的某种特定的求解方法，即认为随机变量是互相独立的，且已知其分布形式和变异系数 $C_{X_i}(\sigma_{X_i} = C_{X_i}\overline{X_i})$，因而所求的设计变量只要求确定其均值。对这种模型的求解，就是在概率可行域内寻找 $E|f(X,w)|$ 最小值时的设计点 X，这就是概率优化设计问题的最优解。

这类问题的求解要比确定型优化模型的求解困难得多，计算量也较大，而且它与随机变量的分布形式有密切关系。根据随机变量的概率分布形式不同，均值模型的求解有以下方法：

① 设计变量相互独立地服从正态分布，采用约束转换法将随机约束等价地转换为确定型约束形式，按确定型模型求解。

② 设计变量相互独立服从任意分布，采用等效正态分布法或蒙特卡洛（Monte Carlo）法求解。

③ 如果设计变量相关地服从任意分布，可以采用摄动方法、二阶矩方法、等效正态分布法、相关变量的独立变换法等求解。

下面简要介绍约束转换法。

设概率约束中的 X 和 w 均为正态分布，且相互独立，约束函数 $g_i(X,w)$ 也可认为服从正态分布。令 $Z=g_i(X,w)$，则其概率密度函数为

$$h(Z) = \frac{1}{\sigma_Z \sqrt{2\pi}} \exp\left[-\frac{(Z-\mu_Z)^2}{2\sigma_Z^2}\right] \quad (-\infty < Z < \infty) \quad (7.59)$$

显然，$h(Z)$ 亦是正态分布，其均值 $\mu_Z = \overline{g_i}$，标准差 $\sigma_Z = \sigma_{g_i}$。$Z<0$ 的概率即失效概率，故

$$P_F = P(Z \leqslant 0) = P\{g_i(X,w) \leqslant 0\} = \int_{-\infty}^{0} h(Z)\,\mathrm{d}Z = \int_{-\infty}^{0} \frac{1}{\sigma_Z \sqrt{2\pi}} \exp\left[-\frac{(Z-\mu_Z)^2}{2\sigma_Z^2}\right] \mathrm{d}Z \quad (7.60)$$

将上式变换为标准正态分布，令 $\theta = (Z-\mu_Z)/\sigma_Z = (g_i - \overline{g_i})/\sigma_{g_i}$，则 $\mathrm{d}Z = \sigma_Z \mathrm{d}\theta$。当 $Z=0$，$\theta = \theta_p = -\mu_Z/\sigma_Z$；当 $Z = -\infty, \theta = -\infty$，代入上式即得

$$P_F = \frac{1}{\sqrt{2\pi}} \int_{-\infty}^{\theta_P} e^{-\theta^2/2} d\theta = \frac{1}{\sqrt{2\pi}} \int_{-\infty}^{-\mu_Z/\sigma_Z} e^{-\theta^2/2} d\theta = \varphi(\theta_P) \quad (7.61)$$

式中，$\theta_P = -\dfrac{\mu_Z}{\sigma_Z} = -\dfrac{\bar{g}_i}{\sigma_{g_i}}$。

该式亦为联结方程，θ_P 是必然事件的概率系数，相应的事件发生概率

$$\begin{aligned}a_i &= 1 - P_F = 1 - \varphi(\theta_P) = P(Z > 0) = P\{g_i(X, w) > 0\} \\ &= \int_{-\infty}^{\infty} \frac{1}{\sqrt{2\pi}} e^{-\theta^2/2} d\theta - \int_{-\infty}^{\theta_P} \frac{1}{\sqrt{2\pi}} e^{-\theta^2/2} d\theta = \int_{\theta_P}^{\infty} \frac{1}{\sqrt{2\pi}} e^{-\theta^2/2} d\theta\end{aligned} \quad (7.62)$$

将 $g_i(X, w)$ 在随机变量和参数的均值处展开为泰勒级数，并取其线性项，可得

$$g_i(X, w) = g_i(y) + \sum_{i=1}^{n} \left(\frac{\partial g_u}{\partial y_i}\bigg|_{\bar{y}_i}\right)(y_i - \bar{y}_i) \quad (7.63)$$

其均值及标准差分别为

$$\bar{g}_i = g_i(y) \quad (7.64)$$

$$\sigma_{g_i} = \sqrt{\sum_{i=1}^{n} \left(\frac{\partial g_u}{\partial y_i}\bigg|_{\bar{y}_i}\right)^2 \sigma_{y_i}^2} \quad (7.65)$$

式中，y 为随机设计变量和参数的向量；$\bar{y}_i$，σ_{y_i} 分别为第 i 个随机因素的均值、标准差。

由于正态分布为对称分布，则式（7.62）又可变为

$$a_i = \int_{-\infty}^{\theta_P} \frac{1}{\sqrt{2\pi}} e^{-\theta^2/2} d\theta = \varphi(\theta_P) \quad (7.66)$$

式中，$\theta_P = \dfrac{\mu_Z}{\sigma_Z} = \dfrac{\bar{g}_i}{\sigma_{g_i}}$。

若已知 P_F 或 σ_i，则有反函数

$$\left.\begin{aligned}\theta_P &= \varphi^{-1}(P_F) \\ \theta_i &= \varphi^{-1}(\sigma_i)\end{aligned}\right\} \quad (7.67)$$

且 $\theta_i = -\theta_P$。

很明显，当设计要求为

$$P\{g_i(X, w) \geq 0\} \geq \sigma_i \quad (7.68)$$

时，有

$$\int_{-\infty}^{\bar{g}_i/\sigma_{g_i}} \frac{1}{\sqrt{2\pi}} e^{-\theta^2/2} d\theta = \int_{-\infty}^{\varphi^{-1}(\sigma_i)} \frac{1}{\sqrt{2\pi}} e^{-\theta^2/2} d\theta \tag{7.69}$$

于是可得

$$\bar{g}_i / \sigma_{g_i} \geqslant \varphi^{-1}(\sigma_i) \tag{7.70}$$

即

$$\bar{g}_i - \varphi^{-1}(\sigma_i)\sigma_{g_i} \geqslant 0 \tag{7.71}$$

若设计要求为

$$P\{g_i(\bar{X}, w) \leqslant 0\} \geqslant \sigma_i \tag{7.72}$$

则同样可得

$$\bar{g}_i + \varphi^{-1}(\sigma_i)\sigma_{g_i} \leqslant 0 \tag{7.73}$$

上述两式就是随机约束等价地转换为确定型约束的基本形式。给定约束应满足的概率值 σ_i，即可由正态分布函数表查出相应的 $\varphi^{-1}(\sigma_i)$ 值；而 $\bar{g}_i$ 和 σ_{g_i} 可由式（7.64）和式（7.65）求得。对目标函数也可作类似处理。

这样，概率优化设计模型就可以近似地转化为如下确定型模型来求解，即

$$\left.\begin{array}{l} \min f(X) = E|f(X, w)| = f(\bar{X}, \bar{w}) \\ \text{s.t. } \bar{g}_i - \varphi^{-1}(\sigma_i)\sigma_{g_i} \geqslant 0 \quad (i=1,2,\cdots,n_P) \\ \quad\quad g(\bar{X}) \geqslant 0 \quad\quad\quad\quad (i=n_P+1,\cdots,m) \end{array}\right\} \tag{7.74}$$

3. 减速器的可靠性优化设计

目前减速器中的通用圆柱齿轮已有标准系列，但其成本与工作可靠性均未必处于最佳情形。假如应用最优化方法加以设计研究，就可以在不改变原来传动零部件的材质、传动比、输入功率和转速等条件下，根据可靠要求优选出一组最佳齿轮传动啮合参数，从而使标准系列减速器的体积最小，成本最低，效率与工作可靠性提高。已知输入功率 P_1（kW），高速轴转速 n_1，传动比 i，传动蜗轮及轴的可靠度 R，传动零部件的材质及其热处理方式，齿轮螺旋线方向等。另外，设计变量通常是其基本几何参数和特性参数，如齿数、模数、螺旋角、齿宽系数等。

1）目标函数及设计变量

圆柱齿轮传动可以采用各式各样的优化目标建立目标函数，如使传动外廓尺寸最小、体积最小或质量最小、承载能力最高、传递功率最大等。现以闭式标准直齿圆柱齿轮传动的可靠性优化设计为例予以介绍。这里取一对齿轮分度

圆柱体体积之和最小为优化目标，其目标函数为

$$f(X) = \sum_{i=1}^{2} V_i = \frac{\pi}{4}(d_1^2 + d_2^2)b = \frac{\pi}{4}(1+u^2)(mZ_1)^3 \varphi_d \quad (7.75)$$

由此式可知，$f(X)$ 是齿数比 u、模数 m、小轮齿数 Z_1 和齿宽系数 φ_d 的函数。一般 u 为给定值，故可取 m、Z_1 和 φ_d 作为设计变量，有 $X = [x_1, x_2, x_3]^T = [m, Z_1, \varphi_d]^T$。

2）约束函数

（1）模数的限制。

对于动力传动，常要求 $m \geq 1.5 \sim 2.0$ mm，故有如下约束函数：

$$g_1(X) = m - 1.5 \geq 0 \quad (7.76)$$

（2）小轮齿数的限制。

$Z_{\min} \leq Z_1 \leq Z_{\max}$，亦即

$$g_2(X) = \frac{Z_{\max}}{Z_1} - 1 \geq 0 \quad (7.77)$$

$$g_3(X) = 1 - \frac{Z_{\min}}{Z_1} \geq 0 \quad (7.78)$$

（3）齿宽系数的限制。

$\varphi_{d\min} \leq \varphi_d \leq \varphi_{d\max}$，亦即

$$g_4(X) = \frac{\varphi_{d\max}}{\varphi_d} - 1 \geq 0 \quad (7.79)$$

$$g_5(X) = 1 - \frac{\varphi_{d\min}}{\varphi_d} \geq 0 \quad (7.80)$$

（4）接触疲劳强度可靠度的约束。

$$g_6(X, \omega) = \frac{\ln(\bar{\sigma}_{H\lim} / \bar{\sigma}_H)}{u_R \sqrt{s_{\sigma_{H\lim}}^2 + s_{\sigma_H}^2}} \quad (7.81)$$

（5）抗弯疲劳强度可靠度的约束。

$$g_7(X, \omega) = \frac{\ln(\bar{\sigma}_{F\lim} / \bar{\sigma}_F)}{u_R \sqrt{s_{\sigma_{F\lim}}^2 + s_{\sigma_F}^2}} \quad (7.82)$$

这里齿轮的可靠度系数是用中心安全系数（即各自均值的比方法）表示的，当然也可以用安全间距（即各自均值的差方法）加以研究。

3）计算实例

按可靠性优化设计法设计一减速器，齿轮精度为 8 级（$n=8$），要求传递功

率 P_1 = 11 kW,高速轴转速 n_1=200 r/min,传动比 $i=u$=5,载荷平稳,三班制工作,使用 5 年,设备利用率为 90%,要求可靠度 R=0.999($\phi^{-1}(0.999) = 3.091$)。

(1)选择齿轮材料。

初估周速

$$v = 0.1\sqrt[4]{P_1 n_2} = 0.1\sqrt[4]{11 \times 200 \times 200 / 5} = 1.72 \text{(m/s)}$$

且载荷平稳,可取两轮材料:

小轮:45 钢调质,HBS_1=220~250,$\bar{\sigma}_{H\lim}$ =570 N/mm²,$\bar{\sigma}_{F\lim}$ =230 N/mm²。

大轮:ZG340–640 正火,HBS_1=160~210,$\bar{\sigma}_{H\lim}$ =470 N/mm²,$\bar{\sigma}_{F\lim}$ = 190 N/mm²。

变异系数:$c_{\sigma_{H\lim}} = 0.01(n+p-1)$,$c_{\sigma_{F\lim}} = 0.01(n+p+1) = c_{\sigma_{H\lim}} + 0.02$。式中,$n$ 为精度等级,p 为生产批量值(小批量 p=3,成批量 p=2,大批量 p=1)。

(2)接触疲劳强度可靠性的基本计算。

齿轮分度圆直径 d_1、模数 m 和齿数 Z_1 的关系为

$$d_1 = mZ_1 \tag{7.83}$$

小轮轴转矩为

$$\bar{T}_1 = 9\,550 P_1 / n_1 = 9\,550 \times 11 / 200 = 525.25 \text{(N·m)}$$

齿轮圆周力的均值和变异系数为

$$\bar{F}_1 = \frac{2\,000\bar{T}_1}{d_1} = 1.91 \times 10^7 \frac{\bar{P}_1}{d_1 \bar{n}} \text{(N)} \tag{7.84}$$

$$c_{F_1} = \sqrt{c_{P_1}^2 + c_{n_1}^2 + c_{d_1}^2} \tag{7.85}$$

式中,$\bar{T}_1$,$\bar{P}_1$,n_1 及 c_{F_1},c_{P_1},c_{n_1} 为小齿轮轴上的转矩、传递功率、转速及它们的变异系数。各变异系数可按 3σ 原则确定。当载荷精确求得时,可取 c_{F_1}=0.03;当载荷近似求得时,取 c_{F_1}=0.08;载荷按原动机最大转矩求得时,取 c_{F_1}=0.12;对用途未定的通用机械,取 c_{F_1}=0.16。

使用系数

$$\bar{K}_A = 1.0, \quad c_{K_A} = \frac{1 - 1/\bar{K}_A}{3} = 0$$

齿轮周速和动载系数为

$$v = \frac{d_1 n_t}{19\,100} = \frac{d_1}{95.5} = \frac{mZ_1}{95.5} \tag{7.86}$$

$$\bar{K}_v = 1 + (3n - 7.6)nvZ_t \times 10^{-5} = 1 + 1.312 \times 10^{-3} vZ_1 \tag{7.87}$$

$$c_{K_v} = \frac{1 - 1/\overline{K}_v}{3} \quad (7.88)$$

齿向载荷分配系数为

$$\varphi_d = b/d_1 \quad (7.89)$$

$$K_{HB} = A\varphi_d + B\varphi_d^2 + C \quad (7.90)$$

式中，b 为齿宽，φ_d 为齿宽系数。

根据本例的材质，$A = -0.007$，$B = 0.039\,77$，$C = 1.015\,7$，因此

$$K_{HB} = -0.007\varphi_d + 0.039\,77\varphi_d^2 + 1.015\,7, C_{HB} = 0.05$$

齿数比系数

$$K_u = 1 + 1/u = 1.2$$

式中，$u = Z_2/Z_1$，为齿数比。

齿间载荷分配系数

$$\overline{K}_{Aa} = 1, \quad c_{Ha} = 0.033$$

载荷系数

$$\overline{K} = \overline{K}_A \overline{K}_v \overline{K}_{HB} \overline{K}_{Ha} K_u = 1.2 \overline{K}_u \overline{K}_{HB} \quad (7.91)$$

节点区域系数

$$\overline{Z}_H = 2.5, \quad c_{Z_H} = 0$$

弹性系数，两轮均为钢

$$\overline{Z}_E = 189.8, \quad c_{Z_E} = 0.03$$

重合度系数：重合度

$$\varepsilon_\sigma = 1.88 - \frac{3.2(1 + 1/u)}{Z_1} = 1.88 - \frac{3.84}{Z_1} \quad (7.92)$$

则

$$\overline{Z}_t = \sqrt{(4 - \varepsilon_\sigma)/3} = \sqrt{\frac{2.12 + 3.84/Z_1}{3}} \quad c_{Z_t} = 0$$

接触应力

$$\overline{\sigma}_H = \overline{Z}_H \overline{Z}_E \overline{Z}_t \sqrt{\frac{F_1}{bd_1} \overline{K}_A \overline{K}_v \overline{K}_{HB} \overline{K}_{Ha} \overline{K}_u} = \overline{Z}_H \overline{Z}_E \overline{Z}_t \sqrt{2\overline{K}T_1/(\varphi_d d_1^3)} \quad (7.93)$$

$$= 16\,847.1 Z_t \sqrt{\overline{K}_v \overline{K}_{HB}/(Z_1^3 \varphi_d d_1^3)}$$

$$c_{\sigma_H} = \sqrt{c_{H_M}^2 + c_{Z_E}^2 + 0.25(c_{F_1}^2 + c_{K_A}^2 + c_{K_u}^2 + c_{K_{HB}}^2 + c_{K_{Ha}}^2)} = \sqrt{3.625 \times 10^{-3} + 0.25 c_{K_v}^2} \quad (7.94)$$

鉴于对齿面接触应力 σ_H 分布规律的研究还很缺乏，这里引入模型变异系数 c_{H_M} =0.04，予以补偿。从理论上讲，齿面接触应力 σ_H 的表达式中各参数都是随机变量。但是有些参数可能的取值范围很小，如齿轮分度圆直径 d、齿宽 b、齿数比系数 K_u、节点区域系数 Z_H 等都是与齿轮几何尺寸有关的量，只能在公差范围内变化，而且工艺上可以较好地保证，因此为了便于计算，将其作为定值处理，其变异系数都可取为 0。

应力循环次数对平稳载荷时，有

$$N_{t_1} = 60n_1t_h = 3.9\times10^8$$

$$N_{t_2} = \frac{N_{t_1}}{u} = 7.8\times10^7 > 5\times10^7$$

式中，t_h 为总工作时间（h）。

接触疲劳寿命系数

$$\overline{Z}_N = 1.0，c_{Z_N} = 0.04$$

润滑油系数

$$\overline{Z}_L = 1.0，c_{Z_L} = 0.02$$

表面粗糙度系数

$$\overline{Z}_R = 0.95，c_{Z_R} = 0.02$$

工作硬化系数

$$\overline{Z}_W = 1.2765 - \text{HBS}_2/1700 = 1.17，c_{Z_V} = 0.02$$

速度系数

$$\overline{Z}_v = 0.85 + \frac{2\times(1-0.85)}{\sqrt{0.8-32/v}} = 0.85 + \frac{0.3}{\sqrt{0.8-32/v}} \quad c_{Z_v} = 0.02$$

齿面接触疲劳强度

$$\overline{\sigma}'_{H\lim} = \overline{\sigma}_{H\lim}\overline{Z}_N\overline{Z}_L\overline{Z}_v\overline{Z}_R\overline{Z}_W = 470\times1\times1\times Z_v \times 0.95\times1.17 = 522.405Z_v \quad (7.95)$$

$$c_{\overline{\sigma}'_{H\lim}} = \sqrt{c^2_{\sigma_{H\lim}} + c^2_H + c^2_L + c^2_v + c^2_R + c^2_N} = \sqrt{0.0032 + c^2_{\sigma_{H\lim}}} = 0.098$$

齿面接触疲劳强度的可靠度系数可按下式计算：

$$u_R \approx \frac{\ln(\overline{\sigma}'_{H\lim}/\overline{\sigma}_H)}{c_n} \quad (7.96)$$

式中，c_n 为综合变异系数，本例中 c_n 为 $c_n = \sqrt{c^2_{\sigma_{H\lim}} + c^2_{\sigma_H}} = \sqrt{0.013225 + 0.25c^2_{K_v}}$。

（3）齿轮抗弯疲劳强度的可靠性整体计算。

齿向载荷分布系数

$$\overline{K}_{FB} = 1.5\overline{K}_{HB} - 0.5，c_{FB} = 0.05 \quad (7.97)$$

齿间载荷分布系数

$$\overline{K}_{Fa} = 1 + (n-5)(\varepsilon_a - 1)/4, \quad c_{Y_{Fa}} = 0.033 \quad (7.98)$$

$$\overline{K} = \overline{K}_v \overline{K}_{FB} \quad (7.99)$$

齿形系数和齿根应力校正系数

$$\overline{Y}_{Fa_1} = 4.333\ 869 Z_1^{-0.151\ 918\ 8}, \quad c_{Y_{Fa}} = 0.033 \quad (7.100)$$

$$\overline{Y}_{Sa_1} = 1.175\ 585 Z_1^{-0.094\ 098}, \quad c_{Y_{Sa}} = 0.04 \quad (7.101)$$

$$\overline{Y}_{Fa_1} \overline{Y}_{Sa_1} = 5.094\ 8 Z_1^{0.054\ 693} \quad (7.102)$$

同理

$$\overline{Y}_{Fa_2} \overline{Y}_{Sa_2} = 5.094\ 8 (uZ_1)^{0.064\ 695} \quad (7.103)$$

重合度系数

$$\overline{Y}_\varepsilon = 0.25 + 0.75/\varepsilon_a, \quad c_{Y_\varepsilon} = 0 \quad (7.104)$$

螺旋角系数

$$\varepsilon_\beta = \frac{b \sin\beta}{\pi m} = \frac{\varphi_d m Z_1}{\cos\beta} \frac{\sin\beta}{\pi m} = \frac{\varphi_d}{\pi m} Z_1 \tan\beta \quad (7.105)$$

$$\overline{Y}_\beta = 1 - \varepsilon_\beta \beta / 120°, \quad c_{Y_\beta} = 0 \quad (7.106)$$

齿根弯曲应力

$$\overline{\sigma}_{F_1} = \frac{\overline{F}_t \overline{K}_A \overline{K}_v \overline{K}_{FB} \overline{K}_{Fa}}{bm} \overline{Y}_{Fa_1} \overline{Y}_{Sa_1} \overline{Y}_\varepsilon \overline{Y}_\beta = \frac{2\overline{K} \overline{T}_1}{\varphi_d d_1^2 m} \overline{Y}_{Fa_1} \overline{Y}_{Sa_1} \overline{Y}_\varepsilon = \frac{5\ 352.087\ 4 \overline{K}_v \overline{K}_{FB} \overline{Y}_\varepsilon}{\varphi_d Z_1^{1.935\ 305} m^3}$$

$$(7.107)$$

$$\overline{\sigma}_{F_2} = \frac{5\ 939.41 \overline{K}_v \overline{K}_{FB} \overline{Y}_\varepsilon}{\varphi_d Z_1^{1.935\ 305} m^3} = 1.11 \overline{\sigma}_{F_1} \quad (7.108)$$

目前，对弯曲正应力的分布规律尚无统一的说法，对数正态分布、正态分布或卡方分布均有采用，但是都尚缺少试验依据。这里以对数正态分布作为齿轮弯曲正应力概率模型，为补偿其近似性，仍引用模型变异系数 $c_{F_M} = 0.04$。这样，σ_F 的变异系数为

$$c_{\sigma_F} = \sqrt{c_{F_M}^2 + c_{K_1}^2 + c_{K_A}^2 + c_{K_u}^2 + c_{K_{HB}}^2 + c_{K_{Ha}}^2 + c_{Y_{Fa}}^2 + c_{F_{Sa}}^2} = \sqrt{0.007\ 878 + c_{K_v}^2}$$

$$(7.109)$$

弯曲寿命系数

$$\overline{Y}_{NT} = 1.0, \quad c_{Y_{NT}} = 0.03$$

应力修正系数

$$\overline{Y}_{ST} = 2.0, \quad c_{Y_{ST}} = 0.03$$

按国标算法求得齿根圆角敏感系数

$$\overline{Y}_{\delta T1} = 0.99, \quad \overline{Y}_{\delta T2} = 0.96, \quad c_{Y_{\delta T}} = 0.03$$

齿根表面状况系数

$$\overline{Y}_{RT1} = \overline{Y}_{RT2} = 1.0, \quad c_{Y_{RT}} = 0.033$$

尺寸系数

$$\overline{Y}_{X} = 1, \quad c_{Y_X} = 0.02$$

抗弯疲劳强度

$$\overline{\sigma}'_{F\lim_1} = \overline{\sigma}_{F\lim_1}\overline{Y}_{ST}\overline{Y}_{NT}\overline{Y}_{\delta T1}\overline{Y}_{RT1}\overline{Y}_X = 230\times 2\times 1\times 0.99\times 1\times 1 = 455.4$$

$$\overline{\sigma}'_{F\lim_2} = \overline{\sigma}_{F\lim_2}\overline{Y}_{ST}\overline{Y}_{NT}\overline{Y}_{\delta T2}\overline{Y}_{RT2}\overline{Y}_X = 190\times 2\times 1\times 0.96\times 1\times 1 = 364.8$$

$$c_{\sigma_{F\lim}} = \sqrt{c_{\sigma_{F\lim}}^2 + c_{Y_{ST}}^2 + c_{Y_{NT}}^2 + c_{Y_{\delta T}}^2 + c_{Y_{RT}}^2 + c_{Y_X}^2} = 0.12$$

综合变异系数

$$c_{n_F} = \sqrt{c_{\sigma'_{F\lim}}^2 + c_{\sigma_F}^2} = \sqrt{0.023\,2 + c_{K_v}^2} \tag{7.110}$$

（4）优化设计模型。

综上分析的如下模型：

$$f(\boldsymbol{X}) = 20.42(mZ_1)^3 \varphi_d, \quad \boldsymbol{X} = [x_1, x_2, x_3]^T = [m, Z_1, \varphi_d]^T$$

$$g_1(\boldsymbol{X}) = m/2 - 1 \geqslant 0$$

$$g_2(\boldsymbol{X}) = Z_1/20 - 1 \geqslant 0$$

$$g_3(\boldsymbol{X}) = 1 - Z_1/40 \geqslant 0$$

$$g_4(\boldsymbol{X}) = \varphi_d/0.8 - 1 \geqslant 0$$

$$g_5(\boldsymbol{X}) = 1 - \varphi_d/1.2 \geqslant 0$$

$$g_6(\boldsymbol{X}, \boldsymbol{w}) = \ln(\overline{\sigma}'_{H\lim}/\overline{\sigma}_H)/(3.091c_n) \geqslant 0$$

$$g_7(\boldsymbol{X}, \boldsymbol{w}) = \ln(455.4/\overline{\sigma}_{F_1})/(3.091c_{n_F}) \geqslant 0$$

$$g_8(\boldsymbol{X}, \boldsymbol{w}) = \ln(364.8/\overline{\sigma}_{F_2})/(3.091c_{n_F}) \geqslant 0$$

（5）初值 $\boldsymbol{X} = [x_1^0, x_2^0, x_3^0]^T = [4, 32, 1]^T$，采用随机约束方向法，目标函数、约束函数子程序及计算结果如下：

$$x_1 = 3.425, \quad x_2 = 23.871, \quad x_3 = 0.905$$

圆整及标准化后：模数 $m=3.5$ mm，小齿轮齿数 $Z_1=24$，齿宽系数 $\varphi_d=0.905$，原设计为 $m=4$ mm，$Z_1=32$，$\varphi_d=1.2$。因此，可靠性优化设计的效益是显著的。

7.3.2 基于有限元法的可靠性优化设计

上述汽车零部件可靠性优化设计方法严谨可靠，可以较准确地找出零部件的最优设计方案。但是，该方法需要设计者建立零部件结构可靠性优化设计的数学模型，对于一些简单的结构，如螺栓、汽车后桥以及传动轴等，建立数学模型并不是难事，而对于结构复杂、约束条件苛刻的零部件，有时设计者根本无法判断结构危险部位或截面，更无法建立相应的可靠性优化数学模型。因此，该方法并不能解决所有的可靠性优化设计问题。

有限元法是目前结构分析的有效数值方法之一。它能够适应各种不同性质、形状和边界条件的工程问题。通过大量的文献调查与总结发现，对于结构和约束条件复杂的零部件，设计者以有限元理论方法为基础，结合传统思维（验证法），对其进行可靠性结构优化设计。具体设计流程可描述为：设计者先根据工程经验和相关理论对零部件进行优化设计，然后对优化设计结果进行可靠性分析，验证是否达到预设的可靠性目标，如果不达标，进一步对其进行优化，然后再验证，以此循环直到设计出合格的产品。因此，此种方法对设计者的工程设计经验要求较高，但是对一些较为复杂的结构往往能取得不错的效果。下面结合转向节的可靠性优化设计，详细阐述这种设计方法。需要提醒读者的是，在本例中，可靠性目标验证只验证了转向节的疲劳寿命，而疲劳寿命只是可靠性中的一部分，可靠度是能较全面反映零部件的一个指标。关于这方面的具体内容可参考文献［张义民. 汽车零部件可靠性设计［M］. 北京：北京理工大学出版社，2000.］。

1. 转向节的优化分析

1）转向节结构拓扑优化的数学模型

（1）静态指标的多工况优化目标函数。

汽车转向节结构的拓扑优化是根据受力情况在设计空间内获得转向节最合理的材料分布，使转向节结构刚度和其他性能最大化的问题。在多工况下的刚度拓扑优化问题中，不同的载荷工况必将产生不同的最优拓扑结构。因此，多目标拓扑优化问题包括静态多工况拓扑优化，可以利用折中规划法来进行求解。

工程中通常把刚度最大问题等效为柔度最小化问题来研究，柔度值为单元总应变能值，更加方便计算与提取。由折中规划法可得到静态多刚度拓扑优化的目标函数：

$$\min \quad C(p) = \left\{ \sum_{k=1}^{m} w_k^q \left[\frac{C_k(\rho) - C_k^{\min}}{C_k^{\max} - C_k^{\min}} \right]^q \right\}^{\frac{1}{q}} \quad (7.111)$$

$$\text{s.t.} \quad V(\rho)/V_0 \leqslant f$$

第7章 面向零部件可靠性的汽车轻量化设计方法

式中，m 为载荷工况总数，本书中 $m=6$，代表静态分析过程中考虑的 6 种工况；w_k 为第 k 个工况的权重值；q 为折中规划的惩罚因子且 $q \geqslant 2$，取 $q=2$；$C_k(\rho)$ 为第 k 个工况的结构应变能函数值；$C_k^{\max}$ 为第 k 个工况应变能的最大值，对应结构刚度最小的情况，其获取可以通过对结构进行该子工况下的拓扑优化，在优化应变能迭代曲线中取其应变能最大值；$C_k^{\min}$ 为第 k 个工况应变能的最小值，对应结构刚度最大的情况，即对最初去除材料之前模型进行分析得到的应变能；ρ 为设计变量，即材料密度；$V(\rho)$ 为优化后结构的有效体积；V_0 为结构的原始体积；f 为体积约束的百分比。

（2）静态多工况指标的权重。

权重的设置是一个不可避免带有主观性的过程，尽管一些研究员及工程师对权重的计算方法进行了研究分析，但是仍然是在主观判断因素轻重的基础上尽量提高权重数值设置的准确性。由于不同类型汽车的使用环境不尽相同，从根本上讲，在决定某个因素"重要"与"不重要"的实际决策中更多地需要依靠工程和设计经验。权重的可变性给设计者带来修改的便利，不同权重的设计给予设计者选择结构方案的空间。

汽车行驶过程中会遇到各种各样的使用情况，但是并不代表每种情况发生的频度都一样，因此转向节对于不同工况的关切程度并不相同。普遍认为汽车的单轮跳动、转弯、前制动和上跳（路障撞击）是汽车最重要和最基本的使用情况，应该赋予这 4 种情况较大的权重。基于如此考虑，结合概念车的定位以及预计的使用情况，各静态工况权重的设置如表 7.1 所示。

表 7.1 静态工况的权重设置

序号	工况的名称	重要程度	权重设置
1	3.5g 单轮跳动工况	重要	0.2
2	0.7g 倒车制动工况	一般	0.1
3	1g 减速工况	重要	0.2
4	0.7g 加速工况	一般	0.1
5	1g 右转工况	重要	0.2
6	撞击路肩工况	重要	0.2

结合不同工况下转向节静态多工况指标的权重，计算得到不同工况下转向节的最大应变能和最小应变能，取惩罚因子 $q=2$，由折中规划法可得到静态多刚度拓扑优化的目标函数为

$$\min C(\rho)=\{0.2^2\times[(C_1(\rho)-5\ 449)/(26\ 160-5\ 449)]^2+0.1^2\times[(C_2(\rho)-7\ 962)/$$
$$(15\ 470-7\ 962)]^2+0.2^2\times[(C_3(\rho)-20\ 640)/(34\ 280-20\ 460)]^2+$$
$$0.1^2\times[(C_4(\rho)-2\ 592)/(7\ 995-2\ 592)]^2+0.2^2\times[(C_5(\rho)-13\ 300)/$$
$$(65\ 800-13\ 300)]^2+0.2^2\times[(C_6(\rho)-83\ 650)/(459\ 400-83\ 650)]^2\}^{0.5}$$
(7.112)

式中，$C_1(\rho)\sim C_6(\rho)$ 分别 3.5g 单轮跳动工况、0.7g 倒车制动工况、1g 减速工况、0.7g 加速工况、1g 右转工况和撞击路肩工况 6 种工况的转向节应变能。

(3) 动态固有频率优化目标函数。

动态固有频率拓扑优化一般将前几阶频率的最大化作为目标函数。结构固有频率往往是结构整体刚度的重要指标，结构中存在薄弱环节将导致固有频率的降低。在对转向节拓扑优化时，以之前分析得到的转向节第一阶固有频率为频率下限，以频率最大化为目标进行动态固有频率的拓扑优化。此时，优化的目标函数是在满足约束条件和频率下限的条件下改善结构的模态特性，使结构整体刚度提高，材料得到优化配置。无阻尼自由振动模型的特征值问题为

$$\left.\begin{aligned}(K-\lambda_i M)U_i &= 0 \\ f_i &= \sqrt{\lambda_i}/2\pi\end{aligned}\right\}$$
(7.113)

式中，K 为转向节的刚度矩阵；M 为转向节的质量矩阵；U_i 为各阶的特征向量；λ_i 为各阶的特征；f_i 为固有频率。

此时，优化的模态频率特征值的数学模型为

$$\left.\begin{aligned}\max(\rho) &= \sum_{i=1}^{n}w_i\lambda_i \\ \text{s.t.}\, V(\rho)/V_0 &\leqslant f\end{aligned}\right\}$$
(7.114)

式中，w_i 为第 i 阶特征值的加权系数。

为了避免低阶模态振荡导致的迭代曲线振荡，实例中对前 6 阶固有频率进行综合优化，即 $n=6$，$w_i=1/6$。

(4) 综合考虑静态和动态指标的优化综合目标函数。

以体积比作为约束，综合考虑静态多刚度目标和动态振动频率目标进行转向节的拓扑优化，由带权重的折中规划法可得到多目标拓扑优化的综合目标函数

$$\min F(\rho)=\left\{w^2\left[\sum_{k=1}^{m}w_k\frac{C_k(\rho)-C_k^{\min}}{C_k^{\max}-C_k^{\min}}\right]^2+(1-w)^2\left[\frac{\varLambda_{\max}-\varLambda(\rho)}{\varLambda_{\max}-\varLambda_{\min}}\right]^2\right\}^{\frac{1}{2}}$$
$$\text{s.t.}\, V(\rho)/V_0\leqslant f$$

(7.115)

式中，$F(\rho)$ 为综合目标函数；w 为柔度目标函数的权重。

不同静动刚度的分配将产生不同的拓扑优化结果，后文中将进行讨论。为了消除不同量纲之间数量级的差别，引入了 $\Lambda_{\min}$ 及 $\Lambda_{\max}$，$\Lambda_{\min}$ 为频率目标函数的最小值，通过对转向节进行单独的以动态频率为目标的拓扑优化，在固有频率优化迭代曲线中取其最小值；$\Lambda_{\max}$ 为频率目标函数的最大值，由填充材料后的模型进行分析得到固有频率，同时将频率最大化的问题变换为函数的最小化问题来求解。

将计算出来的转向节在不同工况下的应变能代入上述方程，取第一阶模态下频率优化迭代曲线中的频率最大和最小值，由带权重的折中规划法可得到多目标拓扑优化的综合目标函数为

$$\min F(\rho) = \{w^2[0.2\times(C_1(\rho)-5\,449)/26\,160-5\,449+0.1\times(C_2(\rho)-7\,962)/$$
$$15\,470-7\,962+0.2\times(C_3(\rho)-20\,640)/34\,280-20\,460+$$
$$0.1\times(C_4(\rho)-2\,592)/7\,995-2\,592+0.2\times(C_5(\rho)-13\,300)/$$
$$65\,800-13\,300+0.2\times(C_6(\rho)-83\,650)/459\,400-83\,650]^2+$$
$$(1-w)^2\,[3\,793-\Lambda(\rho)/3\,793-241]^2\}^{0.5} \tag{7.116}$$

式中，$C_1(\rho) \sim C_6(\rho)$ 分别为 3.5g 单轮跳动工况、0.7g 倒车制动工况、1g 减速工况、0.7g 加速工况、1g 右转工况和撞击路肩工况 6 种工况的转向节应变能；w 为柔度目标函数的权重。

2）转向节拓扑优化

转向节的拓扑优化主要有以下 6 个步骤：

① 拓展设计空间，定义拓扑优化区域和非优化区域。

② 对拓展设计空间后的模型通过有限元方法建立有限元模型。

③ 输入转向节为优化所建立的数学模型方程，对设计变量、响应参数、相应约束条件以及优化的目标函数等优化所需要的参数进行定义。

④ 对模型进行拓扑优化计算。

⑤ 查看优化结果并导出相应的几何模型。

⑥ 对新生成的几何模型进行有限元分析，对优化前后结果进行对比分析。

(1) 转向节拓扑优化区域和非优化区域的划分。

拓扑优化前需要划分清楚转向节哪部分是可设计区域哪部分是非可设计区域。由于转向节与不同的零件之间有相应的装配关系，而且它们之间都有一定的相对位置和连接方式，所以在对零件进行拓扑优化时，其连接点不作为优化区域，除非是针对连接点的优化。由转向节在汽车中的装配关系可知，转向

节优化区域与非优化区域的划分如表 7.2 和图 7.1 所示。

表 7.2 转向节拓扑优化区域划分

区域划分	位 置
非优化区域	转向节上控制臂与悬架上摆臂连接位置
	转向节臂与转向横拉杆连接位置
	转向节下控制臂与悬架下摆臂连接位置
	转向节中心孔与周围安装孔位置
	转向节与制动钳连接位置
优化区域	除去非优化区域之外的其他区域

转向节拓扑优化区域划分如图 7.1 所示,图中不可设计区域即设计保留区域,这部分区域在进行拓扑优化设计时将保留不变,如图中黄色区域;可设计区域指的是可以通过改变该部分的形状和材料分布来实现优化的目的,如图中蓝色区域。

在对转向节进行拓扑优化之前,要对进行优化的模型进行扩展处理,将原始的模型进行设计空间的扩充,使结构有足够的空间来进行力的传输,从而获得结构最佳的材料分布。

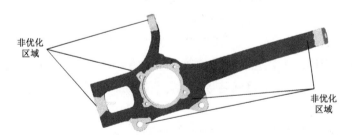

图 7.1 转向节拓扑优化区域划分(见彩插)

(2) 优化设计变量和响应的设置。

对结构的静力、模态和频响等进行优化,优化的设计变量可以设定为节点坐标、单元的密度等。定义目标函数和约束条件的响应可以是位移、应变、应力以及结构应变能等。此例定义的设计变量为拓扑优化区域的单元密度。优化过程中优化响应时先分别定义 $x_1 \sim x_7$ 7 个未知数和方程响应,然后定义质量响应,其中 $x_1 \sim x_6$ 分别为 3.5g 单轮跳动工况、0.7g 倒车制动工况、1g 减速工况、

0.7g 加速工况、1g 右转工况和撞击路肩工况 6 种工况的转向节应变能，x_7 为频率。

（3）优化约束条件和目标函数。

本例转向节优化的约束条件是一阶模态不小于 303 Hz，各工况下转向节所受最大应力不大于 450 MPa。同时，限制转向节锻造时的拔模方向，以转向节下控制臂底边宽度方向为拔模方向。

转向节优化的目标函数是在满足约束条件下使得方程值最小。

（4）转向节优化的结果。

前文中已经得到基于带权重的折中规划法转向节静动态拓扑优化目标函数，转向节的静动态指标同时被考虑且通过一定权重 w 和 $1-w$ 进行组合。下面讨论不同的静动态权重比的优化结果以及怎样的权重比下的优化结果最合适。

为了研究基于带权重的折中规划法的转向节静动态拓扑优化问题以及静动态权重对拓扑优化结果的影响，本算例对多个权重组合下的模型进行计算，每个计算下的权重组合如表 7.3 所示。

表 7.3　不同的权重组合

序号 权重	1	2	3	4	5	6	7	8	9	10	11
静态指标权重 w	1.0	0.9	0.8	0.7	0.6	0.5	0.4	0.3	0.2	0.1	0
动态指标权重 $1-w$	0	0.1	0.2	0.3	0.4	0.5	0.6	0.7	0.8	0.9	1.0

不同权重比下的优化结构及数值对比分析。

不同静动态权重比的拓扑优化结构如图 7.2～图 7.10 所示。

图 7.2　静动态指标权重比为 0.9:0.1 的优化结果（见彩插）

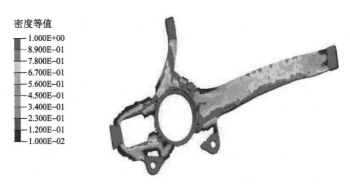

图 7.3　静动态指标权重比为 **0.8:0.2** 的优化结果（见彩插）

图 7.4　静动态指标权重比为 **0.7:0.3** 的优化结果（见彩插）

图 7.5　静动态指标权重比为 **0.6:0.4** 的优化结果（见彩插）

图 7.6　静动态指标权重比为 **0.5:0.5** 的优化结果（见彩插）

图 7.7　静动态指标权重比为 **0.4:0.6** 的优化结果（见彩插）

图 7.8　静动态指标权重比为 **0.3:0.7** 的优化结果（见彩插）

图 7.9　静动态指标权重比为 **0.2:0.8** 的优化结果（见彩插）

图 7.10　静动态指标权重比为 **0.1:0.9** 的优化结果（见彩插）

在上述不同的静动态权重指标下，转向节密度云图并无太大差别，选择哪种静动态权重比还需要结合不同权重下应变能和转向节固有频率。

不同权重比下结构优化结果的性能数值如图 7.11 和图 7.12 所示。这些数据不代表最终转向节的性能水平，但是可以作为定性分析的依据。结构的柔度随着静态指标权重的减小而增大，而结构的模态频率随着动态指标权重的增加而先减小后增大，权重的作用体现得很清楚。相比于模态频率，转向节设计还需要按照具体情况具体分析。从另外一个角度说，静动态载荷优化结果数值的此消彼长正是折中规划法求解即非凸优化问题的体现，从理论上来说每个结果都是最优解，设计者需要根据需要从中选择优化结果。

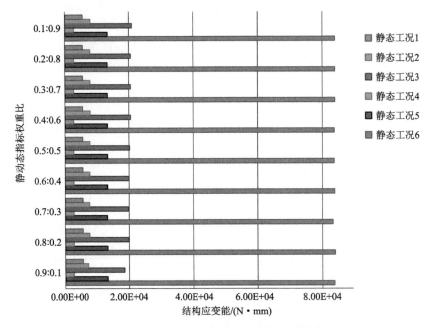

图 7.11　不同权重比下转向节应变能优化结果

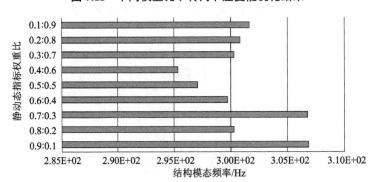

图 7.12　不同权重比下转向节固有频率优化结果

（5）优化结果的选择。

结合上述优化结果可知，优化后转向节应变能越小越好，而结构频率则是越大越好。综合考虑应变能和模态频率，本算例中最终选取静动态权重比为 0.7:0.3 的拓扑优化结果作为概念设计阶段的结构参考。

在图 7.13 中，不同颜色代表不同的密度值，其中红色区域是转向节的非设计区域，非设计区域转向节的材料分布不会发生改变，这些区域的单元密度大、材料需求最多；图中蓝色部分代表密度值最小的部分。密度值大小表示该部分材料的重要与否，尽管设置了最小组成尺寸控制，优化的结果也并非所有地方都是完全清晰的结构概念，在局部地方还是产生了一些模糊不清的结构。为了获取最终的优化模型，需要将转向节优化后的模型重新建模，将轮廓不清楚的地方修补清楚，如图 7.14 所示。

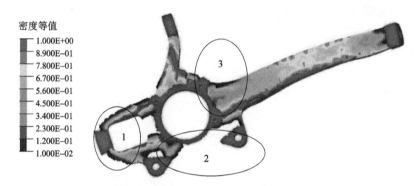

图 7.13　静动态权重比为 0.7:0.3 的转向节单元密度静态图（见彩插）

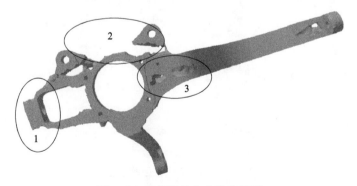

图 7.14　优化后转向节输出模型

从图 7.14 中可以看到转向节经过拓扑优化后的结构形状，但是优化后的这种类型的转向节结构目前还不能运用到实际生产中，还需要在优化的基础上对转向节局部的尺寸和形状进行设计修改。

为了便于清楚地分析需要设计改进的地方，书中把图 7.13 转向节分为 1、

2、3三个部分。1区域是转向节下控制臂底部位置,此部位可以在两侧削减材料;在2区域,制动钳两个安装凸起之间的连接板密度值较小,可以消减连接板的材料;在3区域,上控制臂根部所受应力较小,密度也较小,可以减少该位置的材料分布,把该位置做成凹槽形状,同时3区域转向节的上控制臂背部挖去中间部分,两边形成加强肋,从而进一步达到降低质量的目的。这样的优化是否满足要求还需要对优化后的转向节结构进行有限元分析并与优化前的转向节进行对比,如果不满足要求需要重新进行优化调整,以达到最后优化的目的。

(6)优化前后转向节对比。

以优化结果得到的转向节材料分布为基础,对转向节进行局部修正改进。模型修改过程中需要考虑到转向节毛坯的锻造以及之后的机加工,转向节优化后的模型如图7.15所示。由图7.15可知,在转向节的1、2、3三个部分,转向节的材料分布发生了变化。在1处将下控制臂两边的棱边进行了圆弧化处理,这样可以减少材料的使用,而且在毛坯锻造过程中就可以实现;2处对受力较小的连接板进行了缩小处理;在3处设计一个凹槽,深度为7 mm,在凹槽背部也加工一凹槽,凹槽两边为加强肋。这种结构的作用是使转向节在满足强度使用的条件下,尽可能地降低质量。

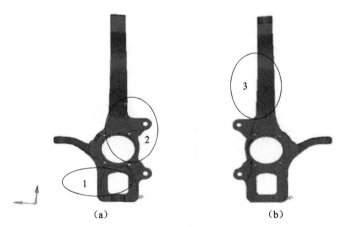

图7.15 转向节优化后的模型
(a)转向节正面;(b)转向节背面

在对转向节进行优化后,对转向节的模态、刚度以及3.5g单轮跳动工况、0.7g倒车制动工况、1g减速工况、0.7g加速工况、1g右转工况、撞击路肩工况6种工况的强度进行了对比分析,并且对优化后体积和质量的变化进行了比较。

① 模态对比。

对优化后的转向节进行模态分析，可知优化后的转向节前六阶模态频率和优化之前转向节的前六阶模态频率相比较，频率均有所提升。表 7.4 所示为转向节优化前后模态频率的对比。

表 7.4 转向节优化前后模态频率对比

阶数	优化前模态频率/Hz	优化后模态频率/Hz	阶数	优化前模态频率/Hz	优化后模态频率/Hz
1	302.8	350.9	4	879.7	1 111.2
2	441.6	464.2	5	1 091.6	1 532.4
3	566.4	719.1	6	1 294.7	1 695.6

② 强度对比。

对优化后的转向节进行 6 种工况的强度分析，可知优化后在部分工况下转向节所受最大应力有所增大，但都还在材料的许用应力范围之内，满足使用要求，各工况强度前后对比如表 7.5 所示。考虑到篇幅的问题，在此仅列出 3.5g 单轮跳动工况优化后的应力应变云图，如图 7.16 所示。

表 7.5 转向节优化前后强度对比分析

序号	工况	优化前强度/MPa	优化后强度/MPa
1	3.5g 单轮跳动工况	142.1	151
2	0.7g 倒车制动工况	134	186.2
3	1g 减速工况	186.2	180.6
4	0.7g 加速工况	91.6	80.5
5	1g 右转工况	347.4	345.6
6	撞击路肩工况	450.9	507.2

图 7.16 3.5g 单轮跳动工况应力应变云图
（a）转向节应力云图；（b）转向节位移云图

(7) 质量对比。

优化前转向节的质量为 5.982 kg，优化后的质量为 5.643 kg。转向节优化后的质量比优化前的质量减少了 0.339 kg，轻量化比例达到了 5.667%。

2. 转向节的疲劳寿命分析

在对结构进行疲劳分析之前，针对疲劳分析方法的选择和应用，应当先根据结构具体的使用情况选择，然后结合相关的疲劳损伤理论对结构的疲劳寿命进行预测。疲劳寿命分析的前提主要包括疲劳分析方法的确定、疲劳载荷的确定、材料疲劳特性的确定等。结构疲劳寿命分析的基本流程如图 7.17 所示。

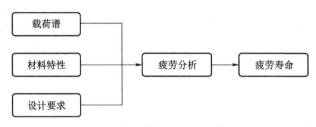

图 7.17　结构疲劳寿命分析的基本流程

在对结构进行疲劳寿命分析时，最重要的便是确定疲劳寿命分析方法。具体采用何种疲劳寿命分析方法，要根据结构的设计要求、结构所承受的疲劳载荷以及结构材料的疲劳特性来综合确定。对于重要的要求具有无限寿命的零件，根据 S–N 曲线可知，只需要使材料无限寿命条件下的应力幅值大于结构所受到的等效最大应力便可。如果结构是有限寿命设计要求，则应该考虑对结构采用应力疲劳分析或应变疲劳分析方法。采用应变疲劳分析方法时，结构所受的应力允许落在低周疲劳寿命区。重要一些的结构在采用应力疲劳分析方法时，应使其所受的应力落在高周疲劳区域内。疲劳基础理论和分析方法在前面已经讨论过，在此不重复讨论。

1) 转向节疲劳载荷谱采集试验

在汽车零部件开发过程中，分析软件中的零部件载荷谱未必切合实际工作状态下的载荷情况，需要测量在实际工作状况下整车的载荷谱，从而得到零部件的载荷谱。本例载荷谱在湖北襄阳汽车试验场采集，图 7.18 所示为襄阳汽车试验场鸟瞰图。

(1) 试验目的。

获取车辆在试验场进行疲劳道路测试过程中车轮位置所承受的载荷信息，为进一步对转向节零件进行疲劳寿命分析提供载荷谱。

第7章 面向零部件可靠性的汽车轻量化设计方法

图 7.18 襄阳汽车试验场鸟瞰图

（2）试验对象。

载荷谱采集的试验对象是某插电式轿车，样车参数如表 7.6 所示。

表 7.6 试验样车参数

车型	长/mm	宽/mm	高/mm	轴距/mm	总质量/kg	车轮/胎压
XXXX–E	4 800	1 819	1 484	2 710	1 925	195/55R 15（0.18 MPa）

（3）车辆状态需求。

① 保证配重的质心高度与实车状态一致，以避免载荷转移对数据采集结果造成影响。

② 保证路谱采集车辆的轮距、轴距、底盘硬点与设计状态相同，建议试验前进行 K&C 调校。（如无法达到本项要求，本次试验采集结果与设计结果将有较大偏差。）

③ 整车姿态：离地间隙符合设计要求。

④ 布置传感器时尽量保证传感器角度与整车坐标系一致。

（4）试验条件。

载荷谱的采集是在湖北襄阳汽车试验场汽车疲劳试验场进行的，具体的试验条件如下：

装载质量：根据《汽车道路试验方法通则 GB/T 12534—1990》规定，无特殊规定时装载质量均为厂定最大装载质量或使试验车处于厂定最大总质量状态。装载质量应均匀分布，装载物应固定牢靠，试验过程中不得晃动和颠离，以保证装载质量的大小、分布不变。根据《轿车——质量分布 GB/T 5910—1998》规定，车内乘员的质量按 68 kg 计算，人均行李按 7 kg 计算。

试验中,轮胎冷态充气压力应符合该车技术条件的规定,要求轮胎气压误差不得超过±10 kPa。在试验中还应该经常检查气压,确保轮胎具有正常磨损及良好的安全性能,以减小胎压不同而造成的测量误差。

完整的耐久性试验是由多个工况组合形成的。本例所采用的完整耐久性试验工况组合如图 7.19～图 7.21 所示。采集过程中不同的路面如图 7.22～图 7.33 所示。

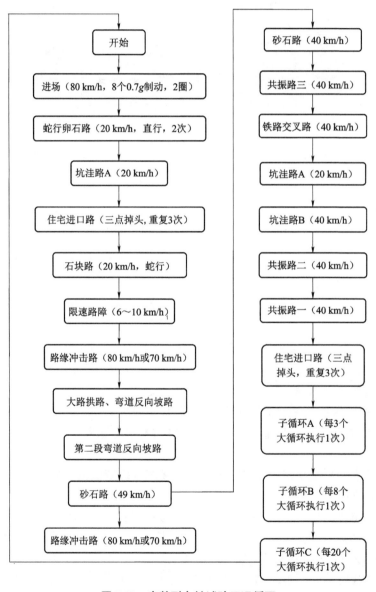

图 7.19 完整耐久性试验工况循环

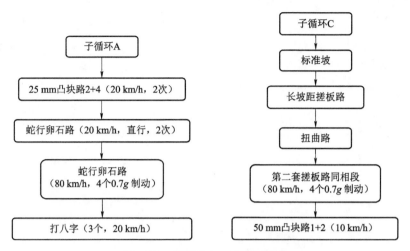

图 7.20　子循环 A、C 工况组合

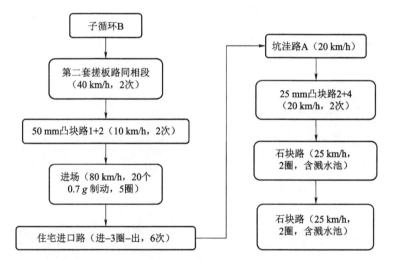

图 7.21　子循环 B 工况

图 7.22　石块路

图 7.23　砂石路

图 7.24　长坡路

图 7.25　共振路

图 7.26　坑洼路 A

图 7.27　坑洼路 B

图 7.28　搓板路

图 7.29　大路拱路

图 7.30　路缘冲击路

图 7.31　扭曲路

图7.32　25 mm 凸块路

图7.33　50 mm 凸块路

（5）试验设备。

载荷谱采集过程中所使用的是 SoMat eDAQ 数据采集系统，如图 7.34 所示。采集过程中所使用的试件传感器为德国的 SWIFT 六分力测量仪，如图 7.35 所示。

图7.34　SoMat eDAQ 数据采集系统

图7.35　SWIFT 六分力测量仪

设备连接过程中需要注意以下事项：
① 每一个设备仪器都需要调试正常。
② 数据线一定采用高屏蔽的线缆。
③ 供电电源最好采用直流电瓶，六分力传感器单独供电，电瓶必须固定。
（6）试验过程与结果。
在试验道路中对车辆在不同的道路和工况下进行测量，蛇形卵石路路况下六分力测量仪输出结果如图 7.36～图 7.41 所示。

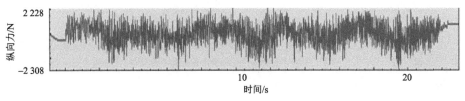

图 7.36 纵向力 F_X 的输出

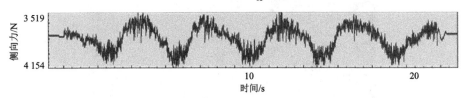

图 7.37 侧向力 F_Y 的输出

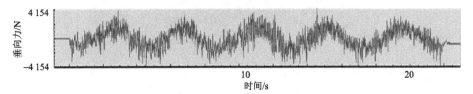

图 7.38 垂向力 F_Z 的输出

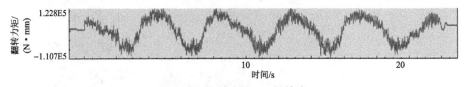

图 7.39 翻转力矩 M_X 的输出

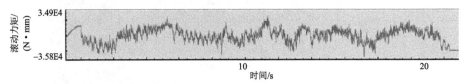

图 7.40 滚动力矩 M_Y 的输出

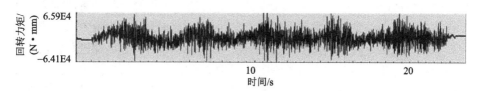

图 7.41　回正力矩 M_Z 的输出

根据试验采集到的车轮处所承受的载荷谱，通过采用多体动力学方法得到悬架硬点载荷，建立悬架多体动力学模型，从而得到转向节不同连接处的载荷谱。

2）转向节疲劳寿命分析

针对结构疲劳寿命进行分析的仿真软件也在广泛应用。有限元疲劳分析计算方法与传统的疲劳试验方法相比具有以下优势：

① 针对零件的疲劳寿命分布，通过有限元计算能够清晰地显示出零件疲劳寿命的分布情况，而不仅仅是提供出寿命最小的地方。可以根据计算结果在设计阶段清晰地找出结构的疲劳寿命薄弱位置，从而经过修改来提高结构的疲劳寿命。

② 仿真疲劳寿命分析降低了开发成本，并且缩短了开发周期。

（1）Ncode 软件介绍。

Ncode 软件是英国 Ncode 国际公司开发的疲劳仿真分析软件系统，它能够让用户在工程设计中有效地管理分析产品的耐久性。本例采用 Nastran 作为 Ncode 前后处理软件。疲劳寿命分析数值结果从 Ncode 中得到，载荷工况从整车实际测量中获得，需要的材料信息从 Ncode 材料标准库中获得。

选择 Ncode 疲劳软件，主要有以下原因：

① 软件具有强大的疲劳分析功能。Ncode 根据客户需求嵌入 Visual Basic 和 Java Script 程序到一个环境中，从而使所有的数据处理和载荷管理要求能在一个软件包中得以满足。

② 完善的材料管理系统。Ncode 具有丰富的材料数据库，而且这些材料的特性都是通过试验测得的。通过材料库，可以快速方便地创建和处理材料数据。

③ 多样的结果处理方法。Ncode 具有多种结果处理和显示方式。通过 FE-Fatigue 界面，可以清晰地看出处理对象的疲劳寿命分布以及损伤程度和最大损伤点。

（2）载荷谱。

车辆的强度和耐久性是任何一辆新车型的设计都必须面对的问题，同时也是评价汽车好坏的重要指标之一。目前，车辆载荷获取方法可分为 3 种：直接测量法、全理论分析法以及半测量半理论分析法。载荷的直接测量法主要是采用应力、位移、加速度等测量手段直接获得载荷数据然后加载至仿真环境中，测量结果比较准确，但是测量手段困难，效率低。用半测量半理论分析法获取载荷的难度介于直接测量法和全理论分析法之间。由于大部分情况下直接测量法很难测量所需部位的载荷情况，于是可以用六分力测量仪先测量出汽车在各工况下各个轮心处的载荷，然后通过多体动力学仿真将其分解到底盘和车身连接的硬点处，从而间接获得转向节耐久性分析所需要的载荷。

转向节疲劳计算实例所采用的载荷谱是通过直接测量法获得的。先通过整车在湖北襄阳汽车试验场试验得到车轴所承受的六向力载荷谱，然后通过多体动力学仿真得到转向节各连接点所承受的载荷谱。

（3）材料疲劳信息。

本例转向节所使用的材料是合金材料 38MnSiVS6。38MnSiVS6 的力学特性：弹性模量为 210 GPa，抗拉强度 σ_b 为 720 MPa，屈服强度 σ_s 为 600 MPa，泊松比 μ 为 0.36，密度为 7.85×10^3 kg/m³。

（4）疲劳寿命计算。

利用 Ncode 软件对转向节疲劳分析时需要分别在 FEInput 模块输入转向节应力文件，在 Time Series Input 模块输入转向节疲劳寿命测试中所受到的载荷谱信息。转向节疲劳寿命分析流程如图 7.42 所示。

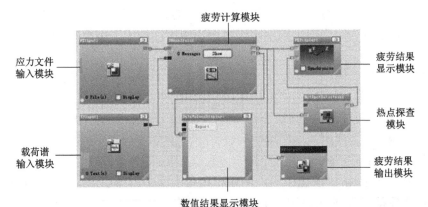

图 7.42　转向节疲劳寿命分析流程

输入的转向节应力文件为转向节在单位载荷作用下所受的应力。在计算转向节在单位载荷作用下所受的应力时，转向节约束不采用 SPC 约束，采用惯性释放来进行计算。在转向节各连接点分别施加 X、Y、Z 3 个方向的单位力和单位力矩，从而计算得到转向节在单位载荷作用下所受的应力。将整合好的载荷谱通过 Edit Load Mapping 输入，输入方法如 7.43 所示。

第7章 面向零部件可靠性的汽车轻量化设计方法

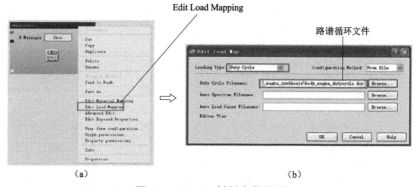

图 7.43 Ncode 材料参数设置

（a）载荷编辑； （b）载荷输入

在 SNAnalysis 中对转向节的材料进行设置，通过 Edit Material Mapping 选项对转向节材料信息进行设置，然后对 SNAnalysis 疲劳计算模块进行参数设置：

① 疲劳计算位置设置为 Elements。

② 平均应力修正方法选择 Goodman。

③ 对数寿命的标准差设置为 0.1。

④ 生存率设置为 99.9%。

各种参数设置好之后对转向节的疲劳寿命进行计算分析，计算得到转向节的疲劳寿命云图和最大损伤点，如图 7.44、图 7.45 和表 7.7 所示。

图 7.44 转向节疲劳寿命云图 1

图 7.45 转向节疲劳寿命云图 2

表 7.7 转向节最大损伤点信息示意

1	2	3	4	5	6	7	8	9	10
Node	Shell layer	Material group	Property ID	Material ID	Damage	Mean biaxiality	Non-proportion	Dominant stress	Life
								Degress	Repeats
2336904	N/A	All entities	20601	5503	0.001 691	−0.007 843	0	−78.99	591.2
2337139	N/A	All entities	20601	5503	0.001 761	−0.010 19	0	−80.67	568
2337209	N/A	All entities	20601	5503	0.001 763	0.019 32	1.98e-08	84.04	567.1
2336948	N/A	All entities	20601	5503	0.002 137	0.000 434 6	1.958e-08	82.68	467.9
23372343	N/A	All entities	20601	5503	0.002 277	0.003 407	0	83.7	439.2
2337173	N/A	All entities	20601	5503	0.002 482	0.002 265	0	−81.74	403
2337275	N/A	All entities	20601	5503	0.002 774	0.037 47	0	−86.53	360.4
2337207	N/A	All entities	20601	5503	0.003 268	0.021 41	4.749e-09	−83.3	306
2337105	N/A	All entities	20601	5503	0.004 247	0.009 271	0	−79.71	235.5
2336905	N/A	All entities	20601	5503	0.006 682	0.038 18	0	−83.22	149.6

通过计算可知转向节的整体疲劳寿命远大于1，即远大于一次完整的整车耐久性试验。转向节疲劳寿命最小的部位是位于转向节上控制臂的中间部位以及转向节臂的根部位置，寿命量小的节点是6905节点，最小疲劳寿命循环次数为149.6次，远大于1（1表示一次完整的耐久试验），可知转向节的疲劳寿命满足汽车使用要求。

7.4 新材料与新技术的应用

汽车零部件主要用材为钢和铝合金，关于较为成熟的零部件材料以及工艺这里不再赘述，下面主要介绍零部件新材料及新工艺近期的研究进展。

7.4.1 新材料的应用

1. 第三代高强度钢

2016年4月21日，由NanoSteel与AK钢铁公司经过多年研发并联合生产的最新一代高强度钢（AHSS）交付通用汽车用于初期测试。该新型钢板为汽车制造商提供了材料性能的新标准，势必会加速车辆轻量化趋势，让制造商无须太多成本即可满足全球日益严格的燃油经济法规要求。这次改变使它可以同时兼顾强度与延展性,在达到 1 200 MPa 抗拉强度的同时也拥有 50%的延伸率,克服了传统钢板两者不能兼顾的弊端,高强度特性使设计师能使用更薄的材料来设计部件,使部件变得更轻。

2. 碳纤维增强复合材料(CFRP)

在新型零部件轻量化材料中,碳纤维增强复合材料一直扮演者重要的角色。例如,最近新出的以碳纤维增强复合材料环绕铝合金架构的轻量化车轮不仅达到了减重的效果,还能够提升车辆的功率和节能效率。碳纤维复合材料轮毂如图 7.46 所示。

图 7.46　碳纤维复合材料轮毂

资料表明,这种全碳轮的优点众多。它通过减小旋转质量和簧下质量,降低了燃料消耗,减少了道路噪声,减小了制动距离,提高了加速度和机械抓地力,改善了操作感和驾驶感。其中,碳车轮早在几年前就已经被开发出来,主要应用在一些发烧级赛车和豪华车上。轮胎轻量化能带来车辆框架轻量化两倍的效益,正逐渐成为汽车轻量化的一种发展趋势,未来或将实现大规模生产。

7.4.2　新技术的应用

1. 四位一体铸铁件

汽车零部件有相当一部分是由铸造工艺完成的,近期乔治费歇尔(GF)汽车产品公司提出的四位一体铸铁件轻量化方案为汽车零部件的轻量化带来了一股新的浪潮。该公司汽车产品轻量化开发经验包括材料、设计、工艺、验证,四方面结合成一个闭环的过程。铸铁件的设计有时需要考虑一个零件与周边零件的连接环境和条件。因此,最后交给客户的有可能不是其要求设计的一个零件,而是将原来的四五个零件整合在一起的一个零件,这是对铸铁件减重的途径之一。

2. 紧凑型多功能摄像头

近期，吉利汽车公司新推出一款 SUV——博越，其搭载的全球首发的紧凑型多功能摄像头（见图 7.47）也是一种轻量化新技术。该多功能摄像头能利用图像处理算法及专用图像芯片设计，处理来自摄像机的输入信息，测量驾驶距离并计算可能与其他车辆或行人碰撞的时间，在即将出现碰撞危险时为驾驶员提供实时警告。由此可见，该项新技术不仅大大提高了摄像头的功能及其智能化，还在一定程度上为汽车轻量化做出了贡献。

图 7.47　紧凑型多功能摄像头

7.4.3　汽车零部件新材料与新技术应用展望

① 连接新技术。低成本、高效率，适用于大批量生产的连接新技术，包括铝合金、镁合金和高强度钢之间的连接技术，复合材料之间，复合材料与铝合金、镁合金、高强度钢的连接技术等，是未来着力发展的与新材料相关的制造技术。

② 成形技术。成形技术将致力于提高镁合金铸件的可靠性和性能以扩大其在汽车结构中的应用，低成本的铝合金、镁合金和高强度钢成形新技术在汽车零部件中的应用研究，热塑性和热固性复合材料的大批量生产技术；气体辅助注射生产大型薄壁结构件技术，增强纤维快速预成形技术。

汽车零部件的多材料设计、部件零件化（减少零件设计）的发展趋势，在客观上促使材料与设计、工艺有机结合，而随着 CAD、CAPP、CAM 的出现，汽车零件设计、材料与制造工艺之间的界限也越来越淡化，逐步成为一体。激光拼焊、液压成形、半固态金属加工、喷射成形以及不同材料的连接技术等新技术的出现，也要求将设计、材料与制造工艺作为一体进行综合研发。今后，在汽车整车及零部件行业参与跨国公司的全球采购业务过程中，采用国外的材料、设备的比例无疑将会增高。届时，掌握现场的材料、设备，从全球化的观点进行设计也是非常必要的。另外，培养能实施这些工作的人才也将成为重点。

材料作为 21 世纪的支柱已显示出 6 方面的变化趋势，即从铁基合金向非铁基合金变化，从金属材料向非金属材料变化，从结构材料向功能材料变化，从多维材料向低维材料变化，从单一材料向复合材料、成分和结构变化，从简单向复杂变化。为适应未来汽车工业的发展，应不断运用新技术、新工艺和新装备，研发出性能优良、节省能源、节约资源、成本低的汽车用新型材料。

第 8 章

新能源汽车动力系统轻量化设计

8.1 新能源汽车动力电池及电池包轻量化技术

8.1.1 电动汽车的发展概述

世界上第一辆电动汽车由安德森于 1834 年制造。这辆电动汽车设计非常简单,且所用的蓄电池是不可再充的。随后,斯特町应用法拉第电磁感应原理组装了一辆电动三轮车,如图 8.1 所示,电磁感应原理在这辆电动车上的应用开启了新技术在电动车上的应用之门。直到 19 世纪后半叶的 1873 年,英国阿伯丁的戴维森制作了世界上最初的可实用的电动汽车。这辆电动汽车是一辆载货车,长 4 800 mm,宽 1 800 mm,使用铁、锌、汞合金与硫酸进行反应的一次电池,如图 8.2 所示。其后于 1880 年,应用了可以充电的二次电池。从一次电池发展到二次电池,这对于当时电动汽车来讲是一次重大的技术变革,因此电动汽车需求有了很大提高,在 19 世纪下半叶成为交通运输的重要产品。1882 年,阿顿和培理制成了一辆由铅酸电池供电、直流电动机驱动的电动三轮车,车上还配备了照明灯。这辆电动车的总质量为 168 kg,车速提高到 14.5 km/h。特鲁夫、阿顿和培里这三位电动车的先驱,在燃油汽车尚未问世、马、骡、驴、牛作为动力源的时代,开创了私人电动车的先河,对电动车在世界各国的发展起到了极其重要的推动作用。1887 年,英国人伏克尔也制作了一辆电动三轮轻便车。尽管这辆车与阿顿和培里的三轮车比起来功率不大,但它使用了平衡轴,可以更加灵活地进行速度转换。之后,伏克尔还对该车做了相应修改,献给土耳其国王。改装后的整车质量为 499 kg,车速提高到 16 km/h。1888 年,华德电气公司制造了一辆车速可达 11 km/h 的电动公共汽车,用于伦敦的公共交通，如图 8.3 所示。

图 8.1　世界上第一辆电动三轮车

图 8.2　实用电动车雏形

与马车相比，电动公共汽车不会造成路面的损坏和街道的污染，受到伦敦市民的欢迎。这辆电动车采用蜗轮机构转向和脚踩制动，驾驶员站立在电动车的前部操纵车辆。之后，华德电气公司被新成立的伦敦电动公共汽车公司以 25 万英镑收购。此后，电动轿车、电动出租车陆续在英国出现。1899 年，德国人波尔舍发明了一台轮毂电动机，以替代当时在汽车上普遍使用的链条传动。随后开发了 Lohner–Porsche 电动车，如图 8.4 所示。该车采用铅酸蓄电池作为动力源，由前轮内的轮毂电动机直接驱动，这也是第一部以保时捷命名的汽车。在 1900 年的巴黎世博会上，该车以 Toujours–Contente 之名登场亮相，轰动一时。随后，波尔舍在 Lohner–Porsche 的后轮上也装载两个轮毂电动机，由此诞生了世界上第一辆四轮驱动的电动车。但这辆车所采用的蓄电池体积和质量都很大，而且最高车速只有 60 km/h。为了解决这些问题，波尔舍 1902 年在这辆电动车上又加装了一台内燃机来发电驱动轮毂电动机，这也是世界上第一台混合动力汽车。

图 8.3　早期电动公共汽车

图 8.4　Lohner–Porsche 电动车

亚洲汽车制造强国日本也是最早开始发展电动车的国家之一。日本国土面积狭小，石油资源极其匮乏，几乎完全依赖进口，因此受世界原油市场的影响很大。另外，日本人口密度很大，城市污染比较严重。因此，日本政府特别重视电动车的研究和开发，1965 年电动车被正式列入国家项目。两年之后，成立了日本电动车协会，旨在进一步促进电动车产业的发展。1971 年，日本通产省制定了《电动车的开发计划》，对电动车的发展有了一个明确的规划，其中对购买电动车的用户还制定了优惠补贴措施。日本电动车的发展与政府早期的扶持密不可分。日本第一代电动车如图 8.5 所示。1973 年，美国 Vanguard–Sebring 公司在华盛顿的电动车展上首次展出 CitiCar，如图 8.6 所示。该车的构造十分精简，它只有两个座位，没有变速箱，依靠选择驱动电压的大小来控制车速，最高车速可达 64 km/h。整个车身由 ABS 塑料构成，避免了钢铁材质可能引起的锈蚀。整车质量为 612 kg，其中作为动力电源的蓄电池重达 227 kg。此车搭载 36 V 直流电机，最大续驶里程达 80 英里[①]，可用 110 V 标准电压进行充电，单次充电时间 6 h。行驶时无须换挡，倒车按一下开关即可。制造商声称 CitiCar 几乎不需要维护与保养，作为电动车，CitiCar 不需要排气系统和冷却系统，唯一要做的只是每 3 年更换蓄电池。相比于普通汽车，CitiCar 的售价稍高，在 4 500 美元左右。但由于无须支付高昂的燃油费用，它的使用成本相对低廉，通常在完全充电后，30~40 美分的花费就足够人们开上一天。由于实现了一定的量产，因此相比于原来的电动车，CitiCar 已经便宜了很多。CitiCar 也正是凭借大众能够接受的价格打开了电动车的市场。1990 年加利福尼亚州议会通过一项《ZEV 法案》，要求在 1998 年的汽车总销售量中，必须有 2%的零排放污染汽车。到 2000 年，零排放污染汽车应占汽车总销售量的 3%。2001 年达 5%，而 2003 年增至 10%。

图 8.5　日本第一代电动车

图 8.6　美国 CitiCar 电动车

随后，美国东部的 10 个州也仿效加州的做法，出台了相应的零排放法案。

---

① 1 英里=1.609 344 千米。

1990 年，通用公司在洛杉矶车展上推出了 Impact 电动车。这辆车仅重 998 kg，采用三相交流感应电动机，最高车速达 176 km/h，以 88 km/h 的车速可以行驶 200 km。Impact 的亮相在某种程度上促进了《ZEV 法案》的孕育和诞生。当时因为价格劣势，这辆电动车还不具备与汽油车一决雌雄的实力。随后，通用汽车公司牢牢抓住《ZEV 法案》这个大好契机，以 Impact 的核心技术和设计为原型开发出 EV1 型纯电动轿车。1996 年在洛杉矶、圣地亚哥等地展销，被视为现代电动车开山之作。1999 年，通用公司又用镍氢电池代替 EV1 的铅酸电池，并可以回收制动能量，达到当时电动车技术的顶峰。但是，这辆车充电数小时竟还跑不到 100 英里，成本高和续驶里程短使这种电动车最终难逃厄运，被全部回收用作废品处理。即使如此，EV1 因其时尚外观和前卫技术堪称电动车永恒的经典。

步入 21 世纪以后，随着动力电池技术的不断发展，电动车技术不断提高，无论从续航里程、充电时间、外形设计、事故安全等任何一方面都是以往电动车所无法比拟的，在此最有代表性的就是特斯拉 Model S（图 8.7）以及宝马 i8（图 8.8）这两款电动车。特斯拉 Model S 是一款高性能电动轿车，外观造型动感，续航可达 400 km，第一次亮相是在 2009 年 4 月的一期《大卫深夜秀》节目中。宝马 i8 是超级混合动力双门跑车，造型质感且富有活力，百公里平均油耗仅为 3.76 L，在纯电力驱动方式下可以续航 37 km。

图 8.7　特斯拉 Model S 电动车　　　　图 8.8　宝马 i8 电动车

8.1.2　电动汽车用动力电池介绍

目前，电动汽车可分为纯电动汽车（Battery Electric Vehicle，BEV）、混合动力电动汽车（Hybrid Electric Vehicle，HEV）和燃料电池汽车（Fuel Cell Vehicle，FCV）3 种。显然，作为电动汽车动力来源的电池技术发展是制约电动汽车发展的重大影响因素，对于开发电动汽车的竞争，最重要的就在于开发车载动力电池的竞争。电动汽车对电池的基本要求可以归纳为：高能量密度，高功率密度，较好的充放电性能，较长的循环寿命，价格较低，电池一致性好，使用维护方便等。针对这些要求，电动汽车所使用的动力电池已经经历了 4 个阶段的发展过程：铅酸电池阶段、镍氢电池阶段、锂离子电池阶段以及燃料电池阶段。

铅酸电池因为采用体积、质量较大的金属铅作为电极材料，比能量和比功率低是其致命缺点，虽然可以通过增大电极的表面积来提高比功率，但这会增加侵蚀速度而缩短电池寿命，通常可以通过轻量化反应容器来提高比能量，再在铅酸电池活性物质中加入合适的添加剂以提高电池容量寿命。与铅酸电池相比，由于镍氢电池具有更高的比能量和比功率，且不存在重金属污染问题，所以在电动汽车动力电池市场更具有竞争力。制约镍氢电池发展的主要问题是其在低温时容量减小，高温时充电耐受性差以及制造成本较高。为解决在高温和低温条件下镍氢电池存在比功率下降的问题，可以通过提高金属氢化物电极表面催化剂的活性、使用合适的添加剂和导电黏结剂及优化电池设计等方法来提高镍氢电池的高速充放电功率和容量。锂离子电池与铅酸电池和镍氢电池相比，比能量和比功率均有所提高，如表 8.1 所示，其比能量为镍氢电池的 2～3 倍，是铅酸电池的 4～6 倍。相比于传统的铅酸电池、镍氢电池及锂离子电池等蓄电池，燃料电池具有更高的理论比能量，能够有效克服传统电池续航能力不足和输出功率低的技术瓶颈，在此不对燃料电池做详细解释。

表 8.1 电动汽车动力电池性能指标

电池类型	比能量/（W·h·kg^{-1}）	比功率/（W·kg^{-1}）	循环次数
铅酸电池	30～50	60～75	500～800
镍氢电池	30～110	250～1 200	500～1 500
锂离子电池	100～250	250～340	400～2 000

锂离子电池根据电极材料不同又可以细分为钴酸锂离子电池、镍钴锰三元锂离子电池、锰酸锂离子电池和磷酸锂离子电池等，目前在电动汽车上均有使用，各具优势，如表 8.2 所示。

表 8.2 电动汽车动力电池性能比较

国家或地区	车型	电池包能量（按标准配置）			单体电池容量/（A·h）	单体结构	电池类型
		总能量/（kW·h）	标称电压/V	总容量/（A·h）			
美国	特斯拉 Model S	85	400	212	3.1	金属外壳方形结构	镍钴铝酸锂离子电池
	雪佛兰 Volt	16	355	45	15	铝塑软包叠片式	锰酸锂离子电池

续表

国家或地区	车型	电池包能量（按标准配置）			单体电池容量/(A·h)	单体结构	电池类型
		总能量/(kW·h)	总能量/(kW·h)	总能量/(kW·h)			
欧洲	宝马 i3	22	360	61	—	金属外壳方形结构	高压锂离子电池
	宝马 MINI E	35	400	87.5	2.2	金属外壳圆柱形卷绕	磷酸铁锂离子电池
日本	丰田 Prius	—	207.2	—	3.6	金属外壳方形结构	三元锂离子电池
	尼桑 Leaf	24	345	69.5	33	铝塑软包叠片式	锰酸锂离子电池
中国	比亚迪 e6	85	316	270	—	金属外壳方形结构	磷酸铁锂离子电池
	众泰 E200	24.2	311	78	26	金属外壳方形结构	三元锂离子电池

8.1.3 电动汽车动力电池包设计原则

电池包的设计目标是在满足刚度、强度的前提下，满足电气设备外壳防护等级 IP67 的设计要求，箱体内电池组应在底板上固定，线束走向美观、合理且固定可靠。

8.1.3.1 电池包的设计要求

1. 碰撞安全性能要求

电池包在车辆发生碰撞时，应满足以下要求：

① 如果电池组或动力电池安装在驾驶室的外部，电池组、动力电池或其部件（如电解液、电池模块等）不得穿入驾驶室内。

② 如果电池组或动力电池安装在驾驶室内，电池包的任何移动都应确保乘员的安全。一般来讲，建议人电分离，即动力电池不要放在驾驶舱内。

③ 发生碰撞时，电池单体或模块不能由于碰撞而从电池包内散落，特别是要避免其从车上甩出。

④ 发生碰撞时，要保证在第一时间将电池组的过流切断装置断开连接，且要防止动力电池组短路。

⑤ 发生碰撞时，要保证电池箱体具备一定的刚度以使电池单体或模块因挤压而产生的变形量在其安全范围之内。

2. 通风与散热性能要求

汽车长时间运行时，尤其是持续的大负载高速行驶，电池在放电的同时会释放出大量热量；在汽车大电流充电情况下，电池组也会产生大量的热量。为了保证电池安全及其使用寿命，要求电池包必须具有良好的散热能力，即

① 在箱体内空间允许的前提下，电池模块之间要留有适当的间隙，以满足电池自身热膨胀和散热的需要。

② 内置信息采集板或温度传感器，实时监控电池包内的电池温度。

③ 根据电池放热特性和电池包箱体的容量大小，匹配相应的散热风流量，并保留有足够的安全系数。

④ 电池包内部要通过挡板来引导内部结构气流走向，保证每个电池单体均能充分地散热。

⑤ 如遇到突发故障，必须保障在电池的电源已切断后才可将散热风扇切断，要留有一个时间延后的过程。

3. 绝缘与防水性能要求

纯电动汽车上动力电池组的输出电压很高，在 200 V 以上，电池包除了保障能够容纳电池外，还必须有效地隔绝乘客和操作人员与电池产生接触；电池箱体必须保证密封防水，防止由于进水而导致电路短路，电池箱体防护等级要求达到 IP67。其设计要求如下：

① 电池的两极连接板以及两极与电池包的最小距离应大于 10 mm，以防止击穿放电。

② 电池包应整体电泳喷涂，内部加装绝缘板或涂覆绝缘漆。

③ 电池包上存有影响密封的焊缝处必须涂加密封胶，箱体顶盖与下箱体配合处要添加密封材料，接插件固定处要采取相应密封措施。

④ 电池包的布置在避让底盘部件和车身的同时应尽量靠上，箱体的最低点应不小于整车的最小离地间距，以满足不同路况下整车的通过性并防止机械损伤。

⑤ 电池包的接插件安装孔和进出风口应尽量布置在电池箱体的1/2高度以上。

4. 其他方面要求

动力电池有限的使用寿命使得其不能与普通燃油汽车的油箱一样，一经安装，在汽车整个使用寿命期内都无须更换。在电动汽车的使用过程中，电池系统可能出现故障，需定期进行检修。另外，当前技术条件下动力电池的容量还相对有限，这使得电动汽车一次充电后续驶里程也非常有限，电动汽车充电时间也很长。因此，需要建立电池交换站，将电量耗尽的动力电池进行快速更换。这些因素都要求电动汽车在进行电池包结构设计时充分考虑电池拆装方便性。目前，动力电池比能量和比功率与燃油相比还有较大差距，因此电动汽车比同类型的传统燃油汽车总质量上一般要多出 10%～20%。据统计，电动汽车每增

加 1 kg，每百公里就要多消耗 5～10 W·h 电能。要想使电动汽车一次充电后续驶里程尽可能长，就要降低整车质量。因此，设计电池包结构时，在保证强度可靠和功能需要情况下有必要通过优化结构设计和采用新材料等措施尽可能减小电池包质量。

8.1.3.2 电池包的方案布置

1. 动力电池布置形式

电池包是电动汽车动力电池的主要约束、承载部件，动力电池的布置形式决定了电池包在整车上的布置形式，因此动力电池的布置形式也就是电池包的布置形式。电动汽车上动力电池主要有两种布置方式：一种是分布式布置；另一种是整体式布置。分布式布置是指由电动汽车的空间结构而定，"因地制宜""见缝插针"地对动力电池进行安装布置。这种布置方式能有效利用空间，但是电池之间相隔较远则必然用长导线相互连接，可能使电池之间的连接关系复杂，布线混乱，不利于电池组的检修和维护。同时，较长的连接导线也提高了漏电的概率，使得电动汽车的安全性降低。整体式布置就是将所有动力电池组集中安装在整车的某一位置。这种安装形式，用较短的导线就能够将电池相互连接起来进而组成动力电池组，电池之间距离短。这有利于电池间的连接，且布线清晰，较短的接连导线也减少了导线漏电的概率。结合实际情况考虑，电动汽车动力电池选用整体式进行布置。

2. 动力电池方案布置

前舱、车底油箱位置、地板下部、中央通道和后备厢均是可以利用的电池组的布置空间。将电池组布置在中央通道和前舱内对整车动力性能及轴荷分布有利，且对电池的检修和更换都非常方便，但是这种布置方案对车辆的碰撞安全不利。根据交通事故统计，在所有碰撞事故类型中，正面碰撞发生的概率最高。当汽车发生正面碰撞事故时，处在这一位置的动力电池很容易受到直接碰撞、挤压进而产生严重变形，电池壳体破裂，导致电池漏液甚至爆炸。尤其是当汽车发生偏置碰撞时，整个车体只有部分结构参与变形吸能，故汽车变形刚度小，变形量大，动力电池系统受到碰撞冲击则更为严重，且电池组很容易侵入乘员舱内对车内乘员造成机械伤害。因此，不建议把电池组布置在前舱内。如将电池组布置在后备厢中，由于此处无其他部件的阻挡，便于电池的拆装。但这种安装方式会占用行李厢空间，且电池组质量很大，很容易导致汽车尾部质量过大。若电动汽车前后轮所承载的质量匹配不好，很有可能使电动汽车转向特性倾向于过转向，其操纵稳定性会变坏，因此也不推荐在后备厢中的布置方案。根据相应车型的驱动形式，看中央通道是否有传动轴，从而决定电池组是否在此处有足够的布置空间。车身地板下部及车底的油箱位置为理想的电池组布置空间，此处可以有效地利用座椅下部的空间，空间利用率相对较高。同时电池组所处的位置较为隐蔽，当电动汽车发生碰撞时电池一般不会受到直接冲击，这样对电池组的保护也较好。尤其是当电池安装在车架内侧时，刚度较大的车架会对电池组起到很好的保护作用。电池安装在此处还使得汽车重心降低，因此动力电池安装在中部时，整车理论上有着更好的操作稳定性和平顺性。但是，这种安装位置不利于电池组的拆装和检修，另外在雨雪天气或涉水路况下电池包容易进水，接到电池组控制系统的连接线或电池组间的连接导线有可能由于水汽的侵蚀、泥水的飞溅而造成短路，导致漏电，增加了乘员的电伤害危险。因此，此方案需将汽车地板以下结构完全封闭，这样既避免了动力电池系统的进水、漏电，还使得汽车下部结构平整，有利于减小风阻，提高汽车高速气动特性。同时，考虑到箱体散热性，有必要采取强制通风和散热措施。另外，在避让底盘部件和车身的同时也要尽可能保证最大的离地间距。结合实际情况考虑，最终确定本书中电动汽车动力电池整体布置在车身中部地板下端及车底的油箱位置。

8.1.3.3 电池包的结构设计

在进行电池包结构设计时，要保证结构的强度有较高的安全系数，以确保车辆在发生碰撞时电池组整体结构不会损坏，电池模块不会进入驾驶舱内；在有限空间环境约束下，尽量保证电池单体及模块实现均匀散热；保证电池包与车身紧固连接；保证电池包具有足够高的密封性。

1. 电池箱体顶盖设计

箱体上盖的主要作用为密封，由于受力不大，可以考虑使用镀锌薄钢板进行冲压成形。为保证其与下箱体接触面的强度并提高其密封性，可在顶盖翻边上冲压断续半圆筋，同时在该面设置较小的平面度公差，并在制造过程中严格保证该面的平面度。整个上盖不宜是一个平面，因为一个平面会导致强度不足且极易引发共振，进而降低疲劳寿命，在顶盖平面可考虑在 X、Y 方向上适当冲压出加强筋。由于顶盖和下箱体是通过螺栓连接来固定，所用螺栓数目较多，因此保证孔的同轴度尤为重要。需在合理选择螺栓孔位置的同时，位置尺寸尽量圆整，且在 X、Y 向呈对称布置。连接所需螺栓数目的选择需根据拆装工作量大小和密封性高低两方面综合考虑。若顶盖采用拼焊工艺，则翻边部位宜选用高强度钢板以增加结构强度。考虑到整体电池包的轻量化设计，顶盖也可采用工程塑料，但这会影响电池系统的电磁屏蔽，因而不建议采用。

2. 电池包下箱体设计

电池组主要固定在下箱体里面，因此电池箱体内部要有支架、托盘、罩盖等结构措施，使电池模块在车辆行驶的过程中可靠固定，在上下、前后、左右各个方向上均不发生整体窜动，避免对侧围和顶盖造成冲击，减小电池箱体寿命。确定电池信息采集盒等相关部件的安装位置，确保在复杂工况下，各个部件均能够牢固可靠，避免发生松动而导致威胁电路。下箱体也可以采用拼焊工艺，底板材料可以采用高强度钢并冲压出加强筋，来加强底板刚度。

3. 固定结构的设计

固定结构要求有足够的强度用来支撑极限工况下大质量的电池组。箱体底部应设计有纵横梁，固定安装后与车身一起增加车身结构的承载强度。选择车身上厚度和钢板等级较高的部分作为基础，将电池组全面固定。通过受力计算和分析，确定纵横梁的结构、厚度和材料型号。对于车身和纵横梁的固定连接处，应通过改进结构或增加加强板等措施以保证结构强度，使此处在电池包恶劣工况下不发生失效、变形。若结构厚度不能满足相关焊接标准，可采用局部加厚方式确保焊接质量，使电池包的固定结构具有足够的安全系数。选用螺栓紧固方式连接，通过综合考虑电池组质量、接合面摩擦系数与碰撞加速度等因素确定螺栓规格型号。螺栓孔的选取原则是尽可能以均匀、对称的方式布置，使得各螺栓较为平均地承受外部载荷，推荐安装固定点 6~10 个。螺栓连接的主要优点是可靠性高，但与此同时也会增大电池组快速更换的难度。

4. 载荷分配的校核

电池组及散热系统、动力电缆、控制器等的总质量很大，会对整车的载荷分配产生直接影响。在利用 Catia 三维建模软件完成电池组总体布局后，可在 Catia 软件中检查各部件的位置坐标，并根据部件质量来估算整个电池包的载荷布局是否合理，整车载荷分配是否满足既定的设计要求。

5. 空间位置校核

利用 Catia 软件相应的模块功能，对电池包与车身、稳定杆、后悬架等的距离，电池包的最小离地间距进行全面检查，不仅要确保电池包顶盖和车身之间留有至少 10 mm 间隙，还要充分考虑电池箱体与稳定杆及后悬架等运动件的距离，确保箱体离运动件间距至少为 25 mm。

经过初步设计，确定电池包的结构。箱体前部两个区域分别布置电池 240 块，中部两个区域分别布置电池 48 块，后部区域布置电池 672 块。箱体总共布置电池 1 248 块，电池总重 180.96 kg，总计容量 20 kW·h。电池组由托盘罩盖螺栓连接固定，并通过支架焊接固定在底板上。电池管理系统及线束统一固定在底板中部。底板、侧围、底座、底架通过点焊方式构成电池包的下箱体，上箱体由顶盖构成，与下箱体通过螺栓连接固定。电池包与车身之间总计 10 个固定安装点。电池包实体结构及组成如图 8.9 和图 8.10 所示。

图 8.9 电池包实体结构

图 8.10 电池组的实体结构组成

8.1.4 电动汽车新型高能量密度电池的发展

2016 年年初，在中国电动汽车百人论坛上，与会领导、专家和企业领袖一致呼吁新能源汽车要向轻量化方向转型，其深刻原因是目前新能源汽车的续航里程在很大程度上受制于车的质量，轻量化已经成为电动汽车制造商关注的重点。从轻量化的设计理念思考是电动汽车技术革命的一个重要推力。当然，新能源汽车的轻量化发展也是世界各国发展汽车工业的共同选择。当今世界汽车工业的发展面临着三大方向，分别是节能、环保和安全。对于节能和环保来说，新能源汽车当然有着显著的特征，但是重达几百公斤的电池包也让很多新能源汽车的续航里程大打折扣。目前，我国推出的电动车的续航里程基本在 100～300 km，但价格与普通燃油车相比没有太多优势。在对新能源汽车的补贴逐年降低，而电池技术又没有重大突破的情况下，轻量化就显得异常重要。

新能源汽车动力电池轻量化是一个集成技术，单体电池、电池模组以及电池包体等都有轻量化的余地。目前，很多企业试图对电池技术进行改造，如增加单位体积的电池容量以实现轻量化，对这一技术已能工程化。通过对电池重新排列布置来提高系统能量密度也是有效手段之一。例如，通过对电芯尺寸的研究设计，与整车布置匹配，更高效放置更多的电池，从而使电池箱体积不变，增加电芯数量，实现更长的续驶里程。例如，日产对聆风进行改款，在锂离子电池结构上做文章，将车身质量降低了 80 kg；大众直接取消了 eletric up!的电池冷却系统。另外，还有采用新型高强度轻质材料设计动力电池壳体以达到整个电池包的轻量化作用，如使用碳纤维或者镁作为电池箱体的原材料。

锂离子电池的轻量化目前都是采取提高能量密度的技术方法，目前 LG、SDI 和 CATL 量产的动力锂离子电池单体能量密度达到 165～180 W·h/kg。以北汽 EV200 电动汽车百公里能耗 14 kW·h 为依据，目前量产动力锂离子电池室温下一次充电续驶里程为 200 km。不改变乘用车级别、自重及单位里程能耗，如果动力电池单体能量密度达到 300 W·h/kg，一次充电续驶里程可以达到 470 km，基本上就解决了消费者里程焦虑的问题；当动力电池单体能量密度达到 400 W·h/kg 时，一次充电续驶里程可达 628 km，将超过目前大多数燃油汽车单次行驶最高里程，对于乘用车而言平均充电频次也可以大大下降。如果百公里电耗能进一步降低，续航里程还可以进一步延长。因此，开发高能量密度动力锂离子电池意义重大，影响深远。目前，全世界十分重视动力电池的研究开发，并纷纷制订国家研发计划，提出动力电池中长期技术发展路线图。2012 年，美国能源部提出"EV Everywhere"计划，计划到 2015 年能量密度达到 150 W·h/kg，到 2022 年，电池质量能量密度能够达到 250 W·h/kg，体积能量密度达到 400 W·h/L，而且电池成本降低至现在的 1/4。美国 2012 年启动的储能联合研究中心计划（Joint Center for Energy Storage Research）还提出 5 年内动力电池能量密度达到 400 W·h/kg 的目标。日本新能源和产业技术发展组织（The New Every and Industrial Technology Development Organization，NEDO）在《NEDO 下一代汽车用蓄电池技术开发路线图 2008》中指出，到 2015 年能量型动力电池的能量密度从 100 W·h/kg 提高至 150 W·h/kg；预期到 2020 年，能量密度进一步提高至 250 W·h/kg；2030 年以后，开发新型电池体系，将能量密度提高至 500～700 W·h/kg。2015 年，中国政府在《中国制造 2025》中提出"节能与新能源汽车"作为重点发展领域，建议加速开发下一代锂离子动力电池和新体系动力电池，并提出了动力电池单体能量密度中期达到 300 W·h/kg，远期达到 400 W·h/kg 的目标。2013 年 11 月 15 日，中国科学院启动了战略先导 A 类项目"变革性纳米产业技术聚焦"，其中包括"长续航动力锂电池"项目，目标是研制可实用化的 300 W·h/kg 锂电池，主要研究内容包括基于纳米材料和技术的锂离子电池、固态锂电池、锂硫电池、锂空气电池、电池高水平诊断与失效分析技术等。该项目采取竞争评测、动态调整的管理机制，强调综合技术指标的实现和考核，以应用为导向，对标商品材料和电池，最终开发能替代现有锂离子动力电池的技术，并为我国动力电池产业长远发展储备先进电池技术。

8.1.4.1 第三代锂离子电池

第一代商业化应用的锂离子电池是索尼在 1990 年推向市场的以石墨为负极、以钴酸锂为正极的锂离子电池，随后在消费类产品中得到大规模应用。然而，由于钴酸锂的成本偏高，难以在动力电池领域大规模普及，所以钴酸锂逐渐被磷酸铁锂和三元正极取代，一般这种电池的单体能量密度在 130～250 W·h/kg。第三代锂离子电池将现有锂离子电池的负极石墨碳材料更换为硅基负极，单体电池比能量有望达到 300～350 W·h/kg。2014 年 11 月日立公司在日本电池讨论会上报道了高镍正极、硅合金负极的 30 A·h 锂离子电池能量密度达到了 335 W·h/kg，通过进一步提高负极中硅基材料的含量，能量密度可达到 350 W·h/kg 左右。近年来，具有放电比容量达 300 mA·h/g 富锂锰基正极材料的出现，为研制出第三代具有 350～400 W·h/kg 高能量密度锂离子电池带来了曙光。中国科学院宁波材料技术与工程研究所联合中国科学院物理研究所研制了一款软包锂离子电池,如图8.11所示,采用纳米硅碳材料作为负极、富锂材料作为正极,5 V 电解液,耐高电压隔膜,单体锂离子电池容量为 24 A·h,其质量能量密度达到 374 W·h/kg,体积能量密度达到 577 W·h/L,其电池的详细参数如表8.3所示。

图 8.11 第三代锂离子电池

表 8.3 先导动力锂电池项目组研制的各类电池技术参数列表

锂电池	首次效率/%	放电中点电压/V	放电容量/(A·h)	质量/g	能量/(W·h)	质量能量密度/(W·h·kg^{-1})	体积能量密度/(W·h·L^{-1})
24 A·h 第三代锂离子电池	79	3.17	24.55	207.6	77.8	374	577
8 A·h 聚合物固态电池	95	3.65	8.5	1 201	31.0	240	360
8 A·h 无机固态电池	97	3.83	8.02	128	30.7	240	436
30 A·h 锂硫电池	95	2.05	37	135	75.9	566	416
5 A·h 锂空气电池	74	2.7	5.25	27	14.2	526	390

8.1.4.2 固体金属锂电池

从长远考虑,虽然锂离子电池的能量密度有望达到 400 W·h/kg,但是采用金属锂负极电池能量密度会更高,而且由于金属锂负极的使用,有可能采用不含锂的正极材料,因此电池成本有望显著下降。需要指出的是,金属锂负极研究已经历时 50 余年,在非水电解质溶液中应用时主要面临的问题是在充放电过程中容易产生锂枝晶、粉化,导致循环性下降,内部短路,安全性降低。

1989 年，Moli 公司就因为可充放金属锂电池的安全性而决定永远放弃金属锂电池。因此，金属锂负极的安全性、循环性是发展可充放金属锂电池必须认真面对的问题。目前看来，基于固态电解质的固态锂电池成为解决金属锂负极问题的较有希望的技术路线。中国科学院青岛生物能源与过程研究所针对聚环氧乙烷（PEO）室温离子导电率较低、电位窗口窄的瓶颈问题，从能提高离子电导率的分子结构出发，结合离子传输机理与动力学传输的多尺度机制，设计出一款新型固态聚合物电解质。该电解质室温电导率可达到 4.3×10^4 S/cm，具有较宽的电化学窗口。在此基础上，以"刚柔并济"的理念发展综合性能优异的复合聚合物固态电解质，并分别以三元材料和金属锂为正负极，组装了 8 A·h 大容量固态聚合物锂电池，能量密度达到 240 W·h/kg，60 ℃条件下，0.2 C，400 次循环后容量保持率大于 86%（图 8.12（a）），其电池的详细参数见表 8.3。该聚合物固态电池显示出了较好的安全性能，经 4 次针刺后，固态锂电池不起火，不爆炸，这是传统的液态锂电池所无法比拟的（图 8.12（b））。中国科学院宁波材料技术与工程研究所采用复合型无机材料作为固体电解质，分别以过渡金属氧化物锂盐和金属锂为正负极，研制出 1~8 A·h 系列容量的固态电池单体。图 8.13 显示的 8 A·h 固态锂电池单体借助界面润湿剂的创新方法，有效提升了固态电池的循环寿命，该电池单体室温下的能量密度可以达到 240 W·h/kg，500 次循环后容量保持率大于 80%。另外，如图 8.14 所示，2 A·h 固态电池单体在 90 ℃、0.5 C 倍率下都能够表现出良好的循环工作稳定性，从而清晰地展现了固态电池在高温环境下的安全特征。目前，基于无机固体电解质的固态锂电池距离实用还有一段距离。

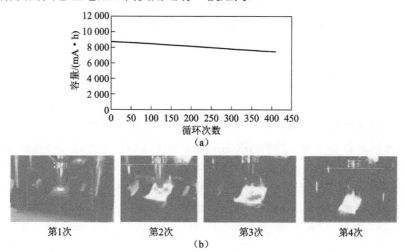

图 8.12　8 A·h 聚合物固态循环容量曲线和针刺试验

（a）400 次长循环容量曲线（60 ℃，0.2 C）；（b）在满电状态下连续 4 次针刺的试验

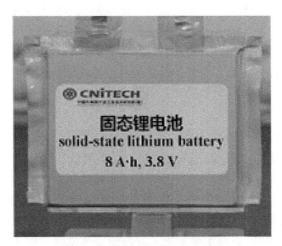

图 8.13　8 A·h 固态锂电池示意

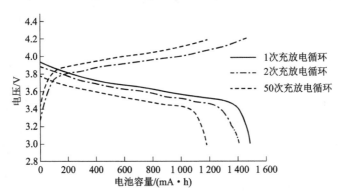

图 8.14　2 A·h 固态电池单体充放电曲线（90 ℃，0.5 C）

8.1.4.3　锂硫电池

中国科学院大连化学物理研究所开发了纳米结构碳硫复合材料、高硫担载量硫正极极片和大容量锂硫电池技术。研制的额定容量 37 A·h 的锂硫电池单体室温质量比能量达到 566 W·h/kg，50 ℃测试质量比能量可达 616 W·h/kg，并通过了第三方的安全性测试，这也是迄今所报道的额定容量和能量密度最高的锂硫电池。同时，该研究团队在锂硫电池成组技术方面也取得新进展，研制的 1 kW·h 锂硫电池组经第三方测试比能量达到 330 W·h/kg。现在锂硫电池的难点在于循环次数还很低，这种高能量密度、大容量的锂硫电池单体的循环次数是 20~30 次。在实现锂硫电池大规模实际应用之前，仍需进一步攻克电池循环寿命、功率密度和安全性等技术瓶颈。图 8.15 所示为该团队研制的 30 A·h 锂硫电池单体。

图 8.15　30 A·h 锂硫电池单体示意

8.1.4.4　锂空气电池

中国科学院长春应用化学研究所采用纳米孔道结构金属氧化物/碳复合材料为正极、表面修饰锂金属作负极，配合自主研发的空气管理系统，研制出 5 A·h 和 51 A·h 系列容量的锂空气电池单体（图 8.16（a））。研制的额定容量为 5 A·h 的全封装锂空气电池单体室温质量能量密度达到 526 W·h/kg（图 8.16（b））。研制的额定容量 51 A·h 的锂空气电池模块，经过第三方测试，能量密度达 360 W·h/kg。目前，锂空气电池的难点在于循环次数和倍率性能过低，仍需进一步攻克放电产物堆积、碳正极及电解液分解、负极腐蚀等关键科学和技术难题。

(a)

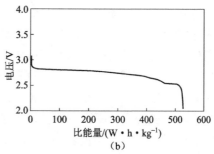
(b)

图 8.16　5 A·h 锂空气电池单体和放电曲线
(a) 5 A·h 锂空气电池单体照片；(b) 放电曲线（室温，0.05 C）

8.2　电驱传动总成轻量化技术

电动汽车的电驱传动总成主要包括驱动电机、减速器及传动轴等零部件，在整车质量中占有较大比例，故电动汽车电驱传动总成的轻量化显得十分必要。尤其对于分布式驱动电动汽车，若驱动系统质量偏大，将引入较大的非簧载质量，使汽车的行驶平顺性和操纵稳定性恶化。

8.2.1 驱动电机轻量化技术

电动汽车对于电机驱动系统的要求可以归纳为高功率密度，全工作区域内高效、高性能，包括低速大转矩、宽恒功率区、高动态响应、高环境适应性和低成本。车用电机驱动系统与普通工业用电机驱动系统的差别在于：

① 车用电机驱动系统高功率密度的意义不仅在于能够满足整车的紧凑空间约束，更重要的是它是降低系统成本的最重要途径。因此，车用电机设计饱和程度较高，导致电机控制中必须处理参数非线性问题；车用电机控制器追求提升 IGBT 的利用率（双面冷却）、组件级集成与高效热管理等。

② 在效率方面，电动汽车车用电机驱动系统工作区域宽，与之对应的是全工作区域内的效率优化设计。在动力性能方面，电动汽车低速大转矩需求要求电机设计与控制紧密结合，根据电机的参数特性实现最大转矩电流比控制在高速恒功率区，由于电机反电势接近供电电压，电压源车载型逆变器的控制裕度很小，弱磁控制中 d、q 轴电流正确跟踪以宽弱磁比（即宽恒功率区）是关键技术。

③ 车用电机驱动系统另外一个特点是使用环境恶劣，环境温度从 -40 ℃ 到 125 ℃，最大振动甚至大于 $10g$，环境适应性要求加大了车用电机驱动系统高功率密度的实现难度。

面对电动汽车应用提出的上述要求，电动汽车用电机驱动系统的轻量化技术发展趋势可以概括为高功率密度电机、电力电子集成和电机传动一体化集成。驱动电机是电动汽车电驱传动总成的核心部件，其基本要求是体积小、质量小、转矩大、效率高及功率大。小型轻量化是驱动电机的发展趋势，衡量其轻量化水平的相对指标为功率密度。

"十二五"期间，国家对电动汽车驱动电机功率密度提出的要求是大于 2.7 kW/kg；"十三五"期间，驱动电机功率密度的目标是大于 3 kW/kg，对电动汽车驱动电机的高功率密度特性提出了更高的要求。目前，电动汽车上所使用的驱动电机主要有永磁同步电机和交流异步电机两类。表 8.4 所示为部分电动汽车驱动电机的性能参数，交流异步电机的工作电压和转速都不算高，但其功率密度却大于永磁同步电机，主要原因是交流电机不使用永磁体材料，质量较小，且交流电机可以自我励磁，建立远超永磁体的磁场强度。

表 8.4 部分电动汽车驱动电机性能对比

汽车名称	特斯拉 Model S 90D	比亚迪秦	宝马 i3	荣威 E50
汽车类型	纯电动车	混合动力车	纯电动车	纯电动车
电机类型	交流异步电机	永磁同步电机	永磁同步电机	永磁同步电机

续表

汽车名称	特斯拉 Model S 90D	比亚迪秦	宝马 i3	荣威 E50
最大功率/kW	310	110	125	52
最低扭矩/(N·m)	660	250	250	155
最高转速/(r·min^{-1})	8 600	12 000	11 400	8 000
电压/V	375	501	360	380
质量/kg	52	28	65	30
功率密度/(kW·kg^{-1})	6.0	3.9	1.9	1.7
最高车速/(km·h^{-1})	210	150	150	130
续航里程/km	560	70	160	120
上市年份	2015	2014	2014	2013

8.2.1.1 高功率密度电机的电磁设计

1. 磁性材料的选择

高功率密度电机的供电频率通常在几百甚至上千赫兹。随着频率的提高，铁心损耗会迅速增加，铁心损耗占高速电机总损耗的比例增大。降低铁耗的方法有：适当降低铁心中的磁感应强度；采用高导磁低损耗的铁心材料。分别采用 0.35 mm 的硅钢片 DW270 和 0.2 mm 电工钢片 20AT1200 时，电机铁耗的相关数据如表 8.5 所示。

表 8.5 不同硅钢片厚度下永磁电机的铁耗数据对比

厚度/mm	迟滞系数	涡流系数	铁耗/kW
0.35	179	0.403	4.146
0.2	139	0.175	2.532

由表 8.6 可知，超薄型的电工钢片磁滞损耗和涡流损耗均较低，可以很好地降低电机铁耗。

表 8.6 不同硅钢片厚度下永磁电机的铁耗数据比较

厚度/mm	磁滞系数/(W·m^{-3})	涡流系数/(W·m^{-3})	铁耗/kW
0.35	179	0.403	0.671
0.20	139	0.175	0.488

2. 定子导线的选择

为降低定子铜耗,电机线圈应采用高导电率的导线,如银铜合金。由于电动汽车用高功率密度驱动电机通常采用变频器或控制器供电,为提高电机的绝缘性能,减弱冲击电压对绕组的影响,防止电晕产生,电机线圈还应采用变频电磁线。

3. 笼型异步电机转子材料的选择

笼型异步电机转子一般采用铸铝或者采用铜导条。铜的电阻较小,效率高,但起动转矩较小;铝的电阻大,效率偏低,但有较高的起动转矩。因此,选择转子材料时,应该主要考虑电阻对电机性能的影响。

电机转子常用的铜导条材料包括紫铜和黄铜。紫铜的电阻系数比黄铜的电阻系数低。在 H 级绝缘条件下,铝、紫铜、黄铜的电阻系数依次为 $0.049\ 1\ \Omega \cdot mm^2/m$、$0.024\ 5\ \Omega \cdot mm^2/m$、$0.090\ 8\ \Omega \cdot mm^2/m$。

为比较不同转子材料电机的性能,以特斯拉电动汽车用异步电机为模型,比较 3 种导条材料下电机的性能输出。表 8.7 给出了 3 种转子材料电机的性能参数比较。

表 8.7　3 种转子材料电机的性能参数对比

导条材料	起动转矩/(N·m)	最大转矩/(N·m)	效率/%
铸铝	130.940	251.439	88.95
紫铜	103.846	251.435	91.90
黄铜	181.769	251.334	83.24

由表 8.7 可知,采用紫铜导条的电机起动转矩较小,效率很高;由于最大转矩与转子电阻无关,因此 3 种转子材料电机输出的最大转矩相等。考虑到电动汽车用驱动电机采用变频器供电,采用紫铜导条能够满足对电机起动性能的要求,为保证电机有较高的效率,电机转子材料应该选择紫铜。

4. 永磁同步电机永磁体的选择

对于高功率密度永磁同步电机,永磁体材料的特性在一定程度上决定了其尺寸和性能。为提高电机的转矩密度和功率密度,选择永磁材料时应选用剩余磁通密度、矫顽力和最大磁能积较大的永磁材料。此外,由于高功率密度电机单位体积的损耗很大,温升很高,在选择永磁体时要考虑其耐温性。以高功率密度永磁同步电机为例,永磁体材料分别为钕铁硼和钐钴永磁体时,电机相关的性能参数比较如表 8.8 所示。

表 8.8 两种不同永磁体电机的性能参数比较

永磁体材料	气隙磁通密度/T	电机铁耗/W	效率/%	功率因数	最大转矩倍数
钕铁硼	0.535 7	4 146	95.46	0.838	2.85
钐钴	0.414 2	3 219	95.47	0.679	2.35

与钕铁硼相比，钐钴永磁体的最大磁能积偏低，磁性能稍差，使得钐钴永磁体电机的气隙磁通密度较低，铁耗较小，电机定子电流较大，铜耗较高，二者的效率基本相同，钐钴永磁体的功率因数和最大转矩倍数比钕铁硼电机低。但是，钕铁硼耐温性较差，温度高易退磁。当永磁电机以 7 000 r/min 速度持续两个小时时，电机永磁体发生部分退磁，电机反电动势下降。综合考虑各项技术要求，高功率密度永磁电机永磁体宜选用钐钴永磁体。钐钴永磁体电机虽然磁性能稍差，但能满足电机的性能需求，并且其耐温性较好，最高工作温度可达 250 ℃～350 ℃。因此，与钕铁硼永磁体相比，钐钴永磁体更适合工作在高温环境中。

与异步电机不同，永磁同步电机转子不是一体化结构，永磁体一般内嵌或表贴于电机转子上，在电机高速运转时转子将承受巨大的离心力，因此永磁材料的机械性能也是选择时需要考虑的问题。为保证永磁体能够承受转子高速旋转时产生的巨大离心力，一般在直径较大、转速较高的场合下不宜采用表贴式转子结构，而采用内嵌式结构。在转速不高的场合永磁体可采用表贴式，但应采取一定的保护措施，如在永磁体外面加高强度非导磁保护套，永磁体与护套间采用过盈配合，或者采用碳纤维绑扎永磁体。与采用非导磁钢保护套相比，碳纤维绑扎带的厚度要小，而且不产生高频涡流损耗。但是，碳纤维是热的不良导体，不利于永磁转子的散热。

8.2.1.2 高功率密度电机的高速化

电机转子的高速化是提高电机功率密度的一个重要方向。在转速提高的同时，电机供电频率会很高，使得电机铁耗、杂散损耗较大。同时，高速旋转的转子将承受很大的离心力，对转子结构的机械强度要求很高。

1. **高功率密度电机的高频率**

电机铁心中的频率与电机的转速成正比，电机高速时，铁心中的磁通交变频率很大，电机铁耗很大。同时，随着频率的增加，高频附加损耗也会增大，特别是转子表面由于高速旋转所产生的风磨损耗和轴承损耗。可见，供电的频率提高，将使高功率密度电机具有较高的铁耗和高频附加损耗。此外，由于高速高频电机常采用变频器或控制器供电，谐波含量比传统电机要高很多，因此，在电机设计时,应该考虑到高次谐波对电机的影响。

2. 高功率密度电机的转子设计

高速电机的转速要比普通异步电机的转速快几倍到十几倍,在旋转过程中,必然产生比普通电机高得多的离心力,这将使转子材料承受很大的切向应力。当线速度达到 250 m/s 以上时,常规的叠片转子难以承受高速旋转产生的离心力,因此需要采用特殊的高强度叠片或对转子施加一定的保护措施。

8.2.1.3 电机本体轻量化设计

为降低电动汽车用驱动电机的质量,提高电机的功率密度,在设计电机时,电机的机壳采用密度较小的铝壳。同时,为减轻转子的质量,一方面采用空心轴代替实心轴;另一方面,在磁路允许的情况下,采用转子铁心去重,即以转子铁心开孔的方式降低质量。设计转子开孔数量和大小时,要保证开孔前后的电机性能基本不变,并且开孔后的转子叠片要满足机械强度的要求。

提高驱动电机功率密度是实现电动汽车驱动系统轻量化的重要途径。此外,对电机壳体结构可以进行优化设计,采用轻质合金,减轻电机壳体质量;对电机转子可以采用空心轴结构,在磁路允许的情况下,以转子铁心开孔的方式减重。

8.2.1.4 电动汽车用驱动电机发展趋势

(1) 电机的功率密度不断提高,永磁电机应用范围不断扩大。

电机作为混合动力系统中一个重要的动力输出源,其自身的性能直接影响到了电动汽车的整体性能。一方面,汽车所需的电机输出和回收功率不断提高,以满足不同工况不同车型的需求;另一方面,这种新型机电一体的传动系统尺寸受到车内空间的限制。这就需要混合动力车用电机向高性能和小尺寸发展。不断提高电机本身的功率密度,用相对小巧的电机发挥出大的功率成为各汽车及电机厂商的发展方向。

(2) 电机的工作转速不断提高,回馈制动的高效区不断拓宽。

回馈制动是混合动力机电一体化技术的一个基本特点。伴随着对混合度要求的提升,相应回馈制动范围的需求也会越来越大。采用回馈高效的电机,适当的变速系统和控制策略,可以使回馈制动的允许范围适应更多工况,使整车节能更加有效,延长行车里程,这是混合动力汽车向真正实用性必须迈出的一步。

(3) 电驱动系统的集成化和一体化趋势更加明显。

车用电机及其控制系统的集成化主要体现在电机与发动机、电机与变速箱、电机与底盘系统的集成度不断提高。对于混合发动机与 ISG 集成,其发展从结构集成到控制集成和系统集成,电机与变速箱的一体化更加明显,汽车动力的电气化成分越来越高,不同耦合深度的机电耦合动力总成系统使得电机与变速箱两者之间的联系变得越来越紧密。在高性能电动汽车领域，全新设计开发的底盘系统、制动系统、轮系将电机和动力传动装置进行一体化集成，融合程度越来越深。

（4）电驱动系统的混合度与电功率比不断增加。

虽然目前市场上分布了轻混、中混、强混等各种混合程度的混合动力车型，但从各种混合度车型的节能减排效果来看，混合程度越高，汽车的节能能力越强。电功率占整车功率的比例正在混合动力汽车领域逐渐提高，电机已不再单单作为发动机的附属设备。各车厂正在逐渐将小排量发动机和大功率电机运用在汽车驱动上。

（5）车用电驱动控制系统的集成化和数字化程度不断加大、

车用电控制系统集成化程度也不断加大，将电机控制器、低压 DC–DC 变换器，以及发动机控制器、变速箱控制器、整车控制器等进行不同方式的集成正在成为发展趋势。

8.2.2　基于功能集成的轻量化电驱动总成设计

电动汽车的轮边驱动方法可以实现更灵活的车辆动态控制策略。轮边驱动可以实现更均匀的动力分布控制和能量回收，可以有效提升驾驶的安全性及能量效率。但是，由于电机靠近车轮，增加了车辆的非簧载质量，这种缺陷必须通过对电驱动总成的轻量化设计来弥补。

如图 8.17 所示，德国航空航天中心（German Aerospace Centre）提出一种新型电驱动轮概念，使用这种概念设计显著地降低了电驱动轮的质量。这种电动驱动轮将电机与悬架系统集成于一体化设计的电驱动轮中，相对于传统的结构，其质量降低了 30%。

图 8.17　新型电驱动轮

Groschopp AG 公司已开发出一种用于商用车的电驱动轴。如图 8.18 所示，这种电驱动轴由两个电机、变速器和电子控制器组成，所有的组件被紧凑地布置在同一个壳体内。通过将高转速电机与匹配的齿轮减速机构集成于同一机壳内的方法，驱动轴之前的驱动模块的质量被控制在 100 kg 以内。其电驱动机构包含两套相同的电励磁无刷电机和变速器，它们与电子功率器件一起被安装在同一个壳体中，功率范围为 20~50 kW。这种驱动轴模块具有多种优点，如具有高功率密度和高输出转矩的优点，这两个特性能使车辆具有更好的加速性能。由于这种模块是大小可变的，所以能被应用于多种类型的车辆中。

图 8.18　Groschopp AG 公司电驱动轴

德国弗劳恩霍夫研究所设计了一种集成轮毂电机的碳纤维车轮，其结构如图 8.19 所示。其设计的重点是以结构的可靠性为约束条件，进行轻量化设计。在设计过程中，从全生命周期的角度考虑多功能集成设计问题。所设计的轻量化碳纤维车轮的质量约为 3.5 kg。电机外壳没有直接与轮辋连接，而与内部的轮轴连接。这样可以防止轴向和横向载荷，尤其是不平路面对车轮造成的冲击载荷直接传递到轮毂电机。同时，相对于直接连接轮辋的方式，这种方式设计的轮辋可以有更灵活的设计样式。为提高在恒定载荷下的抗弯刚度，在车轮的轮辐中嵌入了泡沫夹心材料。由于使用高弹性模量的纤维，因而此研究所设计的车轮相比于使用金属材料的车轮具有更好的阻尼特性。如果使用更高弹性模量的纤维，可以更进一步减小噪声的产生。

图 8.19　集成轮毂电机的碳纤维车轮

采埃孚公司开发了轮边电驱动电动扭转梁的原型,其结构如图 8.20 所示。轮边电驱动电动扭转梁的核心在于半独立悬挂系统与传动系统的集成:左右轮各拥有一套紧凑的驱动系统,将变速器和电机集成在一个单独的轻量化铝制外壳中。另外,利用多面压合连接技术来实现铝制推力杆与钢制横结构的连接,是这个项目的另一设计亮点。采埃孚的这项创新技术是专为微型车和小型车研发的。其单个电机装置可提供 40 kW 的动力,总输出动力为 80 kW。该轮边电驱可与后桥集成一体,拥有高度模块化的机构,并可以实现左右轮不同的扭矩分配。轮边电驱动电动扭转梁的设计沿袭了采埃孚中央电驱模块的轻量化和高速设计。相对轮上的电驱装置,轮边电驱的装载方式对车辆的非簧载质量不会产生明显的影响,即轮边电驱相对轮上电驱能抗击振动,带来驾驶平顺性。

图 8.20 采埃孚轮边电驱动电动扭转梁

轮边电驱动电动扭转梁的集成化设计有效节约了安装空间。例如,中央电机直接固定在车体上,不再需要额外的机械驱动部件,因此有效释放了车辆中央的装载空间,为汽车个性化设计提供发挥的空间。这套装置与车身的连接点与传统的车桥系统相似,因而可以轻松实现与现有技术模块的对接,此外,它也可以匹配传统车型所用的制动系统和标准轮毂尺寸。

蒂森克虏伯公司在其 InCar 项目中提出了一种应用于混合动力汽车的轻量化电驱动后桥。在不显著改变现有汽车结构的情况下,将原有的传统机械传动后桥替换为电驱动后桥,集成减速系统的电机被安放于后桥的副车架中。传统传动系统与电驱动后桥的结构对比如图 8.21 所示。

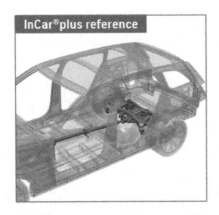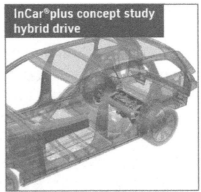

图 8.21 传统传动系统（左）与电驱动后桥（右）结构对比

其电机的峰值功率约为 90 kW。由于电机与车轮的传动系统没有断开动力连接的功能，所以电机要在最高车速为 200 km/h 的情况下持续转动。基于这种情况，因为异步电机具有极低的拖曳阻力，所以异步电动机被选为驱动电机。由于安装尺寸的限制，电机的减速系统被设计为两级固定传动比减速系统。其总传动比为 8.811（第一级传动比为 2.033，第二级传动比为 4.333）。差速器也被集成在电机传动系统中。集成传动系统的电机结构如图 8.22 所示。电机使用水冷方式冷却，冷却水道被铸造在电机壳体中。电机的转子被设计为中空结构，与差速器连接的一个半轴从电机的转子中空孔中穿过，进一步减小了装置的体积、质量。

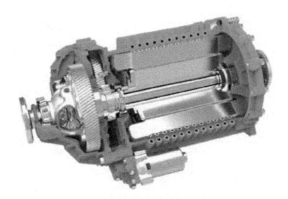

图 8.22 集成传动系统的电机结构

参 考 文 献

[1] 高松，庄继德，任传波，等. 汽车性能优化 [M]. 北京：机械工业出版社，2008.

[2] 张义民. 汽车零部件可靠性设计 [M]. 北京：北京理工大学出版社，2000.

[3] 王元汉，李丽娟，李银平. 有限元法基础与程序设计 [M]. 广州：华南理工大学出版社，2004.

[4] 赵海鸥. LS-DYNA 动力分析指南 [M]. 北京：兵器工业出版社，2003.

[5] 曾声奎. 可靠性设计与分析 [M]. 北京：国防工业出版社，2011.

[6] [美] Elsayed A. 可靠性工程 [M]. 杨舟，译. 北京：电子工业出版社，2013.

[7] 姜同敏. 可靠性与寿命试验 [M]. 北京：国防工业出版社，2011.

[8] Michael N. Advanced Hybrid and Electric Vehicles [M]. Berlin, Germany, 2015.

[9] Höfer A. Methodical Conception and Development of Innovative Lightweight Chassis Systems, Illustrated by the Example of the "LEICHT" Concept [M]. 5th International Munich Chassis Symposium 2014: chassis.tech plus, Pfeffer E P, Wiesbaden:Springer Fachmedien Wiesbaden, 2014, 331-348.

[10] Bender S, Khoo R, Große C, et al. Development of a Composite Prototype Vehicle Structure [C]. SAE 2015 World Congress & Exhibition, 2015.

[11] Li Q, Steven G P, Xie Y M. Evolutionary Structural Optimization for Stress Mini-mization Problems by Discrete Thickness Design [J]. Computers and Structures, 2000, 78:769-780.

[12] Pasi Tanskanen. A Multi-objective and Fixed Elements Based Modification of the Evolutionary Structural Optimization Method [J]. Computer methods in applied mechanics and engineering, 2006, 196: 76-90.

[13] Zhang S Y, Glen P J. A Study of the Effect of Elastic Instability on Stiffness-based Gauge Sensitivity Indices for Vehicle Body Structure Assessment [J]. Thin-walled Structures, 2009, 47: 1590-1596.

[14] Wiesbaden S F. InCar Plus: Solutions for Automotive Efficiency [J]. ATZextra Worldwide, 2014, 19 (10): 8-9.

[15] 谢然，兰凤崇，陈吉清，等. 满足可靠性要求的轻量化车身结构多目标优化方法 [J]. 机械工程学报，2011，47（4）：117-124.

[16] 兰凤崇，庄良飘，钟阳，等. 乘用车车身结构轻量化设计技术研究与实践 [J]. 汽车工程，2010（9）：763-768.

[17] 龙江启，兰凤崇，陈吉清. 车身轻量化与钢铝一体化结构新技术的研究进展 [J]. 机

械工程学报，2008，44（6）：27-35.

[18] 范文杰，范子杰，桂良进，等. 多工况下客车车架结构多刚度拓扑优化设计研究 [J]. 汽车工程，2009，30（6）：531-533.

[19] 范子杰，桂良进，苏瑞意. 汽车轻量化技术的研究与进展 [J]. 汽车安全与节能学报，2014（1）：1-16.

[20] GB 20071—2006. 汽车侧面碰撞的乘员保护 [S]. 北京：中国标准出版社，2006.

[21] 周云郊. 钢铝混合材料车身结构轻量化设计关键问题与应用研究 [D]. 广州：华南理工大学，2011.

[22] 王金轮. 基于高强度钢板的车身结构设计关键理论与应用研究 [D]. 广州：华南理工大学，2011.

[23] 钟海云. 车身关键框架结构的设计方法研究 [D]. 广州：华南理工大学，2014.

[24] 张浩锴. 新能源汽车车身结构的概念设计开发 [D]. 广州：华南理工大学，2013.

[25] 余本善. 基于概念开发阶段的钢铝一体化车身框架正面抗撞性分析 [D]. 广州：华南理工大学，2011.

[26] 赖番结. 基于参数波动变化的车身结构轻量化设计方法研究 [D]. 广州：华南理工大学，2014.

[27] 邱泽鑫. 钢铝板材压–胶复合连接性能分析及其在车身结构中的应用 [D]. 广州：华南理工大学，2015.

[28] 谢然. 多目标优化方法在车身结构轻量化设计中的应用研究 [D]. 广州：华南理工大学，2010.

[29] Frischknecht R, et al. Implementation of Life Cycle Impact Assessment Methods [J]. Ecoinvent report, 2007.

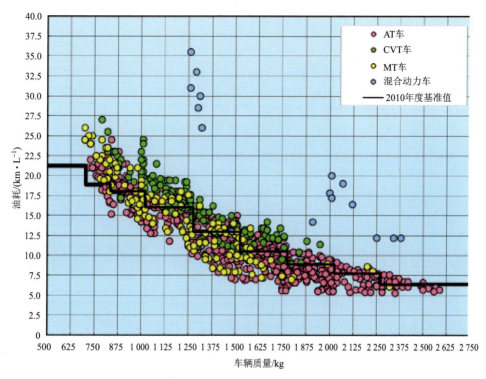

图1.3 日本乘用车自重与油耗之间的关系

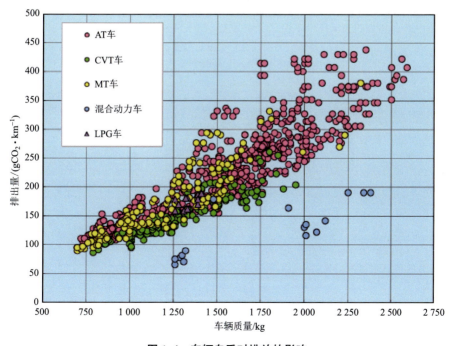

图1.4 车辆自重对排放的影响

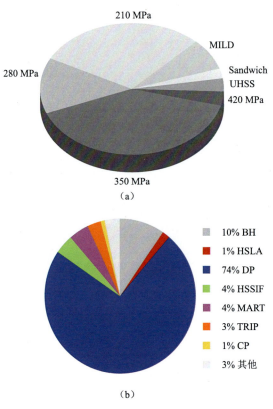

图 1.6　ULSAB 和 ULSAB-AVC 车身材料构成
（a）ULSAB；（b）ULSAB-AVC

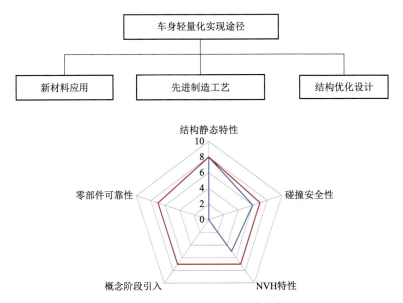

图 1.10　车身轻量化途径及技术体系

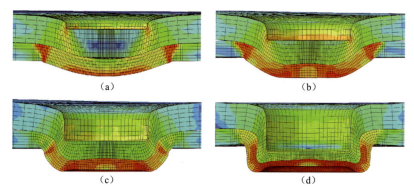

图 2.33 压力连接成形过程

(a) 0.16 ms；(b) 0.32 ms；(c) 0.48 ms；(d) 0.64 ms

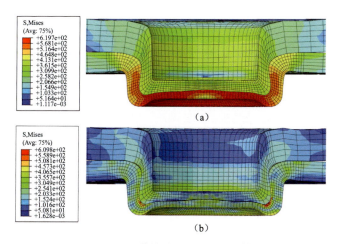

图 2.34 回弹前后接头应力分布情况

(a) 回弹前接头应力分布；(b) 回弹后接头应力分布

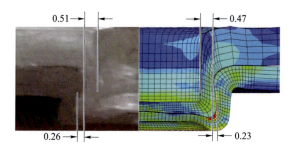

图 2.37 接头参数实验与仿真对比

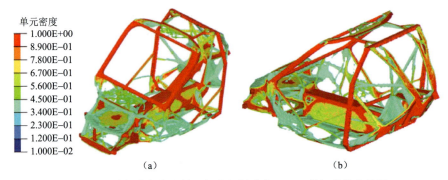

图 3.9 某电动车车架基于折中规划法多工况下的拓扑优化结果
(a) 前部；(b) 后部

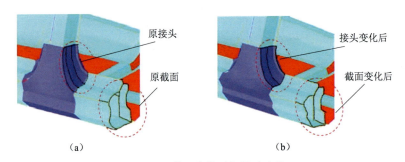

图 3.36 截面变化引起接头变化
(a) 原始结构；(b) 变化后结构

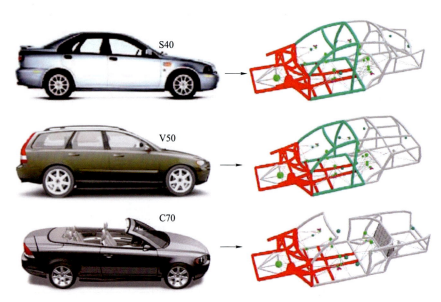

图 3.42 沃尔沃 S40、V50 和 C70 及对应的简化车身模型

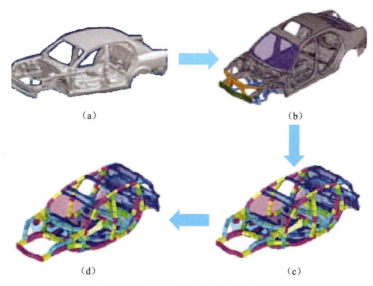

图 3.44　上汽集团车身概念设计流程

(a) 竞争车型 CAD 模型；(b) 竞争车型 CAE 模型；(c) 梁单元简化模型；(d) 修改后的简化模型

图 3.51　参数化白车身初始有限元模型

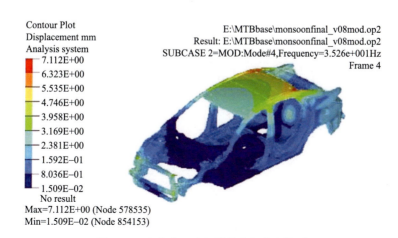

图 3.52　白车身一阶扭转模态频率和振型

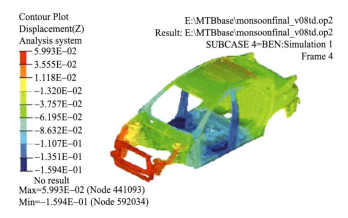

图 3.54　白车身弯曲刚度仿真分析

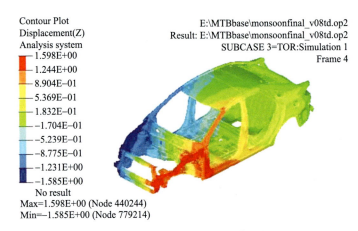

图 3.55　白车身扭转刚度仿真分析

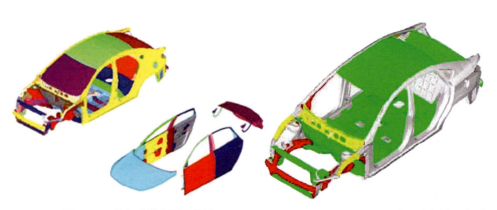

图 3.57　整车碰撞有限元模型　　图 3.60　白车身中非安全件厚度变量示意图

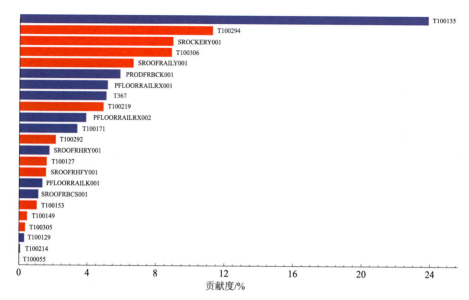

图 3.61 左侧门框最大变形量贡献度柱状图

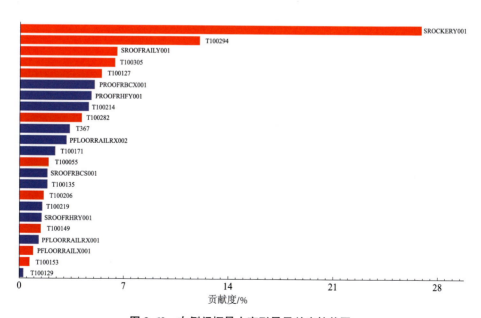

图 3.62 右侧门框最大变形量贡献度柱状图

7

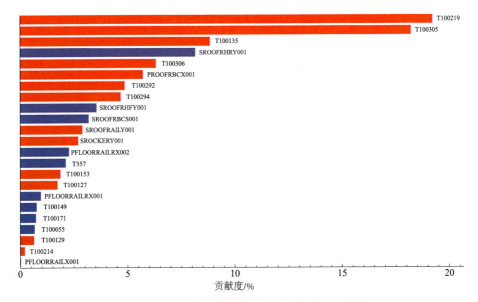

图 3.63 白车身一阶扭转固有频率贡献度柱状图

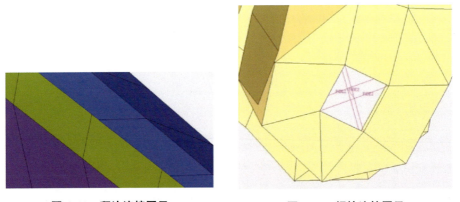

图 4.10 翻边连接图示　　图 4.11 螺栓连接图示

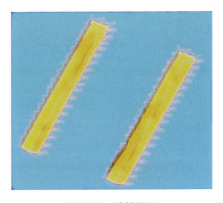

图 4.12 胶接图示

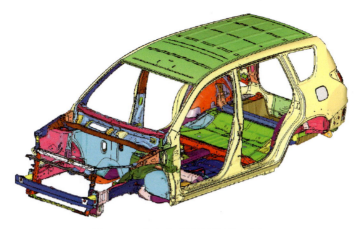

图 4.13　白车身有限元模型示意图

表 4.6　几款不同类型白车身的刚度试验结果

车型	试验照片	弯曲刚度/ (N·mm^{-1})	扭转刚度/ [N·m·(°)$^{-1}$]
某 MPV		11 838	12 830
某 SUV		13 741	15 061
某两厢轿车 A		17 881	11 719
某两厢轿车 B		6 759	8 950

9

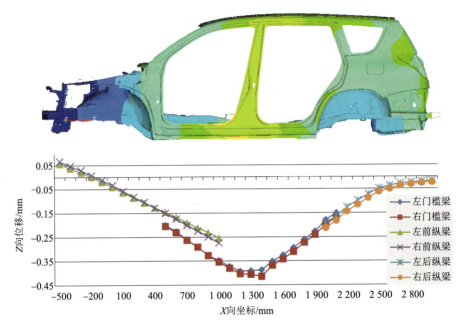

图 4.16 弯曲变形云图及弯曲刚度曲线

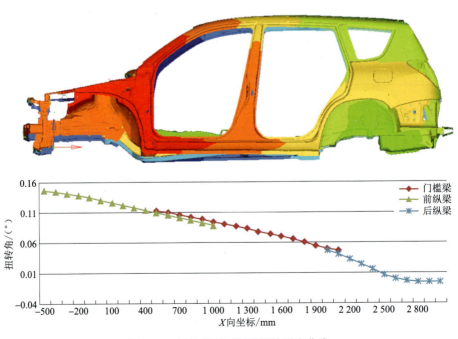

图 4.17 扭转变形云图及扭转刚度曲线

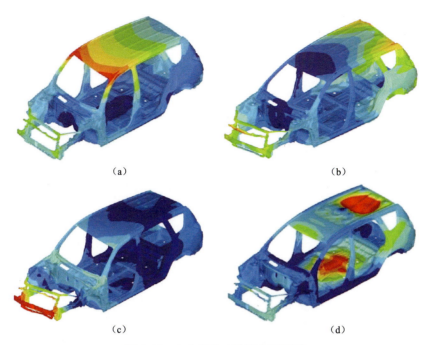

图 4.19 白车身前 4 阶模态振型图
（a）1 阶，顶盖平移及前端扭转；（b）2 阶，一阶扭转；
（c）3 阶，前端平移及一阶扭转；（d）4 阶，一阶弯曲

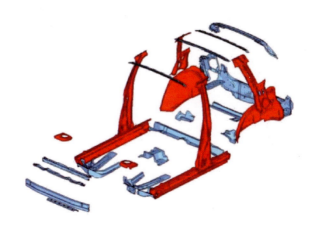

图 4.20 弯刚优化方案 1 的修改零件分布

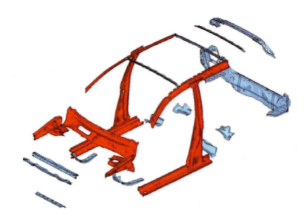

图 4.21 弯刚优化方案 2 的修改零件分布

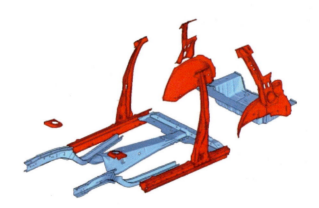

图 4.22 弯刚优化方案 3 的修改零件分布

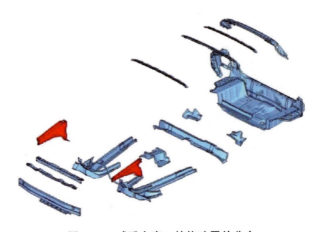

图 4.23 减重方案 1 的修改零件分布

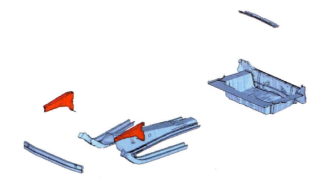

图 4.24 减重方案 2 的修改零件分布

图 4.25 满载弯曲工况下前悬约束

图 4.26 满载弯曲工况下后悬约束

图 4.27 满载弯曲工况下 Z 向整车变形

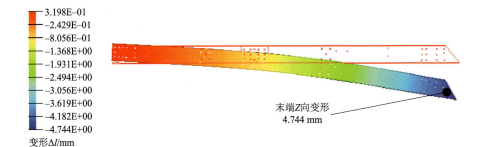

图 4.28 满载弯曲工况下后段车架纵梁变形

图 4.29 满载弯曲工况下中段车架纵梁变形

图 4.30 初始模型满载弯曲工况下整车骨架应力分布

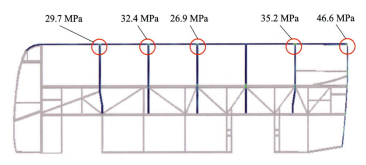

图 4.36 左侧围顶纵梁和侧窗立柱接头处应力分布

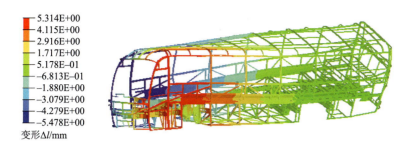

图 4.39　初始模型纯扭转工况整车变形

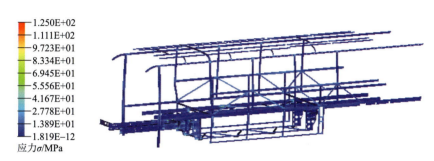

图 4.40　纯扭转工况整车高应力分布区域

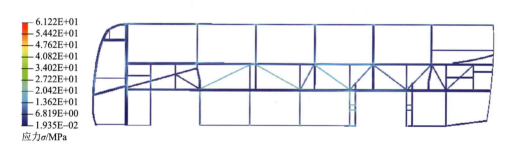

图 4.43　左侧围骨架应力分布

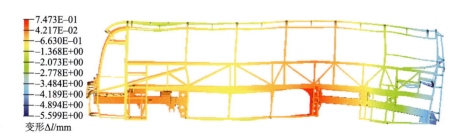

图 4.49　优化模型满载弯曲工况整车变形

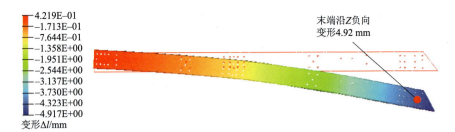

图 4.50　优化模型满载弯曲工况后段车架左纵梁变形

图 4.51　优化模型满载弯曲工况中段车架纵梁变形

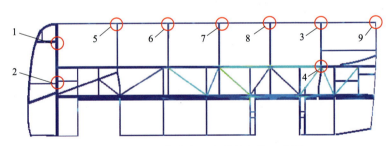

图 4.52　侧围高应力区和关键部位示意图

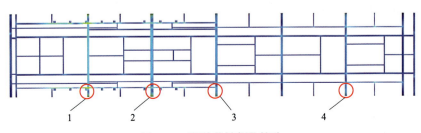

图 4.53　顶盖关键部位接头

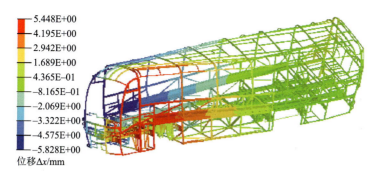

图 4.54 纯扭转工况整车变形

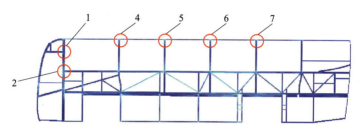

图 4.55 纯扭转工况左侧围高应力区和关键部位

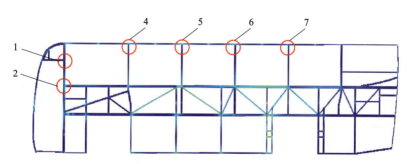

图 4.56 扭转工况右侧围高应力区和关键部位

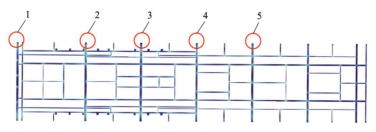

图 4.57 纯扭转工况顶盖骨架高应力区和关键部位

17

图 4.58　弯曲刚度测试装置

图 4.74　用实车刚度试验装置进行测试

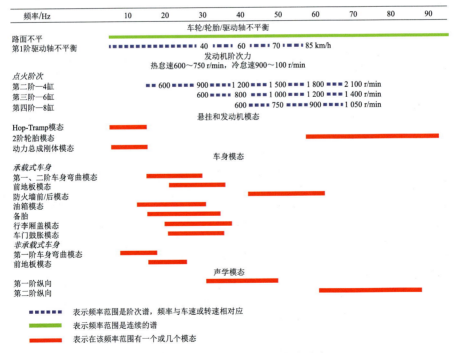

图 5.6　典型的汽车整车固有频率分布

18

表 5.2 车架轻量化对 NVH 性能的影响

阶次	车架频率/Hz 优化前	车架频率/Hz 优化后	车架振型	车身振型	车身频率/Hz
1	20.6	24.1			25.9
2	25.8	29.0			29.1

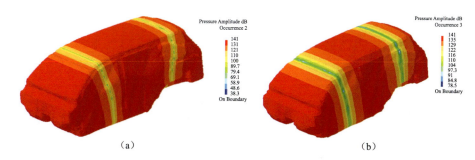

（a） （b）

图 5.8 车身结构轻量化对声腔模态的影响

（a）优化前；（b）优化后

（a） （b）

图 5.45 车身模态测点布置

（a）地板后方测点布置；（b）地板前方测点布置

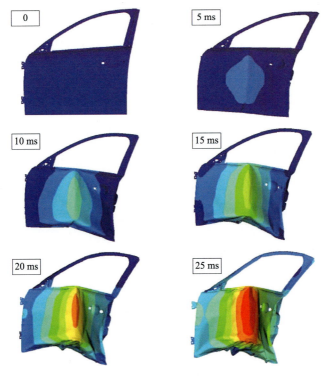

图 6.13 车门柱碰变形图

图 6.16 奥迪 A8 铝合金车身骨架结构

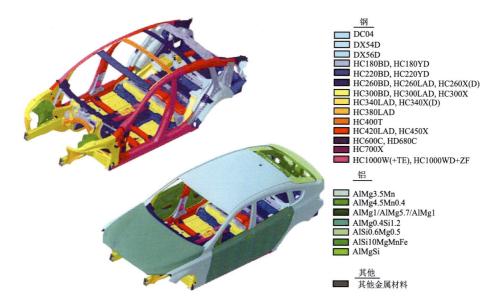

图 6.27 宝马 5 系 Grand Turismo 车型白车身结构材料分布

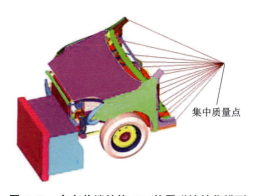

图 6.29 车身前端结构 40%偏置碰撞简化模型

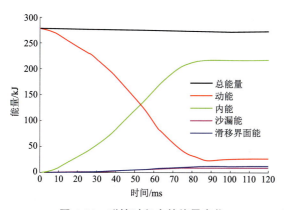

图 6.30 碰撞过程中的能量变化

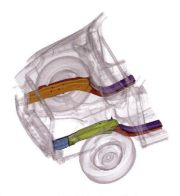

图 6.31 S 形前纵梁在原车中的位置

21

图 6.32　前纵梁直梁的不规则形状

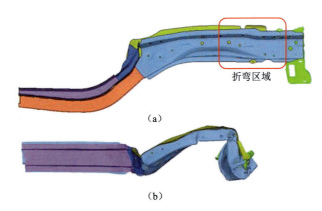

图 6.33　前纵梁撞击折弯变形
（a）未变形模式；（b）最大变形模式

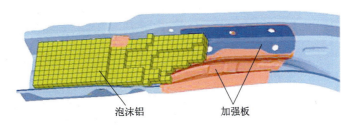

图 6.34　泡沫铝填充的前纵梁模型

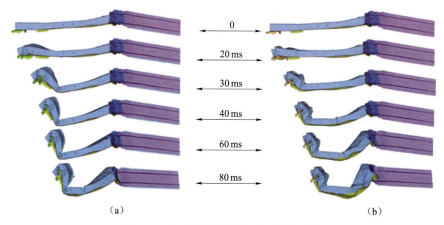

图 6.35 两种前纵梁直梁变形模式对比
(a) 原始前纵梁;(b) 泡沫铝填充前纵梁

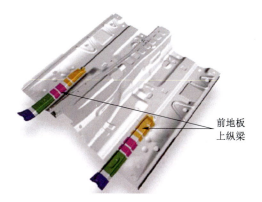

图 6.41 奔驰 C 级轿车前地板上纵梁

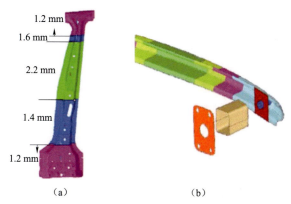

图 6.42 本特勒汽车零部件公司基于 TRB 开发的零部件
(a) B 柱;(b) 保险杠

图 6.43 液压成形部件在车身上的主要应用部位

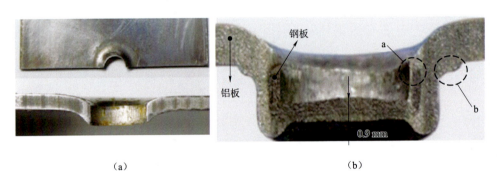

(a)　　　　　　　　　　　　(b)

图 6.47　S-A 方式下压接结果及剖面形状

(a) 压接结果；(b) 剖面形状

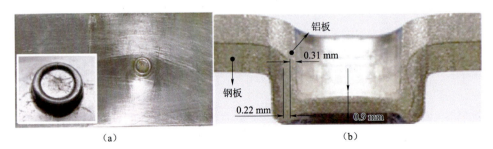

(a)　　　　　　　　　　　　(b)

图 6.48　A-S 方式下压接结果及剖面形状

(a) 压接结果；(b) 剖面形状

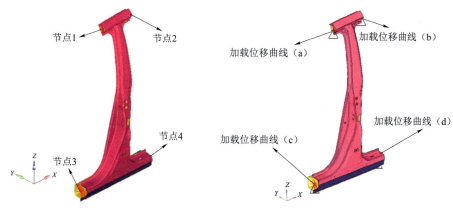

图 6.50　B 柱简化模型　　　　　图 6.52　简化模型的位移边界条件

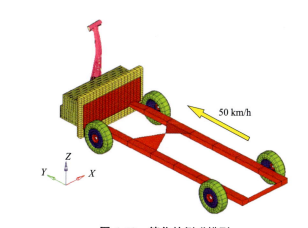

图 6.53　简化的侧碰模型

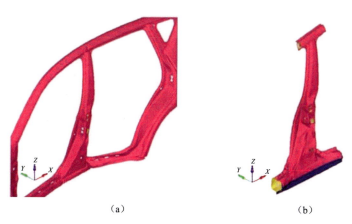

(a)　　　　　　　　　　　(b)

图 6.54　B 柱变形对比

(a) 整车侧碰 B 柱变形；(b) 简化 B 柱变形

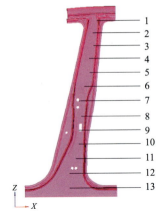

图 6.55 B 柱相对位移测量点

图 6.57 原 B 柱

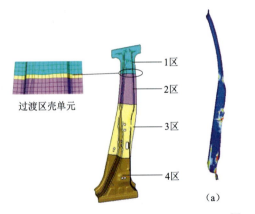

图 6.58 应用 TRB 的 B 柱设计方案

(a)   (b)   (c)

图 6.59 B 柱塑性应变云图（等轴视图）

(a) 原模型；(b) 方案一；(c) 方案二

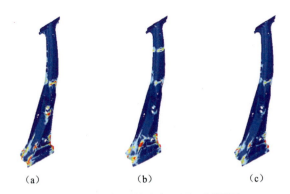

(a)   (b)   (c)

图 6.60 B 柱塑性应变云图（侧视图）

(a) 原模型；(b) 方案一；(c) 方案二

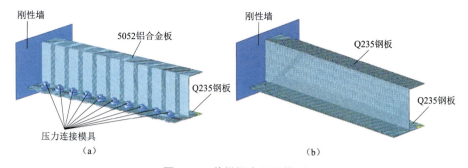

图 6.71 前纵梁有限元模型
（a）钢铝混合前纵梁；（b）钢制前纵梁

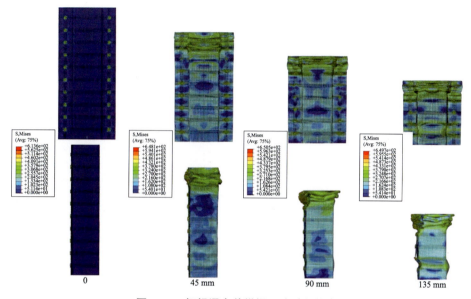

图 6.72 钢铝混合前纵梁压溃过程仿真

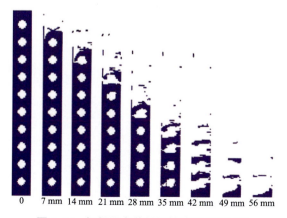

图 6.73 钢铝混合前纵梁的胶层失效过程

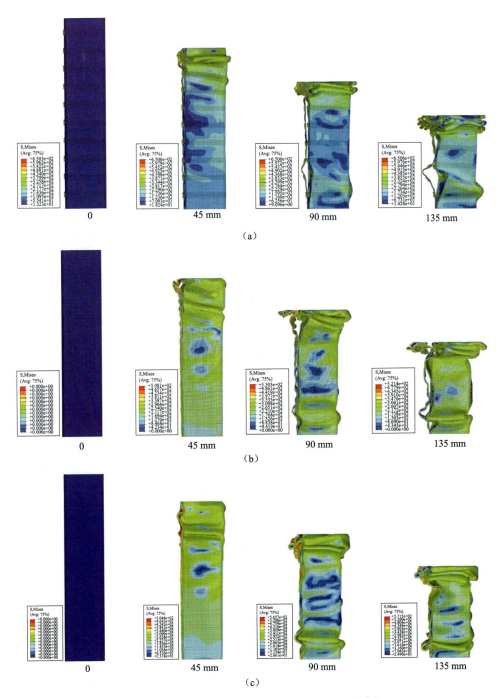

图 6.77 不同连接方式钢铝混合型前纵梁压溃过程
（a）压力连接方式；（b）胶接方式；（c）理想（刚性）连接方式

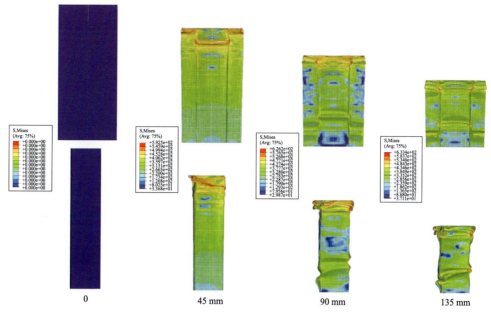

图 6.74　钢制前纵梁准静态压溃过程仿真

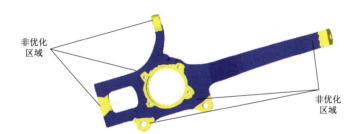

图 7.1　转向节拓扑优化区域划分

图 7.2　静动态指标权重比为 0.9∶0.1 的优化结果

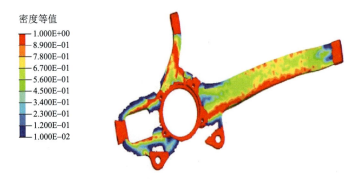

图 7.3　静动态指标权重比为 0.8∶0.2 的优化结果

图 7.4　静动态指标权重比为 0.7∶0.3 的优化结果

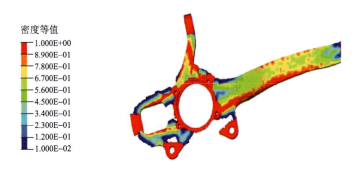

图 7.5　静动态指标权重比为 0.6∶0.4 的优化结果

图 7.6　静动态指标权重比为 0.5∶0.5 的优化结果

图 7.7　静动态指标权重比为 0.4∶0.6 的优化结果

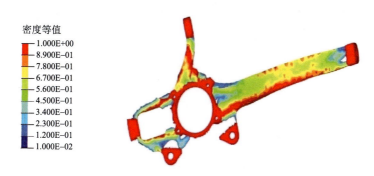

图 7.8　静动态指标权重比为 0.3∶0.7 的优化结果

图 7.9 静动态指标权重比为 0.2∶0.8 的优化结果

图 7.10 静动态指标权重比为 0.1∶0.9 的优化结果

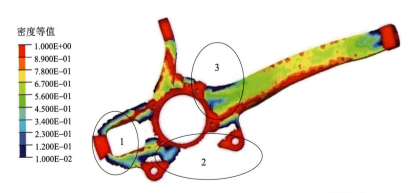

图 7.13 静动态权重比为 0.7∶0.3 的转向节单元密度静态图